Schriftenreihe

U m w e l t r e c h t
in Forschung und Praxis

Band 76

ISSN 1617-7436

Verlag Dr. Kovač

Kathrin Brandner

Immissionsschutzrechtlicher Bestandsschutz und BVT-Schlussfolgerungen

Verlag Dr. Kovač

Hamburg 2019

VERLAG DR. KOVAČ GMBH
FACHVERLAG FÜR WISSENSCHAFTLICHE LITERATUR

Leverkusenstr. 13 · 22761 Hamburg · Tel. 040 - 39 88 80-0 · Fax 040 - 39 88 80-55

E-Mail info@verlagdrkovac.de · Internet www.verlagdrkovac.de

Bibliografische Information der Deutschen Nationalbibliothek
Die Deutsche Nationalbibliothek verzeichnet diese Publikation
in der Deutschen Nationalbibliografie;
detaillierte bibliografische Daten sind im Internet
über http://dnb.d-nb.de abrufbar.

ISSN: 1617-7436

ISBN: 978-3-339-10440-3

Zugl.: Dissertation, Universität Trier, 2018

© VERLAG DR. KOVAČ GmbH, Hamburg 2019

Printed in Germany
Alle Rechte vorbehalten. Nachdruck, fotomechanische Wiedergabe, Aufnahme in
Online-Dienste und Internet sowie Vervielfältigung auf Datenträgern wie CD-ROM etc.
nur nach schriftlicher Zustimmung des Verlages.

Gedruckt auf holz-, chlor- und säurefreiem, alterungsbeständigem Papier.
Archivbeständig nach ANSI 3948 und ISO 9706.

Vorwort

Die vorliegende Arbeit wurde im Sommersemester 2018 vom Fachbereich Rechtswissenschaften der Universität Trier als Dissertation angenommen und berücksichtigt den Stand der Rechtsprechung und der Literatur bis dahin. Die Disputation fand am 12.07.2018 statt.

Mein besonderer Dank gilt meinem Doktorvater, Herrn Professor Dr. Alexander Proelß für die Betreuung dieser Arbeit und die Freiheit, die ich bei der Anfertigung dieser Dissertation hatte. Herr Professor Dr. Proelß stand mir stets mit wertvoller Kritik und Anregungen zur Seite. Herrn Professor Dr. Timo Hebeler danke ich für die Übernahme und die zeitnahe Erstellung des Zweitgutachtens sowie das Interesse an dieser Arbeit. Ebenfalls herzlich bedanken möchte ich mich bei Frau Professor Dr. Antje von Ungern-Sternberg für ihre Tätigkeit als Vorsitzende der Prüfungskommission.

Herrn Weiser möchte ich für seine Tätigkeit als germanistischer Lektor danken. Außerordentlicher Dank gilt meinen Eltern für ihr Verständnis, ihre uneingeschränkte Förderung meiner Ausbildung und ihre Hilfe.

Inhaltsverzeichnis

ABKÜRZUNGSVERZEICHNIS XXI

EINLEITUNG 1

    A. Annäherung an die Thematik des Bestandsschutzes 1

    B. Gang der Untersuchung 4

ERSTER TEIL: DIE HISTORISCHE ENTWICKLUNG DES BESTANDSSCHUTZES 7

§ 1 Der Begriff „Bestandsschutz" 7

§ 2 Entstehungsgeschichte 8

    A. Preußisches Recht 8

    B. Bundesrepublik Deutschland 8

    C. Schutzrichtungen des Bestandsschutzes 10

        I. Im Baurecht 11

            1. Passiver Bestandsschutz 11

            2. Aktiver Bestandsschutz 11

            3. Eigentumskräftig verfestigte Anspruchsposition 12

            4. Überwirkender Bestandsschutz 13

        II. Im Immissionsschutzrecht 14

            1. Geschichtliche Entwicklung des immissionsschutzrechtlichen Bestandsschutzes 15

            2. Aktiver und passiver Bestandsschutz 17

            3. Präventiver Bestandsschutz 18

    D. Die Wandlung des Bestandsschutzverständnisses in der Rechtsprechung 19

        I. Der Nassauskiesungsbeschluss des BVerfG vom 15.07.1981 19

        II. Wende in der höchstrichterlichen Entscheidungspraxis 20

    E. Ergebnis 22

Zweiter Teil: Genehmigungsrechtlicher und Eigentumsrechtlicher Bestandsschutz ... 25

§ 1 Genehmigungsrechtlicher Bestandsschutz ... 25

- A. *Schutzumfang des Verwaltungsaktes* ... 26
  - I. Materielle Bestandskraft des Verwaltungsaktes ... 26
  - II. Formelle Bestandskraft ... 27
  - III. Bindungswirkung ... 28
  - IV. Feststellungswirkung ... 28
  - V. Gestattungswirkung ... 29
- B. *Grenzen der Schutzwirkung der Baugenehmigung* ... 29
  - I. Rücknahme oder Widerruf ... 29
  - II. Anpassung bestehender Anlagen an neues Baurecht ... 30
    - 1. Änderungen des Bauordnungsrechts ... 30
    - 2. Änderungen des Bauplanungsrechts ... 31
  - III. Anpassung baulicher Anlagen an neue Entwicklungen und Erkenntnisse ... 32
  - IV. Eingeschränkter Prüfungsumfang ... 32
  - V. Ergebnis zum Baurecht ... 33
- C. *Grenzen der Schutzwirkung im Immissionsschutzrecht* ... 33
  - I. Dynamische Grundpflichten, § 5 BImSchG ... 34
  - II. Nachträgliche Anforderungen ... 35
- D. *Unterschiedlicher Schutzumfang im Bau- und Immissionsschutzrecht* ... 36

§ 2 Eigentumsrechtlicher Bestandsschutz ... 38

- A. *„Ob" des Bestandsschutzes* ... 38
  - I. Eigentumsrechtlicher Bestandsschutz bei formeller Illegalität? ... 39
    - 1. Genehmigungsbedürftige Anlagen ... 40
      - a) Stand der Literatur ... 40
      - b) Stellungnahme ... 40
      - c) Darstellung der eigenen Auffassung ... 45
    - 2. Nicht genehmigungsbedürftige Anlage ... 47

II. Ergebnis 48

B. *Dogmatische Einordnung des eigentumsrechtlichen Bestandsschutzes.* 48

   I. Weiterbestehen des verfassungsunmittelbaren Bestandsschutzes .. 50

   II. Reservefunktion 51

   III. Weiterhin verfassungsunmittelbarer passiver Bestandsschutz 52

      1. Genehmigungsbedürftige, formell illegale, ursprünglich materiell legale, später materiell illegale Anlage 54

      2. Nicht genehmigungsbedürftige, ursprünglich materiell legale, später illegale Anlage 55

      3. Ergebnis 58

   IV. Ablehnung des verfassungsunmittelbaren Bestandsschutzes 58

   V. Stellungnahme 60

   VI. Ergebnis 62

§ 3 Einfach-gesetzlicher Bestandsschutz 65

A. *Maßgeblichkeit einfacher Gesetze* 65

B. *Bestandsschutz bei der Ausgestaltung einfach-gesetzlicher Normen durch den Gesetzgeber* 66

   I. Der Eigentumsbegriff des Art. 14 Abs. 1 GG 66

      1. Errichtete Bauwerke und Anlagen 67

      2. Die Anlagengenehmigung als öffentlich-rechtliche Rechtsposition 67

      3. Die Anlage als Teil eines eingerichteten und ausgeübten Gewerbebetriebs 69

      4. Eigentumsnutzung 71

   II. Eigentumsrelevante Maßnahme 71

      1. Regelungen ohne Bezug auf Altbestände 72

      2. Regelungen mit Bezug auf Altbestände 74

   III. Verfassungsrechtliche Anforderungen an Inhalts- und Schrankenbestimmungen 75

      1. Verhältnismäßigkeitsprüfung 75

      2. Insbesondere: Prüfung der Angemessenheit 77

       a) Institutsgarantie 77
       b) Verfassungsrechtliche Bestandsgarantie 78
       c) Sozialgebot 79
       d) Differenzierte Anforderungen 79
           aa) Regelungen mit Bezug auf bestehende Rechte 80
           bb) Regelungen ohne Bezug auf bestehende Rechte 81
       e) Grundkonflikt zwischen Industrie und Umwelt im
          Immissionsschutzrecht 81
       f) Ergebnis 83
   3. Rechtsstaatlicher Vertrauensschutz 83
       a) Echte Rückwirkung 84
       b) Unechte Rückwirkung 85
   4. Bedeutung des rechtsstaatlichen Vertrauensschutzgrundsatzes
      im Rahmen der eigentumsrechtlichen Abwägungsentscheidung .. 85
       a) Vertrauensschutz allein im Rahmen von Art. 14 GG 86
       b) Vertrauensschutz allein aus Art. 20 III GG 87
       c) Kritische Würdigung 87
           aa) Argumente für den Vertrauensschutz allein im Rahmen
              von Art. 14 GG 88
           bb) Argumente für den Vertrauensschutz allein aus
              Art. 20 III GG 89
           cc) Stellungnahme 90
       d) Möglicher Lösungsansatz: Vertrauensschutz aus
          Art. 14 GG und Art. 20 Abs. 3 GG 91
       e) Vorzugswürdiger Lösungsansatz: Vertrauensschutz aus
          Art. 20 Abs. 3 GG als weiteres Argument für eine
          Vorrangentscheidung 92

C. *Bestandsschutz bei der behördlichen Umsetzung
einfach-gesetzlicher Normen* 95
   I.   Auslegung von (unbestimmten) Rechtsbegriffen 95
   II. Analogie 96
   III. Ermessensentscheidungen der Behörden 97

D. *Endergebnis* *98*

DRITTER TEIL: EINFACH-GESETZLICHE AUSGESTALTUNG DES BESTANDSSCHUTZES IM IMMISSIONSSCHUTZRECHT 101

§ 1 Genehmigungsbedürftige Anlagen 102

A. *Passiver Bestandsschutz* *102*

   I.   Die dynamischen Grundpflichten 102

       1. Abwehr-/Schutzpflicht nach § 5 Abs. 1 Nr. 1 BImSchG 103

           a) Schädliche Umwelteinwirkungen 103

           b) Sonstige Gefahren 104

           c) Nachteile 104

           d) Belästigungen 104

           e) Erweiterung des Gefahrenabwehrbegriffs 105

           f) Erheblichkeit 106

       2. Vorsorgepflicht gem. § 5 Abs. 1 Nr. 2 BImSchG 109

           a) Stand der Technik, § 5 Abs. 1 Nr. 2 BImSchG 110

           b) Verhältnismäßigkeit 113

               aa) Gefahrenabwehr 113

               bb) Vorsorgepflicht 115

       3. Ergebnis 116

   II. Rechtsverordnungen gem. § 7 BImSchG 116

       1. Allgemeines 117

       2. Inhalts- und Schrankenbestimmungen 117

       3. Verhältnismäßigkeit 118

       4. Die Möglichkeit einer sofortigen Stilllegung durch Rechtsverordnung? 119

       5. Ergebnis 121

   III. TA Luft 122

       1. Konkretisierung der Abwehrpflicht 122

       2. Konkretisierung der Vorsorgepflicht 123

   IV. Nachträgliche Anordnungen gem. § 17 BImSchG 123

1. Die Abgrenzung von nachträglicher Anordnung und Widerruf.. 123
2. Tatbestandsvoraussetzungen.. 124
3. Verhältnismäßigkeit gem. § 17 Abs. 2 BImSchG 125
   a) Maßstab: Durchschnittsbetrieb oder Einzelanlage? 126
   b) Konkrete Prüfung der Angemessenheit.............................. 128
      aa) Zu berücksichtigende Belange des Eigentümers........... 128
      bb) Zu berücksichtigende öffentliche Belange 130
      cc) Gewichtung... 131
         aaa) Schutzanordnungen 131
         bbb) Vorsorgeanordnungen 132
4. Ermessen 132
5. Bedeutung für den Bestandsschutz.. 133

V. Verfügungen gem. § 20 BImSchG 135
   1. Untersagung gem. § 20 Abs. 1 BImSchG................................. 135
   2. Stilllegung oder Beseitigung gem. § 20 Abs. 2 BImSchG 136
      a) Offensichtliche materielle Genehmigungsfähigkeit 137
      b) Bestehende Zweifel an der Genehmigungsfähigkeit............ 137
      c) Später eintretende formelle Illegalität 138
      d) Von Anfang an bestehende formelle Illegalität................... 139
   3. Bedeutung für den Bestandsschutz.. 139

VI. Rücknahme der Genehmigung, § 48 VwVfG................................. 140

VII. Widerruf der Genehmigung gem. § 21 BImSchG 141
   1. Die Widerrufstatbestände des § 21 Abs. 1 BImSchG 141
      a) Der Widerrufsvorbehalt, § 21 Abs. 1 BImSchG 142
      b) Das Nichterfüllen einer Auflage nach
         § 21 Abs. 1 Nr. 2 BImSchG.. 143
      c) Widerruf wegen nachträglich eingetretener Tatsachen,
         § 21 Abs. 1 Nr. 3 BImSchG.. 143
      d) Widerruf wegen zwischenzeitlicher Rechtsänderung,
         § 21 Abs. 1 Nr. 4 BImSchG.. 144
      e) Auffangtatbestand gem. § 21 Abs. 1 Nr. 5 BImSchG 145

    2. Ermessen 146
    3. Entschädigung gem. § 21 Abs. 4 BImSchG 146
    4. Ergebnis 147

B. *Ergebnis zum passiven Bestandsschutz* *148*

C. *Aktiver Bestandsschutz* *149*
  I. Regelungen gem. §§ 15, 16 BImSchG 149
    1. Änderungsgenehmigung nach § 16 Abs. 1 S. 1 BImSchG 150
    2. Wiedererrichtung einer genehmigt betriebenen und danach beseitigten Anlage gem. § 16 Abs. 5 BImSchG 151
    3. Bedeutung für den Bestandsschutz 151
      a) Passiver Bestandsschutz 151
      b) Aktiver Bestandsschutz 152
      c) Eigentumskräftig verfestigte Anspruchsposition in Bezug auf § 16 Abs. 1 i. V. m. § 4 BImSchG 154
      d) Aktiver Bestandsschutz in Bezug auf § 16 Abs. 5 BImSchG 155
        aa) Sachgerechte Erweiterung des Bestandsschutzes? 155
          aaa) Notwendigkeit einer Einschränkung im Immissionsschutzrecht 155
          bbb) Keine Notwendigkeit der Einschränkung im Immissionsschutzrecht 156
          ccc) Mittelweg: Bedürfnis einer Baugenehmigung? 157
        bb) Ergebnis 160
  II. Ergebnis 160

D. *Präventiver Bestandsschutz* *161*
  I. Normenkontrollverfahren gegen den Bebauungsplan 161
  II. Anfechtungsklage gegen einzelne Verwaltungsakte 161

E. *Zusammenfassung* *162*

§ 2 Nicht genehmigungsbedürftige Anlage 164

A. Verminderter Bestandsschutz 164
  I. Grundpflichten i. S. v. § 22 BImSchG 165
     1. Anwendungsbereich 165
     2. Bestandsschutz 165
  II. Nachträgliche Anordnung bei einer anzeigepflichtigen Änderung 166
  III. Durchsetzung der Grundpflichten 167
     1. Anordnungen gem. § 24 BImSchG 167
     2. Untersagung gem. § 25 BImSchG 167
  IV. Bestandsschutzaspekte 168

B. Ergebnis 168

VIERTER TEIL: IMMISSIONSSCHUTZRECHTLICHER BESTANDSSCHUTZ UND FACHRECHTLICHE EINFLÜSSE 169

§ 1 Bestandsschutz in der Rechtsprechung der Verwaltungsgerichte 170

A. Andere öffentlich rechtliche Vorschriften gem. § 6 I Nr. 2 BImSchG .. 170
  I. Vermittlung von Bestandsschutz durch die immissionsschutzrechtliche Genehmigung gegenüber nachträglichen Änderungen durch die TierSchNutztV 170
  II. Gezielt bestandsänderndes Recht durch die unmittelbar zulassungsmodifizierende Wirkung der TierSchNutztV 172

B. Planfeststellung als Schutzschild gegen Verschärfung? 174
  I. Keine Änderungsfestigkeit des Planfeststellungsbeschlusses gegen Fortentwicklungen der Grundpflichten 175
  II. Unmittelbar zulassungsmodifizierende Wirkung der AbfAblV und DepV 177

C. Fachrecht neben Gestattungswirkung der immissionsschutzrechtlichen Genehmigung 182

- I. Keine Änderungsfestigkeit der immissionsschutzrechtlichen Genehmigung gegenüber separat daneben tretendem formellem Bundesrecht 182
- II. Keine Notwendigkeit zur Einfügung der Rechtsänderung in den Zulassungsbescheid 187

D. *Herausbildung allgemeiner Grundsätze* *191*
- I. Bestandsschutz durch die immissionsschutzrechtliche Genehmigung 191
  1. Dynamische Grundpflichten 191
  2. Fehlende Gestattungswirkung 193
  3. Ergebnis 195
- II. Änderung der Zulassung 195
  1. Auslegung der Verordnung 196
  2. Bestimmtheit des Fachrechts 196
  3. Zulassungsrecht mit dynamischen Grundpflichten 197
  4. Ergebnis 199

E. *Übertragung der bisherigen Erkenntnisse auf die Entscheidung des OVG Koblenz* *199*
- I. Entwicklungsoffenheit des Bundesberggesetzes 199
- II. Unmittelbar zulassungsmodifizierende Wirkung 201

§ 2 Bedeutung für den Bestandsschutz 204

A. *Verfassungsmäßigkeit der Anpassungspflicht* *204*
- I. Eingriff in den Schutzumfang 204
- II. Beseitigung des Bestandsschutzes durch die Anpassungspflicht . 205
  1. Rückwirkung 205
  2. Instituts- und Bestandsgarantie 207
  3. Übergangsregelungen zur Wahrung der Verhältnismäßigkeit . 207
     a) Abstrakte Betrachtung der Übergangsregelung 207
     b) Übergangsregelungen in den einschlägigen Entscheidungen des BVerwG 209
- III. Ergebnis 211

XV

B. Der Bestandsschutz und die unmittelbar zulassungsmodifizierende Wirkung 212
    I. Allgemeines Verwaltungsrecht 212
    II. Ermächtigungsgrundlage 212
C. Gibt es noch einen Bestandsschutz im Umweltrecht? 216
    I. Effektiver Schutz der Umwelt durch generelle Verhältnismäßigkeitserwägungen 217
    II. Schutz des Betreibers durch generelle Verhältnismäßigkeitserwägungen 219
        1. Gefahrenabwehr 219
        2. Vorsorge- und Schutzpflichten 220
        3. Härtefallregelungen 222
    III. Lösungsmöglichkeit 223
        1. Bestimmtheit 223
        2. Ausreichend lange Übergangsregelungen 224
        3. Möglichkeit der konkret-individuellen Durchsetzung 225
        4. Kritik 225
D. Ergebnis 227

FÜNFTER TEIL: BVT-SCHLUSSFOLGERUNGEN 229

§ 1 BVT 229

    A. Begrifflichkeiten 229
        I. Beste verfügbare Technik 229
        II. „Stand der Technik" 231
        III. Abgrenzung „Stand der Technik" und „beste verfügbare Technik" 232
        IV. Eigenständige „BVT-Grundpflicht"? 234
            1. EU-Ebene 234
            2. Nationale Ebene 234
        V. IE-Anlage 235
        VI. BVT-Merkblätter 236

VII. BVT-Schlussfolgerungen 237
VIII. Assoziierte Emissionswerte 237
    1. Emissionsgrenzwerte 238
    2. Emissionswerte 238

B. *Das Konzept der Industrieemissionsrichtlinie (IE-RL)* *239*

C. *Sevilla-Prozess* *240*
    I.   Verfahren auf nationaler Ebene 241
    II. Verfahren auf europäischer Ebene 242
    III. Revision bereits bestehender BVT-Merkblätter 243

D. *Rechtliche Qualität* *244*
    I.   Rechtsverbindlichkeit der BVT-Merkblätter 244
    II. Rechtsqualität der BVT-Schlussfolgerungen 247
    III. Grundsätzliche Verbindlichkeit der BVT-Schlussfolgerungen.... 249
    IV. Abweichungsmöglichkeit 250

E. *Umsetzung der Richtlinie in nationales Recht* *252*
    I.   Ermächtigungsnormen, §§ 7 Abs. 1a, 48 Abs. 1b BImSchG 253
    II. Abweichungsbefugnis, §§ 7 Abs. 1b, 48 Abs. 1b BImSchG 254
    III. Sonderproblem: Ausnahmeregelung auf abstrakt-genereller Ebene 256
    IV. Sonderproblem: Fristverlängerungsmöglichkeit 261
        1. Meinungsstand in der Literatur 261
        2. Stellungnahme 263
    V. Ergebnis 264
    VI. Umsetzung in Rechtsverordnungen auf Grundlage des BImSchG 265
        1. Erlass der Rechtsverordnung 265
        2. Vollzug 266
    VII. Umsetzung in Verwaltungsvorschriften am Beispiel der TA Luft 267

1. Rechtliche Zulässigkeit der Umsetzung durch die TA Luft 267
2. Verfahren der Änderung der TA Luft 269
3. Ergebnis 270
VIII. Einzelfallentscheidungen der Behörde 271
1. Nebenbestimmung, § 12 Abs. 1a BImSchG 271
2. Nachträgliche Anordnung 272
3. Ergebnis 273

F. *Zusammenfassende Bewertung der Veränderungen durch die IE-Richtlinie* *273*
   I. BVT-Merkblätter und BVT-Schlussfolgerungen 273
   II. Sevilla-Prozess 275

G. *BVT-Schlussfolgerungen und nicht IE-Anlagen* *276*
   I. Genehmigungsbedürftige Anlagen 276
   II. Nicht genehmigungsbedürftige Anlagen 277

§ 2 BVT-Schlussfolgerungen und Bestandsschutz 278

A. *Bedeutung der BVT-Schlussfolgerungen für den Bestandsschutz* *278*
   I. Grundpflichten gem. §§ 6 I Nr. 1, 5 BImSchG 278
   II. Unmittelbar zulassungsmodifizierende Wirkung 279
      1. Rechtsverordnungen 279
      2. Verwaltungsvorschrift 281
   III. Beseitigung des Bestandsschutzes durch die Anpassungspflicht . 281
      1. Wahrung der Verhältnismäßigkeit durch die Vier-Jahres-Frist 283
      2. Wahrung der Verhältnismäßigkeit durch Ausnahmeregelungen 286
   IV. Begriff der Bestandsanlage 288
      1. Fertig errichtetes Gebäude 289
      2. Noch keine Errichtung 289
      3. Nach Baubeginn 290

- B. Sonderproblem bei Übergangszeiten ... 295
  - I. Welche Emissionswerte sind einzuhalten? ... 296
    - 1. Rechtsverordnung ist einschlägig ... 296
      - a) Auslegung der IE-Richtlinie ... 296
      - b) Richtlinienkonforme Auslegung des § 12 Abs. 1a BImSchG ... 297
    - 2. Stellungnahme ... 298
      - a) Verwerfungskompetenz der Behörde ... 299
      - b) Uneinheitliche Rechtsanwendung, Überforderung, Planungssicherheit ... 300
      - c) Ergebnis ... 302
    - 3. Verwaltungsvorschrift ist einschlägig ... 303
    - 4. Ergebnis ... 305
- C. *Europarecht und der nationale Bestandsschutz* ... *305*
- D. *Ergebnis* ... *307*

STELLUNGNAHME ... **311**

LITERATURVERZEICHNIS ... **323**

Abkürzungsverzeichnis

ABl.	Amtsblatt
Abs.	Absatz
AEUV	Vertrag über die Arbeitsweise der Europäischen Union
a. F.	alte Fassung
Alt.	Alternative
Art.	Artikel
AtG	Gesetz über die friedliche Verwendung der Kernenergie und den Schutz gegen ihre Gefahren i.d.F. der Bek. v. 15.07.1985 (BGBl I S. 1565)
BauGB	Baugesetzbuch i.d.F. der Bek. v. 23.09.2004 (BGBl I S. 2414).
BauNVO	Baunutzungsverordnung i.d.F. der Bek. v. 23.01.1990 (BGBl I S. 132).
BauR	Baurecht (Zeitschrift für das gesamte öffentliche und zivile Baurecht)
BayBO	Bayrische Bauordnung i.d.F. der Bek. v. 04.08.1997 (GVBl I S. 433)
BayVBl.	Bayrische Verwaltungsblätter (Zeitschrift)
BbergG	Bundesberggesetz vom 13.08.1980 (BGBl I S. 1310)
BeamtStG	Gesetz zur Regelung des Statusrechts der Beamtinnen und Beamten in den Ländern
Beschl.	Beschluss
BGB	Bürgerliches Gesetzbuch i.d.F. der Bek. v. 02.01.2002
BGH	Bundesgerichtshof
BImSchG	Bundes-Immissionsschutzgesetz i.d.F. der Bek. v. 26.09.2002 (BGBl I S. 3830)
BImSchV	Verordnung(en) zur Durchführung des Bundes-Immissionsschutzgesetzes
BMU	Bundesministerium für Umwelt, Naturschutz und Reaktorsicherheit
BR-Drs.	Bundesratsdrucksache
bspw.	beispielsweise
BT-Drs.	Bundestagsdrucksache

BVerfG	Bundesverfassungsgericht
BVerfGE	Entscheidungen des Bundesverfassungsgerichts
BVerwG	Bundesverwaltungsgericht
BVerwGE	Entscheidungen des Bundesverwaltungsgerichts
BVT	Beste verfügbare Technik
bzgl.	bezüglich
d. h.	das heißt
diesbzgl.	dies bezüglich
DÖV	Die Öffentliche Verwaltung (Zeitschrift)
DVBl.	Deutsches Verwaltungsblatt (Zeitschrift)
Ebd.	ebenda
EG	Erwägungsgrund
EU	Europäische Union
EuGH	Gerichtshof der Europäischen Gemeinschaft
EUV	Vertrag über die Europäische Union
evtl.	eventuell
f./ff.	folgende(r/s), fortfolgende
FS	Festschrift
gem.	gemäß
GewArch	Gewerbearchiv (Zeitschrift)
GewO	Gewerbeordnung
GG	Grundgesetz für die Bundesrepublik Deutschland v. 23.05.1949 (BGBl I S. 1)
ggf.	gegebenenfalls
ggü.	gegenüber
HBO	Hessische Bauordnung i.d.F. der Bek. v. 18.06.2002 (GVBl I S. 274)
Hs.	Halbsatz
I+E	Zeitschrift für Immissionsschutzrecht und Emissionshandel

IE-RL	RL 2010/75/EU des Europäischen Parlaments und des Rates vom 24.11.2010 über Industrieemissionen (integrierte Vermeidung und Verminderung der Umweltverschmutzung), ABl. EU Nr. L 334/17 vom 17.12.2010, S. 17.
i. H. v.	in Höhe von
i. S. d.	im Sinne der/des
i. S. v.	im Sinne von
i. V. m.	in Verbindung mit
IVU-RL	RL 2008/1/EG des Europäischen Parlaments und des Rates vom 15.01.2008 über die integrierte Vermeidung und Verminderung der Umweltverschmutzung, ABl. EU Nr. L 24/8 vom 29.01.2008.
JA	Juristische Arbeitsblätter (Zeitschrift)
Jura	Juristische Ausbildung (Zeitschrift)
JuS	Juristische Schulung (Zeitschrift)
JZ	Juristenzeitung (Zeitschrift)
KrWG	Gesetz zur Förderung der Kreislaufwirtschaft und Sicherung der umweltverträglichen Beseitigung von Abfällen (Kreislaufwirtschafts- und Abfallgesetz)
LBauO RP	Landesbauordnung Rheinland-Pfalz i.d.F. der Bek. v. 24.11.1998 (GVBl S. 365)
NJW	Neue Juristische Wochenschrift (Zeitschrift)
Nr.	Nummer
NuR	Natur und Recht (Zeitschrift)
NVwZ	Neue Zeitschrift für Verwaltungsrecht (Zeitschrift)
NVwZ-RR	NVwZ-Rechtsprechungsreport (Zeitschrift)
OLG	Oberlandesgericht
PrOVG	Preußisches Oberverwaltungsgericht
PrOVGE	Entscheidungen des Preußischen Oberverwaltungsgerichts

RG	Reichsgericht
RL	Richtlinie
Rn.	Randnummer
Rs.	Rechtssache
S.	Seite
s. o.	siehe oben
TA Luft	Technische Anleitung zur Reinhaltung der Luft v. 24.07.2002 (GMBl S. 511)
u. a.	unter anderem
UPR	Umwelt und Planungsrecht (Zeitschrift)
Urt.	Urteil
v.	vom
VBlBW	Verwaltungsblätter für Baden-Württemberg (Zeitschrift)
VerwArch	Verwaltungsarchiv (Zeitschrift)
VG	Verwaltungsgericht
VGH	Verwaltungsgerichtshof
vgl.	vergleiche
VO	Verordnung
Vorb., Vorbem.	Vorbemerkung
VwGO	Verwaltungsgerichtsordnung
VwVfG	Verwaltungsverfahrensgesetz i.d.F. der Bek. v. 23.01.2003 (BGBl I S. 102)
WiVerw	Wirtschaft und Verwaltung (Zeitschrift)
z. B.	zum Beispiel
zit.	zitiert
ZUR	Zeitschrift für Umweltrecht (Zeitschrift)

Einleitung

A. Annäherung an die Thematik des Bestandsschutzes

„Die Geschichte des immissionsschutzrechtlichen Bestandsschutzes ist die Geschichte seiner Reduzierung."[1] Dieses Zitat von Horst Sendler verdeutlicht in anschaulicher Weise die Thematik dieser Arbeit. Neue (wissenschaftliche) Kenntnisse können zur Entdeckung von Risiken führen, die bei der Genehmigungserteilung nicht erkennbar waren. Oder die Meinung der Gesellschaft ändert sich, sodass rechtliche Anforderungen verschärft werden und die vorhandenen Anlagen diesen Anforderungen nicht genügen.[2] Aus Gründen des effektiven Umweltschutzes muss deshalb eine Eingriffsmöglichkeit der Behörde bestehen. Aufgrund der stetigen Fortentwicklung des Umweltrechts entstehen immer wieder Konflikte zwischen dem Interesse an der Flexibilität des fortschreitenden Umweltrechts und den privaten Bestandserhaltungsinteressen von Gewerbetreibenden.

Auf der einen Seite führen die dynamischen Grundpflichten aus § 5 BImSchG dazu, dass der Betreiber auch im laufenden Betrieb die dort festgeschriebenen Pflichten einhalten muss. Die Genehmigung ist also mit einem Vorbehalt bezüglich der Sanierungspflicht ausgestattet. Auf der anderen Seite steht aber die Bindungswirkung der unbefristeten Genehmigung. Eine einmal getroffene Regelung kann aufgrund des schutzwürdigen Vertrauens des Betreibers in den Bestand der Genehmigung nicht beliebig widerrufen werden. Anlagenbetreiber haben ein besonderes Interesse daran, dass die Investitionen, die sie mit der Errichtung der Anlage getätigt haben und die damit erworbenen Rechtspositionen dauerhaft bestehen bleiben. Während der Zeit ihres Bestehens kann es jedoch zu nachträglichen gesetzlichen Veränderungen kommen, beispielsweise aufgrund neuer technischer Erkenntnisse, die der einmal rechtmäßig errichteten Anlage nun entgegenstehen. Während die Anlagenbetreiber ein Interesse an der Beibehaltung des Status quo haben, hat die Allgemeinheit ein Interesse an der Anpassung an die aktuellen Rechtsverhältnisse.

Aus diesem Spannungsfeld heraus entstehen die Fragen, ob und gegebenenfalls wie Betreiber zu einer nachträglichen Anpassung ihrer Anlage an geänderte

---

[1] *Sendler*, WiVerw 1993, 235 (276).
[2] *Koch*, Umweltrecht, § 4 Rn. 202.

rechtliche Verhältnisse gezwungen werden können. Bei dieser Kollision des Zukunftsvorbehalts mit der Bindungswirkung des Verwaltungsaktes stellen sich immer die Fragen der Rechtskontinuität, des Vertrauens- und Bestandsschutzes. Es geht also um den Ausgleich des Spannungsverhältnisses zwischen den individuellen Privat- und öffentlichen Gemeinwohlinteressen. Wenn der Gesetzgeber neue umweltrechtliche Anforderungen setzt, indem er erstmalig eine Norm schafft oder bestehende Gesetze ändert – wie dies durch die Umsetzung der BVT-Schlussfolgerungen in nationales Recht geschieht – wirft dies stets Fragen auf: Können Anlagenbetreiber dazu verpflichtet werden, neue Pflichten einzuhalten? Hat die neue bzw. geänderte Pflicht unmittelbar rechtsgestaltende Wirkung, sodass kein Tätigwerden seitens der Behörde nötig ist? Oder muss die neue Verpflichtung erst mittels eines Gestaltungsaktes umgesetzt werden? Wenn ja, darf die Behörde das überhaupt oder genießt der Zulassungsinhaber Bestandsschutz? Wie kann den Interessen der Anlagenbetreiber, die ein berechtigtes Interesse an der Amortisierung ihrer Anlagen haben, ausreichend Rechnung getragen werden? Diese Fragen sind zwar nicht neu, dennoch sind sie aufgrund mehrerer Entscheidungen des Bundesverwaltungsgerichts[3] und des OVG Koblenz[4] aktuell relevant.

Im Zentrum steht die Forschungsfrage, ob es überhaupt noch einen Bestandsschutz im Immissionsschutzrecht gibt bzw. in welchem Ausmaß dieser durch die Rechtsprechung zurückgedrängt wurde und wie den Interessen der Anlagenbetreiber Rechnung getragen werden kann. Der Bestandsschutz ist allgemein die stärkste Absicherung des gegenwärtig Innehabenden gegenüber Reformen im Umweltrecht. In der Arbeit wird deshalb die Schutzposition des Anlagenbetreibers gegen nachträgliche Beschränkungen der auf der Genehmigung beruhenden Rechtsposition zu bestimmen sein und es ist herauszufinden, inwieweit Genehmigungen im Umweltrecht überhaupt noch vor nachträglichen Anpassungsverpflichtungen schützen.

Anhand der Umsetzung der BVT-Schlussfolgerungen soll die Dynamik der Bestandsschutzsituation im Immissionsschutzrecht illustriert werden. Es besteht die praktische Notwendigkeit, dass die rechtlichen Änderungen, die durch die

---

[3] BVerwG, Urt. v. 23.10.2008 – 7 C 9.08 = BVerwGE 132, 224; BVerwG, Urt. v. 14.04.2005 – 7 C. 26.03 = BVerwGE 123, 247; BVerwG, Urt. v. 30.06.2005 – 7 C 26.04 = BVerwGE 124, 47.

[4] OVG Koblenz, Urt. v. 12.11.2009 – 1 A 11222/09 = NuR 2010, 416 (416 ff.).

Umsetzung der Industrieemissionsrichtlinie (IE-RL)[5] eingetreten sind, dargestellt werden, denn von der Reformation der BVT-Schlussfolgerungen ist ein volkswirtschaftlich außerordentlich bedeutsamer Bereich berührt. Die Neuregelungen der IE-RL betreffen 52.000 europäische Industrieanlagen[6] und davon in Deutschland rund 9.100 Objekte,[7] also den überwiegenden Teil der großen Industrieanlagen, von denen ein maßgeblicher Anteil der gesamten Umweltbelastungen ausgeht. Dies zeigt die hohe Praxisrelevanz der Thematik der BVT-Schlussfolgerungen.

Durch die IE-RL wird das Konzept der „besten verfügbaren Technik" (BVT) verbessert, denn sie finden zukünftig im Genehmigungsprozess direkte Anwendung. Die BVT-Schlussfolgerungen werden im Rahmen eines Komitologieverfahrens von der EU-Kommission beschlossen und sind in allen Mitgliedstaaten verbindlich umzusetzen. Die zuständigen Behörden haben bei der Festlegung der Genehmigungsauflagen die Emissionsgrenzwerte so festzulegen, dass sichergestellt ist, dass die assoziierten Emissionswerte der BVT-Schlussfolgerungen nicht überschritten werden (Art. 15 Abs. 3 IE-RL). Die Übereinstimmung der Genehmigungsauflage mit den BVT-Schlussfolgerungen ist spätestens alle vier Jahre nach Erscheinen einer BVT-Schlussfolgerung zu überprüfen und gegebenenfalls anzupassen. Das anlagenbezogene Immissionsschutzrecht unterliegt somit einem permanenten Anpassungsprozess. Die geltenden Anforderungen an Industrieanlagen und die Grenzwerte für Emissionen müssen an die neuen europäischen Emissionsstandards angepasst werden, sofern die deutschen Anforderungen weniger strenge Grenzwerte vorsehen, als mit BVT erreichbar sind. Aufgrund dieser zwingenden Anpassungspflicht der Anlagenbetreiber müssen Unternehmen ihre Anlagen sanieren. Dies führt zu einer erheblichen finanziellen Belastung, da beispielsweise allein bei Abfallverbrennungsanlagen für die Einhaltung der neuen Staubgrenzwerte Investitionen in Höhe von 32 Millionen Euro nötig sind.[8] Deshalb ist eine Darstellung des Span-

---

[5] RL 2010/75/EU des Europäischen Parlaments und des Rates vom 24.11.2010 über Industrieemissionen (integrierte Vermeidung und Verminderung der Umweltverschmutzung), ABl. L 334/17 v. 17.12.2010, S. 17.

[5] RL 96/61/EG des Rates vom 24.09.1996 über die integrierte Vermeidung und Verminderung der Umweltverschmutzung, ABl.EG L 257 v. 10.10.1996, S. 26.

[6] Mitteilung der Kommission vom 21.12.2007, KOM (2007) 843 endg., S. 3.

[7] *Suhr*, I+E 2013, 44 (44); *Kopp-Assenmacher*, Immissionsschutz Band 4, S. 6.

[8] *Simon*, Entsorga 2013, 12 (14).

nungsfeldes zwischen dem Bestandsschutz und der Umsetzung der BVT-Schlussfolgerungen in nationales Recht angezeigt. Wichtig ist dabei auch, herauszuarbeiten, inwieweit den Interessen der Anlagenbetreiber Rechnung getragen werden kann.

B. Gang der Untersuchung

Die vorliegende Untersuchung geht im Kern der Frage nach, ob es überhaupt noch einen Bestandsschutz im Immissionsschutzrecht gibt bzw. in welchem Ausmaß dieser durch die neuere Rechtsprechung zurückgedrängt wurde, und wie die Interessen der Anlagenbetreiber ausreichend geschützt werden können.

Der Bestandsschutz ist eine Rechtsfigur, die für das gesamte Umweltrecht relevant ist, aber vor allem im Immissionsschutzrecht eine besondere Rolle spielt. Die Arbeit beschränkt sich auf die Untersuchung der aktuellen Bestandsschutzdiskussion, nämlich des Schutzes des Eigentums gegen Eingriffe durch neues oder geändertes Recht und eventuelle nachträgliche behördliche Anordnungen.

Um diese Frage zu klären, sollen am Beginn der Untersuchung eine historische Herleitung des Bestandsschutzes und die Darstellung der wechselvollen Rechtsprechung stehen. Die verwaltungs- und verfassungsrechtliche Rechtsprechung hat den Bestandsschutz zunächst aus Art. 14 GG direkt hergeleitet, mit der Nassauskiesungsentscheidung Abstand von dem dogmatischen Ansatz genommen und sieht die einfach-gesetzliche Ausgestaltung im Sinne einer Inhalts- und Schrankenbestimmung nunmehr als Anknüpfungspunkt für bestandsschutzrechtliche Aspekte.

In einem nächsten Schritt wird auf die unterschiedliche Wirkung der bau- und immissionsschutzrechtlichen Genehmigung eingegangen, die den von Anfang an eingeschränkten Bestandsschutz im Immissionsschutzrecht erklärt. Die immissionsschutzrechtliche Genehmigung ist durch die dynamischen Grundpflichten in § 5 BImSchG gekennzeichnet, die zu einer Anpassungspflicht führen. Der Anlagenbetreiber muss nicht nur die Grundpflichten einhalten, die bei Genehmigungserteilung bestanden, sondern auch die aktuell bestehenden Normen beachten. Neue Anforderungen können zudem auch durch die sehr weitreichenden nachträglichen Änderungs- und Einwirkungsmöglichkeiten durchgesetzt werden. Den geänderten Pflichten kann durch abstrakt-generelle Umsetzungsmittel nach § 7 Abs. 1 BImSchG (durch Verordnung) und § 48 BImSchG (allgemeine Verwaltungsvorschrift, insbesondere TA Luft) zur Geltung verholfen werden.

Als konkret-individuelles Umsetzungsmittel dienen nachträgliche Anordnungen nach § 17 BImSchG, Verfügungen nach § 20 BImSchG und der Widerruf gem. § 21 BImSchG. Neben diesen Einschränkungen des Bestandsschutzes bestehen zudem fachrechtliche Einflüsse, die ebenfalls auf den Bestandsschutz wirken.

Im Gegensatz zum Immissionsschutzrecht ist der Bestandsschutz im Baurecht sehr ausgeprägt und deshalb der geeignete Vergleichsmaßstab für den immissionsschutzrechtlichen Bestandsschutz. Als Grundlage für die Betrachtung dienen die Bauordnungen für Bayern und Rheinland-Pfalz. Die Durchsetzung von neuen Anforderungen während der Existenz der Baugenehmigung ist im Vergleich zum Immissionsschutzrecht grundsätzlich deutlich schwieriger. Ist eine bauliche Anlage bestandsgeschützt, können Anforderungen (nur) gestellt werden, wenn (und soweit) das zur Abwehr erheblicher Gefahren für Leben und Gesundheit notwendig ist. Dieses in einigen Landesbauordnungen vorgesehene Anpassungsverlangen (Art. 54 Abs. 4 BayBO, § 85 Abs. 1 LBauO Rh.-Pf.) ist nur unter strengen Voraussetzungen möglich. Eine erhebliche Gefahr in diesem Sinn entsteht nicht bereits allein dadurch, dass sich gesetzliche Vorschriften im Laufe der Zeit ändern.[9] Ist eine bauliche Anlage bestandsgeschützt, so ist daher eine fortwährende Nachrüstung immer auf den Stand der aktuell geltenden Vorschriften bauordnungsrechtlich nicht vorgesehen.

Nach einer Zusammenfassung der Ergebnisse im Hinblick auf den Bestandsschutz im Immissionsschutzrecht widmet sich ein eigener Abschnitt den BVT-Schlussfolgerungen, die nach der IVU-Richtlinie durch die IE-Richtlinie reformiert worden sind. In diesem Punkt werden die historische Entwicklung der BVT-Schlussfolgerungen und das Verfahren zum Erkenntnisgewinn ausgeführt. Es soll die Frage geklärt werden, auf welche Weise Anlagenbetreiber verpflichtet werden können, ihre Emissionen an die BVT-Standards anzupassen. Zur Einhaltung der in einer BVT-Schlussfolgerung enthaltenen „Emissionsbandbreiten" für IE-Anlagen ermächtigt das BImSchG zum Erlass von Rechtsverordnungen (§ 7 Abs. 1 BImSchG) und Verwaltungsvorschriften (§ 48 Abs. 1 BImSchG). Für Neuanlagen gelten die BVT-Schlussfolgerungen sofort und ohne Weiteres. Für Bestandsanlagenbetreiber zeigt sich, dass eine Übergangsregelung gefunden wurde, die im Vergleich zu den Übergangsregelungen der TA Luft deutlich schärfere Anpassungsverpflichtungen zur Folge hat. Aufgrund der

---

[9] HessVGH, Beschl. v. 18.10.1999 – 4 TG 3007/97 = DÖV 2000, 338.

unmittelbaren Verordnungswirkung wird dem Betreiber die Verpflichtung auferlegt, selbstständig zu prüfen, welche Grenzwerte für seine Anlagen gelten. Er muss den Änderungsbedarf entweder anzeigen (§ 15 BImSchG) oder eine Änderungsgenehmigung beantragen (§ 16 BImSchG). Anschließend wird das Spannungsfeld zwischen dem immissionsschutzrechtlichen Bestandsschutz und den BVT-Schlussfolgerungen bzw. deren Umsetzung im nationalen Recht aufgezeigt.

Erster Teil:
Die historische Entwicklung des Bestandsschutzes

§ 1 Der Begriff „Bestandsschutz"

Der Begriff „Bestandsschutz" ist selbst dem Rechtsunkundigen bekannt, jedoch meist nicht in seiner konkreten juristischen Bedeutung. In der Regel denkt der juristische Laie, ein einmal bebautes Gebäude wäre „für die Ewigkeit" errichtet und sei gegen staatliche Eingriffe geschützt.[10] Wie sich in der Arbeit aber zeigen wird, ist die Problematik des Bestandsschutzes weit komplexer.

Der „Bestandsschutz" als Begriff hat seinen Ursprung zwar im öffentlichen Baurecht,[11] ist aber auch in anderen Rechtsgebieten, wie beispielsweise im Arbeits- und Umweltrecht in unterschiedlicher Ausgestaltung wiederzufinden.[12] Jedoch wird der „Bestandsschutz" bis heute in keinem Gesetzestext wortwörtlich verwendet.[13] Der Bestandsschutz wurde über Jahrzehnte durch die Rechtsprechung und Gesetzgebung geprägt. Primär ist damit der Schutz eines tatsächlich vorhandenen Bestandes von Rechten oder sonstigen Positionen, die ursprünglich mit dem ehemaligen geltenden Recht übereinstimmten und sich nun auch gegenüber der neuen, geänderten Rechtslage durchsetzen, gemeint.[14]

---

[10] *Brenner*, Baurecht, S. 171.
[11] *Wickel*, Bestandsschutz im Umweltrecht, S. 53.
[12] *Brock*, Der baurechtliche Bestandsschutz und die Erleichterung des Strukturwandels in der Landwirtschaft, S. 5.
[13] *Hansmann*, in: FS 50 Jahre BVerwG, S. 935 (935); *Lieder*, ThürVBl. 2004, 53 (53).
[14] *Schulze-Fielitz*, Die Verwaltung 1987, 307 (309); *Sendler*, WiVerw 1993, 235 (237); *Götze*, SächsVBl. 2001, 257 (257).

§ 2 Entstehungsgeschichte

A. Preußisches Recht

Bereits das Preußische Allgemeine Landrecht von 1794 kannte einen Bestandsschutz, da ein Einschreiten des Baupolizeirechts bei bestehenden Gebäuden nur dann erlaubt war, wenn eine Gefahr für die Öffentlichkeit bestand. Ansonsten war das Eigentum vor Eingriffen geschützt.[15] Das Preußische Oberverwaltungsgericht (PrOVG) kam zu dem Ergebnis, dass spätere Rechtsänderungen ein formell und materiell rechtmäßig errichtetes Gebäude nicht mehr betreffen würden.[16] Dies gelte jedoch nicht, wenn keine Genehmigung existierte oder wenn Gebäude baulich umgestaltet worden seien. In beiden Fällen wären dann die nach der Rechtsänderung einschlägigen Gesetze zu beachten.[17] Unwesentliche Änderungen am Gebäude wären von dieser Regelung jedoch nicht betroffen und dürften auch bei Verstoß gegen geltendes Baurecht vorgenommen werden.[18]

Das Preußische Oberverwaltungsgericht kannte also bereits einen gewissen Bestandsschutz, auch wenn der Begriff „Bestandsschutz" wortwörtlich in keinen Urteilen und Gesetzen zu finden ist.[19] Trotz der Anerkennung eines Interesses am Schutz des Bestandes zeichnete sich bereits ab, dass im Interesse umweltbezogener Belange eine Einschränkung des Bestandsschutzes denkbar sein muss.[20]

B. Bundesrepublik Deutschland

Der Begriff „Bestandsschutz" wurde am 19.10.1966 in einer Entscheidung des BVerwG im Bereich des Baurechts „geboren". Dabei entschied das BVerwG, dass der Betroffene seine bauliche Anlage, die er im Einklang mit dem damals

---

[15] *Baltz/Fischer*, Preußisches Baupolizeirecht, S. 70.
[16] PrOVG, Urt. v. 20.6.1878 – II B 13/78 = PrOVGE 4, 350, 362.
[17] PrOVG, Urt. v. 09.05.1881 – II B 46/81 = PrOVGE 8, 290, 291; PrOVG, Urt. v. 12.05.1983 – IV C 187/36 = PrOVGE 102, 253, 256; PrOVG, Urt. v. 7.11.1935 – IV C 102/34 = PrOVGE 97, 207, 208 f.; *Bernhardt*, Inhalt und Grenzen des Bestandsschutzes im Baurecht, S. 47 f.
[18] PrOVG, Urt. v. 27.10.1927 – IV A 37/27 = PrOVGE 82, 433, 434 f.
[19] *Uschkereit*, Der Bestandsschutz im Bau- und Immissionsschutzrecht, S. 7.
[20] PrOVG, Urt. v. 27.10.1927 – IV A 37/27 = PrOVGE 82, 433, 434 f.; PrOVG, Urt. v. 09.05.1881 – II B 46/81 = PrOVGE 8, 290, 291; PrOVG, Urt. v. 12.05.1983 – IV C 187/36 = PrOVGE 102, 253, 256; PrOVG, Urt. v. 7.11.1935 – IV C 102/34 = PrOVGE 97, 207, 208 f.

geltenden Recht errichtete und für die eine ursprünglich rechtmäßige Baugenehmigung bestand, nutzen dürfe, auch wenn neue baurechtliche Vorschriften dem Vorhaben nun entgegenstehen würden.[21] Auch ohne die wörtliche Nennung des Begriffs existierte der Bestandsschutz aber schon in früheren Zeiten.[22] Bereits früh bildete sich die Entscheidungspraxis heraus, dass der Bestandsschutz das durch Eigentumsausübung Geschaffene verfassungsrechtlich absichere, sodass sich der legal geschaffene Bestand gegen mittlerweile entgegenstehende Gesetze durchsetzen könne. Diese Ansicht basierte auf dem bis in die 70er Jahre verwendeten bürgerlich-rechtlichen Eigentumsbegriff.[23] Während „Leben", „körperliche Unversehrtheit" oder „Freizügigkeit" als „naturwüchsig vorhandene Grundrechte" bezeichnet werden können,[24] sei das Eigentumsgrundrecht eine „leere Hülle", die der inhaltlichen Ausfüllung bedürfe.[25] Die Rechtsprechung füllte diese leere Hülle mit § 903 BGB auf und beschrieb das Eigentum als „Recht, mit einer Sache nach Belieben verfahren zu dürfen".[26] Nach § 903 BGB ist das Eigentum „an sich unbeschränkt", was für das öffentliche Recht vor allem die Gewährleistung der Baufreiheit bedeutete. Zum Eigentumsinhalt gehöre neben der Möglichkeit zu bauen auch die Freiheit gewerblicher Betätigung auf dem Grundstück. Der Eigentümer dürfe sein Grundstück so nutzen, wie er wolle, solange er die durch das öffentliche Baurecht gezogenen Grenzen einhalte.[27]

Teilweise wurde vertreten, dass auch der Bestandsschutz aus der verfassungsrechtlichen Baufreiheit abstamme.[28] Art. 14 Abs. 1 S. 1 GG schütze das Recht, ein Grundstück im Rahmen der Gesetze zu bebauen.[29] Daher sei eine bereits errichtete bauliche Anlage aufgrund von Art. 14 GG in ihrem Bestand geschützt,

---

[21] BVerwG, Urt. v. 19.10.1966 – 4 C 16.66 = BVerwGE 25, 161, 161.
[22] BVerwG, Urt. v. 28.06.1956 – I C 93.54 = BVerwGE 3, 351, 354.
[23] *Michl*, ThürVBl. 2010, 280 (281).
[24] *Lege*, ZJS 2012, 44 (44).
[25] *Mampel*, NJW 1999, 975 (975).
[26] *Dolde*, in: FS BVerwG 50 Jahre, S. 305 (308); *Sieckmann*, NVwZ 1997, 853 (854).
[27] *Schulte*, NuR 1988, 131 (132); *Mampel*, NJW 1999, 975 (975).
[28] *Boecker*, BauR 1998, 441 (441); *Mampel*, NJW 1999, 975 (976); *Friauf*, WiVerw 1986, 87 (96); *Bernhardt*, Inhalt und Grenzen des Bestandsschutzes im Baurecht, S. 8 ff.; *Broy-Bülow*, Baufreiheit und baurechtlicher Bestandsschutz, S. 116 ff.; *Dolde*, in: FS Bachof, S. 191 (192).
[29] *Hauth*, BauR 2015, 774 (775); *Mampel*, NJW 1999, 975 (976).

wenn sie bei ihrer Errichtung mit dem materiellen Baurecht übereinstimme. Aufgrund des Bestandsschutzes dürfe der Eigentümer die Anlage erhalten und nutzen, auch wenn dies mit der aktuellen Rechtslage unvereinbar sei.[30] Jeder Entzug der bestandsgeschützten Rechtsposition wäre deshalb ein unverhältnismäßiger Eingriff in Art. 14 Abs. 1 S. 1 GG.[31]

Die Rechtsprechung[32] und die Literatur hingegen leiteten den Bestandsschutz direkt aus Art. 14 Abs. 1 S. 1 GG ab. Sie sahen die durch Art. 14 Abs. 1 GG garantierte „Sicherung des durch Rechtsausübung Geschaffenen" als Fundament des baurechtlichen Bestandsschutzes an.[33] Dieser Rechtsprechung lag zugrunde, dass die Richter Art. 14 GG als einen einheitlichen Artikel verstanden, indem die Sozialbindung gem. Art. 14 Abs. 2 GG den Übergang zur entschädigungspflichtigen Entziehung des Eigentums bildete. Zur Vermeidung dieser Entziehung kam dem verfassungsunmittelbaren Schutz des Eigentums durch Art. 14 Abs. 1 S. 1 GG eine bedeutende Stellung zu.[34] In der darauffolgenden Zeit entschieden Gerichte wiederholt über die Bestandsschutzthematik, sodass sich mehrere Figuren des Bestandsschutzes entwickelten.

C. Schutzrichtungen des Bestandsschutzes

Der Bestandsschutz wird aufgrund seiner Schutzrichtung als Abwehrrecht einerseits als passiver Bestandsschutz bezeichnet. Andererseits wird er in seiner Ausgestaltung als Anspruchsgrundlage als aktiver Bestandsschutz betitelt, der sich in die Formen des einfachen und überwirkenden Bestandsschutzes weiter aufteilen lässt.[35]

---

[30] *Mampel*, NJW 1999, 975 (976).
[31] *Lieder*, ThürVBl. 2004, 53 (55).
[32] BVerwG, Urt. v. 28.06.1956 – I C 93.54 = BVerwGE 3, 351, 354; BVerwG, Urt. v. 19.10.1966 – VI C 16.66 = BVerwGE 25, 161, 162 f.; BVerwG, Urt. 22.09.1967 – VI C 116.65 = BVerwGE 27, 345, 343; BVerwG, Urt. v. 30.04.1969 – IV C. 63.68 = NJW 1970, 93 (93); BVerwG, Urt. v. 25.11.1970 – IV C 119.68 = BVerwGE 36, 296, 300 f.; BVerwG, Urt. v. 21.01.1972 – IV C 212.65 = BauR 1972, 152 (152).
[33] BVerwG, Urt. v. 16.02.1976 – IV C 61.70 = BVerwGE 42, 8, 13.
[34] *Ortloff*, in: Jarass, Bestandsschutz bei Gewerbebetrieben, S. 59.
[35] *Friauf*, WiVerw 1986, 87 (89 ff.).

I. Im Baurecht

1. Passiver Bestandsschutz

Der passive Bestandsschutz ist der Schutz eines Gebäudes gegenüber späteren Rechtsänderungen. Er ist eine Abwehrposition des Eigentümers insbesondere gegen bauordnungsrechtliche Maßnahmen.[36] Ein bestandsgeschütztes Gebäude ist gegen Änderungen der materiellen Rechtslage stabil, sodass es auch dann erhalten und weiter genutzt werden kann, wenn es der materiellen Rechtslage entgegensteht.[37] Der passive Bestandsschutz hat also eine Abwehrfunktion gegenüber neuen gesetzlichen Normierungen.[38] Geschützt ist das Gebäude aber nur in seiner konkreten Funktion. Nutzungsänderungen fallen deshalb grundsätzlich nicht unter den passiven Bestandsschutz.[39] Dennoch kann aufgrund des passiven Bestandsschutzes der vorhandene Bestand in einem gewissen „untergeordneten" Umfang baulich erweitert werden,[40] da durch den passiven Bestandsschutz die verfassungsrechtlich gebotene Sicherung des durch die Eigentumsausübung Geschaffenen gegen den Verfall und die Entwertung erreicht werden soll.[41] Über diesen untergeordneten Umfang der baulichen Erweiterung gehen z. B. Veränderungen des konstruktiven Gefüges oder Änderungen der äußeren Erscheinungsform hinaus.

2. Aktiver Bestandsschutz

Der aktive Bestandsschutz geht über die bloße Respektierung des Status quo hinaus, welche der passive Bestandsschutz gewährt.[42] Aufgrund der Existenz einer baulichen Anlage können Ansprüche auf die Genehmigung von Erweiterungsmaßnahmen abgeleitet werden, die nach geltendem Recht eigentlich nicht genehmigungsfähig wären.[43] Dabei geht es um genehmigungsbedürftige bauli-

---

[36] *Brenndörfer*, Reichweite und Grenzen des baurechtlichen Bestandsschutzes, S. 24 f.
[37] *Papier*, in: Maunz/Dürig, GG, Band II, Art. 14 Rn. 84; *Dolde*, in: FS BVerwG 50 Jahre, S. 305 (311).
[38] *Decker*, BayVBl. 2011, 517 (518).
[39] *Dolde*, in: FS BVerwG 50 Jahre, S. 305 (312).
[40] *Friauf*, in: FS 25 Jahre BVerwG, S. 217 (222).
[41] *Bahnsen*, Der Bestandsschutz im öffentlichen Baurecht, S. 23; *Dolde*, in: FS BVerwG 50 Jahre, S. 305 (311); *Gehrke/Brehsan*, NVwZ 1999, 932 (933).
[42] *Bahnsen*, Der Bestandsschutz im öffentlichen Baurecht, S. 23; *Friauf*, in: FS 25 Jahre BVerwG, S. 217 (219); *Friauf*, WiVerw 1989, 121 (122).
[43] *Wahl*, in: FS für Redeker, S. 245 (246); *Friauf*, in: FS 25 Jahre BVerwG, S. 217 (219 f.).

che Maßnahmen, die der Aufrechterhaltung der bestehenden Anlage dienen, sowie um begrenzte Erweiterungen oder Modernisierungen.[44] Die Erweiterung des geschützten Bestandes wird nur dann zugelassen, wenn ansonsten die Existenz des Eigentümers bedroht wäre, weil beispielsweise die vorhandene Bausubstanz ohne die Erweiterung nicht mehr zeitgemäß genutzt werden könnte. Der Anwendungsbereich dieses aktiven Bestandsschutzes ist im Wesentlichen die Erweiterung von Wohngebäuden, um diese den heutigen Wohnbedürfnissen anzupassen.[45] Dabei geht es z. B. um die Erweiterung von Wohngebäuden, die ursprünglich nicht über ein Bad bzw. ein WC verfügten. Dies ist aber entsprechend den heutigen Wohnbedürfnissen für eine Vermietbarkeit unerlässlich.

3. Eigentumskräftig verfestigte Anspruchsposition

Vom aktiven Bestandsschutz muss die eigentumskräftig verfestigte Anspruchsposition abgegrenzt werden. Während es beim Bestandsschutz normalerweise um die Verteidigung eines tatsächlich vorhandenen Bestandes geht, führt die Diskussion bei der eigentumskräftig verfestigten Anspruchsposition zu der Frage, ob ein noch nicht durchgesetzter Anspruch auf Zulassung eines Vorhabens unter verfassungsrechtlichem Schutz besteht. Während beim aktiven Bestandsschutz das Gebäude der Anknüpfungspunkt für den Schutz ist, wird bei der eigentumskräftig verfestigten Anspruchsposition an das Grundstück angeknüpft.

Hierbei geht es um die Durchsetzung einer noch nicht ausgenutzten Bebaubarkeit eines Grundstücks entgegen einer späteren Rechtsänderung.[46] Damit wird eine „Vor-Form" des Bestandsschutzes gekennzeichnet: Der Eigentümer besitzt noch gar kein Haus, um dessen Bestand es geht, sondern er hätte das Gebäude bis zur nun eingetretenen entgegenstehenden Baugebietsregelung zuvor noch legal errichten dürfen.[47] Es entsteht die Frage, inwieweit aus diesem damaligen, noch nicht geltend gemachten Anspruch auf eine Baugenehmigung aktuell ein Recht auf Erteilung einer Baugenehmigung entgegen den neuen Bauvorschriften hergeleitet werden kann.

---

[44] *Dolde*, in: FS BVerwG 50 Jahre, S. 305 (312).
[45] *Bahnsen*, Der Bestandsschutz im öffentlichen Baurecht, S. 25; *Schulze-Fielitz*, Die Verwaltung 1987, 307 (311); *Fickert*, in: FS für Weyreuther, 319 (322); *Friauf*, WiVerw 1986, 87 (90).
[46] *Dolde*, in: FS BVerwG 50 Jahre, S. 305 (313).
[47] *Jankowski*, Bestandsschutz für Industrieanlagen, S. 76.

Für das Vorliegen einer eigentumskräftig verfestigten Anspruchsposition müssen zwei Voraussetzungen erfüllt sein. Zum einen muss zum Zeitpunkt des Inkrafttretens der die Nutzung ausschließenden rechtlichen (Neu-)Regelung ein Anspruch auf Zulassung der Nutzung bestanden haben.[48] Zum anderen muss diese Nutzung „in der Situation des Grundstücks in einer Weise angelegt gewesen sein, dass sie sich der darauf reagierenden Verkehrsauffassung als angemessen aufdrängte, [...] die Verkehrsauffassung sie geradezu vermisst".[49] Dies ist vor allem bei Bauwerken der Fall, die durch ein Naturereignis oder einen Brand zerstört wurden. Im Falle einer eigentumskräftig verfestigten Anspruchsposition kann aus der Eigentumsgarantie insoweit bei einem unbebauten Grundstück ein Anspruch auf eine nach geändertem Recht nicht mehr zulässige Nutzung abgeleitet werden.[50]

4. Überwirkender Bestandsschutz

Im Gegensatz zum aktiven Bestandsschutz geht es beim überwirkenden Bestandsschutz um die Zulassung von Änderungs- oder Erweiterungsmaßnahmen, die aufgrund Funktionszusammenhangs zwingend erforderlich sind, um die vorhandenen Anlagen zu schützen.[51] Der überwirkende Bestandsschutz wurde in einer Rechtsprechung zum Immissionsschutzrecht entwickelt und später auf das Baurecht übertragen (siehe II.). Hierbei geht es um das Hinzufügen weiterer Anlagen zu einem bestehenden Gewerbebetrieb, die in einem engen Funktionszusammenhang mit den schon vorhandenen Anlagen stehen.[52] Die Rechtsprechung erkennt einen überwirkenden Bestandsschutz dann an, wenn die Existenz des Betriebes ohne die Erweiterung gefährdet ist, wobei jedoch erhebliche Produktionsausweitungen als nicht mehr vom Bestandsschutz gedeckt angesehen werden.[53]

Der Anspruch auf die Genehmigung einer eigentlich nicht genehmigungsfähigen Anlage besteht aber nur dann, wenn zwischen dem Bestand und der neuen An-

---

[48] BVerwG, Urt. v. 18.10.1974 – IV C 75.71 = BauR 1975, 114 (116).
[49] Ebd.; *Dolde*, in: FS BVerwG 50 Jahre, S. 305 (313); *Bahnsen*, Der Bestandsschutz im öffentlichen Baurecht, S. 26.
[50] *Kutschera*, Bestandsschutz im öffentlichen Recht, S. 6.
[51] *Broy-Bülow*, Baufreiheit und baurechtlicher Bestandsschutz, S. 153; *Friauf*, WiVerw 1989, 121 (123); *Finkelnburg/Ortloff/Otto*, Öffentliches Baurecht, Band II, S. 176.
[52] BVerwG, Urt. v. 18.05.1990 – 4 C 49.89 = JuS 1991, 967 (967 ff.).
[53] Ebd.

lage ein untrennbarer Funktionszusammenhang vorliegt. Dieser ist dann gegeben, wenn ohne die Durchführung der Änderungs- oder Erweiterungsmaßnahme der Bestandsschutz der ursprünglichen Anlage schlechterdings gegenstandslos würde.[54] Zudem muss aus diesem Grund der Schutz des Bestandes ohne Zubilligung der Erweiterung schlechterdings gegenstandslos sein. Allerdings darf es sich nur um untergeordnete Erweiterungen handeln.[55] Beim Vorliegen dieser Voraussetzungen soll der Bestandsschutz von der bestehenden auf die erweiterte neue Anlage überwirken, um den Bestand vor wirtschaftlicher Entwertung zu schützen. Auch hinter dieser Fallgruppe steht die Intention der Sicherung eines vorhandenen Bestandes gegen Verfall und Entwertung.[56]

II. Im Immissionsschutzrecht

Die Entwicklung des verfassungsunmittelbaren Bestandsschutzes im Immissionsschutzrecht ist eng mit dem Baurecht verknüpft, denn jede Industrieanlage benötigt zwangsläufig eine bauliche Anlage, sodass sich das Bau- und Immissionsschutzrecht häufig überschneiden. Jedoch wird der baurechtliche Bestandsschutz vom immissionsschutzrechtlichen Bestandsschutz überlagert oder ergänzt, da im Immissionsschutzrecht die Besonderheit besteht, dass von der baulichen Anlage auch Emissionen ausgehen.[57] Außerdem beziehen sich die Diskussionen im Bau- und Immissionsschutzrecht im Bereich des Bestandsschutzes häufig auf andere Problemfälle. Während es im Baurecht meist um Baubeseitigungsanordnungen und Nutzungsuntersagungen (Art. 76 BayBO, § 81 LBauO Rh.-Pf.) geht, kreisen die Probleme im Immissionsschutzrecht um die nachträglichen Anforderungen an die Nutzung der Anlage.[58]

Trotz dieser Besonderheiten wurde die im Baurecht entwickelte Rechtsprechung zum Bestandsschutz auf das Immissionsschutzrecht übertragen.[59] Jedoch kann

---

[54] BVerwG, Urt. v. 14.11.1975 – 4 C 2.74 = BVerwGE 49, 365, 370; BVerwG, Urt. v. 12.12.1975 – 4 C 41.73 = BVerwGE 50, 49, 58.
[55] *Dolde*, in: FS BVerwG 50 Jahre, S. 305 (312); *Friauf*, in: FS 25 Jahre BVerwG, S. 217 (224 ff.).
[56] *Friauf*, WiVerw 1989, 121 (123).
[57] *Sendler*, WiVerw 1993, 235 (273).
[58] *Sach*, Genehmigung als Schutzschild?, S. 98 f.
[59] BVerwG, Urt. v. 02.03.1973 – 4 C 40.71 = BVerwGE 42, 30, 39 f.; *Jankowski*, Bestandsschutz für Industrieanlagen – Fortentwicklung des Immissionsschutzrechts zwischen EG-rechtlichen Vorgaben und deutschem Verfassungsrecht, S. 31; *Wickel*, Bestandsschutz im Umweltrecht, S. 123; *Schenke*, NuR 1989, 8 (16).

sich der dem Betreiber zukommende baurechtliche Bestandsschutz nur in den Grenzen entfalten, die ihm das dynamisch ausgestaltete Immissionsschutzrecht lässt.[60] So entschied das BVerwG, dass es im Immissionsschutzrecht aufgrund der bestehenden gesetzlichen Möglichkeit des Erlasses von nachträglichen Anordnungen nicht den Grundsatz gebe, dass die dem Bauherrn eingeräumte Rechtsposition trotz Rechtsänderung zu belassen sei bzw. nur gegen Entschädigung entzogen werden könne.[61] Im Gegensatz zum Baurecht, das einen umfangreichen Schutz der Anlage vor Veränderungen gewährt, ist im Immissionsschutzrecht der Schutzumfang deutlich begrenzter. Diese Entwicklung hin zu einem eingeschränkten Bestandsschutz im Immissionsschutzrecht ist im Folgenden genauer zu untersuchen.

1. Geschichtliche Entwicklung des immissionsschutzrechtlichen Bestandsschutzes

Durch die Preußische Gewerbeordnung aus dem Jahr 1845 entstand erstmals die Notwendigkeit einer Genehmigung,[62] wenn „zur Errichtung gewerblicher Anlagen, welche durch die örtliche Lage oder die Beschaffenheit der Betriebsstätte für die Besitzer oder Bewohner der benachbarten Grundstücke oder für das Publikum überhaupt erhebliche Nachteile, Gefahren oder Belästigungen hervorgerufen werden können."[63] Erstmalig in § 26 PreußGewO wurde also die Errichtung einer immissionsschutzrechtlichen Anlage unter den Vorbehalt einer gewerblichen Genehmigung gestellt. War eine solche Genehmigung einmal erteilt, konnte die genehmigte Anlage grundsätzlich unbeschränkt auf Dauer betrieben werden.[64] Erst als die negativen Auswirkungen der Industrialisierung deutlich wurden, reagierten die Behörden zunächst mit Anordnungen im Einzelfall.[65] Risiken durch spätere unvorhergesehene Entwicklungen oder ihre spätere Erkenntnis durch die Wissenschaft gingen grundsätzlich weiterhin zu Lasten der Nachbar-

---

[60] BVerwG, Beschl. v. 09.03.1988 – 7 B 34/88 = DÖV 1988, 560 (560); BVerwG, Urt. v. 18.05.1995 – 4 C 20.94 = BVerwGE 98, 235, 247; BVerwG, Urt. v. 23.09.1999 – 4 C 6.98 = BVerwGE 109, 314, 325.
[61] BVerwG, Urt. v. 18.05.1982 – 7 C 42.80 = BVerwGE 65, 313, 317; *Hansmann*, in: FS 50 Jahre BVerwG, S. 935 (938).
[62] *Schulze-Fielitz*, Die Verwaltung 1987, 307 (314); *Sach*, Genehmigung als Schutzschild?, S. 79.
[63] § 69 Preuß. GewO
[64] *Feldhaus*, WiVerw 1986, 67 (68); *Röckinghausen*, UPR 1996, 50 (51).
[65] *Sach*, Genehmigung als Schutzschild?, S. 79.

schaft und der Allgemeinheit. Nur in Fällen der schwerwiegenden Beeinträchtigung des Gemeinwohls konnten nachträgliche Untersagungsverfügungen ergehen – aber nur gegen Zahlung einer Entschädigung.[66] Die genehmigte Anlage genoss zunächst also einen sehr starken Bestandsschutz.[67]

Erst durch die Einführung des § 25 Abs. 3 GewO a. F. im Jahre 1959 zeigte sich ein langsam wachsendes Problembewusstsein in Bezug auf die Umwelt. Nun konnten nachträgliche Anordnungen über Anforderungen an die technische Einrichtung und den Betrieb der Anlage getroffen werden, wenn sich nach der Genehmigung einer Anlage ergab, dass die Besitzer oder Bewohner der benachbarten Grundstücke oder die Allgemeinheit vor Gefahren, Nachteilen oder Belästigungen nicht ausreichend geschützt waren. Voraussetzung dafür war aber, dass die neuen Anforderungen nach dem jeweiligen Stand der Technik erfüllbar und für Anlagen dieser Art wirtschaftlich vertretbar waren. Diese nachträglichen Anordnungen musste der Verursacher entschädigungslos tragen. In der Praxis jedoch lief sie praktisch leer.[68]

Nach dem 1974 erlassenen BImSchG wurden die Genehmigungsvoraussetzungen vor allem durch das neu eingeführte Vorsorgegebot deutlich verschärft. Einschneidend war insbesondere, dass die Betreiber dauernd die dynamischen Grundpflichten des § 5 BImSchG erfüllen mussten.[69] Jedoch bedeutet dies keineswegs eine ständige Anpassungs- und Nachrüstungspflicht, denn § 5 Abs. 1 BImSchG ist keine sich selbst vollziehende Vorschrift. Wäre dies der Fall, würden unerträgliche Folgen entstehen, denn es würde beispielsweise bedeuten, dass bei einer Verbesserung des Standes der Technik eine Anlage, die diesen Stand noch nicht erfüllt, ab diesem Zeitpunkt ungenehmigt betrieben werden würde und deshalb untersagt werden müsste. Es bedurfte deshalb für die Anpassungs- und Nachrüstungspflicht einer konkretisierenden nachträglichen Anordnung. Damit blieb der Bestandsschutz zumindest so lange erhalten, bis eine nachträgliche Anordnung erging.[70]

---

[66] *Sendler*, UPR 1990, 41 (41).
[67] *Röckinghausen*, UPR 1996, 50 (51).
[68] *Sendler*, UPR 1990, 41 (42); *Sach*, Genehmigung als Schutzschild?, S. 81; *Feldhaus*, Bestandsschutz, WiVerw 1986, 67 (70).
[69] *Jarass*, DVBl. 1986, 314 (315); *Jankowski*, Bestandsschutz für Industrieanlagen, S. 39.
[70] *Sendler*, UPR 1990, 41 (42 f.).

In der Fassung aus dem Jahr 1974 standen die dynamischen Grundpflichten noch unter dem Vorbehalt der wirtschaftlichen Vertretbarkeit. Dies führte bei den Behörden zu großen Vollzugsdefiziten, sodass der Maßstab in der späteren Änderung des BImSchG auf den Verhältnismäßigkeitsgrundsatz zurückgedrängt wurde. In den späteren drei BImSchG-Novellierungen wurden die Anforderungen stetig weiter verschärft, sodass die Rechtsstellung des Genehmigungsinhabers immer weiter eingeschränkt wurde.[71] Der ursprünglich stark bestehende Bestandsschutz wurde also im Laufe der Zeit immer weiter vermindert.

2. Aktiver und passiver Bestandsschutz

Trotz der Besonderheit des Bestandsschutzes im Immissionsschutzrecht, der im Laufe der Zeit immer weiter zurückgedrängt wurde, sprach sich das BVerwG auch in diesem Rechtsgebiet zunächst für den aus Art. 14 Abs. 1 GG resultierenden passiven Bestandsschutz aus.[72]

In der „Tunnelofenentscheidung"[73] wurde dann auch der einfach-aktive Bestandsschutz auf immissionsschutzrechtliche Fälle übertragen.[74] Bemerkenswert ist dabei, dass das BVerwG bereits in der „Tunnelofenentscheidung" frühe erste – wenn auch erfolglose – Schritte in Richtung eines nicht vom einfachen Gesetzesrecht losgelösten Bestandsschutz machte. Das Gericht stellte für den Bestandsschutz zunächst auf die „Erheblichkeit" im Sinne des § 5 Nr. 1 BImSchG ab. Eine erhebliche Belästigung solle nicht vorliegen, „wenn sich die Eigentümer oder sonstigen Benutzer der die Lärmquelle umgebenden Grundstücke die Belästigungen aus eigentumsrechtlichen Gründen zumuten lassen müssen."[75] Zunächst deutete dies auf eine verfassungskonforme Auslegung des § 5 BImSchG hin, jedoch stellte das Gericht letztendlich dann doch wieder auf den verfassungsunmittelbaren Bestandsschutz ab:[76] „Das ist in der Reichweite eines – durch Art. 14 Abs. 1 GG begründeten [...] – Bestandsschutzes der Fall".[77] Das

---

[71] *Sach*, Genehmigung als Schutzschild?, S. 81 f.
[72] BVerwG, Urt. v. 02.03.1973 – 4 C 40.71 = BVerwGE 42, 30, 39 f.
[73] BVerwG, Urt. v. 12.12.1975 – 4 C 71.73 = BVerwGE 50, 49.
[74] Ebd., BVerwGE 50, 49, 56.
[75] Ebd., BVerwGE 50, 49, 55.
[76] *Wickel*, Bestandsschutz im Umweltrecht, S. 123.
[77] BVerwG, Urt. v. 12.12.1975 – 4 C 71.73 = BVerwGE 50, 49, 55.

BVerwG stellte also weiterhin konsequent auf die im Baurecht bereits entwickelten Grundsätze für den verfassungsunmittelbaren Bestandsschutz ab.[78] Während der bereits oben erläuterte überwirkende Bestandsschutz erstmals im Immissionsschutzrecht entwickelt und erst danach auf baurechtliche Fallgestaltungen angewendet wurde,[79] wurde für das Immissionsschutzrecht ein Genehmigungsanspruch, der sich aus den Grundsätzen der eigentumskräftig verfestigten Anspruchsposition ergibt, abgelehnt.[80]

3. Präventiver Bestandsschutz

Speziell für das Immissionsschutzrecht wurde die Figur des präventiven Bestandsschutzes kreiert. Dieser gibt dem Betroffenen eine Abwehrmöglichkeit gegen Handlungen Dritter, die den Bestand des vorhandenen Eigentums und der eigentumsähnlichen Rechte gefährden können.[81] Aus der rechtmäßigen Eigentumsausübung entstehen Abwehransprüche gegen die mit dem Betrieb der emittierenden Anlage unvereinbare, ihrerseits schutzbedürftige Nutzung der Nachbarschaft. Dies betrifft vor allem Fälle, in denen die an die Anlage „heranrückenden" Wohnhäuser bereits über Baugenehmigungen verfügen bzw. diese unmittelbar bevorstehen. Für diese Wohnhauseigentümer sind aufgrund der bereits bestehenden Anlage erhebliche Nachteile zu erwarten, die dazu führen, dass zu ihrem Schutz gegenüber dem Anlagenbetreiber nachträgliche Anordnungen erlassen werden müssen.[82] Die Rechtsprechung entschied in diesen Fällen, dass der verfassungsunmittelbare Bestandsschutz bei öffentlich-rechtlichen Planungsentscheidungen einen abwägungserheblichen Belang darstelle.[83]

---

[78] Ebd. = BVerwGE 50, 49, 56.
[79] *Friauf*, in: FS 25 Jahre BVerwG, S. 217 (220).
[80] *Dolde*, in: FS für Bachof, S. 191 (211).
[81] *Hansmann*, in: FS 50 Jahre BVerwG, S. 935 (941).
[82] BVerwG, Urt. v. 16.04.1971 – 4 C 66.67 = DVBl. 1971, 746 (749 f.).
[83] *Uschkereit*, Der Bestandsschutz im Bau- und Immissionsschutzrecht, S. 34.

D. Die Wandlung des Bestandsschutzverständnisses in der Rechtsprechung

I. Der Nassauskiesungsbeschluss des BVerfG vom 15.07.1981[84]

Der Nassauskiesungsbeschluss des BVerfG war eine erste Wende für den Bestandsschutz, denn er änderte das Verständnis von der Systematik und Struktur des Art. 14 Abs. 1 GG grundlegend.[85] Er führte dabei zu einer wesentlichen Änderung der Dogmatik zum Bestandsschutz und beschäftigt noch heute Gerichte und Literatur.

Die Richter entschieden in dieser wegweisenden Entscheidung, dass der Gesetzgeber die Aufgabe habe, den Inhalt und die Schranken des Eigentums zu bestimmen. Die Gesetze würden generell und abstrakt die Rechte und Pflichten des Eigentümers festlegen, sodass diese einfach-gesetzlichen Normen die Rechtsstellung des Eigentümers begründen und ausformen würden. Die einfach-gesetzlichen Vorschriften schlössen damit einen unmittelbaren Rückgriff auf Art. 14 GG aus.[86] Der Eigentumsbegriff würde also durch die vom Gesetzgeber erlassenen öffentlich-rechtlichen Normen geprägt und nicht mehr durch § 903 BGB.

Zudem wurden die beiden Direktiven hervorgehoben, die der Gesetzgeber bei der Bestimmung des Inhalts und der Schranken des Eigentums zu beachten habe: Der Gesetzgeber habe dabei einerseits das Privateigentum zu berücksichtigen und andererseits auf die Belange des Gemeinwohls zu achten. Im Gegensatz zum bürgerlich-rechtlichen Eigentumsbegriff dominiere die Privatnützigkeit nicht mehr,[87] sondern zwischen beiden habe er einen gerechten Ausgleich zu schaffen.[88] Einschränkungen des Privateigentums müssen stets den Gleichheitssatz und das Verhältnismäßigkeitsprinzip wahren. Die Sozialbindung hat im Gegensatz zu früher nun ein höheres Gewicht bekommen.[89]

---

[84] BVerfG, Urt. v. 15.07.1981 – 1 BvL 77/78 = BVerfGE 58, 300, 338.
[85] *Brenndörfer*, Reichweite und Grenzen des baurechtlichen Bestandsschutzes, S. 35.
[86] BVerfG, Urt. v. 15.07.1981 – 1 BvL 77/78 = BVerfGE 58, 300, 336; *Bahnsen*, Der Bestandsschutz im öffentlichen Baurecht, S. 126 f.
[87] BVerfG, Urt. v. 15.07.1981 – 1 BvL 77/78 = BVerfGE 58, 300, 338; *Michl*, ThürVBl. 2010, 280 (282).
[88] BVerwG, Urt. v. 12.03.1998 – 4 C 10.97 = BVerwGE 106, 228, 234 f.; *Dolde*, in: FS BVerwG 50 Jahre, S. 305 (308).
[89] *Dolde*, in: FS BVerwG 50 Jahre, S. 305 (308).

II. Wende in der höchstrichterlichen Entscheidungspraxis

Dennoch wurde die Rechtsprechung zum Bestandsschutz nach dem Nassauskiesungsbeschluss nicht sofort geändert. Zur Reaktion gezwungen wurde das BVerwG erst durch den Erlass der §§ 34 Abs. 3, 35 Abs. 4 BauGB a. F. Diese einfach-gesetzlichen Normen regelten nun die Zulässigkeit von (Erweiterungs-) Maßnahmen, die bisher von der Rechtsprechung unter den aktiven Bestandsschutz gefasst wurden.[90] Somit standen sich jetzt die §§ 34, 35 BauGB a. F. und die Rechtsprechung zum aktiven Bestandsschutz gegenüber. Damit die Richter nicht mit dem Nassauskiesungsbeschluss in Konflikt traten, mussten sie ihre bisherige Rechtsprechung ändern.

In der für den Bestandsschutz ersten wegweisenden Entscheidung vom 19.07.1988 stellte das BVerwG klar, dass es die Aufgabe des Gesetzgebers sei, einfach-gesetzliche Normen zu schaffen, die Inhalt und Schranken des Eigentums im Sinne von Art. 14 Abs. 1 S. 2 GG seien und damit einen unmittelbaren Zulassungsanspruch unter Rückgriff auf Art. 14 Abs. 1 GG ausschlössen.[91] Ein Rückgriff auf den verfassungsunmittelbaren Bestandsschutz sei aber beim Fehlen einer einfach-gesetzlichen Regelung weiterhin möglich.[92] Auch in den darauffolgenden Entscheidungen des BVerwG zeigte sich, dass es keinen verfassungsunmittelbaren Bestandsschutz gebe, wenn einfach-gesetzliche Regelungen existieren würden.[93] Im Urteil vom 13.03.1998 stellte das BVerwG dann aber eindeutig fest, dass sich ein Rückgriff auch bei einer fehlenden gesetzlichen Regelung verbiete.[94]

In seiner Rechtsprechung vom 10.08.1990 verabschiedete sich das BVerwG dann von der „eigentumskräftig verfestigten Anspruchsposition". Die Richter

---

[90] BVerwG, Urt. v. 15.02.1990 – 4 C 23.86 = BVerwGE 84, 322, 334; *Wahl*, in: FS Redeker, S. 245 (247).

[91] BVerwG, Beschl. v. 19.07.1988 – 4 B 124.88, Buchholz 406.11 § 35 BBauG/BauGB Nr. 250.

[92] BVerwG, Urt. v. 15.02.1990 – 4 C 23.86 = BVerwGE 84, 322, 334.

[93] BVerwG, Urt. v. 10.08.1990 – 4 C 3.90 = BVerwGE 85, 289, 294; BVerwG, Urt. v. 22.02.1991 – 4 CB 6.91 = NVwZ 1991, 984 (986); BVerwG, Urt. v. 16.05.1991 – 4 C 17.90 = BVerwGE 88, 191, 203 f.; BVerwG, Urt. v. 14.01.1993 – 4 C 33/90 = BVerwG, NVwZ 1994, 293 (294).

[94] BVerwG, Urt. v. 12.03.1998 – 4 C 10.97 = BVerwG 106, 228, 235.

stellten deutlich klar, dass es daraus keinen Anspruch auf Zulassung mehr gebe, weil für diesen Anspruch nunmehr Normen bestünden.[95]

Mehrere Monate später rückte das BVerwG dann auch von seiner ursprünglichen Rechtsprechung zum überwirkenden Bestandsschutz ab und verwies für den Bestandsschutz auf die einfach-gesetzliche Regelung.[96]

Das BVerwG nahm kurze Zeit später von seiner Rechtsprechung Abstand und entschied, dass der verfassungsunmittelbare aktive Bestandsschutz abzulehnen sei.[97] Die Rechtsprechung des BVerwG wurde kurze Zeit später vom BVerfG auch bestätigt:[98] „Der Bestandsschutz für bauliche Anlagen gegenüber Änderungen der Baurechtsordnung erstreckt sich aus der verfassungsrechtlichen Sicht des Art. 14 Abs. 1 S. 1 GG nur auf ihren genehmigten Bestand und ihre genehmigte Funktion. Er erfasst grundsätzlich nicht Bestands- oder Funktionsänderungen, weil diese über den genehmigten Zustand hinausgreifen würden und ein solches Hinausgreifen von den die Eigentümerstellung regelnden Bauvorschriften nicht gedeckt wäre."[99]

In seinem Urteil vom 07.11.1997 stellte das BVerwG klar, dass einem „unmittelbaren Rückgriff auf Art. 14 GG [...] enge Grenzen gesetzt [sind]."[100]

Entscheidend für die Diskussion über das Fortbestehen eines verfassungsunmittelbaren Bestandsschutzes ist sicherlich das Grundsatzurteil vom 12.03.1998. Die Richter entschieden, dass Art. 14 Abs. 1 S. 1 GG ausschließlich als verfassungsrechtlicher Prüfungsmaßstab fungiere, an dem das einfache Recht zu messen sei. Es sei aber keine eigenständige Anspruchsgrundlage, die sich als Mittel dafür benutzen ließe, die Inhalts- und Schrankenbestimmungen des Gesetzgebers fachgerichtlich anzureichern. Wie weit der Schutz der Eigentumsgarantie reiche, ergebe sich aus der Bestimmung von Inhalt und Schranken durch den Gesetzgeber. Auch die Baufreiheit würde nur nach der Maßgabe des einfachen Rechts gewährleistet, da sich die Reichweite der Eigentumsgarantie aus der Be-

---

[95] BVerwG, Urt. v. 10.08.1990 – 4 C 3.90 = NJW 1991, 2786 (2786); *Gehrke/Brehsan*, NVwZ 1999, 932 (935).
[96] BVerwG, Urt. v. 16.05.1991 – 4 C 4.89 = NJW 1992, 1123 (1123).
[97] BVerwG, Urt. v. 01.12.1995 – 8 B 150.95 = BVerwG, BRS 57 Nr. 100 (1995).
[98] BVerfG, Urt. v. 15.12.1995 – 1 BvR 1713/92 = BayBVl. 1996, 240 (240 ff.).
[99] Ebd.
[100] BVerwG, Urt. v. 07.11.1997 – 4 C 7.97 = NVwZ 1998, 735 (736) = DVBl. 1998, 587 (588 f.).

stimmung von Inhalt und Schranken des Eigentums durch den Gesetzgeber ergebe. Einen verfassungsrechtlichen Schutz genieße eine Eigentumsposition nur im Rahmen der mit ihr zulässigerweise verbundenen, gesetzlich definierten Befugnisse. Wenn der Gesetzgeber bei der Ausgestaltung der Inhalts- und Schrankenbestimmungen keinen gerechten Ausgleich zwischen der Privatnützigkeit und dem Gemeinwohl schaffe, sei es den Fachgerichten verwehrt, unmittelbar auf der Grundlage der Verfassung Ansprüche zu gewähren, die nicht von einfach-rechtlichen Normen gedeckt seien. Es ist dann das Verfahren auszusetzen (Art. 100 Abs. 1 GG) und die Entscheidung des BVerfG einzuholen.[101]

E. Ergebnis

Für die Fragen, ob es im Immissionsschutzrecht überhaupt noch einen Bestandsschutz gibt, muss zunächst die historische Entwicklung verstanden werden. Das BVerwG entwickelte den heute bekannten Bestandsschutz im Zuge baurechtlicher Entscheidungen und ging für legal geschaffene Anlagen ursprünglich von der unmittelbaren Herleitung des Bestandsschutzes aus Art. 14 Abs. 1 GG aus. Die Rechtsprechung hat diesen verfassungsunmittelbaren Bestandsschutz kontinuierlich weiterentwickelt und systematisiert, sodass ursprünglich ein sehr ausgeprägter Schutz bestand. Ausgehend von diesem weiten Bestandsschutz ist der Nassauskiesungsbeschluss der Beginn einer Reihe von höchstrichterlichen Entscheidungen, die den Bestandsschutz immer weiter einschränken. Hier zeigt sich deutlich, dass sich im Laufe der Zeit ein Wandel in Bezug auf die Weite des Bestandsschutzes vollzog. Das Verständnis dieser historischen Rechtsprechungsentwicklung ist notwendig, um die unterschiedlichen Literaturansichten zum Fortbestand oder Tod des verfassungsunmittelbaren Bestandsschutzes (3. Teil) und die Intensität des heutigen Bestandsschutzes zu verstehen. Für dieses Verständnis muss aber neben der geschichtlichen Entwicklung auch die enge Verbundenheit des Bestandsschutzes im Bau- und Immissionsschutzrecht betrachtet werden. Der baurechtliche Bestandsschutz stellt den Ursprung dar und eignet sich deshalb im Folgenden der Arbeit als Vergleichsmaßstab für den Bestandsschutz im Immissionsschutzrecht. Die entscheidende Erkenntnis in diesem Kapitel für die Fragen, ob es im Immissionsschutzrecht überhaupt noch einen Bestandsschutz gibt, ist sicherlich, dass der immissionsschutzrechtliche Bestands-

---

[101] BVerwG, Urt. v. 12.03.1998 – 4 C 10.97 = DÖV 1998, 600 (602).

schutz von Anfang an im Vergleich zum baurechtlichen Bestandsschutz deutlich begrenzter ausgestaltet ist.

Zweiter Teil:
Genehmigungsrechtlicher und eigentumsrechtlicher Bestandsschutz

Nach dem Blick in die Vergangenheit ist nun der Fokus auf die Gegenwart zu richten. Für die Analyse des Bestandsschutzes im Immissionsschutzrecht muss zunächst eine wichtige Unterscheidung getroffen werden: Die bisherigen Ausführungen zum Bestandsschutz bezogen sich auf den „verfassungsrechtlichen Bestandsschutz", der über Jahrzehnte hinweg Gegenstand zahlreicher Gerichtsentscheidungen war. Daneben gibt es aber auch noch den genehmigungsrechtlichen Bestandsschutz, der aus den Schutzwirkungen des Verwaltungsaktes resultiert.

§ 1 Genehmigungsrechtlicher Bestandsschutz

Vom verfassungsunmittelbaren Bestandsschutz unabhängig ist der „genehmigungsrechtliche Bestandsschutz". Im Rahmen des Schutzes, den der Verwaltungsakt vermittelt, wird teilweise von einem „genehmigungsrechtlichen Bestandsschutz" gesprochen.[102] Während beim eigentumsrechtlichen Bestandsschutz der Schutz des Genehmigungsinhabers aus der Eigentumsgarantie (Art. 14 Abs. 1 S. 1 GG) vermittelt wird, stammt der Schutz beim genehmigungsrechtlichen Bestandsschutz aus dem rechtsstaatlichen Grundsatz des Vertrauensschutzes und der Rechtssicherheit.[103] Der Rechtsgrund für den Schutz des Eigentümers durch die Genehmigung ist im allgemeinen Vertrauensgrundsatz (Art. 20 Abs. 3 GG) zu finden. Diese Regelungen zur Bindungswirkung der Behörden und Gerichte dienen dem Vertrauensschutz des Betroffenen in den Fortbestand seiner Genehmigung.[104]

Für die Frage, ob und in welchem Umfang ein Bestandsschutz im Umweltrecht noch besteht, ist nicht nur der eigentumsrechtliche Bestandsschutz, sondern auch

---

[102] *Hammann*, Bestandsschutz und Bestandsdauer von Eigentumspositionen, beispielhaft erläutert am Konfliktfeld Eigentum und Umweltschutz, S. 111.
[103] *Dolde*, in: FS Bachof, S. 191 (197); *Kutschera*, Bestandsschutz im öffentlichen Recht, S. 22; *Lieder*, ThürVBl. 2004, 53 (59); *Schenke*, DVBl. 1976, 740 (742); *Sollondz*, NuR 1989, 417 (421); *Bahnsen*, Der Bestandsschutz im öffentlichen Baurecht, S. 189.
[104] *Michl*, ThürVBl. 2010, 280 (281).

der genehmigungsrechtliche Bestandsschutz relevant, denn der Verwaltungsakt schützt den Betroffenen ähnlich wie der eigentumsrechtliche Bestandsschutz, sodass ein ausreichender Schutz des Betroffenen regelmäßig schon durch die Genehmigung vermittelt wird.[105] Aus diesem Grund ist vor der Diskussion um das Fortbestehen des verfassungsunmittelbaren Bestandsschutzes zunächst auf den „eigentumsrechtlichen Bestandsschutz" einzugehen. Um diesen genehmigungsrechtlichen Schutz zu bestimmen und die Unterschiede im Baurecht und Immissionsschutzrecht herauszuarbeiten, sind die Schutzwirkungen der Genehmigung zu analysieren. Dabei sind vor allem die unterschiedlichen Wirkungen der baurechtlichen und der immissionsschutzrechtlichen Genehmigung und ihre Auswirkungen auf den Bestandsschutz zu betrachten.

A. Schutzumfang des Verwaltungsaktes

I. Materielle Bestandskraft des Verwaltungsaktes

Die materielle Bestandskraft der Genehmigung drückt aus, dass die Beteiligten inhaltlich an den erlassenen Verwaltungsakt gebunden sind. Wenn der Verwaltungsakt wirksam wird, tritt die materielle Bestandskraft ein, § 43 Abs. 1, 2 VwVfG.[106] Der Verwaltungsakt wird gegenüber demjenigen, für den er bestimmt ist oder der von ihm betroffen wird, in dem Zeitpunkt wirksam, in dem er ihm gegenüber bekannt gegeben wird (§ 43 Abs. 1 S. 1 VwVfG).[107] Auf die materielle Rechtmäßigkeit kommt es dabei nicht an.[108] Er bleibt solange und soweit wirksam, wie er nicht zurückgenommen, widerrufen, anderweitig aufgehoben oder durch Zeitablauf oder auf andere Weise erledigt ist, § 43 Abs. 2 VwVfG.[109] Dies gilt grundsätzlich unabhängig davon, ob der Verwaltungsakt rechtmäßig oder rechtswidrig ist.[110] Eine Unwirksamkeit des Verwaltungsaktes nach § 43 Abs. 3 VwVfG kommt nur dann in Betracht, wenn schwerwiegende Rechtsverletzungen vorliegen, die die Nichtigkeit nach § 44 Abs. 1 VwVfG begründen und dies bei verständiger Würdigung aller in Betracht kommenden Um-

---

[105] *Goldschmidt*, DVBl. 2011, 591 (592).
[106] *Kopp/Ramsauer*, VwVfG, § 43 Rn. 31.
[107] *Schemmer*, in: BeckOK VwVfG, § 43 Rn. 43.
[108] *Bahnsen*, Der Bestandsschutz im öffentlichen Baurecht, S. 187.
[109] *Gehrke/Brehsan*, NVwZ 1999, 932 (933); *Bahnsen*, Der Bestandsschutz im öffentlichen Baurecht, S. 179; *Kopp/Ramsauer*, VwVfG, § 43 Rn. 31.
[110] *Schemmer*, in: BeckOK VwVfG, § 43 Rn. 21.

stände auch offensichtlich ist.[111] Er entfaltet von Anfang an kraft Gesetzes keinerlei Rechtswirkungen, d. h. die Behörde darf ihn nicht durchsetzen und der Bürger muss ihn nicht befolgen. Durch die Regelungen in §§ 43 ff. VwVfG wird der Rechtssicherheit, dem Rechtsfrieden und vor allem der Effektivität des Verwaltungshandelns Vorrang vor den ebenfalls vom Rechtsstaatsprinzip geschützten Belangen der Einzelfallgerechtigkeit eingeräumt.[112]

Die formelle Legalität des Bauvorhabens verhindert also aufgrund der Tatbestandswirkung einer rechtmäßigen Baugenehmigung den Erlass einer Beseitigungs- oder Nutzungsuntersagungsverfügung auch dann, wenn die Anlage nach der neuen baurechtlichen Lage nicht mehr genehmigungsfähig wäre und materiell illegal ist. Die Genehmigung legalisiert zum einen ein mit materiellem Recht nicht (mehr) übereinstimmendes Vorhaben. Zum anderen entfaltet sie aber auch bei rechtmäßiger Erteilung in Übereinstimmung mit materiellen Vorschriften (Rechts-)Wirkung.

II. Formelle Bestandskraft

Mit Ablauf der Rechtsbehelfsfrist (§ 74 VwGO) wird der ordnungsgemäß bekannt gegebene, nicht nichtige und sonst nicht gem. § 43 Abs. 2 VwVfG unwirksame Verwaltungsakt (auch bei Rechtswidrigkeit) formell bestandskräftig, § 43 Abs. 2 VwVfG. Die formelle Bestandskraft bedeutet Unanfechtbarkeit, d. h. der Verwaltungsakt kann mit förmlichen Rechtsbehelfen nicht mehr angegriffen oder angefochten werden.[113] Aufgrund der Bindung ist eine Aufhebung oder Änderung nur zulässig, wenn dies gesetzlich vorgesehen ist, z. B. § 48 f., 51 VwVfG.

Rechtsfolge des bestandskräftigen Verwaltungsaktes ist, dass die Rechtsänderung, die durch seinen Regelungscharakter bewirkt wird, Bestand hat.[114] Zwischen der Bestandskraft einerseits und dem Bedürfnis nach Flexibilität und Zukunftsorientiertheit andererseits entsteht immer wieder ein Konflikt. Eine Durchbrechung der Bestandskraft ist aber nur unter eingeschränkten Vorausset-

---

[111] *Ruffert*, in: Ehlers/Pünder, Allg. VerwR, § 22 Rn. 4.
[112] *Kopp/Ramsauer*, VwVfG § 43 Rn. 33; *Ziekow*, VwVfG, § 43 Rn. 8.
[113] *Kopp/Ramsauer*, VwVfG § 43 Rn. 30a; *Schemmer*, in: BeckOK VwVfG, § 43 Rn. 20; *Merten*, NJW 1983, 1993 (1995); *Ziekow*, VwVfG, § 43 Rn. 9.
[114] *Hansmann*, Bestandsschutz im Immissionsschutzrecht, S. 937.

zungen möglich, d. h. es ist eine Aufhebung des Verwaltungsaktes nach §§ 48 f. VwVfG, eine nachträgliche Änderung oder die Erledigung notwendig.

III. Bindungswirkung

Neben der Bestandskraft ist eine weitere Rechtsfolge eines wirksamen Verwaltungsaktes seine Bindungswirkung. Mit dem Eintritt der Wirksamkeit und während der Dauer seines Bestands ist die im (rechtmäßigen oder rechtswidrigen) Verwaltungsakt getroffene Regelung im Verhältnis zwischen dem Rechtsträger der handelnden Behörde und demjenigen, dem gegenüber er ordnungsgemäß bekannt gegeben wurde, rechtlich verbindlich.[115] Wie bereits oben dargestellt, entsteht die Bindungswirkung nur bzgl. des Entscheidungssatzes und nicht bzgl. der wesentlichen Gründe des Verwaltungsaktes, es sei denn, es besteht diesbezüglich eine gesetzlich angeordnete Feststellungswirkung.[116] Die Behörde darf keine inhaltlich abweichende Regelung treffen (Abweichungsverbot) und kann den Verwaltungsakt nur unter den Voraussetzungen der §§ 48 bis 51 VwVfG aufheben (Aufhebungsverbot).

IV. Feststellungswirkung

Bei einer entsprechenden gesetzlichen Anordnung entfaltet der Verwaltungsakt zusätzlich auch Feststellungswirkung, d. h. die dem Entscheidungsausspruch im Verwaltungsakt zugrunde liegenden tatsächlichen Feststellungen sind für alle Behörden und Gerichte bindend.[117] In der Genehmigung wird festgestellt, dass das Vorhaben mit allen öffentlich-rechtlichen Vorschriften, die im Zulassungsrecht zu prüfen sind, vereinbar ist. Die Feststellungswirkung schützt den Inhaber für die Dauer der Wirksamkeit gegenüber Eingriffsmaßnahmen wegen angeblicher Rechtswidrigkeit. Will die Behörde gegen die Anlage vorgehen, muss sie die Wirksamkeit der Zulassung beseitigen. Dies ist aber nur unter den besonderen Voraussetzungen der §§ 48, 49 VwVfG möglich.[118]

---

[115] *Erbguth*, Allgemeines Verwaltungsrecht, § 13 Rn. 3; *Detterbeck*, Allgemeines Verwaltungsrecht, § 10 Rn. 544.
[116] *Kopp/Ramsauer*, VwVfG, § 43 Rn. 31.
[117] *Ziekow*, VwVfG, § 43 Rn. 5; *Kopp/Ramsauer*, VwVfG, § 43 Rn. 26.
[118] *Koch*, Umweltrecht, § 3 Rn. 93; *Gehrke/Brehsan*, NVwZ 1999, 932 (933).

V. Gestattungswirkung

Die Gestattungswirkung führt dazu, dass ein verbotenes Verhalten erlaubt wird. Beispielsweise gestattet die immissionsschutzrechtliche Genehmigung die Errichtung und den Betrieb der Anlage.[119] Mit Eintritt der Gestattungswirkung sind weitere Maßnahmen beispielsweise nur unter den Voraussetzungen der §§ 17, 20, 21 BImSchG möglich.[120]

B. Grenzen der Schutzwirkung der Baugenehmigung

Der Genehmigungsinhaber ist aufgrund der Schutzwirkungen des Verwaltungsaktes berechtigt, sein Vorhaben grundsätzlich unabhängig von nachträglichen Änderungen weiter zu betreiben, es sei denn, es liegt einer der sehr begrenzten Ausnahmefälle vor.[121] Diese Ausnahmefälle stellen die Grenzen des genehmigungsrechtlichen Bestandsschutzes dar. Dennoch wird der Betroffene nicht völlig schutzlos gestellt, denn die einfach-gesetzlichen Regelungen (z. B. §§ 48, 49 VwVfG) ihrerseits sind Ausformungen des eigentumsrechtlichen Bestandsschutzes (siehe § 2) und enthalten Mechanismen zum Schutze des Bürgers.

I. Rücknahme oder Widerruf

Eine rechtswidrige Genehmigung kann als Verwaltungsakt von der Behörde gem. § 48 VwVfG zurückgenommen werden. Mit der Rücknahme der Genehmigung entfällt der Bestandsschutz. Als Ausgleich für diesen Wegfall des Bestandsschutzes muss die Behörde aber bei der Rücknahme im Rahmen ihrer Ermessensausübung das Vertrauen des Bauherrn in den Bestand der Genehmigung berücksichtigen und grundsätzlich Vertrauensschäden beim Betroffenen über eine Entschädigungszahlung ersetzen.[122]

Eine rechtmäßige Baugenehmigung kann nur in den engen Grenzen und mit den Schadensersatzpflichten des § 49 VwVfG widerrufen werden.[123] Zwar ist die Widerrufsmöglichkeit eine Einschränkung der Schutzwirkung der Genehmi-

---

[119] *Kloepfer*, Umweltrecht, § 5 Rn. 63; *Wickel*, Bestandsschutz im Umweltrecht, S. 77; *Sach*, Genehmigung als Schutzschild?, S. 47.
[120] OVG Lüneburg, Urt. v. 28.02.1985 – 7 B 64/84 = UPR 1985, 255 (255 f.).
[121] *Wickel*, Bestandsschutz im Umweltrecht, S. 124.
[122] *Lindner*, Öffentliches Recht, S. 546 f.
[123] *Wickel*, Bestandsschutz im Umweltrecht, S. 87.

gung, dennoch enthält § 49 VwVfG strenge Tatbestandsvoraussetzungen, die die Betroffenen schützen.

II. Anpassung bestehender Anlagen an neues Baurecht

Daneben gibt es noch weitere Rechtsvorschriften, die die Schutzwirkung der Genehmigung beeinträchtigen. Oftmals muss beispielsweise bei Gefahrensituationen das bestehende Gebäude angepasst werden. Hierbei stehen der zuständigen Behörde jedoch nur begrenzte Möglichkeiten zu, die Ausdruck des eigentumsrechtlichen Bestandsschutzes sind (siehe § 2).

1. Änderungen des Bauordnungsrechts

In diesem Zusammenhang stellt sich die Frage, wie gegen ein genehmigtes Vorhaben vorgegangen werden kann, wenn im Nachhinein Gefahrenlagen eintreten. Von zentraler Bedeutung sind dabei beispielsweise Art. 54 Abs. 4 BayBO, § 85 Abs. 1 LBauO Rh.-Pf., der eine Ermächtigungsgrundlage für Maßnahmen gegenüber genehmigten Anlagen darstellt. Die meisten Landesbauordnungen enthalten Regelungen für die Anpassung bestehender Anlagen an neues Bauordnungsrecht.[124] Ist eine bauliche Anlage bestandsgeschützt, können Anforderungen (nur) gestellt werden, wenn (und soweit) das zur Abwehr erheblicher Gefahren für Leben und Gesundheit notwendig ist (Art. 54 Abs. 4 BayBO, § 85 Abs. 1 LBauO Rh.-Pf.). Eine erhebliche Gefahr in diesem Sinn entsteht nicht bereits allein dadurch, dass sich gesetzliche Vorschriften im Laufe der Zeit ändern.[125] Vielmehr muss eine konkrete Gefahr oder ein schwerer Nachteil für die Allgemeinheit (zum Beispiel erhebliche Beeinträchtigungen von lebensnotwendigen Gütern wie beispielsweise Wasser und Luft) vorliegen. Ein Eingriff ist nur denkbar, wenn die hochrangigen Rechtsgüter „Leben" und „Gesundheit" geschützt werden müssen oder „schwere Nachteile von der Allgemeinheit abgewendet werden sollen". Zudem müssen im Rahmen der behördlichen Ermessensausübung die öffentlichen Interessen mit den Eigentümerinteressen abgewogen werden. Die Anknüpfungspunkte an die Gefahrenlage und die Ermessensgewährung zeigen dabei den eigentumsrechtlichen Bestandsschutz, sodass

---

[124] *Koch/Hendler,* Baurecht, Raumordnungs- und Landesplanungsrecht, § 26 Rn. 11.
[125] HessVGH, Beschl. v. 18.10.1999 – 4 TG 3007/97 = DÖV 2000, 338 (338).

die Norm eine verfassungsmäßige Eigentumsinhaltsbestimmung im Sinne von Art. 14 Abs. 1 S. 2 GG ist.[126]

Unabhängig vom Bestehen einer Gefahrenlage gestattet § 85 Abs. 2 LBauO Rh.-Pf., Art. 54 Abs. 5 i. V. m. Art. 3 Abs. 1 S. 1 BayBO die wesentliche Änderung eines bestehenden Bauwerks. Es dürfen dabei nur solche Anpassungen gefordert werden, die in einem technisch-konstruktiven Zusammenhang mit der vom Eigentümer beabsichtigen baulichen Änderung stehen und das Anpassungsverlangen muss wirtschaftlich zumutbar sein.

Die Bayrische Bauordnung mit Art. 54 Abs. 5 i. V. m. Art. 3 Abs. 1 S. 1 BayBO setzt als einzige Landesbauordnung zudem noch eine Gefahrenlage für Leben, Gesundheit oder die natürlichen Lebensgrundlagen voraus.[127] Das zeigt, dass diese Norm nur in Ausnahmefällen Anwendung finden kann, wenn die überwiegende Bedeutung des Sozialgebots eine Einschränkung der Privatnützigkeit des Eigentums rechtfertigt. Der genehmigungsrechtliche Bestandsschutz im Baurecht ist also sehr stark ausgeprägt.

2. Änderungen des Bauplanungsrechts

Ändert sich das Bauplanungsrecht, gibt es im Bauplanungsrecht selbst keine Vorschrift über die Anpassung bestehender Anlagen an neues Recht. Gem. § 179 BauGB kann eine Gemeinde den Eigentümer verpflichten zu dulden, dass seine bauliche Anlage im Geltungsbereich eines Bebauungsplans ganz oder teilweise beseitigt wird, wenn sie nicht den Festsetzungen des Bebauungsplans entspricht und ihnen nicht angepasst werden kann oder wenn sie Missstände oder Mängel aufweist, die auch durch eine Modernisierung oder Instandsetzung nicht behoben werden können.[128] Entsprechende Maßnahmen können aber nur angeordnet werden, wenn sie städtebaulich geboten sind.[129] Dies ist beispielsweise der Fall, wenn der vorhandene Zustand die mit der Verwirklichung des Bebauungsplans angestrebte städtebauliche Entwicklung hemmt. Im Falle einer

---

[126] *Boeddinghaus/Hahn/Schulte*, Die neue Bauordnung in Nordrhein-Westfalen, § 87 Rn. 6 ff.; *Koch/Hendler*, Baurecht, Raumordnungs- und Landesplanungsrecht, § 26 Rn. 11 f.
[127] *Koch/Hendler*, Baurecht, Raumordnungs- und Landesplanungsrecht, § 26 Rn. 12.
[128] *Rabe*, in: Rabe/Heintz, Bau- und Planungsrecht, Abschnitt D Rn. 81; *Schmuck*, LKV 2014, 481 (482).
[129] *Quapp*, Öffentliches Baurecht von A-Z, S. 278.

Anordnung eines vollständigen oder teilweisen Rückbaugebots bestehen Entschädigungsansprüche des Eigentümers gegen die Gemeinde.[130]

III. Anpassung baulicher Anlagen an neue Entwicklungen und Erkenntnisse

Art. 54 Abs. 4 BayBO, § 85 Abs. 1 LBauO Rh.-Pf. enthält zudem eine Ermächtigungsgrundlage in Bezug auf ein behördliches Anpassungsverlangen bei nicht vorhergesehenen oder neu entstandenen Gefahrenlagen. Dies dient der Abwendung nicht vorausgesehener Gefahren oder unzumutbarer Belästigungen. Damit kann die Verwaltung neuen Erkenntnissen und neuen tatsächlichen Entwicklungen Rechnung tragen, ohne die Genehmigung zu widerrufen und entschädigungspflichtig zu werden.[131]

IV. Eingeschränkter Prüfungsumfang

Es ist ein besonderes Augenmerk darauf zu richten, dass sich die Feststellungswirkung auf die im Baugenehmigungsverfahren zu prüfenden öffentlich-rechtlichen Vorschriften beschränkt. Deshalb besteht nur eine eingeschränkte Feststellungswirkung, denn der durch die Baugenehmigung vermittelte Schutz kann nur soweit reichen, wie die Feststellungswirkung der Baugenehmigung reicht.[132] Bei einem nur eingeschränkten Prüfungsprogramm gem. Art. 59 BayBO, § 66 Abs. 3 Satz 1 LBauO Rh.-Pf. sind also die Legalisierungswirkung und damit auch der formelle Bestandsschutz eingeschränkt, denn die Normen, die nicht Prüfungsgegenstand sind, werden nicht vom Schutz erfasst.[133] Daher kann eine Beseitigungsanordnung oder Nutzungsuntersagung trotz formeller Legalität in Bezug auf die nicht geprüften Normen ohne vorherige Aufhebung der Baugenehmigung erlassen werden.[134]

---

[130] *Büchner/Schlotterbeck*, Baurecht Band I, S. 321; *Schmuck*, LKV 2014, 481 (485).
[131] *Koch/Hendler*, Baurecht, Raumordnungs- und Landesplanungsrecht, § 26 Rn. 17 f.
[132] *Decker*, BayVBl. 2011, 518 (522).
[133] *Bahnsen*, Der Bestandsschutz im öffentlichen Baurecht, S. 177; *Lindner*, DÖV 2014, 313 (316).
[134] *Lindner*, DÖV 2014, 313 (317).

V. Ergebnis zum Baurecht

Die Legalisierungswirkung der bestehenden Baugenehmigung vermittelt einen formellen passiven Bestandsschutz, der den Betroffenen im Baurecht bereits weitreichend schützt. Solange und soweit die Genehmigung wirksam ist, ist die bauliche Anlage formell und materiell legal, sodass sie einen formellen Bestandsschutz genießt und deshalb genutzt werden kann.[135] Auch wenn die Anlage nicht mit dem materiellen Bauordnungs- und Bauplanungsrecht vereinbar ist (und dies auch zu keinem Zeitpunkt war), ist diese materielle Illegalität unbeachtlich.[136] Beim Vorliegen einer Baugenehmigung ist es ratsam, zuerst auf diese zurückzugreifen, da sie bereits Schutz vor bauordnungsrechtlichen Eingriffen bietet. Erst wenn der aus der wirksamen (rechtmäßigen oder rechtswidrigen) Baugenehmigung stammende formelle Bestandsschutz[137] nicht greift, wird der eigentumsrechtliche Bestandsschutz relevant,[138] der sich dann aber beispielsweise in Art. 54 BayBO, § 85 LBauO Rh.-Pf. oder §§ 48, 49 VwVfG zeigt (siehe 3. Teil).[139]

C. Grenzen der Schutzwirkung im Immissionsschutzrecht

Entscheidend ist nun, ob die immissionsschutzrechtliche Anlagengenehmigung einen ebenso weiten Schutz vermittelt wie die Baugenehmigung. Die immissionsschutzrechtliche Genehmigung stammt aus der Gewerbeordnung[140] und diente ursprünglich der Prävention von Gefahren, sodass es sich bei der immissionsschutzrechtlichen Genehmigung um eine Kontrollerlaubnis handelt (präventives Verbot mit Erlaubnisvorbehalt).[141] Der Anlagenbetreiber hat einen Anspruch auf die Genehmigungserteilung, wenn die Genehmigungsvoraussetzungen zu diesem Zeitpunkt erfüllt werden.[142] Die immissionsschutzrechtliche Genehmigung und die Baugenehmigung entfalten grundsätzlich die gleichen Wirkungen. Wie

---

[135] *Decker*, BayVBl. 2011, 518 (522).
[136] *Finkelnburg/Ortloff/Kment*, Öffentliches Baurecht, Band I, S. 26.
[137] *Decker*, BayVBl. 2011, 518 (521).
[138] *Finkelnburg/Ortloff/Kment*, Öffentliches Baurecht, Band I, S. 26.
[139] *Lindner*, DÖV 2014, 313 (316).
[140] *Röckinghausen*, UPR 1996, 50 (51).
[141] *Friauf*, WiVerw 1989, 121 (170).
[142] *Uschkereit*, Der Bestandsschutz im Bau- und Immissionsschutzrecht, S. 285 f.; *Hösch*, Eigentum und Freiheit – ein Beitrag zur inhaltlichen Bestimmung der Gewährleistung des Eigentums durch Art. 14 Abs. 1 S. 1 GG, S. 278.

auch im Baurecht haben Änderungen nach Eintritt der Bestandskraft zunächst keinen Einfluss auf den Inhalt der Genehmigung, es sei denn, durch die Anlage treten schwere Gefahren des Allgemeinwohls auf. Jedoch besteht im Immissionsschutzrecht die Besonderheit, dass dieser sehr weitreichende Schutz des Anlagenbetreibers durch die dynamischen Grundpflichten aus § 5 BImSchG zu Gunsten der Allgemeinheit und der Nachbarn eingeschränkt wird.[143]

I. Dynamische Grundpflichten, § 5 BImSchG

Während die Baugenehmigung ihre Bestandskraft aus der einmalig, im Zeitpunkt der Genehmigungserteilung vorliegenden punktuellen und statischen Übereinstimmung des Vorhabens mit den Anforderungen des öffentlichen Rechts ableitet, zeichnet sich die immissionsschutzrechtliche Genehmigung durch die dynamische Ausgestaltung der sich fortlaufend entwickelnden Dauerpflichten aus:[144] Gem. § 6 BImSchG ist Voraussetzung für die Genehmigungserteilung, dass die Grundpflichten des § 5 BImSchG eingehalten werden. Nach § 5 BImSchG sind genehmigungsbedürftige Anlagen so zu errichten und zu betreiben, dass unter anderem schädliche Umwelteinwirkungen und sonstige Gefahren, erhebliche Nachteile und erhebliche Belästigungen für die Nachbarschaft nicht hervorgerufen werden können. Diese Grundpflichten müssen nicht nur bei Errichtung, sondern auch im laufenden Betrieb stets erfüllt werden. Der Betreiber muss während des gesamten Betriebs seine Anlage entsprechend der Entwicklung des Stands der Technik stets an die neue Rechtslage anpassen. Es ist gerade Ziel der dynamischen Grundpflichten, dass der Anlagenbetreiber nicht auf die Pflichten beschränkt bleibt, die er im Zeitpunkt der Erteilung der Genehmigung einzuhalten hatte.[145] Damit besteht keine materiell-rechtliche Bindung des Anlagenbetreibers an die im Genehmigungszeitpunkt geltenden Vorschriften.[146]

Die immissionsschutzrechtliche Genehmigung verfügt im Vergleich zur Baugenehmigung also über einen dynamischen Charakter. Auf die Bestandskraft der einmal erteilten Genehmigung kann sich der Anlagenbetreiber aufgrund des

---

[143] *Hösch*, Eigentum und Freiheit – ein Beitrag zur inhaltlichen Bestimmung der Gewährleistung des Eigentums durch Art. 14 Abs. 1 S. 1 GG, S. 278.
[144] *Uschkereit*, Der Bestandsschutz im Bau- und Immissionsschutzrecht, S. 288.
[145] *Jarass*, BImSchG, § 6 Rn. 51.
[146] *Sach*, Genehmigung als Schutzschild?, S. 88; *Petersen/Krohn*, AbfallR 2003, 60 (62).

Umweltschutzes nicht verlassen. Er kann sich also nicht auf der Erfüllung der im Genehmigungsbescheid festgesetzten Anforderung ausruhen, da er aufgrund der dynamischen Grundpflichten, die auch stets während des Betriebs zu erfüllen sind, seine Anlage immer wieder anpassen muss. Der sich aus der Genehmigung ergebende Bestandsschutz ist also durch die Grundpflichten begrenzt.

II. Nachträgliche Anforderungen

Die Genehmigung stellt zwar fest, dass die Anlage im Zeitpunkt der Genehmigungserteilung alle geltenden öffentlich-rechtlichen Vorschriften einhält.[147] Der Feststellungswirkung der immissionsschutzrechtlichen Genehmigung kommt aber im Vergleich zur Baugenehmigung nur geringe Bedeutung zu, denn im Immissionsschutzrecht kommt es beim Erlass nachträglicher Maßnahmen auf den Inhalt und die Bindungswirkung der Genehmigung aufgrund der dynamischen Grundpflichten grundsätzlich nicht an. Im Gegensatz zur Baugenehmigung folgt aus der immissionsschutzrechtlichen Genehmigung nicht der Schutz, dass die Anlage grundsätzlich ungeachtet der aktuellen materiellen Rechtslage so weiter betrieben werden darf, wie sie genehmigt wurde.[148] Denn nur unter der Beschränkung der Einhaltung der Genehmigungsvoraussetzungen aus § 6 BImSchG, die die dynamischen Grundpflichten aus § 5 BImSchG umfasst, entsteht das von Art. 14 Abs. 1 GG geschützte Eigentum. Das Eigentum ist also bereits bei seiner Entstehung durch die weitreichenden Eingriffsbefugnisse aus §§ 7, 17, 20, 21, 48 BImSchG, die der Anpassung bestehender Anlagen an die geänderten Grundpflichten dienen (siehe 3. Teil), belastet. Das Vertrauen des Anlagenbetreibers auf die Wirkungen der bereits erteilten Genehmigung kann deshalb allenfalls bei der tatbestandlich vorgesehenen oder im Rahmen der Ermessensausübung durchzuführenden Verhältnismäßigkeitsprüfung berücksichtigt werden. Dennoch entsteht aber aufgrund dieser Abwägungserheblichkeit und durch die im Bundesimmissionsschutzgesetz normierten Voraussetzungen für nachträgliche Anforderungen aus §§ 7, 17, 20, 21, 48 BImSchG eine auf der Bestandskraft der immissionsschutzrechtlichen Genehmigung beruhende (eingeschränkte) passive Schutzwirkung.

---

[147] *Sendler*, WiVerw 1993, 236 (279).
[148] *Uschkereit*, Der Bestandsschutz im Bau- und Immissionsschutzrecht, S. 286 f.

D. Unterschiedlicher Schutzumfang im Bau- und Immissionsschutzrecht

Der Vergleich zwischen den Wirkungen der baurechtlichen und der immissionsschutzrechtlichen Genehmigung zeigte, dass die immissionsschutzrechtliche Genehmigung änderungsoffener ist. Die Möglichkeit, nachträgliche Änderungen an eine Anlage stellen zu können, ist im BImSchG und BauGB unterschiedlich geregelt. Während das Baurecht vor allem §§ 48, 49 VwVfG und Art. 54 Abs. 4 BayBO, § 85 Abs. 1 LBauO Rh.-Pf. als Ermächtigungsgrundlagen für Maßnahmen gegenüber genehmigten Anlagen kennt, gibt das Immissionsschutzrecht aufgrund der dynamischen Grundpflichten mit §§ 7, 17, 20, 21, 48 BImSchG und § 48 VwVfG deutlich mehr Handlungsmöglichkeiten für die Behörden (siehe 3. Teil). Es lässt sich deshalb feststellen, dass auch der genehmigungsrechtliche Bestandsschutz im Immissionsschutzrecht deutlich eingeschränkter ist. Die immissionsschutzrechtliche Genehmigung als solche schützt sehr selten vor nachträglichen Anforderungen an die Anlage. Der Schutz wird vor allem über die einschränkenden Tatbestandsvoraussetzungen in den immissionsschutzrechtlichen Eingriffsnormen vermittelt.

Der eingeschränkte Bestandsschutz im Immissionsschutzrecht ist auf die änderungsoffen ausgestaltete Genehmigung zurückzuführen. Im Immissionsschutzrecht ist das Eigentum von Anfang an mit dem gesetzlichen Vorbehalt nachträglicher Anordnungen belastet.[149] Denn mit Erteilung der immissionsschutzrechtlichen Genehmigung wird der Umfang des Anspruchs auf Errichtung einer Anlage im Sinne des BImSchG festgelegt. Nur unter der Beschränkung der Einhaltung der Genehmigungsvoraussetzungen aus § 6 BImSchG, die die dynamischen Grundpflichten aus § 5 BImSchG umfasst, entsteht das von Art. 14 Abs. 1 GG geschützte Eigentum. Mit der immissionsschutzrechtlichen Genehmigung wird also kein Recht erworben, das vor einem nachträglichen Eingriff schützt (siehe § 2 B. II.).

Diese unterschiedliche Ausgestaltung der behördlichen Möglichkeiten in Bezug auf nachträgliche Eingriffe ist auf die Gefahr, die vom Vorhaben ausgeht, zurückzuführen. Je größer die Gefährdung für die betroffenen Schutzgüter ist, desto einschneidendere nachträgliche Eingriffsmöglichkeiten müssen vorhanden sein. Inwieweit der Gesetzgeber genehmigungsrechtlichen Bestandsschutz gewährleistet, hängt also von der Gefahrenabwehr ab. Es zeigt sich bereits jetzt,

---

[149] *Lenz,* GewArch 1976, 285 (287).

dass der genehmigungsrechtliche Bestandsschutz im Immissionsschutzrecht nur äußerst eingeschränkt besteht.

§ 2 Eigentumsrechtlicher Bestandsschutz

Nachdem der genehmigungsrechtliche Bestandsschutz dargestellt wurde, ist nun für die Frage, ob im Immissionsschutzrecht noch ein Bestandsschutz existiert, der eigentumsrechtliche Bestandsschutz zu analysieren. Der eigentumsrechtliche Bestandsschutz wurde ursprünglich aus Art. 14 GG hergeleitet. Wie bereits im ersten Teil dargestellt, ist Art.14 GG die Grundlage für den Bestandsschutz, wobei zwei Ebenen – des „Ob" und des „Wie" des Bestandsschutzes – zu trennen sind. Zunächst wird auf die Bedeutung des Art. 14 GG für den Bestandsschutz eingegangen. Danach muss der Frage nachgegangen werden, ob und inwieweit heute der Bestandsschutz entsprechend der ursprünglichen Rechtsprechung unmittelbar aus der Verfassung abgeleitet werden kann.

A. „Ob" des Bestandsschutzes

Unabhängig von einer wandelnden Rechtsprechung zum Bestandsschutz ist Art. 14 GG immer noch entscheidend für das „Ob" der Gewährung. Das Eigentum ist verfassungsrechtlich gewährleistet, denn die Verfassung schützt das Eigentum als Institut und damit einen Grundbestand an Normen, die Eigentumsrechte begründen. Art. 14 Abs. 1 S. 1 GG schützt das Eigentum in seiner konkreten Gestalt in der Hand des Eigentums.[150] Dem Eigentum kommt dabei die Aufgabe zu, dem Träger des Grundrechts einen Freiheitsraum in seinem vermögensrechtlichen Bereich sicherzustellen und eine eigenverantwortliche Gestaltung des Lebens zu ermöglichen.[151] Der eigentumsrechtliche Bestandsschutz steht in einem engen Zusammenhang mit der persönlichen Freiheit. Denn der Einzelne muss aufgrund der Eigentumsgarantie und des Rechtsstaatsprinzips darauf vertrauen können, dass legal erworbenes und genutztes Eigentum auch in der Zukunft behalten und genutzt werden darf. Nur wenn über Art. 14 Abs. 1 S. 1 GG das Vertrauen auf das durch die verfassungsmäßigen Gesetze ausgeformte Eigentum geschützt wird, ist die auf Berechenbarkeit angewiesene Eigentumsordnung funktionsfähig. Wenn es um die Bejahung und Absicherung des „Ob" des Bestandsschutzes geht, muss Art. 14 Abs. 1 S. 1 GG stets die

---

[150] *Axer,* in: BeckOK GG, Art. 14 Rn. 19; *Lee,* Eigentumsgarantie und Bestandsschutz, S. 26.
[151] BVerfG, Urt. v. 18.12.1968 – 1 BvR 638/64; 1 BvR 673/64; 1 BvR 200/65; 1 BvR 238/65; 1 BvR 249/65 = BVerfGE 24, 367, 389.

Grundlage sein.[152] Dies bedeutet, dass Art. 14 GG grundsätzlich verlangt, dass der Bestandsschutz des Betroffenen – in welcher Form auch immer – beachtet werden muss. Der Gesetzgeber kann in der Regel keine Normen schaffen und dabei den Bestandsschutz nicht wenigsten in seine Abwägungsentscheidung einstellen. Dies bedeutet aber nicht, dass er immer in jeder Norm Bestandsschutz gewähren muss. Es kann Situationen geben, in denen die Interessen anderer Grundrechtsträger gegenüber den Bestandsschutzinteressen überwiegen.

I. Eigentumsrechtlicher Bestandsschutz bei formeller Illegalität?

Bedeutend ist nun, ob vom Grundsatz, dass Bestandsschutz zu gewähren ist, bei der formellen Illegalität eine Ausnahme zu machen ist. Muss der Betroffene auch bei nicht vorliegender Genehmigung geschützt werden oder verdient er dann gar keinen Bestandsschutz? Wesentlich ist hierfür, ob ein über Art. 14 Abs. 1 S. 1 GG schützenswertes Vertrauen auf das durch die verfassungsmäßigen Gesetze ausgeformte Eigentum vorliegen kann, wenn überhaupt keine Genehmigung erteilt wurde. Im Baurecht besteht vielfach die Diskussion, ob ein nur materiell rechtmäßiger Bau überhaupt vom eigentumsrechtlichen Bestandsschutz umfasst sein kann oder, ob dafür die formelle und materielle Legalität notwendig ist. Diese Diskussion wird vor allem im Baurecht geführt, wird nun aber für das Immissionsschutzrecht vertieft dargestellt. In der vorliegenden Arbeit soll es um den immissionsschutzrechtlichen Bestandsschutz gehen, sodass der Streit für das Baurecht nicht abschließend entschieden wird.[153] Bei dem zur Illustration gebildeten Fall verfügt der Betroffene nicht über eine Genehmigung, obwohl eine Genehmigungspflichtigkeit besteht. Dies kann z. B. bedeuten, dass er die Anlage trotz ihrer Genehmigungspflichtigkeit ohne die Durchführung des Genehmigungsverfahrens errichtete und betreibt. Oder der Bürger baute und nutzt die Anlage trotz Genehmigungspflichtigkeit nach Versagung der Genehmigung durch die Behörde.

Entscheidend ist hierfür der Zusammenhang zwischen der Genehmigung und der eigentumsrechtlichen Position. Wenn aufgrund der fehlenden Genehmigung nicht der soeben dargestellte „genehmigungsrechtliche" Bestandsschutz greift,

---

[152] *Brenner*, in: Jarass, Bestandsschutz bei Gewerbebetreibenden, S. 17.
[153] Zu diesem Streit: *Brenndörfer*, Reichweite und Grenzen des baurechtlichen Bestandsschutzes, S. 129 ff.

ist zu überlegen, ob für den Betreiber dann der eigentumsrechtliche Bestandsschutz gewährt werden muss.

1. Genehmigungsbedürftige Anlagen

a) Stand der Literatur

In der Literatur wird bzgl. des Baurechts einerseits die Ansicht vertreten, dass für den Genuss des eigentumsrechtlichen Schutzes gem. Art. 14 Abs. 1 S. 1 GG die Anlage zumindest im aktuell relevanten Zeitpunkt materiell rechtmäßig sein müsse, aber keine formelle Legalität notwendig sei.[154] Für den Bestandsschutz sei also allein die materielle Rechtmäßigkeit des Vorhabens maßgeblich.[155] Zwar sei die Formulierung des BVerfG auf den „genehmigten Bestand" eingeschränkt, jedoch könne daraus nicht der allgemeingültige Schluss gezogen werden, dass ein Schutz nur bei genehmigten Vorhaben bestünde. Die Entscheidungsgründe böten hierfür keinerlei Anhaltspunkte.[156]

Die Gegenansicht hingegen geht davon aus, dass es für eine formell illegale bauliche Anlage keinen Bestandsschutz gebe, sodass diese nicht vor nachträglichen Maßnahmen geschützt sei.[157] Demnach könne Bestandsschutz nur bestehen, wenn die notwendige Genehmigung wirksam erteilt worden sei, denn Bestandsschutz bestehe nur nach Maßgabe des einfachen Rechts. Wenn das einfache Recht für eine Anlage und deren Nutzung eine Genehmigung vorsehe, müsse sie bestehen. Begründet wird dies vor allem mit zwei Entscheidungen des BVerfG, welche davon sprechen, dass „nur der genehmigte Bestand geschützt ist".[158]

b) Stellungnahme

Einerseits sprechen einige Argumente für die Ansicht, dass keine formelle Legalität nötig sei. Wie bereits dargelegt, ist die Anlage durch die Bestandskraft der

---

[154] Bahnsen, Der Bestandsschutz im öffentlichen Baurecht, S. 188.
[155] Lieder, ThürVBl.2004, 53 (59); Ortloff, NVwZ 1999, 955 (962); Dürr, VBlBW 2000, 457 (459).
[156] Gehrke/Brehsan, NVwZ 1999, 932 (936).
[157] Mampel, NJW 1999, 975 (977); Decker, BayVBl. 2011, 517 (520); Sendler, WiVerw 1993, 235 (260); Aichele/Herr, NVwZ 2003, 415 (417 f.); Götze, SächsVBL. 2001, 257 (259).
[158] Vgl. BVerfG, Urt. v. 15.12.1995 – 1 BvR 1713/92 = NVwZ-RR 1996, 483 (483) = BauR 1996, 235 (235); BVerwG, Beschl. v. 18.07.1997 – 4 B 116/97 = NVwZ-RR 1998, 357 (357 f).

Baugenehmigung bereits gegen bauordnungsrechtliche Maßnahmen geschützt,[159] sodass es eines eigentumsrechtlichen Bestandsschutzes für formell legale Gebäude gar nicht mehr bedarf, denn es fehlt der Anwendungsbereich für diesen. Im Immissionsschutzrecht hingegen schützt die Genehmigung ihren Inhaber weitaus weniger, sodass trotz bestehender Genehmigung eine Anordnung nach § 20 BImSchG in Betracht kommt.

Die Ansicht, dass keine formelle Legalität nötig sei, schützt auch den Sinn und Zweck des Art. 14 GG, der gerade dem Bürger die Freiheit im vermögensrechtlichen Bereich sichern soll.[160]

Gegen das Erfordernis der formellen Legalität im Immissionsschutzrecht bei der Gewährung des Bestandsschutzes spricht, dass Art. 14 GG nicht nur den Bestand schützt, sondern auch die Nutzung des Eigentums gewährleistet.[161] § 6 BImSchG begründet ein subjektiv-öffentliches Recht für den Anlagenbetreiber. Wenn die Genehmigungsvoraussetzungen erfüllt werden, ist die Genehmigung von der Behörde zu erteilen (gebundene Entscheidung). Ihr steht kein Ermessensspielraum zu, sodass die Genehmigungsfähigkeit die Verwaltung zur Erteilung der Genehmigung zwingt. Soweit der Gesetzgeber diese Eigentumsnutzung zulässt, ist sie vollumfänglich von der Eigentumsgarantie geschützt. Die Befugnis zur Nutzung wird dabei nicht erst vom Staat verliehen.[162] Die konkrete Eigentümerposition ergibt sich vielmehr aufgrund der Übereinstimmung der Anlage mit der einfach-gesetzlichen Rechtslage. Wenn die Anlage mit dem einfachen Recht übereinstimmt, also materiell rechtmäßig ist, unterfällt sie dem Eigentumsschutz des Art. 14 Abs. 1 S. 1 GG. Würde man nur auf die formelle Legalität abstellen, würde die grundgesetzlich garantierte Nutzungsmöglichkeit und das grundgesetzlich garantierte Eigentum (Art. 14 Abs. 1 S. 1 GG) erheblich verkürzt werden.[163]

Wird die formell illegale bauliche Anlage nicht in ihrem Bestand geschützt, kann beispielsweise eine Stilllegungs- oder Beseitigungsanordnung nach § 20 BImSchG auch dann ergehen, wenn die Anlage den aktuell geltenden mate-

---

[159] *Finkelnburg/Ortloff/Otto*, Öffentliches Baurecht, Band II, S. 176.
[160] *Axer*, in: BeckOK GG, Art. 14 Vorbemerkung; *Bahnsen*, Der Bestandsschutz im öffentlichen Baurecht, S. 103 f.
[161] *Jarass*, in: Jarass/Pieroth, GG, Art. 14 Rn. 16.
[162] *Axer*, in: BeckOK GG, Art. 14 Rn. 45.
[163] *Lieder*, ThürVBl. 2004, 53 (59); *Sollondz*, NuR 1989, 417 (419 f.).

riell-rechtlichen Vorschriften entspricht und nur keine Genehmigung vorliegt. Der Betreiber hält alle materiellen Vorschriften ein, sodass die Genehmigung hätte ergehen müssen. Für den Betreiber ist die Stilllegung oder gar die Beseitigung der Anlage eine erhebliche Beeinträchtigung seiner wirtschaftlichen Tätigkeit. Es wäre unverhältnismäßig und mit der Eigentumsgarantie des Art. 14 Abs. 1 GG unvereinbar, wenn das Vorhaben genehmigungsfähig ist und nach Erteilung einer Genehmigung in gleicher Art und Weise errichtet werden kann.[164] Der Bestandsschutz darf deshalb im Immissionsschutzrecht nicht von der Durchführung des Genehmigungsverfahrens abhängen. Würde der Betreiber das Genehmigungsverfahren durchführen, würde ihm eine Genehmigung erteilt werden, da er alle materiell-rechtlichen Voraussetzungen für den Betrieb einer Anlage erfüllt. Nur, weil er keine Genehmigung vorweisen kann, kann eine Maßnahme nach § 20 BImSchG ergehen. Einem Anlagenbetreiber, der auch alle materiell-rechtlichen Voraussetzungen einhält und eine Genehmigung besitzt, droht keine Beseitigungs- oder Stilllegungsanordnung. Der Bestandsschutz kann nicht von einer Genehmigung abhängen, die sowieso erteilt werden müsste.

Andererseits lassen sich auch gewichtige Argumente gegen die Gewährung von Bestandsschutz bei formeller Illegalität finden. Die Eingriffsbefugnisse der Landesbauordnungen und § 20 Abs. 2 BImSchG setzen die formelle oder zumeist die materielle Illegalität voraus, sodass sie Inhalts- und Schrankenbestimmungen des Eigentums i. S. v. Art. 14 Abs. 1 S. 2 GG sind. Demnach genießt nur das Vorhaben Bestandsschutz, für das eine Genehmigung erteilt ist.[165] „Entgegen öffentlich-rechtlichen Vorschriften" gem. Art. 76 BayBO handelt nicht nur, wer gegen materielle Gebote verstößt, sondern auch, wer eine erforderliche Genehmigung nicht einholt.[166] Dies zeigt die Intention des Gesetzgebers, dass auch bei einem Verstoß gegen das Genehmigungserfordernis eine bauordnungsrechtliche Maßnahme oder eine Anordnung nach § 20 BImSchG möglich sein soll. Das dient der Sanktion der betroffenen Bürger, die sich gegen das Genehmigungserfordernis stellen. Wer das Genehmigungsverfahren nicht durchführt oder sich über sein Ergebnis stellt, der bedarf auch nicht des Bestandsschutzes. Dies wäre gegenüber den rechtstreuen Bürgern, die ein Genehmigungsverfahren durchlaufen, nicht zu rechtfertigen. Es könnten falsche Anreize geschaffen werden, wenn

---

[164] Vgl. *Decker,* in: Simon/Busse, Bayrische Bauordnung, Art. 76 Rn. 146.
[165] Vgl. *Ortloff,* in: Jarass, Bestandsschutz bei Gewerbebetrieben, S. 63.
[166] Vgl. *Michl,* ThürVBl. 2010, 280 (286).

Anlagen trotzdem geschützt werden, die sich gegen die Rechtsordnung mit ihrem Genehmigungserfordernis stellen.

Zudem dient das Genehmigungsverfahren auch den Beteiligungsrechten der Gemeinde gem. § 36 BauGB. Zwar ersetzt die immissionsschutzrechtliche Genehmigung nach § 13 BImSchG andere öffentlich-rechtliche Genehmigungen, jedoch ist davon nicht das gemeindliche Einvernehmen nach § 36 BauGB erfasst. In § 36 Abs. 1 S. 2 Hs. 1 BauGB ist das Erfordernis des gemeindlichen Einvernehmens auch für das immissionsschutzrechtliche Genehmigungsverfahren gesetzlich geregelt. Wenn aber kein Genehmigungsverfahren durchgeführt wird, kann die Gemeinde nicht durch eine Veränderungssperre (§§ 14, 16 ff. BauGB), Änderung des Bauplanungsrechts oder ein Zurückstellungsgesuch (§ 15 BauGB) auf das Vorhaben reagieren. Dies widerspricht der gemeindlichen Selbstverwaltungsgarantie aus Art. 28 Abs. 2 GG, sodass bei formeller Illegalität kein Bestandsschutz zu gewähren ist.

Außerdem muss man sich vor Augen halten, warum Bestandsschutz gewährt wird. Bestandsschutz möchte primär das Vertrauen des Betreibers schützen. Der Betreiber kann aber nur dann ein schützenswertes Vertrauen auf die unveränderte Nutzung der Anlage bilden, wenn es auch eine Genehmigung gibt, die ihm die betriebliche Tätigkeit gestattet. Erst durch die Gestattungswirkung der Genehmigung kann der Betreiber ein Vertrauen bilden, das schutzwürdig ist. Zwar hat der Eigentümer die Anlage mit einem hohen finanziellen Aufwand errichtet, aber er kann ohne Genehmigung und beim Verstoß gegen öffentlich-rechtliche Vorschriften nicht darauf vertrauen, dass das Gebäude mit der konkreten Nutzung bestehen bleibt. Der Bestandsschutz ist zwar der Schutz einer rechtmäßigen Investition, die wegen späterer Rechtsänderung rechtswidrig wird.[167] Investitionen sind aber nur dann eigentumsrechtlich geschützt, wenn auch eine Genehmigung besteht. Wartet der Betroffene nicht das Ergebnis des Genehmigungsverfahrens ab, verdient er auch keinen Schutz. Ohne die Genehmigung besteht demnach kein Anknüpfungspunkt für den Bestandsschutz. Es sind aber auch die Investitionen des Betreibers zu berücksichtigen, die dieser im Vertrauen auf die bestehende Nutzungsmöglichkeit tätigte. Jedoch ist ein Vertrauensschutz des Betreibers aus dem Rechtsstaatsprinzip (Art. 20 Abs. 3 GG) hier aufgrund der fehlenden Genehmigung nur in sehr geringem Maße schutzwürdig.

---

[167] *Dolde*, in: FS BVerwG 50 Jahre, S. 305 (318).

Daraus ergibt sich, dass ein eigentumsrechtlicher Bestandsschutz nicht gewährt werden kann, wenn keine Genehmigung für die Anlage besteht.

Schließlich muss man sich an dieser Stelle auf die ursprüngliche Rechtsprechung des BVerwG besinnen. Wie bereits dargelegt, wurde ursprünglich auch im Baurecht Bestandsschutz nur dann gewährt, wenn eine rechtmäßige Genehmigung bestand.[168] Dies ist auch für den immissionsschutzrechtlichen Bestandsschutz, der aus dem baurechtlichen Bestandsschutz entwickelt wurde, weiterhin beizubehalten.

Die bisher aufgeführten Argumente gelten für das Bau- und Immissionsschutzrecht, darüberhinaus sind die immissionsschutzrechtlichen Besonderheiten zu beachten. § 20 Abs. 2 S. 1 BImSchG statuiert, dass eine Anlage stillzulegen oder zu beseitigen ist, wenn sie ohne Genehmigung betrieben wird. Der Tatbestand zeigt ausdrücklich, dass allein bei formeller Illegalität eine Beseitigungs- und Stilllegungsanordnung in Betracht kommt. Die materielle Legalität spielt im Immissionsschutzrecht für den Erlass einer derartigen Verfügung keine Rolle.[169] Dies lässt sich vor allem mit der besonderen Bedeutung des Genehmigungsverfahrens erklären: Im Baurecht gibt es keine Vorschrift, die die Wichtigkeit des Genehmigungsverfahrens so unterstreicht wie § 20 BImSchG. Das ist auf die unterschiedlichen Schutzgegenstände im Bau- und Immissionsschutzrecht zurückzuführen. Während es im Baurecht um die Errichtung einer Anlage und damit um die Bodenversiegelung geht, geht es beim Betrieb einer immissionsschutzrechtlichen Anlage um die Erlaubnis zur Luftverschmutzung. Für die Nachbarschaft hat eine immissionsschutzrechtliche Anlage eine viel größere Bedeutung als ein bloßes baurechtliches Gebäude. Die von der Anlage ausgehenden Luftverunreinigungen sind deutlich gefährlicher als das Bauwerk an sich und sind zudem nicht ortsgebunden. Deshalb ist von einer immissionsschutzrechtlichen Anlage meist ein größerer Kreis an Menschen betroffen. Dieser Unterschied rechtfertigt eine ungleiche Behandlung im Bau- und Immissionsschutzrecht. Aufgrund der höheren Sozialrelevanz und der größeren Bedeutung des Genehmigungsverfahrens ist im Immissionsschutzrecht der Schutz beste-

---

[168] BVerwG, Urt. v. 19.10.1966 – 4 C 16.66 = BVerwGE 25, 161, 161.
[169] BVerwG, Urt. v. 19.10.1971 – I C 2.70 = DÖV 1972, 425 (426); BVerwG, Urt. v. 09.12.1983 – 7 C 68.82 = DVBl. 1984, 474 (475); *Hansmann*, in: Landmann/Rohmer, Umweltrecht, § 20 BImSchG, Rn. 42; *Uschkereit*, Der Bestandsschutz im Bau- und Immissionsschutzrecht, S. 358; *Dürr*, VBlBW 2000, 457 (459).

hender Anlagen schwächer ausgeprägt, sodass für die Gewährung des Bestandsschutzes der Bestand einer immissionsschutzrechtlichen Genehmigung notwendig ist. Ebenso ist das besondere Interesse des Staates und der Allgemeinheit an der Durchführung des Genehmigungsverfahrens auf die Gefährlichkeit der immissionsschutzrechtlichen Anlage zurückzuführen,[170] sodass der Betrieb der Anlage nur erlaubt ist, wenn die Genehmigung dies gestattet.[171] Die durch §§ 4 ff. BImSchG konstitutive Natur der immissionsschutzrechtlichen Genehmigung bedeutet, dass die Genehmigung unabdingbare Voraussetzung für den eigentumsrechtlichen Bestandsschutz ist.[172] In §§ 4 Abs. 1 S. 1, 20 Abs. 2 S. 1 BImSchG zeigt sich der Wille des Gesetzgebers, dass es einen Bestandsschutz nur aufgrund der von Genehmigung ins Werk gesetzten Leistung gibt. Dies ist auf die besondere Gefährlichkeit immissionsschutzrechtlicher Anlagen für die Herbeiführung von schädlichen Umwelteinwirkungen zurückzuführen. Der Anlagenbetreiber soll nur mit einer immissionsschutzrechtlichen Genehmigung und dem zuvor durchgeführten Verfahren eine Anlage betreiben. Besteht für ihn keine Genehmigung, verdient er auch keinen Bestandsschutz – er soll die Anlage gerade nicht betreiben.[173] Die Gefährlichkeit der Anlage macht die Prüfung aller materiell-rechtlicher Voraussetzungen im Genehmigungsverfahren notwendig, sodass dies dafür spricht, dass es im Immissionsschutzrecht keinen eigentumsrechtlichen Bestandsschutz gibt, wenn für die Anlage keine Genehmigung besteht.

c) Darstellung der eigenen Auffassung

Ein widerspruchsfreier Lösungsansatz trifft sich in der Mitte der beiden Extrempositionen und vereint die Interessen beider Seiten. Es muss beim Grundsatz bleiben, dass für den Schutz einer immissionsschutzrechtlichen Anlage grundsätzlich das Vorhaben im entscheidungserheblichen Zeitpunkt formell und materiell rechtmäßig sein muss. Jedoch muss der Anlagenbetreiber, der die Anlage ohne Genehmigung betreibt, dabei aber alle aktuellen materiell-rechtlichen Vorschriften einhält, wie bereits aufgeführt, geschützt werden. Deshalb ist im Rah-

---

[170] *Uschkereit*, Der Bestandsschutz im Bau- und Immissionsschutzrecht, S. 360.
[171] *Hansmann*, in: Landmann/Rohmer, Umweltrecht, § 20 BImSchG, Rn. 42.
[172] *Uschkereit*, Der Bestandsschutz im Bau- und Immissionsschutzrecht, S. 285 f.
[173] Ebd., S. 364 f.

men des Ermessens bei der Beseitigungsanordnung gem. § 20 BImSchG zu berücksichtigen, dass die Anlage aktuell genehmigungsfähig wäre. Dies gilt aber nur für die Beseitigungsanordnung und nicht für die Stilllegungsanordnung, da sie für den Betreiber wesentlich einschneidender und grundrechtsrelevanter ist als eine bloße Stilllegungsanordnung. Während bei der Stilllegungsanordnung nur der laufende Betrieb unterbrochen wird, wird bei der Beseitigungsanordnung die Betriebsstätte als solche tangiert, sodass die Beseitigungsanordnung besonders grundrechtsrelevant ist.

Neben dem Erfordernis der materiellen Legalität der Anlage tritt als zweite Voraussetzung hinzu, dass der Behörde die Genehmigungsfähigkeit geradezu „ins Auge springen" muss. An diese Offensichtlichkeit sind hohe Anforderungen zu stellen, um die Bedeutung der Genehmigung nicht auszuhöhlen. Eine notwendige wochenlange Prüfung des Genehmigungsantrages würde beispielsweise eine Offensichtlichkeit ausschließen. Kann die Behörde aber ohne größeren Zeitaufwand die Genehmigungsfähigkeit feststellen, ist von einer Beseitigungsanordnung nach § 20 BImSchG abzusehen. Der Betroffene muss zudem den Genehmigungsantrag gem. § 10 Abs. 1 S. 1 BImSchG unmittelbar stellen. Damit wird der Betreiber einer Anlage ohne bestehende Genehmigung im Rahmen einer Beseitigungsanordnung ausreichend in seinen Bestandsschutzinteressen geschützt.

Für diese Lösung spricht die Eigentumsgarantie des Art. 14 Abs. 1 GG. Das Verwaltungs- und Immissionsschutzrecht ist im Lichte des Art. 14 Abs. 1 GG auszulegen, wenn keine ausdrücklich bestandsschutzregelnde einfach-gesetzliche Normierung besteht. Die Wertentscheidung, die Art. 14 Abs. 1 GG vorgibt, ist bei der Ermessensausübung zu berücksichtigen, sodass eine Beseitigungsanordnung bei einer offensichtlichen Genehmigungsfähigkeit des Vorhabens ermessensfehlerhaft ist (siehe C.). Der Gesetzgeber hat dies im einfachen Recht verwirklicht: Im Immissionsschutzrecht besteht – im Gegensatz zum Baurecht – ein intendiertes Ermessen im Rahmen des § 20 BImSchG. Die ordnungsrechtliche Maßnahme als Rechtsfolge muss grundsätzlich ergehen, wenn die Tatbestandsvoraussetzungen der § 20 BImSchG vorliegen.[174] Dies bedeutet, dass das Gesetz bereits ein bestimmtes Ergebnis nahe legt und eine tiefere Auseinandersetzung mit den Umständen des Einzelfalls nur dann notwendig macht, wenn eine erheb-

---

[174] *Decker*, in: Simon/Busse, Bayrische Bauordnung, Art. 76 Rn. 205.

liche Abweichung vom Regelfall vorliegt.[175] Dies zeigt die Intention des Gesetzgebers, dass eine aufsichtsrechtliche Maßnahme grundsätzlich beim Vorliegen der Tatbestandsvoraussetzungen ergehen soll, es jedoch Fälle gibt, in denen eine Beseitigungsanordnung aus Verhältnismäßigkeitsgründen nicht ergehen darf. Einer dieser Ausnahmefälle liegt vor, wenn die Genehmigung aufgrund der materiellen Rechtmäßigkeit erteilt werden kann. In Ausnahmefällen sind die eigentumsrechtlichen Bestandsschutzinteressen des Anlagenbetreibers auch dann schutzwürdig, wenn keine Genehmigung vorliegt, die Anlage aber die materiellen Anforderungen erfüllt. Durch diese Lösung wird auch kein Anreiz geschaffen, dass auch eine Anlage ohne Genehmigung vom Schutz des Art. 14 GG gedeckt ist, denn der Betreiber muss die aktuellen materiellen Anforderungen einhalten und nur zu einem späteren Zeitpunkt das reguläre Genehmigungsverfahren nach § 10 BImSchG durchlaufen. Der Betreiber hält auch alle Voraussetzungen ein, sodass die besondere Gefährlichkeit der immissionsschutzrechtlichen Anlage nur die Stilllegungsanordnung, aber nicht die Beseitigungsanordnung rechtfertigt. Der hohen Bedeutung des immissionsschutzrechtlichen Genehmigungsverfahrens wird dadurch Rechnung getragen, dass die Anlage stillgelegt werden kann und zur Abwendung einer Beseitigungsanordnung das Genehmigungsverfahren durchgeführt werden muss.

2. Nicht genehmigungsbedürftige Anlage

Doch was bedeutet dieses Ergebnis, dass grundsätzlich für den eigentumsrechtlichen Bestandsschutz das Vorliegen einer Genehmigung notwendig ist, für Anlagen, die gar nicht genehmigungsbedürftig sind. Verdienen sie überhaupt einen Bestandsschutz?

Wie auch bei den genehmigungsbedürftigen Anlagen besteht bei nicht genehmigungsbedürftigen Anlagen die potenzielle Gefahr von Luftverunreinigungen durch die Anlage. Jedoch ist zu berücksichtigen, dass im Gegensatz zu den zuvor behandelten Varianten die Versagung des Bestandsschutzes bei nicht genehmigungsbedürftigen Anlagen nicht der Sanktion dienen kann, da das Gesetz eine Genehmigung gerade nicht vorschreibt. Zudem ist die Selbstverwaltungsgarantie der Gemeinde nicht berührt: dies alles spricht dafür, dass einer nicht genehmigungsbedürftigen Anlage auch ohne Genehmigung Bestandsschutz zu-

---

[175] BVerwG, Urt. v. 16.06.1997 – 3 C 22.96 = BVerwGE 105, 55, 57.

kommt. Darüber hinaus gibt es keinen Schutz aus der Genehmigung, der den Betreiber bereits schützt.

II. Ergebnis

Das „Ob" des Bestandsschutzes betrifft die Frage, ob überhaupt ein Schutz gewährt werden muss. Im Immissionsschutzrecht ist aufgrund der Wichtigkeit des Genehmigungsverfahrens grundsätzlich kein Bestandsschutz zu gewähren, wenn die Anlage formell illegal betrieben wird. Hält die Anlage aber die aktuell geltenden materiell-rechtlichen Vorschriften ein und ist die Genehmigungsfähigkeit offensichtlich, kann keine Beseitigungsanordnung ergehen, wenn der Betreiber eine Genehmigung beantragt. Zum Schutz der Allgemeinheit vor den potenziellen Gefahren, die von der Anlage ausgehen, steht der Bestandsschutz einer Stilllegungsanordnung nicht entgegen. Der Eigentumsschutz ist in Art. 14 GG grundgesetzlich gewährleistet und verlangt, dass dem Betroffenen grundsätzlich ein Bestandsschutz zukommen muss, wenn die Anlage formell und/oder materiell legal betrieben wird. Dabei ist aber der nächste Schritt – das „Wie" der Gewährung – in der Literatur umstritten. Während also das „Ob" des Bestandsschutzes in Art. 14 Abs. 1 S. 1 GG verankert ist, ist für das „Wie" der Gewährung strittig, ob Art. 14 GG für den Betroffenen eine Anspruchsgrundlage ist oder der Bestandsschutz einfach-gesetzlich verankert sein muss.

B. Dogmatische Einordnung des eigentumsrechtlichen Bestandsschutzes

Nachdem nun das „Ob" des Bestandsschutzes geklärt wurde, ist jetzt der Fokus auf das „Wie" der Gewährung des Bestandsschutzes zu richten. Soll der Bestandsschutz nur im Rahmen der einfachen Gesetze gewährt werden oder besteht weiterhin ein verfassungsunmittelbarer Bestandsschutz? Wichtig für die dogmatische Einordnung des Bestandsschutzes ist der Konflikt zwischen der neuen Eigentumsdogmatik seit dem Nassauskiesungsbeschluss und der ursprünglichen Dogmatik der höchstrichterlichen Rechtsprechung zum Bestandsschutz.

Nach der ursprünglichen Rechtsprechung konnte sich der verfassungsunmittelbare Bestandsschutz gegen die einfach-gesetzliche Rechtslage durchsetzen: „Der legal geschaffene ‚Bestand' kann sich mit Rücksicht auf Art. 14 Abs. 1 GG – ‚in diesen und jenen Grenzen – in seiner bisherigen Funktion' behaupten und damit auch gegen das ihm mittlerweile etwa entgegenstehende Gesetzesrecht durchsetzen."[176]

Seit dem Nassauskiesungsbeschluss hingegen ist dies nicht mehr haltbar: „Welche Befugnisse einem Eigentümer *in einem bestimmten Zeitpunkt* konkret zustehen, ergibt sich [...] aus der Zusammenschau aller *in diesem Zeitpunkt geltenden*, die Eigentümerstellung regelnden gesetzlichen Vorschriften."[177] Damit eine Anlage Bestandsschutz genießt, muss gerade zu dem Zeitpunkt, in dem sich der Betroffene auf sein Eigentumsgrundrecht beruft, eine einfach-gesetzliche Regelung vorliegen, die bestimmt, dass für ihn Bestandsschutz gewährt wird. Das BVerfG stellte weiter in seinem Nassauskiesungsbeschluss fest: „Aus der Gesamtheit der verfassungsmäßigen Gesetze, die den Inhalt des Eigentums bestimmen, ergeben sich somit Gegenstand und Umfang des durch Art. 14 Abs. 1 S. 1 GG gewährleisteten Bestandsschutzes...".[178] Dem Betroffenen steht nach dieser Rechtsprechung kein Bestandsschutz zu, wenn er sich nicht auf eine das Eigentum schützende einfach-gesetzliche Regelung berufen kann. Das Fehlen einer solchen eigentumsgestaltenden Norm führt zum Ausschluss des Schutzes durch Art. 14 Abs. 1 S. 1 GG. Es reicht nicht, dass früher einmal eine einfach-gesetzliche Regelung die Anlage als Eigentum anerkannte.[179]

Nach dem verfassungsunmittelbaren Bestandsschutz werden z. B. Festsetzungen des Bebauungsplanes durch Art. 14 GG verdrängt und gewähren einen Anspruch auf Erteilung einer Baugenehmigung. Nach der neueren Rechtsprechung hingegen ergibt sich der Bestandsschutz aus der Gesamtheit der zum bestimmten Zeitpunkt geltenden verfassungsgemäßen Gesetze. Aufgrund dieser Diskrepanzen stellt sich die Frage, wie mit der bisher bekannten Form eines verfassungsunmittelbaren Bestandsschutzes umzugehen ist.

In der Literatur wird diese Rechtsprechung vielfach diskutiert. Autoren in der Literatur kommen aufgrund der soeben dargestellten höchstrichterlichen Entscheidungen zu unterschiedlichsten Ergebnissen. Während nur noch wenige Literaturvertreter von einem unveränderten Fortbestand des verfassungsunmittel-

---

[176] BVerwG, Urt. v. 12.12.1975 – 4 C 71.73 = BVerwGE 50, 49, 57.
[177] BVerfG, Urt. v. 15.07.1981 – 1 BvL 71/77 = BVerfGE 58, 300, 336 (Hervorhebungen hinzugefügt).
[178] Ebd.
[179] *Grochtmann*, Art. 14 GG – Rechtsfragen der Eigentumsdogmatik, S. 199.

baren Bestandsschutzes ausgehen,[180] gehen andere von einer Reservefunktion aus.[181] In der Literatur[182] wird immer wieder die Ansicht vertreten, dass nur für den passiven Bestandsschutz ein unmittelbarer Rückgriff auf Art. 14 GG möglich sei. Eine gewichtige Anzahl von Autoren geht auch davon aus, dass ein von Art. 14 Abs. 1 S. 1 GG verbürgtes Rechtsinstitut „Bestandsschutz" überhaupt nicht mehr existiere und ein materieller Bestandsschutz lediglich auf einfachgesetzliche Nutzungsbefugnisse zurückzuführen sei, die aber ihrerseits von der Eigentumsgarantie geschützt seien.[183] In dieser Passage muss die Frage geklärt werden, ob der Bestandsschutz in seiner verfassungsrechtlichen Dimension noch eine Zukunft haben kann. Oder besteht der Bestandsschutz in der ausschließlichen Abhängigkeit von einfach-gesetzlichen Grundlagen und welche Rolle kann Art. 14 GG überhaupt noch spielen?

I. Weiterbestehen des verfassungsunmittelbaren Bestandsschutzes

Fickert stellt sich gegen die neue Rechtsprechung und ist für die Weiterführung des unmittelbar verfassungsrechtlichen Bestandsschutzes.[184] Seiner Ansicht nach bestehe neben bzw. unabhängig von § 34 Abs. 3 BauGB a. F. die Möglichkeit eines unmittelbaren Rückgriffs auf Art. 14 Abs. 1 S. 1 GG. Nach dem Nassauskiesungsbeschluss führe eine „Änderung des objektiven Rechts (für die Zukunft) nicht zum Entzug einer konkreten, der Bestandsgarantie des Art. 14 Abs. 1 S. 1 GG unterliegenden Rechtsposition".[185]

Jedoch beziehen sich diese Worte nach Ansicht der Kritiker darauf, dass ein inhaltsbestimmendes Gesetz keine Legalenteignung sei und somit eine solche Rechtsposition nicht entziehen könne. Betrachte man also den Gesamtzusammenhang, stehe diese Passage dem Abschied vom verfassungsunmittelbaren Be-

---

[180] *Fickert*, in: FS Weyreuther, S. 319 (333).
[181] *Krebs*, in: Schoch, Besonderes Verwaltungsrecht, Kap. 4 Rn. 144 f.; *Sickmann*, NVwZ 1997, 853 (854 ff.); *Sendler*, WiVerw. 1993, 235 (257); *Dürr*, VBlBW 2000, 457 (458); BGH, Urt. v. 08.05.2003 – III ZR 68/02 = DVBl. 2003, 1053 (1056).
[182] *Oldiges*, in: Steiner, Besonderes Verwaltungsrecht, III Rn. 338a; *Stühler*, BauR 2002, 1488 (1494); *Gehrke/Brehsan*, NVwZ 1999, 932 (936).
[183] *Uschkereit*, Der Bestandsschutz im Bau- und Immissionsschutzrecht, S. 68 ff.; *Söfker*, in: Ernst/Zinkahn/Bielenberg/Krautzberger, BauGB, § 34 Rn. 87d.
[184] *Fickert*, in: FS Weyreuther, S. 319 (333).
[185] BVerfG, Urt. v. 15.07.1981 – 1 BvL 77/78 = BVerfGE 58, 300, 338.

standsschutz nicht entgegen.[186] Damit gibt es keinen Grund am verfassungsunmittelbaren Bestandsschutz festzuhalten.

Hielte man am verfassungsunmittelbaren Bestandsschutz fest, würde dies bedeuten, dass sich die Judikative an die Stelle des Gesetzgebers setze und dem Eigentümer mehr Rechte gewähren könnte, als in den einfach-rechtlichen Normen vorgesehen wären. Diese wäre aber ein klarer Verstoß gegen den Gewaltenteilungsgrundsatz aus Art. 20 Abs. 2 S. 1 GG: Gem. Art. 14 Abs. 1 S. 2 GG könne nur das demokratisch legitimierte Parlament das Eigentumsrecht ausgestalten. Die Judikative hingegen habe zu überprüfen, ob der Gesetzgeber die verfassungsrechtlichen Grenzen der Gestaltungsbefugnis einhalte.[187]

II. Reservefunktion

Darüber hinaus sind einige Vertreter der Literatur der Auffassung, dass ein Rückgriff auf den verfassungsunmittelbaren Bestandsschutz erlaubt sei, wenn es keine einfach-gesetzlichen Regelungen für einen Bestandsschutzfall gebe.[188] Der Gesetzgeber wolle durch § 35 Abs. 4 BauGB die entsprechenden bestehenden verfassungsunmittelbaren Zulassungsansprüche nicht abschließend regeln.[189]

Zudem wird argumentiert, dass ein Anwendungsvorrang des einfachen Rechts gegenüber inhaltsgleichem Verfassungsrecht bestünde. Aufgrund des Verständnisses des Bestandsschutzes als Abwehrrecht sei der Bestandsschutz unmittelbar aus der Verfassung herzuleiten. Der Bestandsschutz ergebe sich aus der Nutzungsfreiheit des Eigentums, letztlich, wenn keine spezielleren Regelungen bestünden, aufgrund des § 903 BGB. Wenn die Baufreiheit des Eigentümers aber nicht gesetzlich beschränkt sei, stünde ihm dieses Recht weiterhin zu. Wenn eine gesetzliche Beschränkung eingeführt werde, bliebe die Rechtsposition des Eigentümers erhalten, wenn sich der Bestandsschutz des Art. 14 GG gegenüber den Änderungen des einfachen Rechts durchsetze.[190] Der Bestandsschutz bedür-

---

[186] *Michl*, ThürVBl. 2010, 280 (282).
[187] *Uschkereit*, Der Bestandsschutz im Bau- und Immissionsschutzrecht, S. 69; *Bahnsen*, Der Bestandsschutz im öffentlichen Baurecht, S. 135; *Mampel*, NJW 1999, 975 (977); *Böhmer*, NJW 1988, 2561 (2573 f.); *Lieder*, ThürVBl. 2004, 53 (57).
[188] *Sickmann*, NVwZ 1997, 853 (854 ff.); *Sendler*, WiVerw. 1993, 235 (257); *Dürr*, VBlBW 2000, 457 (458); *Finkelnburg/Ortloff/Kment*, Öffentliches Baurecht, Band I, S. 27.
[189] *Dürr*, VBlBW 2000, 457 (458).
[190] *Sickmann*, NVwZ 1997, 853 (854 ff.).

fe deshalb keiner einfach-gesetzlichen Normierung, denn nur die Einschränkung dieser Rechte erfordere eine gesetzliche Ermächtigungsgrundlage.

Diese Meinung basiere auf einem Regel-Prinzipien-Verständnis des Eigentumsgrundrechts. Einerseits bestünden abwägungsfähige Eigentumsprinzipien und andererseits definitive, strikt geschützte, selbstständige Eigentumsregeln. Der Bestandsschutz sei eine zu erfüllende Regel und schließe den gesetzgeberischen Spielraum aus.[191] Sieckmann sehe „den baurechtlichen Bestandsschutz als definitiv" an, und dieser binde den Gesetzgeber bei der Ausgestaltung des einfachen Rechts, sodass er gezwungen sei, Bestandsschutz zu gewährleisten.[192]

Erster Kritikpunkt der Gegner dieser Ansicht ist, dass die Autoren hier den durch die Rechtsprechung bereits überwundenen bürgerlich-rechtlichen Eigentumsbegriff vertreten würden.[193] Die Bau- und Nutzungsfreiheit werde aber nicht mehr allein aus § 903 BGB bestimmt, sondern die öffentlich-rechtlichen und den Bestandsschutz regelnden Normen füllten den Eigentumsbegriff gleichrangig aus.[194] Dieser Eigentumsbegriff und die Versagung eines Abwägungsspielraums des Gesetzgebers seien mit dem neuen Verständnis des normgeprägten Eigentumsbegriffs nach dem Nassauskiesungsbeschluss unvereinbar. Man könne nicht vom Gesetzgeber einen Ausgleich zwischen Privateigentum und Gemeinwohlinteressen fordern und gleichzeitig den definitiven Bestandsschutz vorschreiben.[195] Stehe der Umfang des Bestandsschutzes schon fest, könne der Gesetzgeber keine Abwägung mehr vornehmen, in der er die kollidierenden Interessen der Privatnützigkeit und Sozialpflichtigkeit in Ausgleich bringen könne. Jedoch müssten in jedem Einzelfall die widerstreitenden Belange bei der Ausgestaltung der Gesetze berücksichtigt werden. Deshalb könne die gesetzgeberische Gestaltungsbefugnis nicht starr, sondern sie müsse variabel sein.[196]

III. Weiterhin verfassungsunmittelbarer passiver Bestandsschutz

Nach Ansicht der Vertreter dieser Meinung hätten den oben aufgeführten gerichtlichen Entscheidungen nie Fälle des passiven Bestandsschutzes zugrunde

---

[191] *Götze*, SächsVBl. 2001, 257 (260); *Sickmann*, NVwZ 1997, 853 (854 ff.).
[192] *Michl*, ThürVBl. 2010, 280 (283).
[193] Ebd.
[194] *Brenndörfer*, Reichweite und Grenzen des baurechtlichen Bestandsschutzes, S. 55.
[195] *Michl*, ThürVBl. 2010, 280 (283).
[196] *Uschkereit*, Der Bestandsschutz im Bau- und Immissionsschutzrecht, S. 70.

gelegen, sodass ein verfassungsunmittelbarer passiver Bestandsschutz beizubehalten sei. Das BVerwG und BVerfG hielte an der früheren Dogmatik zum passiven Bestandsschutz weiterhin fest, da sich die oben dargestellten Entscheidungen immer nur auf den aktiven Bestandsschutz bezögen.[197]

In der juristischen Fachliteratur hat sich deshalb eine Differenzierung zwischen dem aktiven und dem passiven Bestandsschutz herausgebildet. Allein für den aktiven Bestandsschutz sei die unmittelbare Herleitung aus Art. 14 Abs. 1 S. 1 GG aufzugeben. Für die passive Ausprägung hingegen solle weiterhin der verfassungsunmittelbare Bestandsschutz bestehen bleiben.[198] Im Bereich des passiven Bestandsschutzes gelte demnach immer noch, dass das Grundeigentum und daraus abgeleitet die Baufreiheit sowie der Bestand legaler baulicher Anlagen von Art. 14 Abs. 1 S. 1 GG umfasst sei. Der passive Bestandsschutz sei also weiterhin der Schutz einer materiell legal geschaffenen Substanz und deren Nutzung. Die aktuellen Anforderungen des Baurechts würden demnach keine Geltung entfalten, da der Bestand früheren Baurechtsanforderungen entsprach.[199]

Wichtigstes Argument der Befürworter[200] dieser Ansicht ist die Schutzbedürftigkeit von bestehenden Bauten vor einer Beseitigungsanordnung oder Nutzungsuntersagung gem. Art. 76 BayBO, § 81 LBauO Rh.-Pf. Für ihren Schutz sei ein Rückgriff auf den verfassungsunmittelbaren passiven Bestandsschutz notwendig, da keine ausreichenden einfach-gesetzlichen bestandsschützenden Regelungen bestünden.[201] Dies betrifft vor allem genehmigungsbedürftige, formell illegale, ursprünglich materiell legale, später materiell illegale Anlagen und nicht genehmigungsbedürftige, ursprünglich materiell legale, später materiell illegale Anlagen.

---

[197] BVerfG, Beschl. v. 24.07.2000 – 1 BvR 151/99 = NVwZ 2001, 424 (424).
[198] *Krebs*, in: Schmidt-Aßmann, Besonderes Verwaltungsrecht, 4. Kapitel Rn. 145; *Oldiges*, in: Steiner, Besonderes Verwaltungsrecht, III Rn. 338a; *Stühler*, BauR 2002, 1488 (1494).
[199] *Hauth*, BauR 2015, 774 (778).
[200] *Krebs*, in: Schmidt-Aßmann, Besonderes Verwaltungsrecht, 4. Kapitel Rn. 145; *Bahnsen*, Der Bestandsschutz im öffentlichen Baurecht, S. 133; *Oldiges*, in: Steiner, Besonderes Verwaltungsrecht, III Rn. 338a; *Stühler*, BauR 2002, 1488 (1495); *Gehrke/Brehsan*, NVwZ 1999, 932 (936).
[201] *Sieckmann*, NVwZ 1997, 853 (857); *Grehke/Brehsan*, NVwZ 1999, 932 (936); *Oldiges*, in: Steiner, Besonderes Verwaltungsrecht, III Rn. 338a; *Finkelnburg/Ortloff/Kment*, Öffentliches Baurecht, Band I, S. 27.

1. Genehmigungsbedürftige, formell illegale, ursprünglich materiell legale, später materiell illegale Anlage

Nach Ansicht eines Teils der Literatur ist in dieser Konstellation ein unmittelbarer Rückgriff auf Art. 14 Abs. 1 S. 1 GG aufgrund des Schutzbedürfnisses des Betroffenen notwendig, da einfach-gesetzliche Festschreibungen des passiven Bestandsschutzes fehlen würden.[202] Es gebe keine Regelung im einfachen Recht, durch die eine genehmigungspflichtige, aber nicht genehmigte, dennoch zu irgendeinem Zeitpunkt materiell legale bauliche Anlage gegenüber neuen Anordnungen geschützt wäre.[203] Ein passiver Bestandsschutz für materiell legale, aber formell illegale Bauten könne nur durch einen unmittelbaren Rückgriff auf die Eigentumsgarantie gewährt werden.[204] Die Autoren begründen das Schutzbedürfnis der materiell legalen, formell illegalen Bauten damit, dass in Bezug auf den Eigentumsschutz keine Diskrepanz zwischen einem genehmigten Vorhaben und einem genehmigungsfähigen Vorhaben bestünde. Im Hinblick auf den Eigentümerschutz könne es keinen Unterschied machen, ob eine bestehende Anlage formal genehmigt wurde oder aufgrund der ursprünglichen Baurechtmäßigkeit hätte genehmigt werden müssen.[205] Die Baugenehmigung sei nur ein präventives Verbot mit Erlaubnisvorbehalt, sodass ihr Fehlen keine Rechtfertigung für die Ablehnung eines verfassungsunmittelbaren Bestandsschutzes sei.[206] Es reiche, dass das Gebäude materiell legal errichtet wurde, weil die Frage nach der rechtmäßigen Errichtung eines Gebäudes nicht die Frage nach einer formellen Baugenehmigung sei, sondern allein die Frage nach der materiellen Rechtmäßigkeit als Folge der grundgesetzlich garantierten Nutzungsmöglichkeit als Ausfluss bzw. Teil des grundgesetzlich garantierten Eigentums und der grundgesetzlich garantierten Baufreiheit.[207]

Schließlich würden zu den vom Gesetzgeber nach Art. 14 GG erlassenen Inhalts- und Schrankenbestimmungen nicht die formellen Anforderungen an die Grundstücksnutzung zählen. Das einfache Gesetz könne das Eigentum nur durch

---

[202] *Krebs*, in: Schmidt-Aßmann, Besonderes Verwaltungsrecht, 4. Kapitel Rn. 145; *Bahnsen*, Der Bestandsschutz im öffentlichen Baurecht, S. 133.
[203] *Decker*, BayVBl. 2011, 518 (521).
[204] *Sieckmann*, NVwZ 1997, 853 (857); *Gehrke/Brehsan*, NVwZ 1999, 932 (936).
[205] *Gehrke/Brehsan*, NVwZ 1999, 932 (936).
[206] *Dürr*, VBlBW 2000, 457 (459).
[207] *Hauth*, BauR 2015, 774 (778); *Decker*, BayVBl. 2011, 517 (522).

materiell-rechtliche Anforderungen ausformen. Verfahrensvorschriften wären demnach schon begrifflich keine Inhaltsbestimmungen des Eigentums.[208] Der passive Bestandsschutz sei zudem „viel stärker grundrechtlich abgesichert" als der aktive Bestandsschutz. Zumal die Eingriffsqualität beim passiven Bestandsschutz im Vergleich zur Ablehnung von Erweiterungsinteressen im Rahmen des aktiven Bestandsschutzes deutlich stärker sei.[209]

Nach dieser Ansicht genössen also Bauwerke, die zu einem früheren Zeitpunkt mit dem materiellen Recht übereinstimmten, Eigentumsschutz,[210] denn der materiell-passive Bestandsschutz setze nur die frühere Genehmigungsfähigkeit (ursprüngliche materielle Rechtmäßigkeit) voraus.[211] Eine irgendwann einmal legale Anlage oder Nutzung schließe deshalb eine Anordnung nach Art. 76 BayBO, § 81 LBauO Rh.-Pf. aus, auch wenn sie nun mit aktuell geltendem Recht unvereinbar sei.[212]

2. Nicht genehmigungsbedürftige, ursprünglich materiell legale, später illegale Anlage

Diese Fallgruppe betrifft vor allem den Fall, dass das Vorhaben früher keiner Genehmigung bedurfte, weil es zum Beispiel verfahrensfrei war oder im Freistellungs-, Kenntnisgabe- bzw. Anzeigeverfahren errichtet wurde. Die gleiche Problematik zeigt sich auch beim eingeschränkten Prüfungsumfang im Baurecht. Bei einem nur eingeschränkten Prüfungsprogramm sind die Legalisierungswirkung und damit die formelle Legalität eingeschränkt, denn die Normen, die nicht Prüfungsgegenstand sind, werden nicht davon erfasst. Daher besteht die Gefahr einer Beseitigungsanordnung oder Nutzungsuntersagung trotz bestehender Genehmigung in Bezug auf die nicht geprüften Normen, wenn diese sich nachträglich ändern.[213]

In diesem Fall fehlt die Legalisierungswirkung des Verwaltungsaktes, durch die sich der formell legal geschaffene Bestand gegenüber neuem, entgegenstehen-

---

[208] *Dürr*, VBlBW 2000, 457 (459).
[209] *Weidemann/Krappel*, NVwZ 2009, 1207 (1210).
[210] *Oldiges*, in: Steiner, Besonderes Verwaltungsrecht, III Rn. 338a; *Finkelnburg/Ortloff/Otto*, Öffentliches Baurecht, Band II, S. 175.
[211] *Gehrke/Brehsan*, NVwZ 1999, 932 (936).
[212] *Decker*, in: Simon/Busse, Bayrische Bauordnung, Art. 76 Rn. 16.
[213] *Lindner*, DÖV 2014, 313 (317).

dem Gesetzesrecht behaupten und durchsetzen kann (siehe § 1 A.).[214] Nicht genehmigungsbedürftigen Anlagen kann dieser Schutz von Anfang an gar nicht zukommen. Man kann nun die Ansicht vertreten, dass dies für nicht genehmigungsbedürftige Anlagen keinen Nachteil bedeuten darf, sodass ein Gleichlauf der beiden Fallgruppen notwendig ist. Um dies zu erreichen, muss die nicht genehmigungsbedürftige Anlage durch einen unmittelbaren Rückgriff auf Art. 14 GG geschützt werden.

Eine bauliche Anlage, die zum Zeitpunkt ihrer Errichtung keiner Genehmigung bedurfte, genösse nach der Meinung der Vertreter dieser Ansicht einen Bestandsschutz unmittelbar aus Art. 14 Abs. 2 GG, soweit sie zu irgendeinem Zeitpunkt dem materiellen Recht entsprach. Würde man einen verfassungsunmittelbaren passiven Bestandsschutz ablehnen, könne der Bestandsschutz für diese Gebäude nicht begründet werden, da es für diese Anlagen keine materielle bestandsschutzregelnde Rechtsgrundlage gebe.[215]

Entgegen der Ansicht dieser Literaturvertreter ist der Bürger über Normierungen im einfachen Recht ausreichend geschützt und es bedarf nicht des Rückgriffs auf einen verfassungsunmittelbaren Bestandsschutz. Bei der Beseitigungsanordnung nach Art. 76 S. 1 BayBO, § 81 LBauO Rh.-Pf. ist der Betroffene ausreichend geschützt, da die formelle und materielle Illegalität vorliegen muss. Stellt man für die Beurteilung der Rechtmäßigkeit der Beseitigungsanordnung auf den Zeitpunkt der Errichtung der Anlage ab,[216] kommt eine Beseitigungsanordnung nicht in Betracht, da das Tatbestandsmerkmal „im Widerspruch zu öffentlich-rechtlichen Vorschriften" zu diesem Zeitpunkt nicht erfüllt ist: Die Anlage war zum Zeitpunkt der Errichtung materiell legal.[217]

Schließt man sich der Ansicht an, die für das Merkmal „im Widerspruch zu öffentlich-rechtlichen Vorschriften" auf die Entscheidung der Behörde über die bauaufsichtsrechtliche Maßnahme abstellt, wird der Betroffene im Rahmen des Ermessens geschützt. Bei den bauordnungsrechtlichen Maßnahmen gem. Art. 76 BayBO, § 81 LBauO Rh.-Pf. besteht ein Entschließungs- und Auswahlermes-

---

[214] *Decker*, in: Simon/Busse, Bayrische Bauordnung, Art. 76 Rn. 119.
[215] *Hauth*, BauR 2015, 774 (778); *Decker*, BayVBl. 2011, 517 (522).
[216] *Wolf*, BayBO, Art. 76 Rn. 5; *Molodovsky*, in: Molodovsky/Famers/Kraus, BayBO, Art. 76 Rn. 50.
[217] *Lindner*, DÖV 2014, 313 (320).

sen.[218] Von einem intendierten Ermessen – wie bei § 20 BImSchG – kann nicht ausgegangen werden.[219] Dies bedeutet, dass das Gesetz kein bestimmtes Ergebnis nahelegt und eine tiefere Auseinandersetzung mit den Umständen des Einzelfalls notwendig ist.[220] Im Rahmen des Ermessens ist die Verhältnismäßigkeit zwischen Beseitigungsanordnung und der Schwere des Rechtsverstoßes zu prüfen,[221] wobei die Eigentumsgarantie zu berücksichtigen ist. Aufgrund des Wortlautes „wenn nicht auf andere Weise rechtmäßige Zustände hergestellt werden können" muss die Behörde prüfen, ob z. B. eine Nutzungsuntersagung (Art. 76 S. 2 BayBO, § 81 LBauO Rh.-Pf.) ausreicht, eine nachträgliche Genehmigung erteilt werden kann, Gesetzesverstöße durch Ausnahmen nach § 31 BauGB oder Abweichungen nach Art. 63 BayBO geheilt werden können. Der Bestandsschutz des Betroffenen wird also über das einfache Recht ausreichend vermittelt, sodass der Betreiber keine Anspruchsgrundlage durch einen Rückgriff auf Art. 14 GG benötigt.

Die Autoren dieser Ansicht bauen ihre Argumentation nur auf der baurechtlichen Problematik auf. In dieser Arbeit soll aber vorrangig der immissionsschutzrechtliche Bestandsschutz behandelt werden, deshalb ist nun auf das Immissionsschutzrecht einzugehen. Wie herausgearbeitet wurde, kommt der Genehmigung im Immissionsschutzrecht eine erhebliche Bedeutung zu, da ohne eine Genehmigung grundsätzlich kein eigentumsrechtlicher Bestandsschutz gewährt werden kann. Diese besondere Bedeutung ergibt sich aus der gesteigerten potenziellen Gefährlichkeit der Anlage, dem Bedürfnis einer effektiven Sanktionierung beim genehmigungslosen Betrieb und der besonderen Sozialrelevanz der Umwelt. Für das Immissionsschutzrecht bedeutet dies, dass es dem Betreiber bei einem Anlagenbetrieb ohne Genehmigung zumutbar ist, dass seiner Anlage aufgrund seiner fehlenden Schutzbedürftigkeit grundsätzlich kein Bestandsschutz zukommt. Dies gilt nicht, wenn trotz formeller Illegalität die aktuelle materielle Legalität vorliegt. In diesem Fall wird der Betreiber über Ermessens- und Verhältnismäßigkeitserwägungen ausreichend geschützt. Gleiches gilt für die nicht

---

[218] *Decker*, in: Simon/Busse, Bayrische Bauordnung, Art. 76 Rn. 203.
[219] Ebd., Art. 76 Rn. 205.
[220] BVerwG, Urt. v. 16.06.1997 – 3 C 22.96 = BVerwGE 105, 55, 57.
[221] OVG Münster, Urt. v. 16.01.1964 – VII A 1168/62 = NJW 1965, 2421 (2421); *Decker*, in: Simon/Busse, Bayrische Bauordnung, Art. 76 Rn. 205; *Krebs*, in: Schmidt-Aßmann/ Schoch, Besonderes Verwaltungsrecht, 4. Kapitel, Rn. 226.

genehmigungsbedürftigen Anlagen, die im Rahmen der Ermessensausübung in § 20 BImSchG ausreichend geschützt sind. Aus diesem Grund besteht auch hier kein Bedürfnis auf den verfassungsunmittelbaren Bestandsschutz aus Art. 14 GG zurückzugreifen.

3. Ergebnis

Es zeigt sich also, dass ein Rückgriff auf den verfassungsunmittelbaren passiven Bestandsschutz gar nicht notwendig ist, da einerseits eine aufsichtsrechtliche Maßnahme aufgrund der fehlenden Schutzwürdigkeit des Bürgers oder Betreibers hinzunehmen ist und andererseits der Betroffene durch eine verfassungskonforme Auslegung der einfach-gesetzlichen Bestandsschutzregelungen im Lichte des Art. 14 Abs. 1 GG ausreichend geschützt ist. Es ist kein Rückgriff auf Art. 14 Abs. 1 GG für einen ausreichenden Schutz notwendig.

IV. Ablehnung des verfassungsunmittelbaren Bestandsschutzes

Ein großer Teil der aktuellen Literatur lehnt einen verfassungsunmittelbaren Bestandsschutz völlig ab. Demnach basiere der passive und aktive Bestandsschutz nur noch auf einfach-gesetzlichen Regelungen.[222]

Die Mehrzahl der Stimmen in der Literatur stimmen mit dem Vorrang des einfachen Rechts überein und lehnen einen unmittelbaren Rückgriff auf Art. 14 Abs. 1 S. 1 GG ab.[223] Aufgrund der Systematik des Art. 14 Abs. 1 GG könne es keinen verfassungsunmittelbaren Rückgriff mehr geben. Gem. Art. 14 Abs. 1 S. 2 GG würden sich Inhalt und Schranken des Eigentums aus der Gesamtheit der Regelungen über die Eigentumsnutzung ergeben. Wenn dem Eigentümer eine bestimmte Befugnis nicht zustehe, dann gehöre sie auch nicht zu seinem Eigentumsgrundrecht.[224] Eine Eigentumsposition genösse einen verfassungsrechtlichen Schutz nur im Rahmen der mit ihr zulässigerweise verbundenen ge-

---

[222] *Götze*, SächsVBl. 2001, 257 (263); *Aichele/Herr*, NVwZ 2003, 415 (415 ff.); *Molodovsky*, in: Molodovsky/Famers/Kraus, BayBO, Art. 76 Rn. 54; *Wolf*, BayBO, Art. 76 Rn. 37.
[223] *Brenndörfer*, Reichweite und Grenzen des baurechtlichen Bestandsschutzes, S. 57 f.; *Uschkereit*, Der Bestandsschutz im Bau- und Immissionsschutzrecht, 68 ff.; *Wickel*, Bestandsschutz im Umweltrecht, S. 69 f.; *Wahl*, in: FS Redekter, S. 245 (255); *Mampel*, NJW 1999, 975 (977); *Gehrke/Brehsan*, NVwZ 1999, 932 (936 f.).
[224] BVerfG, Beschl. v. 15.07.1981 – 1 BvL 77.78 = NJW 1982, 745 (749); *Hauth*, BauR 2015, 774 (775); *Schulte*, NuR 1988, 131 (133).

setzlich definierten Befugnis. Art. 14 Abs. 1 S. 1 GG sei nur noch ein verfassungsrechtlicher Prüfungsmaßstab, an dem das einfache Recht zu messen sei. Nur der parlamentarische Gesetzgeber könne über das genaue Ausmaß des Bestandsschutzes entscheiden. Allein diese Sichtweise stehe im Einklang mit dem Wortlaut des Art. 14 Abs. 1 S. 2 GG.[225] Lediglich durch die Aufgabe des verfassungsunmittelbaren Bestandsschutzes blieben die Kompetenzzuweisungen gewahrt, denn durch die Schaffung eines verfassungsunmittelbaren Bestandsschutzes würde die Rechtsprechung an die Stelle des Gesetzgebers treten, der zur Ausgestaltung des Eigentums berufen sei.[226] Bei einem verfassungsunmittelbaren Bestandsschutz würde der Richter, der diesen gewährt, dieses vom Grundgesetz vorgesehene Konzept stören und die gesetzgeberische Intention des einfach-gesetzlichen Bestandsschutzes überlagern.[227]

Wenn der Gesetzgeber eine nachträgliche, in den Bestand eingreifende Maßnahme erlasse, dann sei dafür eine gesetzliche Ermächtigungsgrundlage notwendig. Bei der Ausgestaltung dieser Norm sei der Gesetzgeber an die Eigentumsordnung unter Wahrung des Art. 14 Abs. 1 S. 2 GG gebunden. Es sei deshalb davon auszugehen, dass der Gesetzgeber einfach-gesetzlichen Bestandsschutz geschaffen habe. Wahre die Ermächtigungsgrundlage nicht die Verfassung, weil sie zu weit in den Bestand eingreife,[228] müssen die Fachgerichte die Norm gem. Art. 100 GG vorlegen. Es bedürfe also keines verfassungsunmittelbaren Bestandsschutzes, denn bei einem Verstoß des Gesetzgebers gegen seine Verpflichtung aus Art. 14 Abs. 1 S. 1 GG könne ein Verfahren nach Art. 100 Abs. 1 GG angestrebt werden. Das BVerfG entscheide dann über die Verfassungswidrigkeit des Gesetzes. Zudem bestünde die Möglichkeit der verfassungskonformen Auslegung des einfachen Gesetzesrechts,[229] sodass kein verfassungsunmittelbarer Bestandsschutz notwendig sei.

Auch diese Ansicht ist der Kritik ausgesetzt. In dem Grundsatzurteil vom 12.03.1998 sehen einige Vertreter dieser Ansicht den vollständigen Abschied

---

[225] *Bahnsen*, Der Bestandsschutz im öffentlichen Baurecht, S. 134.
[226] *Wahl*, in: FS Redeker, S. 245 (250 f.); *Wickel*, Bestandsschutz im Umweltrecht, S. 69 f.; *Schenke*, NuR 1989, 8 (17).
[227] *Brenner*, in: Jarass, Bestandsschutz bei Gewerbebetrieben, S. 24.
[228] *Wickel*, Bestandsschutz im Umweltrecht, S. 70, 74; *Brenndörfer*, Reichweite und Grenzen des baurechtlichen Bestandsschutzes, S. 56 f.
[229] *Lieder*, ThürVBl. 2004, 53 (57).

vom verfassungsunmittelbaren Bestandsschutz,[230] jedoch ließe sich dagegen anführen, dass es den Klägern in der Entscheidung des BVerwG vom 12.03.1998 nur um den aktiven Bestandsschutz ging. Die Analyse der Judikatur zeige zunächst einmal nur, dass es keinen „aktiven Bestandsschutz", keinen „überwirkenden Bestandsschutz" und keine „eigentumskräftig verfestigte Anspruchsposition" mehr gebe.[231] Es sei zwar insoweit richtig, dass sich die maßgeblichen Entscheidungen des BVerwG stets auf Fälle des aktiven Bestandsschutzes bezogen, die Bundesrichter stellten aber in der Folge klar, dass die Ausführungen zur Rechtsgrundlage des Bestandsschutzes für die defensive Variante entsprechend gelten würden.[232]

Durch den Tod des verfassungsunmittelbaren Bestandsschutzes gewinne der Gesetzgeber mehr Flexibilität und könne die verschiedenen Interessen in einen verhältnismäßigen Ausgleich bringen. Einfach-gesetzliche Regelungen seien dabei viel sachgerechter, als ein starrer Bestandsschutz aus Art. 14 GG.[233] Der parlamentarische Gesetzgeber könne bei der einfach-gesetzlichen Normierung die Interessen des Individuums und der Allgemeinheit in ein gerechtes Verhältnis bringen. Wenn die Ansprüche der Eigentümer aber nur aus der Eigentumsgarantie hergeleitet werden könnten, käme es zu einer Vorabbewertung zugunsten der Eigentümerinteressen. Dies führe zu einer verringerten Berücksichtigung der Belange der Allgemeinheit.[234] Das stehe jedoch in deutlichem Widerspruch zu Art. 14 Abs. 2 GG.

V. Stellungnahme

Das Weiterbestehen des verfassungsunmittelbaren Bestandsschutzes ist aufgrund des Verstoßes gegen das Gewaltenteilungsprinzip, dem klaren Widerspruch zu den höchstrichterlichen Entscheidungen und der geänderten Dogmatik des Eigentums seit dem Nassauskiesungsbeschluss abzulehnen.

Zudem ist die Ansicht, dass der verfassungsunmittelbare Bestandsschutz eine Reservefunktion habe, abzulehnen. Sieckmann begründet nicht, warum der Be-

---

[230] *Uschkereit*, Der Bestandsschutz im Bau- und Immissionsschutzrecht, S. 68 ff.
[231] *Hauth*, BauR, 2015, 774 (775 f.).
[232] BVerwG, Urt. v. 14.04.2000 – 4 C 5.99 = NVwZ 2000, 1048 (1050).
[233] *Wickel*, Bestandsschutz im Umweltrecht, S. 76.
[234] *Wahl*, in: FS Redeker, S. 245 (257 f.); *Bahnsen*, Der Bestandsschutz im öffentlichen Baurecht, S. 135.

standsschutz eine strikt zu erfüllende Regel sei. Die Annahme, dass der Bestandsschutz gewährt werden muss, steht im Widerspruch zu der Eigentumsdogmatik seit dem Nassauskiesungsbeschluss. Der Gesetzgeber selbst legt durch einfach-gesetzliche Normen die Reichweite des Eigentums fest und bestimmt damit, ob einer Anlage Bestandsschutz zukommt oder nicht. Dabei muss der Normgeber zwar die Bestandsgarantie aus Art. 14 GG wahren, dies bedeutet aber nicht, dass zwingend Bestandsschutz gewahrt werden muss. In einer Abwägung der Bestandsinteressen des Eigentümers mit den Allgemeinwohlbelangen kann das Überwiegen der Belange der Allgemeinheit auch einen Verlust des Bestandsschutzes rechtfertigen. Dies ist vor allem bei schweren Gefahren für Leib oder Leben der Fall. Der Bestandsschutz ist zwar immer bei der Ausgestaltung einfach-gesetzlicher Regelungen vom Gesetzgeber zu berücksichtigen. Der Gesetzgeber kann sich aber auch im Falle einer besonders schwerwiegenden Gefahr gegen die Gewährung des Bestandsschutzes entscheiden, wenn die Verhältnismäßigkeitsabwägung dies gebietet.

Außerdem entwickelte die Rechtsprechung die Figur des Bestandsschutzes ursprünglich, um eine Lücke im Schutz des Eigentümers zu schließen. Diese Lücke entstand durch fehlende Gesetze. Der Gesetzgeber hat nun aber im einfachen Recht zahlreiche bestandsschutzregelnde Normen geschaffen. Jetzt bestehen größtenteils diese einfach-gesetzlichen Normierungen, sodass ein unmittelbarer Rückgriff auf Art. 14 Abs. 1 GG nicht mehr notwendig ist.[235] Bestehen dennoch Regelungslücken, kann man davon ausgehen, dass diese Schutzlücken durch den Gesetzgeber gewollt sind. Ein Rückgriff auf den Art. 14 Abs. 1 GG ist gegen den Willen des Gesetzgebers, dem es obliegt, Eigentumsschutz einfach-gesetzlich auszugestalten.

Auch die Argumente der Befürworter der vollständigen Aufgabe „verfassungsunmittelbaren Bestandesschutzes" sind kritisch zu würdigen. Wie bereits dargelegt, veranlassen vor allem die Worte der BVerwG-Richter („Einen eigentumsrechtlichen Bestandsschutz außerhalb der gesetzlichen Regelungen gibt es nicht.")[236] einige Stimmen in der Literatur dazu, den „verfassungsunmittelbaren Bestandsschutz" für tot zu erklären. Diesem Argument kann entgegengehalten werden, dass diese Formulierung nur vom Herausgeber der BRS als Leitsatz

---

[235] Ebd.
[236] BVerwG, Urt. v. 01.12.1995 – 8 B 150.95 = BVerwG, BRS 57 Nr. 100 (1995).

verwendet wurde. Diese Aussage ist in den darauffolgenden Ausführungen nicht weiter begründet. Deshalb ist der Schluss zulässig, dass sich diese so bedeutende Formulierung nur auf die im Beschluss behandelte Rechtsmaterie des § 35 Abs. 4 BauGB bezieht.[237] Hätten die Richter allgemein die ursprüngliche verfassungsunmittelbare Herleitung des Bestandsschutzes aufgeben wollen, hätten sie dies deutlicher durch eine ausführliche Argumentation zum Ausdruck bringen müssen. Dies wäre eine Abweichung von der jahrelang bestehenden Rechtsprechung, sodass der Entscheidung erhebliches Gewicht zukommt. Eine so weitreichende Neuerung in der Rechtsprechung wird nicht einfach mit einem Satz, ohne weitere Argumente eingeführt.

Trotz der dargestellten Kritik ist der verfassungsunmittelbare Bestandsschutz aufzugeben. Wenn sich der Inhalt des Eigentums „aus der Gesamtheit der verfassungsmäßigen Gesetze"[238] zu diesem Zeitpunkt ergibt, muss neues, verfassungsmäßig zustande gekommenes Recht das alte Recht verdrängen. Denn ansonsten wäre die Ausgestaltungskompetenz des Gesetzgebers reine Makulatur. Der aktuelle Gesetzgeber legt unter Wahrung der verfassungsrechtlichen Anforderungen in einfachen Gesetzen die Fortdauer und Gestaltung des Eigentums im Sinne des Art. 14 GG fest.[239] Bei Rechtsänderungen bestimmt der Gesetzgeber, ob und in welchem Umfang neues Recht auf die in der Vergangenheit begründeten und abgeschlossenen Sachverhalte anwendbar ist, Art. 14 Abs. 1 S. 2 GG. In welchem Umfang das Vertrauen in den Fortbestand einer bestimmten Rechtsposition Schutz genießt, richtet sich nach der Norm, die hierfür die Grundlage bildet.[240] Das bedeutet, dass eine Anlage keinen Schutz genießt, wenn der Gesetzgeber nicht eine ausdrücklich sie schützende Norm erlässt.

VI. Ergebnis

Nachdem man sich vom verfassungsunmittelbaren Bestandsschutz verabschiedet, stellt sich die Frage, welche Bedeutung Art. 14 Abs. 1 GG für den Bestandsschutz überhaupt noch hat. Das konkrete und im Einzelfall bestandsgeschützte Eigentum lässt sich aus Art. 14 Abs. 1 S. 1 GG nicht entnehmen. Art. 14 Abs. 1 S. 2 GG weist dem Gesetzgeber die Aufgabe zu, Inhalt und

---

[237] Vgl. *Grochtmann*, Art. 14 GG – Rechtsfragen der Eigentumsdogmatik, S. 205 f.
[238] BVerfG, Urt. v. 15.07.1981 – 1 BvL 71/77 = BVerfGE 58, 300, 336.
[239] *Grochtmann*, Art. 14 GG – Rechtsfragen der Eigentumsdogmatik, S. 199.
[240] *Decker*, BayVBl. 2011, 518 (520).

Schranken des Eigentums näher zu bestimmen. Wenn der Gesetzgeber inhaltlich das Eigentum ausgestaltet, bestimmt er den Umfang und die Reichweite des Bestandsschutzes. Das Ergebnis des Nassauskiesungsbeschlusses ist, dass es einfacher Gesetze bedarf, um Eigentum auszugestalten, und eine Eigentumsposition nicht ausschließlich aus Art. 14 GG hergeleitet werden kann. Die Aufrechterhaltung des verfassungsunmittelbaren Bestandsschutzes widerspricht der Rechtsprechung des BVerfG zur Eigentumsdogmatik aus dem Nassauskiesungsbeschluss. Die Rechtsprechung des BVerfG macht deutlich: „Verfassungsrechtlichen Schutz des Art. 14 Abs. 1 S. 1 GG genießt nur, was einfach-gesetzlich normiert ist."[241] Art. 14 Abs. 1 S. 1 GG dient nur noch als verfassungsrechtlicher Prüfungsmaßstab, an dem das einfache Recht zu messen ist, nicht aber als eigenständige Anspruchsgrundlage.[242] Es besteht also weiterhin ein eigentumsrechtlicher Bestandsschutz.

Auf den ersten Blick lässt das den Schluss zu, dass all die Rechtspositionen, die einfach-gesetzlich nicht ausgeformt sind, nie den verfassungsrechtlichen Eigentumsschutz genießen können. Das kann aber nicht sein, denn der Gesetzgeber ist aufgrund von Art. 14 Abs. 1 S. 1, Abs. 2 GG in seiner Ausgestaltungsbefugnis nicht unbeschränkt, sondern muss die Sozialpflichtigkeit und das Privateigentum aus Art. 14 Abs. 1 S. 1, Abs. 2 GG abwägen.[243] Der Gesetzgeber ist also verfassungsrechtlich gezwungen, den in Art. 14 Abs. 1 S. 1 GG abgesicherten Bestandsschutz einfach-gesetzlich zu beachten, indem er die Privatnützigkeit und die Verfügungsbefugnis wahren muss.[244] Das bedeutet, dass er Rechtspositionen nicht derart beschränken darf, dass sie den Namen „Eigentum" gar nicht verdienen.[245] Dies bedeutet vor allem, dass eine sinnvolle Nutzungsmöglichkeit zu belassen ist.[246] Wie sich bereits gezeigt hat, erfolgt die einfach-gesetzliche Ausgestaltung des Bestandsschutzes nicht nur innerhalb der speziellen Gesetze (z. B. BauGB, BImSchG, WHG usw.), sondern auch im allgemeinen Verwaltungsverfahrensgesetz (VwVfG). Ein Abschied vom verfassungsunmittelbaren Bestandsschutz bedeutet also grundsätzlich keine massive Verschlechterung der Rechts-

---

[241] *Bahnsen*, Der Bestandsschutz im öffentlichen Baurecht, S. 134.
[242] *Decker*, BayVBl. 2011, 518 (519).
[243] *Appel*, DVBl. 2005, 340 (343).
[244] *Brenner*, in: Jarass, Bestandsschutz bei Gewerbebetreibenden, S. 17 ff.
[245] BVerfG, Beschl. v. 02.03.1999 – 1 BvL 7/91 = NJW 1999, 2877 (2878).
[246] *Brenner*, in: Jarass, Bestandsschutz bei Gewerbebetreibenden, S. 21.

stellung des Eigentümers, denn der Gesetzgeber hat im einfachen Recht Normen geschaffen, die den Eigentümer genauso oder weitreichender schützen wie beim Bestehen des verfassungsunmittelbaren Bestandsschutzes.[247]

Zusammengefasst bedeutet dies, dass der Gesetzgeber grundsätzlich bezüglich des „Ob" des Bestandsschutzes im einfachen Recht den Bestandsschutz beachten muss, Art. 14 Abs. 1 S. 1 GG. Eine völlige Abschaffung des Bestandsschutzes im Umweltrecht, ist verfassungsrechtlich nicht zulässig, sodass der Fokus nun darauf zu richten ist, ob ausreichend Bestandsschutz gewährt wird. Das „Wie" der Gewährung des Bestandsschutzes erfolgt im einfachen Recht. Bei der einfach-gesetzlichen Ausgestaltung des Bestandsschutzes durch einfache Gesetze ist der Gesetzgeber zwar frei, muss aber die Strukturelemente des Art. 14 Abs. 1 S. 1, Abs. 2 GG beachten. Es sind deshalb die verfassungsrechtlichen Anforderungen an einfach-gesetzliche Normen, die Ausdruck des Bestandsschutzes sind, festzulegen. Danach müssen die immissionsschutzrechtlichen Regelungen auf die Einhaltung dieser Voraussetzungen überprüft werden.

---

[247] *Wickel*, Bestandsschutz im Umweltrecht, S. 122.

§ 3 Einfach-gesetzlicher Bestandsschutz

A. Maßgeblichkeit einfacher Gesetze

Der Abschied vom verfassungsunmittelbaren Bestandsschutz bedeutet nun, dass der Blick jetzt auf das einfache Recht zu legen ist. Die Schwierigkeit bei der Festlegung des verfassungsrechtlichen Eigentumsbegriffs zeigt sich deutlich bei der Analyse des Nassauskiesungsbeschlusses: Einerseits hob das BVerfG hervor, dass der Begriff des Eigentums aus der Verfassung selbst gewonnen werden müsse, andererseits ergebe sich die Eigentümerstellung nach dem Wortlaut von Art. 14 Abs. 1 S. 2 GG aus den einfach-rechtlichen Vorschriften.[248]

Dies ist jedoch nur scheinbar ein Widerspruch: Art. 14 Abs. 1 S. 2 GG überlässt die nähere Ausgestaltung des Eigentumsinhalts dem Gesetzgeber. Das bedeutet, es ist primär Aufgabe des einfachen Gesetzgebers, konkret den Umfang des Schutzbereichs der Eigentumsgarantie des Art. 14 Abs. 1 S. 1 GG zu bestimmen. Gegenstand und Umfang der Befugnisse eines Eigentümers ergeben sich also aus der Gesamtheit der die Eigentümerstellung regelnden einfach-gesetzlichen Vorschriften.[249] Die einfach-gesetzlichen Normen, die den Bestandsschutz bestimmen, sind also die generelle und abstrakte Festlegung von Rechten und Pflichten der Rechtsgüter, die den verfassungsrechtlichen Eigentumsbegriff berühren.[250] Bei der Ausgestaltung des einfach-gesetzlichen Zuordnungsverhältnisses hat der Gesetzgeber die abstrakt vorgegebenen verfassungsrechtlichen Strukturelemente der „Privatnützigkeit" und der „grundsätzlichen freien Verfügungsbefugnis über den Eigentumsgegenstand" einzuhalten (genauer siehe § 2 B. III.). Das Eigentum ist also keine „leere Hülle", denn es bestehen diese abstrakten Strukturelemente. Sie bestimmen zwar nicht unmittelbar den Eigentumsbegriff des Art. 14 Abs. 1 S. 1 GG, sie beschränken aber die einfach-gesetzlichen Ausgestaltungen.[251]

---

[248] BVerfG, Beschl. v. 15.07.1981 – 1 BvL 77/78 = BVerfG 58, 300, 335, 336.
[249] *Uschkereit*, Der Bestandsschutz im Bau- und Immissionsschutzrecht, S. 38.
[250] BVerfG, Urt. v. 12.06.1979 – 1 BvL 19/76 = BVerfGE 52, 1, 27.
[251] *Axer*, in: BeckOK GG, Art. 14 Rn. 1; *Uschkereit*, Der Bestandsschutz im Bau- und Immissionsschutzrecht, S. 38.

B. Bestandsschutz bei der Ausgestaltung einfach-gesetzlicher Normen durch den Gesetzgeber

Die Ablehnung des verfassungsunmittelbaren Bestandsschutzes bedeutet nicht, dass die Eigentumsgarantie keine Bedeutung mehr hat.[252] Vielmehr sind die Bestandsschutzinteressen der Betroffenen nun auf zwei Ebenen zu berücksichtigen: Auf der ersten Ebene muss der Gesetzgeber bei der Ausgestaltung der Inhalts- und Schrankenbestimmungen die Aspekte des Bestandsschutzes wahren. Eine eigenständige Bedeutung hat der Bestandsschutz auch auf zweiter Ebene bei der Auslegung und Anwendung der einfach-gesetzlichen Vorschriften durch die Verwaltung.

Ausgangspunkt der Betrachtung der Reichweite des Bestandsschutzes muss nun Art. 14 Abs. 1 S. 1 GG sein. Nach der Aufgabe des verfassungsunmittelbaren Bestandsschutzes stellt sich nun die Frage, welche Vorgaben sich aus Art. 14 GG für die einfach-gesetzlichen Normierungen des Bestandsschutzes ableiten lassen.

I. Der Eigentumsbegriff des Art. 14 Abs. 1 GG

Die bestandsschutzregelnden Normen müssen die Anforderungen des Art. 14 GG nur einhalten, wenn die entsprechende Norm auch in den Schutzbereich des Grundrechts eingreift. Dazu muss geklärt werden, was unter „Eigentum" im Sinne von Art. 14 Abs. 1 S. 1 GG zu verstehen ist. Dafür muss in einem ersten Schritt analysiert werden, wer den Schutzbereich des Eigentums bestimmen soll. Dies ist eine Frage des Verhältnisses von der Verfassung zu den Gesetzen. In einem nächsten Schritt ist dann festzustellen, was in den Schutzbereich des Eigentums einbezogen wird.

Ein allein auf Art. 14 Abs. 1 S. 1 GG beruhendes, unabhängig von einfach-gesetzlichen Ausgestaltungen existierendes verfassungsrechtliches Eigentum gibt es nicht. Welche konkreten Rechtspositionen als verfassungsrechtlich geschütztes Eigentum zu qualifizieren sind, ist einzig den einfach-gesetzlichen Normierungen im Zeitpunkt der Geltendmachung eines Anspruchs zu entnehmen.[253] Eigentum sind demnach alle einfach-gesetzlich begründeten Positionen,

---

[252] *Uschkereit*, Der Bestandsschutz im Bau- und Immissionsschutzrecht, S. 72.
[253] BVerfG, Urt. v. 15.07.1981 – 1 BvL 71/77 = BVerfGE 58, 300, 336; *Bahnsen*, Der Bestandsschutz im öffentlichen Baurecht, S. 127.

welche die aus Zweck und Funktion der Eigentumsgarantie abzuleitenden Strukturmerkmale aufweisen.[254] Welche Rechte als Eigentum i. S. d. Art. 14 GG zu qualifizieren sind, muss deshalb für jedes einfach-rechtlich bestehende Recht einzeln geprüft werden.

1. Errichtete Bauwerke und Anlagen

Nun ist also zu klären, welche Eigentumspositionen Gegenstand des Schutzes des Art. 14 Abs. 1 S. 1 GG sind. Der Inhalt des Eigentums zu einem bestimmten Zeitpunkt ergibt sich aus der Zusammenschau aller zu diesem Zeitpunkt geltenden gesetzlichen Regelungen.[255] Die konkret errichteten Gebäude und Anlagen sind von Art. 14 GG geschützt, wenn die notwendige Genehmigung vorhanden ist. Die Genehmigung vermittelt die Rechtsposition, die Inhalt des Eigentums ist. Gegenstand der Eigentumsgarantie ist die Anlage, wobei die Genehmigung das Recht zum Betrieb und damit zur Nutzung des Eigentums vermittelt.[256] Die Genehmigung ist also mittelbarer Bestandteil der eigentumsrechtlichen Position i. S. d. Art. 14 Abs. 1 S. 1 GG, soweit sie das Recht zum Betrieb der Anlage verkörpert.[257]

2. Die Anlagengenehmigung als öffentlich-rechtliche Rechtsposition

Denkbar ist auch, dass die Genehmigung als solche nicht nur mittelbarer Bestandteil ist, sondern auch direkt von Art. 14 GG geschützt wird. Einige Autoren sind der Ansicht, dass die dem Bauherrn oder Anlagenbetreiber zustehende Genehmigung aufgrund des durch die Eigentumsgarantie gewährleisteten Grundeigentums i. S. v. § 903 BGB vom Schutzbereich des Art. 14 GG umfasst sei.[258]

Das BVerfG hingegen ist der Meinung, dass vermögenswerte Rechte des öffentlichen Rechts nicht erfasst seien. Der Schutzbereich des Art. 14 GG sei nur dann eröffnet, wenn vermögenswerte subjektiv-öffentliche Rechtspositionen dem Rechtsträger wie einem Eigentümer nach Art eines Ausschließlichkeitsrechts als privatnützig zugeordnet seien und auf nicht unerheblichen eigenen Leistungen

---

[254] *Jestaedt*, Grundrechtsentfaltung im Gesetz – Studien zur Interdependenz von Grundrechtsdogmatik und Rechtsgewinnungstheorie, S. 33.
[255] BVerfG, Urt. v. 15.07.1981 – 1 BvL 71/77 = BVerfGE 58, 300, 336.
[256] *Friauf*, WiVerw 1989, 121 (133).
[257] *Wickel*, Bestandsschutz im Umweltrecht, S. 33.
[258] *Dolde*, NVwZ 1986, 873 (874); *Ehlers*, VVDStRL 51 (1992), 211 (218).

des Rechtsträger beruhen. Diese „Eigentumsähnlichkeit" öffentlich-rechtlicher Positionen sei gegeben, wenn die öffentliche Rechtsposition ein „Äquivalent eigener Leistung" darstelle.[259] Nur die aufgrund der Genehmigung durch persönliche Leistung ins Werk gesetzten Rechtspositionen könnten Schutzobjekt der verfassungsrechtlichen Eigentumsgewährleistung sein. Die bau- und immissionsschutzrechtliche Genehmigung selbst stelle als vermögenswertes Recht öffentlich-rechtlicher Natur keine durch Art. 14 GG geschützte Position dar. Die Genehmigung beruhe nicht auf der eigenen Leistung des Genehmigungsinhabers,[260] denn die Genehmigung werde im Prüfungsverfahren allein aufgrund der Übereinstimmung des Vorhabens mit den geltenden öffentlich-rechtlichen Vorschriften erteilt und ist keine synallagmatische Leistung.

Kritiker sehen dieses Ergebnis als nicht mehr zeitgemäß an, da in der modernen Industriegesellschaft die Bedeutung der vom Staat verliehenen Genehmigung für die freiheitliche eigenverantwortliche Eigentumsausübung des Bauherrn oder Betreibers zugenommen habe. Sie seien teilweise genauso bedeutsam wie das Sacheigentum selbst.[261] Zudem könne man nicht auf die Eigenleistung abstellen, da dieser auch bei privatrechtlichen Positionen (z. B. Schenkung, Erbschaft, Fund) keine Bedeutung zukomme.[262]

Entscheidend ist jedoch, dass die Genehmigung auch ohne in den Schutzbereich von Art. 14 GG aufgenommen zu sein, ausreichend geschützt ist. Der aus der bestandskräftigen Genehmigung resultierende Vertrauensschutz stammt aufgrund der Bindungswirkung des Verwaltungsaktes aus dem Rechtsstaatsprinzip (Art. 20 Abs. 3 GG) und vermittelt wie oben dargestellt, ausreichenden Schutz.

---

[259] BVerfG, Beschl. v. 11.10.1962 – 1 BvL 22/57 = BVerfGE 14, 288, 294; BVerfG, Beschl. v. 16.03.1971 – 1 BvR 52/66; 1 BvR 665/66; 1 BvR 667/66; 1 BvR 754/66 = BVerfGE 30, 292, 334; BVerfG, Urt. v. 28.02.1980 – 1 BvL 17/77; 1 BvL 7/78; 1 BvL 9/78; 1 BvL 14/78; 1 BvL 15/78; 1 BvL 16/78; 1 BvL 37/78; 1 BvL 64/78 = BVerfGE 53, 257, 291 f.; BVerfG, Urt. v. 16.07.1985 – 1 BvL 5/80, 1 BvR 1023, 1052/83, 1227/84 = BVerfGE 69, 272, 300 ff.; *Sundermann*, Der Bestandsschutz genehmigungsbedürftiger Anlagen im Immissionsschutzrecht, S. 11; *Uschkereit*, Der Bestandsschutz im Bau- und Immissionsschutzrecht, S. 47; *Riechelmann*, Rechtssicherheit als Freiheitsschutz, S. 82.
[260] *Sundermann*, Der Bestandsschutz genehmigungsbedürftiger Anlagen im Immissionsschutzrecht, S. 11.
[261] *Jankowski*, Bestandsschutz für Industrieanlagen, S. 42; *Zitzelsberger*, GewArch 1990, 153 (158).
[262] *Uschkereit*, Der Bestandsschutz im Bau- und Immissionsschutzrecht, S. 49.

3. Die Anlage als Teil eines eingerichteten und ausgeübten Gewerbebetriebs

Darüber hinaus stellt sich die Frage, ob das Recht am eingerichteten und ausgeübten Gewerbebetrieb eine eigentumsrechtliche Position darstellt, die den Anlagenbetreiber schützt. Diese Rechtsfigur wurde im Rahmen des § 823 BGB entwickelt.[263] Der BGH ist der Auffassung, dass der Schutz des eingerichteten und ausgeübten Gewerbebetriebes grundsätzlich alles umfasse, was den wirtschaftlichen Wert des Betriebes ausmache. Zudem müsse ein unmittelbar betriebsbezogener Eingriff vorliegen und der Eingriff müsse zielgerichtet (final) den Betrieb zum Erliegen bringen.[264]

Nach der Rechtsprechung des BVerfG sei nur die Substanz der Sach- und Rechtsgesamtheit geschützt,[265] und der Schutz des eingerichteten und ausgeübten Gewerbebetriebs dürfe nicht weitergehen als der Schutz, den auch seine rechtliche Grundlage genösse.[266] Zudem beschränke er sich auf den konkreten Bestand an Rechten und Gütern.[267] Das BVerfG begründet seine Entscheidung damit, dass ein Unternehmen aus eigentumsrechtlicher Sicht nur die tatsächliche – nicht aber rechtliche Zusammenfassung der zu seinem Vermögen gehörenden Sachen und Rechte sei, die an sich schon vor verfassungswidrigen Eingriffen geschützt wären.[268]

Für einen selbstständigen Schutz des Betriebes in seiner wirtschaftlichen Gesamtheit im Rahmen des Art. 14 GG spricht aber, dass die Zusammenfassung eines Unternehmens mit all seinen Sachen, Rechten, Chancen und faktischen Gegebenheiten einen größeren Wert als seine Einzelbestandteile ergibt. Der Wert eines Unternehmens bestimmt sich gerade durch die unternehmerische Leistung und entsteht durch den Betrieb als Ganzes. Diese Summe geht über die in Art. 14 GG geschützten Einzelrechte hinaus und muss deshalb selbst dem Eigentumsschutz unterfallen.

---

[263] *Papier*, in: Maunz/Dürig, GG, Art. 14 Rn. 95; *Axer*, in: BeckOK GG, Art. 14 Rn. 51.
[264] *Schmidt*, Grundrechte, Rn. 882 f.
[265] BVerfG, Urt. v. 29.11.1961 – 1 BvR 148/57 = BVerfGE 13, 225, 229.
[266] BVerfG, Urt. v. 15.07.1981 – 1 BvL 71/77 = BVerfGE 58, 300, 353.
[267] BVerfG, Beschl. v. 10.06.2009 – 1 BvR 198/08 = NVwZ 2009, 1426 (1428).
[268] BVerfG, Beschl. v. 22.05.1979 – 1 BvL 9/75 = BVerfGE 51, 193, 221 f.; BVerfG, Beschl. v. 31.10.1984 – 1 BvR 35/82 = BVerfGE 68, 193, 222 f.; BVerfG, Beschl. v. 13.06.2002 – 1 BvR 482/02 = NVwZ 2002, 1232 (1232).

Zudem argumentieren Kritiker damit, dass das Eigentum die Grundlage für eine eigenverantwortliche Lebensgestaltung und Sicherung eines individuellen Freiraums im vermögensrechtlichen Bereich sei. Diese Zweckbestimmung knüpfe an den Schutz des Ergebnisses von eigener Leistung an, sodass der Einzelne frei über sein Erworbenes verfahren könne. Dies führe dazu, dass der verfassungsrechtliche Eigentumsschutz über den Bestandsschutz hinaus auch die Verwendung des Erworbenen erfasse.[269]

Jedoch unterfalle nach der Ansicht des BVerfG die staatliche Behandlung der Verwendung des Erworbenen dem handlungsbezogenen Grundrechtsschutz (z. B. Art. 12 GG) und nicht Art. 14 GG. Der eingerichtete und ausgeübte Gewerbebetrieb sei Beispiel dafür, dass Erworbenes zum Erwerb wiederverwendet werde, sodass bei der Gestaltung des verfassungsrechtlichen Schutzes sowohl das Erworbene als auch der Erwerb berücksichtigt werde.[270]

Nach der allgemein verwendeten Faustformel schützt Art. 12 GG den Erwerb und Art. 14 GG das Erworbene. Damit sind die allgemeinen Rahmenbedingungen (z. B. eine vorteilhafte Lage des Unternehmens, die zu Gewinn- und Erwerbschancen führt, bloße Gewinnerwartungen, Verdienstmöglichkeiten) von Art. 12 GG geschützt.[271] Der Betrieb in seiner Gesamtheit dient der wirtschaftlichen Tätigkeit, sodass das Unternehmen als solches zur Schaffung und Erhaltung einer Lebensgrundlage dient. Schwerpunkt dieser Tätigkeit ist also der Erwerb in Gestalt der Schaffung und Erhaltung einer Lebensgrundlage. Ohne den Betrieb in seiner Gesamtheit wäre eine unternehmerische Betätigung nicht möglich. Die Nutzung des Betriebes als solchen dient der Schaffung und Erhaltung einer Lebensgrundlage und stellt die Ausübung des Art. 12 GG dar, sodass nicht die Eigentumsgarantie betroffen ist.

Zudem begründet der Betrieb als Ganzes noch kein Eigentum im verfassungsrechtlichen Sinne, da es lediglich eine tatsächliche Beschreibung der wirtschaft-

---

[269] Hösch, Eigentum und Freiheit – ein Beitrag zur inhaltlichen Bestimmung der Gewährleistung des Eigentums durch Art. 14 Abs. 1 S. 1 GG, S. 56.

[270] BVerfG, Urt. v. 20.06.1954 – 1 BvR 459/52 = BVerfGE 4, 7, 17; BVerfG, Beschl. v. 14.05.1968 – 2 BvR 544/63 = BVerfGE 23, 288, 314 f.; BVerfG, Beschl. v. 18.03.1970 – 2 BvO 1/65 = BVerfGE 28, 119, 142; BVerfG, Beschl. v. 31.10.1984 – 1 BvR 35/82 = BVerfGE 68, 193, 222; Hösch, Eigentum und Freiheit – ein Beitrag zur inhaltlichen Bestimmung der Gewährleistung des Eigentums durch Art. 14 Abs. 1 S. 1 GG, S. 56.

[271] BVerfG, Beschl. v. 18.03.1970 – 2 BvO 1/65 = BVerfGE 28, 119, 142; BVerfG, Beschl. v. 31.10.1984 – 1 BvR 35/82 = BVerfGE 68, 192, 222.

lichen Wertigkeit ist. Dies zeigt, dass sich aus dem Recht am eingerichteten und ausgeübten Gewerbebetrieb kein eigentumsrechtlicher Schutz ergibt, der über die bereits oben herausgearbeitete Schutzposition hinausgeht.

4. Eigentumsnutzung

Art. 14 GG schützt nicht nur den Eigentümer, dass dieser seinen Bestand bewahren kann, sondern gewährleistet auch die Nutzung des Eigentums. Der Eigentümer kann frei sein Eigentum verwenden, verbrauchen oder veräußern.[272]

Einem Eigentümer steht im Rahmen der Eigentumsnutzung das Recht zu, sein Grundstück im Rahmen der einfachen Gesetze,[273] die Inhalts- und Schrankenbestimmungen nach Art. 14 Abs. 1 S. 2 GG darstellen, zu bebauen und – unter Inanspruchnahme der Luft – zu nutzen.[274] Im Baurecht (z. B. Art. 68 BayBO, § 70 Abs. 1 S. 1 LBauO Rh.-Pf.) und Immissionsschutzrecht (§ 6 Abs. 1 BImSchG) besteht ein präventives Verbot mit Erlaubnisvorbehalt. Der Staat geht grundsätzlich von der Zulässigkeit des Vorhabens aus, damit aber bestimmte öffentliche Belange berücksichtigt werden, besteht ein Genehmigungsvorbehalt.[275]

Soweit der Gesetzgeber diese Eigentumsnutzungen zulässt, unterfallen sie in vollem Umfang dem Schutzbereich der Eigentumsgarantie und werden nicht erst vom Staat verliehen.[276] Aus den verfassungsrechtlichen Vorgaben des Art. 14 Abs. 1 S. 1 GG ergibt sich kein Anhaltspunkt für eine unterschiedliche Schutzintensität hinsichtlich der Nutzung der Umweltmedien Boden bzw. Luft.[277]

II. Eigentumsrelevante Maßnahme

Der Gesetzgeber hat drei Möglichkeiten, eigentumsrechtliche relevante Vorschriften zu erlassen: Inhalts- und Schrankenbestimmungen gem. Art. 14 Abs. 1 S. 2 GG, Legalenteignungen gem. Art. 14 Abs. 3 S. 2 Var. 1 GG und Gesetze für Administrativenteignungen, Art. 14 Abs. 3 S. 2 Var. 2 GG.[278] Auf die Ab-

---

[272] *Jarass*, in: Jarass/Pieroth, GG, Art. 14 Rn. 16.
[273] *Sach*, Genehmigung als Schutzschild?, S. 47; *Götze*, SächsVBl. 2001, 257 (259).
[274] *Uschkereit*, Der Bestandsschutz im Bau- und Immissionsschutzrecht, S. 50 ff.; *Axer*, in: BeckOK GG, Art. 14 Rn. 45.
[275] *Broy-Bülow*, Baufreiheit und baurechtlicher Bestandsschutz, S. 114.
[276] *Axer*, in: BeckOK GG, Art. 14 Rn. 45.
[277] *Uschkereit*, Der Bestandsschutz im Bau- und Immissionsschutzrecht, S. 50 ff.
[278] BVerfG, Urt. v. 15.07.1981 – 1 BvL 71/77 = BVerfGE 58, 300, 330 f.

grenzung wird hier nicht vertieft eingegangen, denn das BVerfG traf für den hier relevanten Bereich eine endgültige Feststellung.

Eigentumsrelevante Maßnahmen können als Inhalts- und Schrankenbestimmung oder als Enteignung erfolgen. Zwischen der Enteignung und der Inhalts- und Schrankenbestimmung besteht nach dem Nassauskiesungsbeschluss ein aliud-Verhältnis:[279] Inhalts- und Schrankenbestimmungen sind abstrakt-generell, während die Enteignung konkret-individuell ist und nur vorliegt, wenn die staatliche Maßnahme darauf abzielt, eine bereits bestehende Eigentumsposition zum Zwecke staatlicher Güterbeschaffung zu entziehen.[280]

Seit der „Pflichtexemplar-Entscheidung" erfolgt die Abgrenzung nach der Intention und nicht mehr nach der Intensität.[281] Demnach ist die Pflicht, von jedem neuen Druckwerk ein Exemplar an die Staatsbibliothek abzugeben, keine Enteignung, da dieses Eigentum bereits von Beginn an nicht unbelastet entstand, sondern in abstrakt-genereller Weise mit dieser Pflicht belastet ist. Zudem ist für die Enteignung der staatliche Güterbeschaffungsvorgang charakteristisch.[282] Besonderheiten und Unterschiede bestehen aber bei Regelungen ohne und mit Bezug auf Altbestände.

1. Regelungen ohne Bezug auf Altbestände

Bei der Neuregelung ohne Bezug auf Altbestände wird in sachlicher Hinsicht die Reichweite des verfassungsrechtlich geschützten Eigentums für die Zukunft bestimmt.[283] In personeller Hinsicht sind davon nur „newcomer"[284] betroffen, d. h. Rechtssubjektive, die eine Eigentumsposition erstmals begründen.[285] Alteigentümer sind also nicht von der Neuregelung erfasst, da eine Eigentümerposition erst neu erschaffen wird.[286]

---

[279] Ebd.
[280] *Bryde*, in: v. Münch/Kunig, GG, Art. 14 Rn. 51.
[281] BVerfG, Urt. v. 14.07.1981 – 1 BvL 24/78 = BVerfGE 58, 137.
[282] Ebd., BVerfGE 58, 137, 144; *Sundermann*, Der Bestandsschutz genehmigungsbedürftiger Anlagen im Immissionsschutzrecht, S. 94 f.
[283] *Bahnsen*, Der Bestandsschutz im öffentlichen Baurecht, S. 153.
[284] *Lee*, Eigentumsgarantie und Bestandsschutz, S. 95.
[285] *Bahnsen*, Der Bestandsschutz im öffentlichen Baurecht, S. 153.
[286] *Appel*, Entstehungsschwäche und Bestandsstärke des verfassungsrechtlichen Eigentums, S. 180; *Bahnsen*, Der Bestandsschutz im öffentlichen Baurecht, S. 153.

Entsprechend der „Pflichtexemplar-Entscheidung" ist die Neuschaffung von Inhalts- und Schrankenbestimmungen keine Enteignung, denn das Eigentum entsteht von Beginn an in abstrakt-genereller Weise belastet mit dieser neu geschaffenen Pflicht.

Dies soll am Beispiel des BImSchG verdeutlicht werden. Wenn der Gesetzgeber Eigentum bestimmen möchte, dann sind erst einmal die §§ 4–6 BImSchG heranzuziehen, die umfassend die Befugnisse des Betreibers seiner Anlage im Zeitpunkt der Genehmigungserteilung festlegen. Das Eigentum an genehmigungsbedürftigen immissionsschutzrechtlichen Anlagen entsteht also von Anfang an unter der Voraussetzung, dass die Grundpflichten nach § 5 BImSchG eingehalten werden.[287] Dies reicht aber nicht aus, um die Position des Betreibers darzustellen, denn es sind auch die §§ 7, 17, 20, 21 BImSchG zu berücksichtigen. Sie stellen die durch die Genehmigung gewährten Rechte des Betreibers von Anfang an unter den Vorbehalt der gesetzlich vorgesehenen nachträglichen Maßnahmen zur Durchsetzung der dynamischen Grundpflichten.[288] Die §§ 7, 17, 20, 21 BImSchG ermöglichen dann den Behörden, eine Rechtsposition des Eigentümers nachträglich zu beschränken oder zu entziehen. Wenn von diesen Eingriffsbefugnissen Gebrauch gemacht wird, realisieren sich die gesetzlichen Schranken des bereits vorher gesetzgeberisch festgelegten Grundeigentums.[289] Diese Belastung durch nachträgliche Anforderungen an die Anlage ist der von der Genehmigung gewährten Rechtsposition von Beginn an immanent.[290] Der Vertrauensschutz des Betreibers wird durch diese Normen von Anfang an eingeschränkt; sie schwächen seine Position, da er weiß, dass er seine Anlage an veränderte Umstände anpassen muss. Bei §§ 5, 7, 17, 20, 21 BImSchG werden also grundsätzlich keine konkreten Rechtspositionen entzogen, da das Eigentum bereits mit dieser Belastung entstand. Damit liegt keine Enteignung gem. Art. 14

---

[287] *Sundermann*, Der Bestandsschutz genehmigungsbedürftiger Anlagen im Immissionsschutzrecht, S. 96.
[288] *Schulze-Fielitz*, Die Verwaltung 1987, 307 (326 f.); *Wickel*, Bestandsschutz im Umweltrecht, S. 37.
[289] *Lee*, Eigentumsgarantie und Bestandsschutz, S. 159 f.; *Wickel*, Bestandsschutz im Umweltrecht, S. 37 f.; *Uschkereit*, Der Bestandsschutz im Bau- und Immissionsschutzrecht, S. 72.
[290] *Wickel*, Bestandsschutz im Umweltrecht, S. 37.

Abs. 3 GG,[291] sondern eine Inhalts- und Schrankenbestimmung i. S. v. Art. 14 Abs. 1 S. 2 GG vor.[292]

Die Möglichkeit, dass Eigentum bereits von Anfang an belastet entsteht, bedeutet aber nicht, dass der Gesetzgeber durch Gesetze den Vertrauensschutz völlig beseitigen und Rechtspositionen von Anfang an ohne jegliche Bestandsgarantie ausgestalten kann,[293] denn dies verstieße gegen das Rechtsstaatsprinzip. Die grundrechtlich geschützten Interessen derjenigen, die aufgrund der nach Erlass der Regelung erteilten Genehmigung Investitionen tätigen, müssen geschützt werden. Es muss im einfachen Recht ein Mindestmaß an Vertrauensschutz auf den Fortbestand der in der Genehmigung vermittelten Rechtsposition weiterbestehen. Die Betreiber müssen darauf vertrauen können, dass sich die Rechtslage nicht urplötzlich ändert und ihre Anlage an neue Gesetze angepasst werden muss. Dies muss der Gesetzgeber bei der Schaffung neuer Gesetze beachten.

2. Regelungen mit Bezug auf Altbestände

Neue Regelungen, beispielsweise aus dem Umweltrecht, müssen auch auf bestehende Anlagen Anwendung finden, damit die Umweltsituation verbessert werden kann. Der Gesetzgeber kann beim Erlass von einfach-gesetzlichen Regelungen auch auf nach altem Recht begründete Befugnisse zugreifen. Die Eigentumsgarantie verlangt zwar nicht, eine bereits ausgestaltete Rechtsposition für die Zukunft in ihrem Inhalt unangetastet zu lassen,[294] jedoch ist stets der Verhältnismäßigkeitsgrundsatz zu wahren.

Nicht nur bei neu geschaffenen Gesetzen, sondern auch bei Änderungsgesetzen handelt es sich um Inhalts- und Schrankenbestimmungen.[295] Denn im Regelfall wird dabei keine konkret-individuell staatliche Maßnahme erlassen, die darauf abzielt, eine bereits bestehende Eigentumsposition zum Zwecke staatlicher Güterbeschaffung zu entziehen. Bei der Normierung von Bestandsschutzregelungen geht es vielmehr stets um die „generelle Neugestaltung eines Rechtsgebiets."[296]

---

[291] BVerfG, Beschl. v. 02.03.1999 – 1 BvR 7/91 = BVerfGE 100, 226, 240; BVerfG, Beschl. v. 22.05.2001 – 1 BvR 1512/97 = BVerfGE 104, 1, 9.
[292] BVerfG, Urt. v. 09.01.1999 – 1 BvR 929/89 = BVerfGE 83, 201, 211 f.
[293] *Sach*, Genehmigung als Schutzschild?, S. 56.
[294] *Götze*, SächsVBl. 2001, 257 (259).
[295] *Wickel*, Bestandsschutz im Umweltrecht, S. 44.
[296] Ebd.

Verändert der Gesetzgeber einfach-gesetzliche Regelungen im vermögenswerten Bereich, sodass sich die Rechtspositionen der Inhaber von Altanlagen verändern, dann bestimmt er Inhalt und Schranken des Eigentums i. S. v. Art. 14 Abs. 1 S. 1 GG.[297] Selbst ein völliger Entzug von bisher bestehenden Eigentumsbefugnissen kann beispielsweise bei großzügigen zeitlichen Auslauffristen für die Altanlagen eine verfassungsmäßige Inhaltsbestimmung sein.[298]

III. Verfassungsrechtliche Anforderungen an Inhalts- und Schrankenbestimmungen

Das einfache Recht bestimmt Inhalt und Schranken des Eigentums und damit die Reichweite des Bestandsschutzes. Wie oben bereits dargelegt, wird Art. 14 Abs. 1 GG auf zwei Ebenen relevant. Zunächst hat er bereits bei der gesetzgeberischen Ausgestaltung einfach-rechtlicher Normen Bedeutung.[299] Hierbei stellt sich die Frage, wo die Grenzen der gesetzgeberischen Gestaltungsfreiheit im Rahmen des Art. 14 GG sind.

1. Verhältnismäßigkeitsprüfung

Aufgrund der Feststellung, dass die Ausgestaltung des Bestandsschutzes eine Inhalts- und Schrankenbestimmung des Eigentums darstellt, muss nun die Frage geklärt werden, unter welchen Umständen staatliche Regelungen in bestandsgeschützte Rechte eingreifen dürfen, und wann sie unterbleiben müssen. Der Verhältnismäßigkeitsgrundsatz ist der „zentrale" verfassungsrechtliche Maßstab für die Inhalts- und Schrankenbestimmungen nach Art. 14 Abs. 1 S. 2 GG.[300] Der allgemeine Grundsatz der Verhältnismäßigkeit wird teilweise aus dem Rechtsstaatsprinzip,[301] zum Teil aber auch „aus dem Wesen der Grundrechte selbst" abgeleitet.[302]

---

[297] BVerfG, Urt. v. 15.07.1981 – 1 BvL 71/77 = BVerfGE 58, 300, 330, 337 f.; *Dolde*, NVwZ 1986, 873 (875); *Schulze-Fielitz*, Die Verwaltung 1987, 307 (326 f.).

[298] *Friauf*, WiVerw 1989, 121 (142); *Schulze-Fielitz*, Die Verwaltung 1987, 307 (326).

[299] *Brenndörfer*, Reichweite und Grenzen des baurechtlichen Bestandsschutzes, S. 60.

[300] *Wickel*, Bestandsschutz im Umweltrecht, S. 39.

[301] BVerfG, Urt. v. 24.04.1985 – 2 BvF 2/83 = BVerfGE 69, 1, 35; BVerfG, Beschl. v. 01.06.1989 – 2 BvR 239/88 = BVerfGE 80, 109, 120; *Sachs*, in: Sachs, GG, Art. 20 Rn. 146; *Grzeszick*, in: Maunz/Dürig, Art. 20 Rn. 108.

[302] BVerfG, Beschl. v. 15.12.1965 – 1 BvR 513/65 = BVerfGE 19, 342, 348 f.; BVerfG, Beschl. v. 12.05.1987 – 2 BvR 1226/83, 2 BvR 101/84, 2 BvR 313/84 = BVerfGE 76, 1, 50 f.; *Jarass*, in: Jarass/Pieroth, GG, Art. 20 Rn. 112.

Der Gesetzgeber hat bei der Ausgestaltung der Inhaltsbestimmungen des Eigentums gem. Art. 14 Abs. 1 S. 2 GG zwar einen gewissen Spielraum, ist jedoch nach Art. 1 Abs. 3 GG auch an die Grundrechte gebunden.[303] Wäre der Gesetzgeber bei der Bestimmung der Inhalts- und Schrankenbestimmungen völlig frei, wäre der Freiheitsbereich des Bürgers gegen den Gesetzgeber nicht mehr gesichert.[304] Die Verfassungsmäßigkeit von einfach-gesetzlichen Regelungen ist deshalb nach dem „Abwägungsmodell" zu prüfen. Der Gesetzgeber muss die grundgesetzliche Anerkennung des Privateigentums durch Art. 14 Abs. 1 S. 1 GG wahren und andererseits dem Sozialgebot des Art. 14 Abs. 2 GG Rechnung tragen.[305]

Das Verhältnismäßigkeitsprinzip gliedert sich in einen abstrakten und einen konkreten Maßstab auf: Die abstrakten Maßstäbe stellen eine Methode dar, mit der die zu vergleichenden Interessen in Relation zueinander gesetzt werden.[306] Die involvierten Belange werden abstrakt gewichtet, sodass zu entscheiden ist, wie wichtig die einzelnen Interessen sind. Dabei haben grundrechtlich geschützte Belange grundsätzlich ein höheres Gewicht als einfach-gesetzliche Belange.[307]

Im Rahmen der Abwägung werden dann die konkret betroffenen Güter gegeneinander abgewogen. Es müssen also die eigentumsspezifischen Vorgaben (z. B. Institutsgarantie) den betroffenen Grundrechten und Verfassungsprinzipien gegenübergestellt werden. Dies betrifft beispielsweise die Werteordnung des Grundgesetzes, das Optimierungsgebot, die Situationsgebundenheit oder das Prinzip der Einheit der Verfassung.[308]

Der Gesetzgeber muss prüfen, ob die Inhalts- und Schrankenbestimmungen geeignet und erforderlich sind.[309] Diesbezüglich kommt dem Gesetzgeber eine

---

[303] *Hufen*, Staatsrecht II Grundrechte, § 7 Rn. 1, 3.
[304] *Wickel*, Bestandsschutz im Umweltrecht, S. 38.
[305] *Appel*, DVBl. 2005, 340 (343); *Axer*, in: BeckOK GG, Art. 14 Rn. 14 f.
[306] *Kutschera*, Bestandsschutz im öffentlichen Recht, S. 240.
[307] *Jankowski*, Bestandsschutz für Industrieanlagen, S. 60.
[308] *Sachs*, in: Sachs, GG, Art. 20 Rn. 155 f.; *Kutschera*, Bestandsschutz im öffentlichen Recht, S. 240.
[309] *Axer*, in: BeckOK GG, Art. 14 Rn. 88.

weite Einschätzungs-prärogative zu.[310] Die neu eingeführten Anforderungen müssen geeignet sein, die Ziele des Immissionsschutzrechts (§ 1 BImSchG) zu erfüllen.[311] Eine Maßnahme ist erforderlich, wenn sie bei der Auswahl mehrerer gleich geeigneter Möglichkeiten für die geschützten Interessen des Betreibers die geringste Belastung bedeutet.[312]

Zudem müssen die Inhalts- und Schrankenbestimmungen angemessen sein, d. h., es ist ein Ausgleich zwischen den bereits dargestellten Interessen zu erreichen.[313] Vor allem die Gewährleistung des Eigentums und zugleich die Berücksichtigung des Sozialgebots führen häufig zu einem Spannungsverhältnis der beiden Prinzipien. Keiner der beiden Belange genießt einen Vorrang, sondern sie stehen gleichwertig nebeneinander. Der Gesetzgeber muss zwischen ihnen einen „gerechten Ausgleich" finden und sie in ein „ausgewogenes Verhältnis" bringen.[314]

2. Insbesondere: Prüfung der Angemessenheit

Die Befugnisse des Gesetzgebers zur Bestimmung von Inhalts- und Schrankenbestimmungen finden ihre Grenzen vor allem in den Strukturelementen des Art. 14 GG. Im Rahmen der Prüfung der Angemessenheit gibt es also mehrere zu berücksichtigende Belange, die im Folgenden kurz beleuchtet werden sollen.

a) Institutsgarantie

Art. 14 Abs. 1 S. 1 GG bestimmt, dass „das „Eigentum gewährleistet wird."[315] Erst der Gesetzgeber definiert das Eigentum im Sinne des Art. 14 Abs. 1 S. 1 GG. Durch die Institutsgarantie wird das Eigentum vor dem Zugriff des Gesetzgebers wirksam geschützt.[316] Das Privateigentum als Rechtsinstitut kann nicht abgeschafft werden und behält stets eine gewisse Bedeutung als zu berücksichti-

---

[310] *Wickel*, Bestandsschutz im Umweltrecht, S. 40; *Uschkereit*, Der Bestandsschutz im Bau- und Immissionsschutzrecht, S. 80 ff.
[311] *Jankowski*, Bestandsschutz für Industrieanlagen, S. 57.
[312] Ebd., S. 58.
[313] *Wickel*, Bestandsschutz im Umweltrecht, S. 40; *Uschkereit*, Der Bestandsschutz im Bau- und Immissionsschutzrecht, S. 80 ff.
[314] BVerfG, Urt. v. 14.07.1981 – 1 BvL 24/78 = BVerfGE 58, 137, 147.
[315] *Wieland*, in: Dreier, GG, Band I, Art. 14 Rn. 125.
[316] *Bahnsen*, Der Bestandsschutz im öffentlichen Baurecht, S. 102; *Lee*, Eigentumsgarantie und Bestandsschutz, S. 26.

gender Belang. Die Institutsgarantie sichert einen Grundbestand an Normen, damit auch ein individuelles Recht als „Privateigentum" bezeichnet werden kann.[317] Der Kernbestand von Normen muss die Existenz und Funktionsfähigkeit privaten Eigentums ermöglichen.[318] Dieser Bestand ist notwendig, um „Grundrechtsträger[n] einen Freiraum im vermögensrechtlichen Bereich zu erhalten und dem Einzelnen damit die Enthaltung und eigenverantwortliche Gestaltung seines Lebens zu ermöglichen."[319] Die Institutionsgarantie umfasst also die Privatnützigkeit im Sinne einer Zuordnung des Gegenstandes zu einem Rechtsträger, die grundsätzliche Verfügungsbefugnis über den Eigentumsgegenstand und die Gewährleistung der Substanz des Eigentums.[320]

b) Verfassungsrechtliche Bestandsgarantie

Nicht nur die Institutsgarantie, sondern auch die Bestandsgarantie wird aus Art. 14 Abs. 1 S. 1 GG hergeleitet und setzt dem Gesetzgeber bei der Ausgestaltung der Eigentümerposition Schranken.[321] Das BVerfG weist für die bestandswahrende Funktion des Art. 14 GG auf die „Rechtssicherheit" und den „Vertrauensschutz" hin. Entzieht der Gesetzgeber bestehende Eigentumsrechte oder ermächtigt er die Verwaltung dazu, muss er die Grundsätze der Rechtsstaatlichkeit beachten, denn er berührt zwangsläufig die Bestandsgarantie des Art. 14 Abs. 1 S. 1 GG. Dies bedeutet aber nicht, dass er an den Status quo der Eigentumsposition gebunden ist, denn Art. 14 Abs. 1 S. 1 GG garantiert nicht die „Unantastbarkeit einer Rechtsposition für alle Zeiten". Die Eigentumsgarantie und das konkrete Eigentum sind bei einer Reform keine unüberwindbaren Hürden.[322]

Der Unterschied zur Institutsgarantie liegt in der Wirkung und der Schutzrichtung. Damit der Schutzbereich der Bestandsgarantie eröffnet ist, muss eine ver-

---

[317] *Wieland*, in: Dreier, GG, Band I, Art. 14 Rn. 125.
[318] *Axer*, in: BeckOK GG, Art. 14 Rn. 19; *Lee*, Eigentumsgarantie und Bestandsschutz, S. 26.
[319] BVerfG, Urt. v. 18.12.1968 – 1 BvR 638/64; 1 BvR 673/64; 1 BvR 200/65; 1 BvR 238/65; 1 BvR 249/65 = BVerfGE 24, 367, 389 f.; *Papier*, in: Maunz/Dürig, GG, Art. 14 Rn. 13.
[320] *Bahnsen*, Der Bestandsschutz im öffentlichen Baurecht, S. 120; *Hendler*, DVBl. 1983, 873 (874 f.); *Scholz*, NVwZ 1982, 337 (341); *Soell*, DVBl. 1983, 241 (242).
[321] *Bahnsen*, Der Bestandsschutz im öffentlichen Baurecht, S. 103; *Lee*, Eigentumsgarantie und Bestandsschutz, S. 28.
[322] *Hammann*, Bestandsschutz und Bestandsdauer von Eigentumspositionen, beispielhaft erläutert am Konfliktfeld Eigentum und Umweltschutz, S. 64.

mögenswerte Rechtsposition vorliegen und durch die Erfüllung der verfassungsunmittelbaren Strukturelemente, d. h. die Merkmale der Privatnützigkeit und der grundsätzlichen Verfügungsbefugnis, qualifiziert sein.[323] Die Bestandsgarantie schützt das „Haben" von Eigentum, dessen Gebrauch, die Nutzung und die Verfügung über das Eigentum.[324] Die Bestandsgarantie fordert vor allem Vorkehrungen, die eine unverhältnismäßige Belastung des Eigentümers vermeiden und die Privatnützigkeit des Eigentums soweit wie möglich erhalten.[325] Hierfür eignen sich besonders Übergangsregelungen, Ausnahme- und Befreiungsvorschriften sowie der Einsatz sonstiger administrativer und technischer Vorkehrungen.[326]

c) Sozialgebot

Neben der Privatnützigkeit und der Verfügungsbefugnis ist der Gesetzgeber auch zur Berücksichtigung des Sozialgebotes gem. Art. 14 Abs. 2 GG verpflichtet. Die Verfassung statuiert damit die prinzipielle Gemeinwohlverpflichtung des einzelnen Eigentümers. Aufgrund der Sozialpflicht kann der Eigentümer durch den Erlass von entsprechenden Regelungen durch den Gesetzgeber oder durch die Ermessensausübung und Auslegung unbestimmter Rechtsbegriffe zu einer Bestandsveränderung gezwungen werden. Unter dem Sozialgebot sind beispielsweise die Schaffung oder Erhaltung von Arbeitsplätzen, Umweltbelange usw. zu fassen.[327]

d) Differenzierte Anforderungen

Im Rahmen des Art. 14 Abs. 1 S. 2 GG muss zwischen Inhalts- und Schrankenbestimmungen mit und ohne Bezug auf bestehende Rechte unterschieden werden, da an sie unterschiedliche Anforderungen zu stellen sind.[328]

---

[323] *Lee*, Eigentumsgarantie und Bestandsschutz, S. 28.
[324] *Axer*, in: BeckOK GG, Art. 14 Rn. 17.
[325] *Appel*, DVBl. 2005, 340 (342).
[326] *Dolde*, in: FS BVerwG 50 Jahre, S. 305 (310 f).
[327] *Hammann*, Bestandsschutz und Bestandsdauer von Eigentumspositionen beispielhaft erläutert am Konfliktfeld Eigentum und Umweltschutz, S. 34 ff.
[328] *Wieland*, in: Dreier, GG, Band I, Art. 14 Rn. 127; *Bryde*, in: v. Münch/Kunig, GG, Art. 14 Rn. 59.

aa) Regelungen mit Bezug auf bestehende Rechte

Viele bestandsschutzrelevante Gesetze gestalten nicht nur abstrakt die Eigentumsordnung für die Zukunft, sondern betreffen auch die nach alter Eigentumsordnung erworbenen Rechtsstellungen. Wenn der Gesetzgeber beim Erlass der Gesetze – und später die Behörden beim Vollzug dieser – bereits bestehende, von Art. 14 Abs. 1 S. 1 GG geschützte Eigentümerpositionen berühren, liegt ein Eingriff in den Schutzbereich des Eigentumsgrundrechts vor (siehe B. II.).[329] Diese Veränderung des bestehenden eigentumsrechtlichen Bestandes ist durch den Verhältnismäßigkeitsgrundsatz begrenzt.[330] Der Gesetzgeber kann bestehende Rechtspositionen nur dann umgestalten, wenn Gründe des öffentlichen Interesses dies rechtfertigen und der Eingriff verhältnismäßig ist.[331]

Der Gesetzgeber trifft bei der Ausgestaltung des Eigentums regelmäßig auf eine bereits gesetzlich ausgestaltete Eigentumsordnung. Bei seiner Regelung muss er bestehende Rechte besonders berücksichtigen, denn Art. 14 Abs. 1 S. 1 GG sichert subjektiv-rechtlich auch die Bestandsgarantie für konkret bestehende subjektive Eigentumspositionen. Diese Bestandsgarantie folgt aus Art. 14 GG, der die Freiheit im vermögensrechtlichen Bereich sichern möchte.[332] Das bestehende, konkrete Eigentum in der Hand des individuellen Eigentümers und dessen Kontinuitätsinteresse müssen geschützt werden.[333]

Grundsätzlich kann der Bürger zwar nicht auf den Fortbestand geltenden Rechts ohne Weiteres vertrauen, die Eigentumsgarantie begründet aber ein schutzwürdiges Vertrauen in die Normen, die bestehenden Eigentumspositionen zugrunde liegen. Dies muss der Gesetzgeber bei der Gewährleistung der Verhältnismäßigkeit besonders berücksichtigen. Bei der Ausgestaltung der Eigentumsordnung hat der Gesetzgeber bei den Eigentümerinteressen die Privatnützigkeit, die grundsätzliche Verfügungsbefugnis und zusätzlich die Bestandsgarantie zu wahren.[334]

---

[329] *Uschkereit*, Der Bestandsschutz im Bau- und Immissionsschutzrecht, S. 76.
[330] *Wickel*, Bestandsschutz im Umweltrecht, S. 40.
[331] Ständige Rechtsprechung: BVerfG, Urt. v. 10.07.1958 – 1 BvF 1/58 = BVerfGE 8, 71, 80; BVerfG, Urt. v. 01.03.1979 – 1 BvR 532/77; 1 BvR 533/77; 1 BvR 419/78; 1 BvL 21/78 = BVerfGE 50, 290, 339; *Sach*, Genehmigung als Schutzschild?, S. 103.
[332] *Bahnsen*, Der Bestandsschutz im öffentlichen Baurecht, S. 103 f.
[333] *Sach*, Genehmigung als Schutzschild?, S. 103.
[334] *Wickel*, Bestandsschutz im Umweltrecht, S. 44.

bb) Regelungen ohne Bezug auf bestehende Rechte

Bei Regelungen, die keine bestehenden Rechte berühren, legt der Gesetzgeber die Eigentumsordnung erst fest, da das Grundgesetz keinen vorkonstitutionellen Eigentumsinhalt kennt.[335] Bei einem rein zukunftsbezogenen Regelungsgehalt in den Inhalts- und Schrankenbestimmungen hat der Gesetzgeber nach dem eigentumsrechtlichen Abwägungsgebot die objektiv rechtliche Institutsgarantie und das objektiv rechtliche Gebot einer sozialgerechten Eigentumsordnung zu beachten sowie die schutzwürdigen Interessen der Beteiligten in einen gerechten Ausgleich zu bringen. Durch rein zukunftsbezogene Neugestaltungen des Schutzbereichs von Art. 14 GG werden dem Bürger Befugnisse erst zugewiesen. Die geschützte Eigentumsposition entsteht also von vornherein bereits unter einem beschränkten Umfang.[336]

Auch bei der abstrakten Beurteilung der Inhalts- und Schrankenbestimmungen für die Zukunft muss der Verhältnismäßigkeitsgrundsatz angewendet werden, weil der Gesetzgeber bei der Gestaltung der Eigentumsordnung nicht frei ist. Er muss einen verhältnismäßigen Ausgleich zwischen der Institutionsgarantie und dem Sozialgebot schaffen.[337] Es geht um die innere Ausgewogenheit der neu zu schaffenden Eigentumsordnung.[338] Im Gegensatz zu Regelungen, die in Altrechte eingreifen, hat der Gesetzgeber bei rein zukunftsbezogenen Inhalts- und Schrankenbestimmungen einen weiteren Ausgestaltungsspielraum, denn nur bei der Schaffung von Normen, die in Altrechte eingreifen, müssen zusätzlich die Anforderungen der Institutionsgarantie gewahrt sein.

e) Grundkonflikt zwischen Industrie und Umwelt im Immissionsschutzrecht

Die zentrale Problematik im Rahmen der Abwägung ist der Widerstreit zwischen den sich gegenüberstehenden Interessen der Betreiber und der Umwelt. Die gewerblichen Anlagen beeinflussen die Umwelt durch ihre Emissionen. Zu-

---

[335] *Sach*, Genehmigung als Schutzschild, S. 103; *Wickel*, Bestandsschutz im Umweltrecht, S. 40.
[336] *Uschkereit*, Der Bestandsschutz im Bau- und Immissionsschutzrecht, S. 77, 80 ff.
[337] *Sach*, Genehmigung als Schutzschild?, S. 103.
[338] *Wickel*, Bestandsschutz im Umweltrecht, S. 41; *Dolde*, NVwZ 1986, 873 (875).

gleich wirken aber auch umgekehrt die Entwicklungen der Umwelt auf sie selbst zurück.[339]

Während die Betreiber ihre Anlage und damit ihre Leistungs- und Funktionsfähigkeit auf Dauer erhalten wollen, schaffen ständig neue Umweltgesetze einen dauerhaften Anpassungs- und Modernisierungsdruck.[340] Es ist also einerseits notwendig, dass ein effektiver Bestandsschutz gewährt wird, damit die Betreiber einen ausreichenden Investitionsschutz erfahren und der Wirtschaftsstandort Deutschland konkurrenz- und überlebensfähig ist. Andererseits kann das Ziel einer verantwortungsbewussten Umweltpolitik aus Art. 20 Abs. 3 GG aber nur durch Anpassungsverpflichtungen der Anlage an geänderte Umweltbedingungen erreicht werden. Den immer schneller auftretenden Änderungen relevanter Umstände und wissenschaftlicher Erkenntnisse muss durch eine rasche und umfassende Anpassung der Rechtslage Rechnung getragen werden. Dies wiederum bedeutet eine Begrenzung des Bestandsschutzes. Deshalb ist eine Kompromisslösung notwendig, die die Interessen der Industrie an Bestands-, Vertrauens- und Investitionsschutz und den Umweltschutzbelangen gerecht werden.

Entscheidend im Immissionsschutzrecht ist, dass der Eigentümer einer emittierenden Anlage eine besondere Verantwortung gegenüber der Allgemeinheit hat, die seine persönlichen Interessen von Anfang an bereits einschränken. Je weiter das Eigentum des Einzelnen in andere gesellschaftliche Bereiche eingreift, desto weitergehende Beschränkungen hat der Eigentümer aufgrund der Sozialpflichtigkeit hinzunehmen.[341]

Zwar kann der Betreiber emittierender Anlagen aufgrund der dynamischen Grundpflichten nicht darauf vertrauen, dass er seine Anlage „für immer" so betreiben kann, wie sie genehmigt wurde. Dennoch muss auch der Gesetzgeber eine gewisse Kontinuität wahren und kann nicht innerhalb kürzester Zeit durch Gesetzesänderungen ständig in die Rechtsstellung der Anlagenbetreiber eingreifen. Es stellt sich deshalb stets die Frage, ob die Anpassungsverpflichtungen noch im Rahmen der Sozialpflichtigkeit des Eigentums sind oder die Grenzen einer zulässigen Inhalts- und Schrankenbestimmung überschreiten.

---

[339] *Feldhaus*, WiVerw 1986, 67 (67); *Friauf*, WiVerw 1989, 121 (124).
[340] *Friauf*, WiVerw 1989, 121 (124).
[341] *Jankowski*, Bestandsschutz für Industrieanlagen, S. 59.

f) Ergebnis

Zusammenfassend lässt sich feststellen, dass sich der Bestandsschutz des Eigentümers bei der Ausgestaltung von Inhalts- und Schrankenbestimmungen des Gesetzgebers in der allgemeinen Pflicht zur Beachtung von Bestandsschutzinteressen bei der rechtlich gebotenen Abwägung der widerstreitenden Interessen erschöpft. Dies bedeutet, dass der Gesetzgeber zumindest den Bestandsschutz bei der Abwägung beachten muss. Bei der Ausgestaltung der Eigentumsordnung für die Zukunft besteht für den Gesetzgeber ein weiter Ausgestaltungsspielraum, da er im Hinblick auf die Interessen des Eigentümers nur die Privatnützigkeit und die grundsätzliche Verfügungsbefugnis gewährleisten muss. Bestehen aber bereits Rechtspositionen, die Bestandsgarantie genießen, ist der Ausgestaltungsspielraum des Gesetzgebers bei der Gestaltung der Normen deutlich enger: Er muss zusätzlich noch die Bestandsgarantie wahren.

Wenn bei der Schaffung neuer Gesetze die Verhältnismäßigkeit für den Eigentümer durch die abstrakt-generelle Regelung nicht ausreichend gewahrt werden kann, muss der Gesetzgeber aufgrund des Rechtsstaatsprinzips zum Schutz der Eigentümerinteressen der Behörde ein Ermessen einräumen oder unbestimmte Rechtsbegriffe verwenden. Damit kann die Behörde im Einzelfall individuell die Verhältnismäßigkeit wahren und dem Betroffenen den notwendigen Bestandsschutz gewähren.

3. Rechtsstaatlicher Vertrauensschutz

Das Vertrauensschutzprinzip betrifft das Problem, ob und in welchem Umfang das Vertrauen des Bürgers in den Fortbestand einer gesetzlichen Regelung oder behördlichen Entscheidung geschützt wird.[342] Der Vertrauensschutz ist die Verteidigung von Rechtspositionen des Bürgers gegen die Neugestaltung eines Rechtsgebietes durch die Gesetzgebung und die vollziehende Gewalt. Um Vertrauensschutz gegenüber dem Gesetzgeber geht es beispielsweise bei rückwirkenden Gesetzen.[343] Im Verwaltungsrecht hat der Vertrauensschutz insbeson-

---

[342] *Broy-Bülow*, Baufreiheit und baurechtlicher Bestandsschutz, S. 119; *Sendler*, WiVerw 1979, 63 ff.
[343] *Grosche*, Der Staat 2015, 309 (309).

re in den §§ 48, 49 VwVfG und in den spezielleren Ausformungen wie beispielsweise § 21 BImSchG einfach-gesetzlich Niederschlag gefunden.[344]

Das Vertrauensschutzprinzip stammt aus dem Rechtsstaatsprinzip (Art. 20 Abs. 3 GG), welches die Bindung der staatlichen Gewalt an Recht und Gesetz sowie die Rechtssicherheit und Vorhersehbarkeit staatlichen Handelns gewährleistet. Zwischen der Rechtmäßigkeit des staatlichen Handelns und der Rechtssicherheit bzw. der Vorhersehbarkeit können Konflikte entstehen. Ein Vertrauensschutz für den Bürger entsteht immer dann, wenn die Rechtssicherheit und die Vorhersehbarkeit gegenüber den Interessen des Staates an einer Gesetzesänderung überwiegen.[345] Im Rahmen von diesen Gesetzesänderungen hat das BVerfG die allgemeine Rückwirkungslehre etabliert, wobei nach formalen Kriterien zwei verschiedene Rückwirkungsarten – unechte und echte Rückwirkung – unterschieden werden. Das Rückwirkungsverbot hat seinen Grund und seine Grenzen demnach im Vertrauensschutz.[346]

a) Echte Rückwirkung

Eine echte Rückwirkung ist gegeben, wenn ein Gesetz nachträglich in einen in der Vergangenheit liegenden, bereits abgeschlossenen Sachverhalt ändernd eingreift oder ihn erstmalig belastend regelt.[347] Die Rechtsfolge der Norm tritt für einen Zeitraum ein, der vor dem Inkrafttreten der Norm liegt. Eine solche echte Rückwirkung ist grundsätzlich wegen des Verstoßes gegen das aus dem Rechtsstaatsprinzip herzuleitenden Gebot der Rechtssicherheit verfassungswidrig und damit unzulässig.[348]

Das rechtsstaatliche Rückwirkungsverbot darf allein aus zwingenden Gründen des gemeinen Wohls oder wegen eines nicht – oder nicht mehr – vorhandenen schutzbedürftigen Vertrauens des Einzelnen durchbrochen werden.[349]

---

[344] *Schmidt,* JuS 1973, 529 (529).
[345] *Kutschera,* Bestandsschutz im öffentlichen Recht, S. 243.
[346] BVerfG, Beschl. v. 07.07.2010 – 2 BvL 1/03 = NJW 2010, 3629 (3629); *Riechelmann,* Rechtssicherheit als Freiheitsschutz, S. 183.
[347] Ebd.
[348] BVerfG, Urt. v. 19.12.1961 – 2 BvL 6/59 = BVerfGE 13, 261; *Sundermann,* Der Bestandsschutz genehmigungsbedürftiger Anlagen im Immissionsschutzrecht, S. 55; *Pieroth,* JZ 1990 279 (284); *Appel,* DVBl. 2005, 340 (344).
[349] BVerfG, Urt. v. 19.12.1961 – 2 BvL 6/59 = BVerfGE 13, 261, 272.

b) Unechte Rückwirkung

Die unechte Rückwirkung liegt vor, wenn ein Gesetz auf gegenwärtige, noch nicht abgeschlossene Sachverhalte für die Zukunft einwirkt und damit zugleich die betroffene Rechtsposition nachträglich entwertet. Die Rechtsfolgen eines Gesetzes treten also erst nach Verkündung der Norm ein, knüpfen jedoch tatbestandlich an Gegebenheiten aus der Zeit vor der Verkündung an.[350] Sie unterliegen weniger strengen Beschränkungen als die echte Rückwirkung.[351] Die Regelungen mit unechter Rückwirkung sind nach der Rechtsprechung des BVerfG grundsätzlich zulässig,[352] weil die allgemeine Erwartung, dass das geltende Recht unverändert fortbesteht, verfassungsrechtlich nicht geschützt ist.[353] Denn der Gesetzgeber ist dem Gemeinwohl verpflichtet und muss durch Änderungen der Rechtsordnung die bestehenden Regelungen an geänderte Bedingungen anpassen.[354] Wenn das Wohl der Allgemeinheit und damit die Veränderungsgründe des Gesetzgebers bei der Abwägung nicht gegenüber dem Vertrauensschaden des Einzelnen überwiegen, ist eine unechte Rückwirkung nicht zulässig.[355] Jedoch muss nicht immer das Ergebnis der Interessenabwägung eine Unzulässigkeit der Norm sein, sondern im Einzelfall können auch Übergangsregelungen zur Wahrung der Interessen des Einzelnen ausreichen.[356]

4. Bedeutung des rechtsstaatlichen Vertrauensschutzgrundsatzes im Rahmen der eigentumsrechtlichen Abwägungsentscheidung

Bei der Prüfung der Angemessenheit im Rahmen des Art. 14 GG ist die Berücksichtigung der Rückwirkungslehre als spezielle Ausprägung des Vertrauensschutzes umstritten.

---

[350] BVerfG, Beschl. v. 22.03.1983 – 2 BvR 475/78 = BVerfGE 63, 343, 356; BVerfG, Beschl. v. 14.05.1986 – 2 BvL 2/83 = BVerfGE 72, 200, 242; BVerfG, Beschl. v. 07.07.2010 – 2 BvL 1/03 = NJW 2010, 3629 (3629).
[351] BVerfG, Urt. v. 15.05.1995 – 2 BvL 19/91, 2 BvR 1206/91, 2 BvR 1584/91 = BVerfGE 92, 277, 344.
[352] BVerfG, Urt. v. 08.02.1977 – 1 BvF 1/76 = BVerfGE 43, 291, 391.
[353] BVerfG, Urt. v. 15.10.1996 – 1 BvL 44/92 = BVerfGE 95, 64, 86; *Grosche*, Der Staat 2015, 309 (309); *Decker*, in: Simon/Busse, Bayrische Bauordnung, Art. 76 Rn. 16.
[354] *Decker*, in: Simon/Busse, Bayrische Bauordnung, Art. 83 Rn. 29.
[355] *Grosche*, Der Staat 2015, 309 (309); *Decker*, in: Simon/Busse, Bayrische Bauordnung, Art. 76 Rn. 16.
[356] *Weschpfennig*, in: Landmann/Rohmer, Umweltrecht, § 104 WHG Rn. 4; *Decker*, in: Simon/Busse, Bayrische Bauordnung, Art. 83 Rn. 31.

a) Vertrauensschutz allein im Rahmen von Art. 14 GG

Teilweise wird vertreten, dass der Grundsatz des Vertrauensschutzes nur als integraler Bestandteil der Eigentumsgarantie diene und damit keinen eigenständigen Schutz vermittle. Bei Art. 14 GG sei die Herleitung des Vertrauensschutzes aus dem Rechtsstaatsprinzip nicht nötig, da diesem Grundrecht der Vertrauensschutzgedanke immanent sei.[357] Der Vertrauensschutz habe in Art. 14 Abs. 1 GG für den Bereich der vermögenswerten Güter eine eigene Ausprägung von Verfassungsrang erhalten, sodass sich ein Rückgriff auf Art. 20 GG verbiete.[358] Für das Bau- und Umweltrecht finde der Vertrauensgrundsatz also eine spezielle Absicherung in Art. 14 Abs. 1 GG[359] und habe neben Art. 14 GG keine selbstständige Bedeutung,[360] sodass er im Rahmen der Verhältnismäßigkeitsprüfung beim Eigentumsgrundrecht keine Berücksichtigung finde.

Diese Ansicht sei vor allem durch ein Zitat der Rechtsprechung belegbar: „Der Gesetzgeber muss [...] das Rechtsstaatsprinzip beachten [...] Dem allgemeinen Vertrauensschutz kommt in diesem Zusammenhang jedoch keine selbständige Bedeutung zu. Denn die Funktion der Eigentumsgarantie besteht gerade darin, dem Bürger Rechtssicherheit hinsichtlich der durch Art. 14 Abs. 1 S. 1 GG geschützten Güter zu gewährleisten und das Vertrauen auf das durch die verfassungsmäßigen Gesetze ausgeformte Eigentum zu schützen. Der rechtsstaatliche Grundsatz des Vertrauensschutzes hat für die vermögenswerten Güter im Eigentumsrecht eine eigene Ausprägung und verfassungsrechtliche Ordnung erfahren."[361] Daraus schließen die Vertreter dieser Meinung, dass der rechtsstaatliche Vertrauensschutzgrundsatz für die Eigentumsgarantie eine eigene Ausprägung

---

[357] *Schmidt,* JuS 1973, 529 (532); *Axer,* in: BeckOK GG, Art. 14 Rn. 99; *Bryde,* in: v. Münch/Kunig, GG, Art. 14 Rn. 62; *Riechelmann,* Rechtssicherheit als Freiheitsschutz, S. 78; *Schulze-Fielitz,* Die Verwaltung 1987, 307 (322).
[358] BVerfG, Urt. v. 08.06.1977 – 2 BvR 1042/75 = BVerfGE 45, 142, 168; BVerfG, Urt. v. 12.06.1979 – 1 BvL 19/76 = BVerfGE 52, 1, 29 f.; *Broy-Bülow,* Baufreiheit und baurechtlicher Bestandsschutz, S. 119 f.; *Götze,* SächsVBl. 2001, 257 (258); *Wieland,* in: Dreier, GG, Band I, Art. 14 GG, Rn. 130.
[359] *Michl,* ThürVBl. 2010, 280 (281); *Appel,* DVBl. 2005, 340 (344).
[360] *Broy-Bülow,* Baufreiheit und baurechtlicher Bestandsschutz, S. 120.
[361] BVerfG, Urt. v. 08.07.1971 – 1 BvR 766/66 = BVerfGE 31, 275, 293; BVerfG, Urt. v. 15.01.1974 – 1 BvL 5/70 = BVerfGE 36, 281, 293; *Broy-Bülow,* Baufreiheit und baurechtlicher Bestandsschutz, S. 120.

in der Bestandsgarantie des Art. 14 Abs. 1 S. 1 GG finde.[362] Der Vertrauensschutz und damit die allgemeine Rückwirkungslehre seien nur subsidiär, d. h. bei keiner Einschlägigkeit des Art. 14 GG zu berücksichtigen.[363]

b) Vertrauensschutz allein aus Art. 20 Abs. 3 GG

Mehrere Entscheidungen des BVerfG zeigen aber, dass die Richter nicht mehr nur auf die eigenständige Ausprägung des Vertrauensschutzes in Art. 14 GG abstellen, sondern teilweise innerhalb der Prüfung des Art. 14 GG die allgemeinen Kriterien des rechtsstaatlichen Rückwirkungsverbotes prüfen.[364] All diese Entscheidungen zeigen, dass innerhalb des Art. 14 GG die allgemeinen Grundsätze zur (un-)echten Rückwirkung herangezogen werden.[365] Im Ergebnis bedeute dies, dass bei der inhaltlichen Ausgestaltung der Eigentümerbefugnisse nach Art. 14 Abs. 1 S. 2 GG der Gesetzgeber also das Rechtsstaatsprinzip wahren müsse. Das Gebot rechtsstaatlicher Eigentumsbeschränkungen führe zu einem eigenständigen Verbot „echter" Rückwirkungen und zur Wahrung der Grenzen der „unechten" Rückwirkung.[366]

c) Kritische Würdigung

Im Kern geht es um das Verhältnis des Vertrauensschutzes aus Art. 20 Abs. 3 GG, mit seiner speziellen Ausprägung in der Rückwirkungslehre, und der Bestandsgarantie aus Art. 14 GG, die Ausdruck des Vertrauensschutzgrundsatzes

---

[362] BVerfG, Urt. v. 15.01.1974 – 1 BvL 5/70 = BVerfGE 36, 281, 293; *Wickel*, Bestandsschutz im Umweltrecht, S. 44; *Sundermann*, Der Bestandsschutz genehmigungsbedürftiger Anlagen im Immissionsschutzrecht, S. 59.

[363] BVerfG, Urt. v. 08.06.1977 – 2 BvR 499/74; 2 BvR 1042/75 = BVerfGE, 45, 142, 168; BVerfG, Urt. v. 10.05.1983 – 1 BvR 820/79 = BVerfGE, 64, 87, 104; *Pieroth*, JZ 1990, 279 (283 f.); *Appel*, DVBl. 2005, 340 (344); *Broy-Bülow*, Baufreiheit und baurechtlicher Bestandsschutz, S. 120.

[364] BVerfG, Urt. v. 04.12.1985 – 1 BvL 23/84 und 1/85; 1 BvR 439, 652/84 = BVerfGE 71, 230, 246 ff., 251 ff.; BVerfG, Beschl. v. 15.10.1996 – 1 BvL 44, 48/92 = BVerfGE 95, 64, 86 ff. = NJW 1997, 722 (723 f.); BVerfG, Beschl. v. 24.03.1998 – 1 BvL 6/92 = BVerfGE 97, 378, 388 ff.; BVerfG, Urt. v. 23.11.1999 – 1 BvF 1/94 = BVerfGE 101, 239, 269 ff.; BVerfG, Beschl. v. 14.03.2001 – 1 BvR 2402/97 = DVBl. 2001, 896 (897); BVerfG, Beschl. v. 18.02.2009 – 1 BvR 3076/08 = BVerfGE 122, 374, 393 ff.; *Uschkereit*, Der Bestandsschutz im Bau- und Immissionsschutzrecht, S. 88; *Axer*, in: BeckOK GG, Art. 14 Rn. 99; *Grochtmann*, Art. 14 – Rechtsfragen der Eigentumsdogmatik, S. 44 ff.

[365] *Appel*, DVBl. 2005, 340 (345).

[366] *Papier*, in: Maunz/Dürig, GG, Art. 14 Rn. 327.

ist. Problematisch sind dabei vor allem die Unterschiede zwischen der eigentumsrechtlichen Abwägungsentscheidung und der Abwägungsentscheidung im Rahmen der Rückwirkungslehre. Es besteht also zwischen der Rechtsprechung des BVerfG zur grundsätzlichen Zulässigkeit der unechten Rückwirkung und dem Erfordernis der gleichen Gewichtung der Belange aus Art. 14 Abs. 1 S. 1 und Abs. 2 GG ein Konflikt. Entscheidend ist nun, wie dieser aufzulösen ist.

aa) Argumente für den Vertrauensschutz allein im Rahmen von Art. 14 GG

Kritiker der zuletzt genannten Auffassung sehen die Gefahr, dass durch die Einbeziehung der unechten Rückwirkung als Ausprägung des Vertrauensschutzes in die Grundrechtsprüfung die Anforderungen an den Vertrauensschutz im Rahmen des Art. 14 GG gesenkt werden würden, denn der speziellere Bestandsschutz aus Art. 14 GG gewährleiste für den Bürger mehr Schutz als der allgemeine rechtsstaatliche Vertrauensschutz.[367] Die besonders zu berücksichtigenden Strukturmerkmale der Privatnützigkeit und der generellen Verfügungsbefugnis würden den im Vergleich zur allgemeinen Rückwirkungslehre besonderen höheren Schutz für den Eigentümer rechtfertigen, der über den allgemeinen Vertrauensschutz hinausginge.[368] Denn Art. 14 GG könne seinen Zweck als Freiheitssicherung im vermögenswerten Bereich[369] nur erfüllen, wenn der Eigentümer auf den Bestand seiner Vermögensrechte grundsätzlich vertrauen könne.[370] Ziehe man bei der Abwägungsentscheidung die Kriterien der unechten Rückwirkung heran, bekämen die Gemeinwohlbelange im Sinne des Art. 14 Abs. 2 GG durch die generelle Zulässigkeit von unechten Rückwirkungen ein zu starkes Gewicht im Gegensatz zu den Eigentümerinteressen.[371]

Würde alleine der Vertrauensschutz in Art. 20 Abs. 3 GG bei der Abwägungsentscheidung berücksichtigt werden, bestünde die Gefahr, dass der Bürger schutzlos gestellt werde, denn die unechte Rückwirkung sei grundsätzlich zuläs-

---

[367] *Axer*, in: BeckOK GG, Art. 14 Rn. 110; *Grochtmann*, Art. 14 GG – Rechtsfragen der Eigentumsdogmatik, S. 50 f.
[368] *Uschkereit*, Der Bestandsschutz im Bau- und Immissionsschutzrecht, S. 88.
[369] *Papier*, in: Maunz/Dürig, GG, Art. 14 Rn. 311.
[370] *Grochtmann*, Art. 14 GG – Rechtsfragen der Eigentumsdogmatik, S. 51.
[371] *Uschkereit*, Der Bestandsschutz im Bau- und Immissionsschutzrecht, S. 88 f.

sig und dieser Grundsatz könne nur „ausnahmsweise" durchbrochen werden.[372] Zwar nehme das BVerfG auch bei einer „grundsätzlichen Zulässigkeit" der unechten Rückwirkung immer auch eine umfassende Güterabwägung zwischen dem Ausmaß des Vertrauensschadens des Einzelnen und der Bedeutung des gesetzlichen Anliegens für die Allgemeinheit vor.[373] Jedoch gewichte das BVerfG die Belange des Gemeinwohls grundsätzlich höher, da der Bürger nicht schlechthin auf den Fortbestand einer gesetzlichen Regelung vertrauen könne.[374] Wenn man aber die Eigentümerinteressen (Art. 14 Abs. 1 S. 1 GG) und die Gemeinwohlbelange (Art. 14 Abs. 2 GG) – wie Art. 14 GG verlangt – „in gleicher Weise" beachte, könne der unechten Rückwirkung keine grundsätzliche Zulässigkeit zukommen, denn eine Vorgewichtung verbiete sich. Bei einer grundsätzlichen Zulässigkeit hätten nämlich die Gemeinwohlbelange automatisch höheres Gewicht.[375] Dies führe zu dem Ergebnis, dass durch die Einbeziehung der unechten Rückwirkung in die Grundrechtsprüfung die Anforderungen an den Vertrauensschutz im Rahmen des Art. 14 GG gesenkt würden, denn der speziellere Bestandsschutz aus Art. 14 GG gewährleiste für den Bürger mehr Schutz als der allgemeine rechtsstaatliche Vertrauensschutz.[376]

bb) Argumente für den Vertrauensschutz allein aus Art. 20 Abs. 3 GG

Die Gegenansicht hingegen teilt diese Bedenken nicht. Mit den Worten „eine eigene Ausprägung" und „verfassungsrechtliche Ordnung" wolle das BVerfG ausdrücken, dass mit der Gewährleistung in Art. 14 Abs. 1 S. 1 der Vertrauensgrundsatz in der Eigentumsgarantie selbst speziell angesprochen und dogmatisch festgemacht werde. Die „eigene Ausprägung" müsse aber nicht bedeuten, dass nur noch der Vertrauensschutz allein aus Art. 14 Abs. 1 S. 1 GG stamme. Vielmehr könne damit auch die besondere Bedeutung des rechtsstaatlichen Vertrauensschutzes hervorgehoben werden.[377] Der Vertrauensschutz als „Glaube" an die

---

[372] *Appel*, DVBl. 2005, 340 (347).
[373] BVerfG, Urt. v. 26.06.1979 – 1 BvL 10/78 = BVerfGE 51, 356, 363; BVerfG, Urt. v. 16.10.1968 – 1 BvL 7/62 = BVerfGE 24, 220, 230; *Appel*, DVBl. 2005, 340 (346).
[374] *Pieroth*, JZ 1990, 279 (284 f.); *Appel*, DVBl. 2005, 340 (346).
[375] *Appel*, DVBl. 2005, 340 (347).
[376] *Axer*, in: BeckOK GG, Art. 14 Rn. 110; *Appel*, DVBl. 2005, 340 (345).
[377] *Hammann*, Bestandsschutz und Bestandsdauer von Eigentumspositionen, beispielhaft erläutert am Konfliktfeld Eigentum und Umweltschutz, S. 70.

Erhaltung der individuellen Rechtsstaatlichkeit sei ein allgemeingültiges Prinzip des Rechtsstaats.[378]

cc) Stellungnahme

Gegen einen Vertrauensschutz allein aus Art. 20 Abs. 3 GG spricht, dass sich durch die Bildung der unterschiedlichen Fallgruppen im Rahmen der Rückwirkung eine teilweise unüberschaubare Kasuistik ergeben hat. Deshalb ist eine Abwägung anhand der festgeschriebenen Kriterien des Art. 14 GG vorzuziehen und nicht auf die allgemeine Rückwirkungslehre abzustellen. Zudem entstehen durch einen zusätzlichen Rückgriff auf den Vertrauensschutz, wenn Art. 14 GG einschlägig ist, Lösungen, die stets Ergebnis von Billigkeitsüberlegungen sind, die aber möglicherweise den Rahmen der Eigentumsgarantie überschreiten.

Jedoch hat der Vertrauensschutz in Art. 14 GG keine stärkere Funktion oder Bedeutung als in anderen Bereichen. Der Vertrauensschutz wird in Art. 14 GG durch die Bestands- und Institutsgarantie nur besonders betont, weil es im Vermögensbereich um dauerhaft angelegte Eigentumspositionen geht und Art. 14 GG dies mit seiner Gewährleistungsfunktion besonders hervorhebt. Einen „speziellen Vertrauensschutz" kennt Art. 14 GG aber nicht, sondern es bleibt beim dogmatisch im Rechtsstaatsprinzip (Art. 20 GG) verwurzelten Vertrauensschutz.[379] Wie bereits oben dargelegt, kann die Bestandsgarantie aus dem allgemeinen Vertrauensschutzgrundsatz hergeleitet werden. Dies bedeutet, dass der Vertrauensschutz und die Bestandsgarantie keinen unterschiedlichen Schutzumfang gewährleisten.

Neben dem eigentumsrechtlichen Bestandsschutz kann auch noch ein genehmigungsrechtlicher Bestandsschutz in Form der Bestandskraft des Verwaltungsaktes treten. Der Rechtsgrund für den genehmigungsrechtlichen Bestandsschutz ist der allgemeine Vertrauensschutzgrundsatz gem. Art. 20 Abs. 3 GG. Durch die Bestandskraft der Genehmigung wird der Vertrauensschutz auf den Fortbestand der materiellen Rechtslage intensiviert, denn der genehmigungsrechtliche

---

[378] Vgl. *Sendler*, WiVerw 1976, 16 f.; *Reiland*, VerwArch 1975, 269; *Hammann*, Bestandsschutz und Bestandsdauer von Eigentumspositionen, beispielhaft erläutert am Konfliktfeld Eigentum und Umweltschutz, S. 66 f.

[379] Vgl. *Rittstieg*, Eigentum als Verfassungsproblem, S. 394 f.; *Hammann*, Bestandsschutz und Bestandsdauer von Eigentumspositionen, beispielhaft erläutert am Konfliktfeld Eigentum und Umweltschutz, S. 67.

Vertrauensschutz kann nur unter engen Voraussetzungen (§§ 43 Abs. 2, 48 f. VwVfG) durchbrochen werden.[380] Durch das Hinzutreten weiterer Faktoren (wie zum Beispiel eine Genehmigung oder behördliche Zusicherung), kommt dem Vertrauensschutz eine besondere Qualifikation zu.[381] Diesem verstärkten Vertrauensschutz kann durch eine bloße Berücksichtigung der Strukturelemente im Rahmen der eigentumsspezifischen Abwägung nicht Rechnung getragen werden. Dies zeigt, dass in Art. 14 GG kein besonderer Vertrauensschutz besteht, der über den allgemeinen Grundsatz aus Art. 20 Abs. 3 GG hinausgeht. Eine Prüfung des allgemeinen Rückwirkungsverbotes ist deshalb nicht ausgeschlossen.

Fraglich ist, welches Gewicht dem allgemeinen Vertrauensschutz zukommt.

d) Möglicher Lösungsansatz: Vertrauensschutz aus Art. 14 GG und Art. 20 Abs. 3 GG

In Betracht kommt, dass der rechtsstaatliche Vertrauensschutz und die Instituts- und Bestandsgarantie des Art. 14 GG selbstständig nebeneinander zu prüfen sind. Dies zeigt sich in folgender höchstrichterlicher Stellungnahme: „Jedoch können sich aus dem Grundsatz des Vertrauensschutzes und dem Verhältnismäßigkeitsprinzip Grenzen der Zulässigkeit ergeben. Dies ist dann der Fall, wenn die vom Gesetzgeber angeordnete unechte Rückwirkung zur Erreichung des Gesetzeszwecks nicht geeignet oder erforderlich ist oder wenn die Bestandsinteressen die Veränderungsgründe des Gesetzgebers überwiegen."[382] Die Formulierung deutet auf ein kumulatives Verhältnis zwischen Vertrauensschutz und Bestandsgarantie hin.

Dies führt zu folgendem Ergebnis: Ergibt die Abwägung zwischen der Rechtssicherheit und der Gesetzmäßigkeit, dass ein Gesetz unzulässiger Weise an früher geregelte Sachverhalte anknüpft, dann darf eine Inhalts- und Schrankenbestimmung nicht erfolgen, auch wenn sie eigentumsspezifisch verhältnismäßig wäre. Andererseits kann auch eine als zulässig angesehene Rückwirkung nicht

---

[380] *Hammann*, Bestandsschutz und Bestandsdauer von Eigentumspositionen, beispielhaft erläutert am Konfliktfeld Eigentum und Umweltschutz, S. 68.
[381] *Schwerdtfeger*, Die dogmatische Struktur der Eigentumsgarantie, S. 22; *Hammann*, Bestandsschutz und Bestandsdauer von Eigentumspositionen, beispielhaft erläutert am Konfliktfeld Eigentum und Umweltschutz, S. 71.
[382] BVerfG, Urt. v. 15.10.1996 – 1 BvL 44/92 = BVerfGE 95, 64, 86.

die eigentumsspezifischen Abwägungsmaßstäbe unterlaufen.[383] Dies bedeutet, dass der Bürger umfassend geschützt wird, denn eine Inhalts- und Schrankenbestimmung darf nur dann ergehen, wenn die Interessen des Betroffenen nach der eigentumsspezifischen Abwägung nicht überwiegen und auch nach der Rückwirkungslehre zulässig sind. Dem Bürger kommt damit sogar mehr Schutz zu als bei einer bloßen eigentumsspezifischen Abwägung. Im Ergebnis bedeutet dies, dass der Vertrauensschutz durch die zusätzliche Verankerung im Rechtsstaatsprinzip verstärkt wird.

Es sind aber kaum Fälle denkbar, in denen eine Berufung des Eigentümers im Rahmen der Prüfung der Zulässigkeit einer unechten Rückwirkung zu einem schützenswerten Vertrauen führt, bei der Abwägung im Rahmen des Art. 14 GG die Belange der Allgemeinheit aber überwiegen, sodass das Gesetz zulässig wäre. Diese doppelte Prüfung ist also gar nicht notwendig. Die Entscheidung des Gesetzgebers zugunsten der Bestandsschutzinteressen des Betroffenen im Rahmen der Abwägung der sich gegenüberstehenden Interessen bei Art. 14 GG kann lediglich zusätzlich zum eigentumsrechtlichen Abwägungsergebnis durch das Rückwirkungsverbot nur noch bestätigt werden. Der Gesichtspunkt des rechtsstaatlichen Vertrauensschutzes ist also lediglich ein Argumentationstopoi unter mehreren anderen.

e) Vorzugswürdiger Lösungsansatz: Vertrauensschutz aus Art. 20 Abs. 3 GG als weiteres Argument für eine Vorrangentscheidung

Die allgemeine Rückwirkungslehre bildet also einen selbstständigen eigentumsspezifischen Abwägungsposten und kann damit die Vorrangentscheidung begründen. Das Rückwirkungsgebot ist demnach als zusätzliches Argument bei der Kollision zwischen den Bestandsschutzinteressen und den Belangen der Allgemeinheit heranzuziehen.[384]

Durch die allgemeine Rückwirkungslehre kann eine Vorrangentscheidung zugunsten des betroffenen Bürgers oder des Staates begründet werden. Sie ist kein Absolutum, sondern lediglich ein Argument unter mehreren und gewährleistet die ausreichende Flexibilität.

---

[383] *Kutschera*, Bestandsschutz im öffentlichen Recht, S. 167 f.
[384] *Appel*, DVBl. 2005, 340 (344); *Kutschera*, Bestandsschutz im öffentlichen Recht, S. 167 f.

Für diese Ansicht spricht der Gleichlauf mit anderen Grundrechten. Der Gesetzgeber muss stets die geschützten Rechtspositionen in ein angemessenes Verhältnis bringen – egal, ob Art. 12 GG oder Art. 14 GG betroffen ist. Um einen Gleichlauf zu erreichen, ist in Art. 14 GG auch die allgemeine Rückwirkungsdogmatik zu berücksichtigen.

Ein Bedürfnis nach Vertrauensschutz kann nicht nur für die Vergangenheit, sondern auch für die Zukunft bestehen, denn es kann bei der Abwägung im Rahmen der Verhältnismäßigkeit die vergangenheitsorientierte Anknüpfung fehlen und damit der Ausweg über die Rückwirkungsgrundsätze verschlossen sein.

Einerseits kann der Bürger auf die Rechtslage, die in der Vergangenheit bestand aufgrund der Grundsätze der echten Rückwirkung vertrauen. Wenn es um die Bewahrung der erworbenen Rechte für die Zukunft geht, kann auch andererseits ein zukunftsorientiertes Vertrauen auf den aktuellen Bestand der Rechtsordnung schutzwürdig sein. Der Einzelne muss aus jetziger Sicht der Rechtslage sein Verhalten ausrichten. Es bedarf der Schutzwürdigkeit dieses Vertrauens, um eine freie Entfaltung der Persönlichkeit im vermögensrechtlichen Bereich zu ermöglichen. In diesen Fällen ist eine von der Vergangenheit losgelöste Betrachtung angezeigt, weil es an der Vergangenheitsanknüpfung fehlt und Wirkungen nur für die Zukunft bestehen sollen. Ein so verstandener Vertrauensschutz kollidiert mit der grundsätzlichen freien Gestaltungsmöglichkeit des Gesetzgebers für Rechtsgrundlagen für die Zukunft. Auf die künftigen Rechtsnormen kann sich der Einzelne regelmäßig nicht verlassen. Der verfassungsrechtlich verbürgte Vertrauensschutz bedeutet zwar nicht, dass der Einzelne vor allen Enttäuschungen seiner Erwartungen in Bezug auf die Dauerhaftigkeit der Rechtslage geschützt wird, dennoch muss der Einzelne für längere Zeit im Vertrauen auf die derzeitige Rechtslage planen und disponieren können. Aus diesem Grund besteht ein Bedürfnis dem Grundsatz des Vertrauensschutzes auch außerhalb der Rückwirkung Bedeutung zuzumessen.

Im Immissionsschutzrecht ist der Schutz des Eigentümers aufgrund der dynamischen Grundpflichten deutlich eingeschränkter, sodass deshalb der rechtsstaatliche Vertrauensschutz als ein weiterer Ausfluss zum Schutz der Interessen der Anlagenbetreiber sinnvoll ist. Gerade im Rahmen der echten Rückwirkung können die Betroffenen effektiv geschützt werden. Dennoch werden die Interessen der Umwelt an Veränderungen der Rechtslage durch eine Prüfung der allgemeinen Rückwirkungslehre nicht eingeschränkt, da in Ausnahmefällen eine Abwägung erfolgt. Die Prüfung der allgemeinen Rückwirkungslehre stärkt also dem Bestandsschutz den „Rücken", ohne die Interessen der Allgemeinheit aus dem Blick zu verlieren.

Mit diesem Lösungsansatz können die Unterschiede zwischen der eigentumsrechtlichen Abwägungsentscheidung und der Abwägungsentscheidung im Rahmen der Rückwirkungslehre vereinigt werden. Die Eigentümerinteressen (Art. 14 Abs. 1 S. 1 GG) und die Gemeinwohlbelange (Art. 14 Abs. 2 GG) – wie Art. 14 GG verlangt – können „in gleicher Weise" beachtet werden. Das BVerfG nimmt auch bei einer „grundsätzlichen Zulässigkeit" der unechten Rückwirkung immer eine umfassende Güterabwägung zwischen dem Ausmaß des Vertrauensschadens des Einzelnen und der Bedeutung des gesetzlichen Anliegens für die Allgemeinheit vor. Auf Seiten der Allgemeinheit wird im Rahmen dieser allgemeinen Abwägung die unechte Rückwirkung als ein Argument neben weiteren Argumenten beachtet. Aufgrund der grundsätzlichen Zulässigkeit hat das Argument „unechte Rückwirkung" ein höheres Gewicht. Dies bedeutet aber nicht, dass die Entscheidung auch automatisch zugunsten der Allgemeinheit ausfällt. Die unechte Rückwirkung ist nur ein Argument unter vielen. Auf Seiten des Einzelnen bestehen oftmals ebenso gewichtige Argumente. Damit wird keinem der sich gegenüberstehenden Belange automatisch ein Vorrang gewährt. Auch wenn man bei der Abwägungsentscheidung die Kriterien der unechten Rückwirkung heranzieht, bekommen die Gemeinwohlbelange im Sinne des Art. 14 Abs. 2 GG durch die generelle Zulässigkeit von unechten Rückwirkungen kein zu starkes Gewicht im Gegensatz zu den Eigentümerinteressen, denn die grundsätzliche Zulässigkeit der unechten Rückwirkung ist nur ein weiteres, wenn auch gewichtiges Argument.

C. Bestandsschutz bei der behördlichen Umsetzung einfach-gesetzlicher Normen

Auf zweiter Ebene muss die Verwaltung bei der Verhältnismäßigkeitsprüfung im Rahmen des Ermessens, bei der Analogiebildung und bei der Auslegung unbestimmter Rechtsbegriffe die bestandsschützenden Interessen des Betroffenen beachten.

I. Auslegung von (unbestimmten) Rechtsbegriffen

Die Figur des unbestimmten Rechtsbegriffs verdankt ihre Existenz dem Umstand, dass der Gesetzgeber nicht jeden regelungsbedürftigen Sachverhalt voraussehen kann. Die Abwägung der sich gegenüberstehenden Interessen ist auf abstrakter Ebene für den Gesetzgeber teilweise schwierig.[385] Es kann immer wieder vorkommen, dass trotz einer Abwägung auf abstrakt-genereller Ebene unverhältnismäßige Eingriffe durch ein Gesetz in das Eigentumsgrundrecht entstehen. Inhalts- und Schrankenbestimmungen sind nur abstrakt-generelle Regelungen, die einer typisierenden Betrachtung zugrunde liegen. Der Gesetzgeber wägt bereits bei der Schaffung der Inhalts- und Schrankenbestimmungen die Bestandsschutzinteressen der Betroffenen mit den Interessen der Allgemeinheit ab und kann durch die Verwendung von unbestimmten Rechtsbegriffen richtungsweisende Wertentscheidungen vornehmen, die aber im Einzelfall durch die Behörde konkretisiert werden.[386] Dabei ist der unbestimmte Rechtsbegriff vage formuliert, sodass sich sein objektiver Sinn nicht sofort erschließt und er deshalb auslegungsbedürftig ist.[387] Dadurch entsteht für die Verwaltung ein Entscheidungsspielraum,[388] der sich z. B. in Begriffen wie „Erheblichkeit" (§ 5 Abs. 1 Nr. 1 BImSchG) oder „Wohl der Allgemeinheit" (§ 5 Abs. 1 Nr. 3 BImSchG) zeigt. Der Gesetzgeber gibt in § 5 Abs. 1 Nr. 1 BImSchG die Entscheidung der grundsätzlichen Abwehrpflicht des Betreibers vor. Über den Begriff der „Erheblichkeit" schafft er aber die Möglichkeit, dass die Bestandsinteressen des Eigentümers dann über die Auslegung des unbestimmten Rechtsbegriffes „Erheblichkeit" durch die Behörde berücksichtigt werden. Zur Veranschaulichung soll folgender Beispielsfall dienen: Der Gesetzgeber statuiert durch eine abstrakt-

---

[385] *Schulze-Fielitz*, Die Verwaltung 1987, 307 (328).
[386] *Wahl*, in: FS Redeker, S. 245 (260); *Hufen*, ZJS 2010, 603 (603).
[387] *Hufen*, ZJS 2010, 603 (603).
[388] *Maurer*, Allgemeines Verwaltungsrecht, § 7 Rn. 13 f.

generelle Regelung eine bestimmte Abwehrpflicht zum Schutze der Allgemeinheit. Diese Abwehrpflicht ist für den Betreiber aber mit derart großen Investitionen verbunden, dass er seine Anlage schließen muss. Im konkreten Einzelfall wirken sich jedoch die Emissionen aufgrund der großen Abstandsfläche zwischen der Anlage und der Nachbarschaft nicht schädlich für die Umgebung aus. Diese Besonderheiten können bei der gem. Art. 14 Abs. 2 GG notwendigen Abwägung über den Begriff „Erheblichkeit" zur „Feinjustierung" von dem Gesetzgeber auf die Behörden übertragen werden. Durch die verfassungskonforme Auslegung können die kollidierenden Interessen – unter anderem auch das Bestandsinteresse des Eigentümers – ausgeglichen und die Verhältnismäßigkeit gewahrt werden.[389] Art. 14 Abs. 1 GG erlangt so im Rahmen der Auslegung unbestimmter Rechtsbegriffe mittelbare Bedeutung.

Die Abwägungsentscheidung des Gesetzgebers im Rahmen der Normsetzung kann vom BVerfG im Rahmen der konkreten Normenkontrolle gem. Art. 100 GG überprüft werden. Die Auslegung der unbestimmten Rechtsbegriffe unterliegt jedoch der gerichtlichen Kontrolle der Instanzgerichte, wobei immer die nach der Rechtsprechung bestehenden Beurteilungsspielräume der Behörden zu beachten sind.[390]

II. Analogie

Die Verwirklichung des Bestandsschutzes ist zudem über die Analogiebildung möglich. Voraussetzung für eine Analogie ist das Vorliegen einer planwidrigen Regelungslücke. Das bedeutet, dass der Gesetzgeber fahrlässiger Weise keine Regelung über den Bestandsschutz schaffte.[391] Eine Analogie liegt aber nicht vor, wenn der Gesetzgeber bewusst keine Regelung traf. Bestehen beispielsweise keine Überleitungsvorschriften, wenn sich das materielle Recht ändert, könnte eine Regelungslücke bestehen, die durch die Analogie aufzufüllen wäre.[392] Dabei ist auch das Vertrauen des Betroffenen in den fortdauernden Bestand und die weitere Nutzung seiner ursprünglich materiell rechtmäßig errichteten Anlage zu beachten. Dies kann zur Folge haben, dass der Anlage auf diesem Wege Be-

---

[389] *Brenndörfer*, Reichweite und Grenzen des baurechtlichen Bestandsschutzes, S. 60; *Kutschera*, Bestandsschutz im öffentlichen Recht, S. 140.
[390] *Maurer*, Allgemeines Verwaltungsrecht, § 7 Rn. 35 ff.; *Brenndörfer*, Reichweite und Grenzen des baurechtlichen Bestandsschutzes, S. 61.
[391] *Benecke*, Gesetzesumgehung im Zivilrecht, S. 167.
[392] *Ortloff*, in: Jarass, Bestandsschutz bei Gewerbebetrieben, S. 60 f.

standsschutz zuwächst. Dabei besteht die Gefahr, dass dem verfassungsunmittelbaren Bestandsschutz über die Hintertüre doch wieder Bedeutung zukommt. Wird dem Betroffenen Bestandsschutz im Wege der verfassungskonformen Auslegung gewährt, setzt sich der Rechtsanwender über die Kompetenz des Gesetzgebers hinweg und missachtet seine Ausgestaltungsbefugnis aus Art. 14 Abs. 1 S. 1 GG. Wenn keine eindeutige planwidrige Regelungslücke besteht, kann Bestandsschutz entgegen dem gesetzgeberischen Willen gewährt werden. Der nun so entstehende Bestandsschutz stört das Konzept des Art. 14 Abs. 1 S. 1 GG ebenso erheblich wie der verfassungsunmittelbare Bestandsschutz und ist deshalb immer dann abzulehnen, wenn Zweifel an der planwidrigen Regelungslücke bestehen. Der einfach-gesetzliche Bestandsschutz darf nicht durch die Analogiebildung überlagert werden.

III. Ermessensentscheidungen der Behörden

Das Ermessen betrifft im Gegensatz zum unbestimmten Rechtsbegriff immer die Rechtsfolgenseite.[393] Auf der Rechtsfolgenseite der Norm besteht eine Auswahlmöglichkeit zwischen verschiedenen Handlungsmöglichkeiten. Sind die Tatbestandsvoraussetzungen erfüllt, kann die Behörde wählen, wie sie handelt. Während sie beim Entschließungsermessen entscheiden kann, ob sie überhaupt tätig wird, kann sie beim Auswahlermessen zwischen verschiedenen Handlungsformen auswählen.[394] Dies bedeutet aber nicht, dass der Behörde ein freies Ermessen zusteht. Die Behörden sind bei ihrer Entscheidungsfindung gem. Art. 1 Abs. 3, 20 Abs. 3 GG an die Verfassung gebunden, sodass die Grundrechte und allgemeinen Verwaltungsgrundsätze das Ermessen beschränken.[395] Zudem muss sich die Behörde bei der Ausübung des Ermessens vom Zweck der Ermächtigung leiten lassen, d. h. den gesetzgeberischen Abwägungsprozess des Art. 14 Abs. 1 S. 2 GG bei der Einzelfallentscheidung beachten. Als Beispiel kann hier die Beseitigungsanordnung nach § 20 Abs. 2 BImSchG dienen, die davon spricht, dass die Behörde die Beseitigung anordnen „soll", wenn die formelle Illegalität vorliegt. In diesem Fall ist aufgrund des Ermessens eine sachgerechte Abwägung aller relevanten Gesichtspunkte vorzunehmen. Ermächtigt eine Norm zum Eingriff in Rechte des Betreibers, müssen seine Bestandsschutzinteressen

---

[393] *Maurer*, Allgemeines Verwaltungsrecht, § 7 Rn. 14.
[394] *Erbguth*, Allgemeines Verwaltungsrecht, § 14 Rn. 39; *Hufen*, ZJS 2010, 603 (603).
[395] *Brenndörfer*, Reichweite und Grenzen des baurechtlichen Bestandsschutzes, S. 60.

bei der Abwägung berücksichtigt, sachgerecht bewertet und mit den anderen öffentlichen und privaten Interessen entsprechend ihrem Gewicht abgewogen und ausgeglichen werden.[396]

Die Verwaltung trifft hierbei eine eigene Werteentscheidung, die inhaltlich nicht voll überprüfbar ist. Jedoch stellt die Ermessensfehlerlehre nach § 114 VwGO die zweite Schranke dar. Die Einräumung von Ermessen führt zum Verlust der Rechtssicherheit, denn der Bürger kann durch das bloße Lesen des Gesetzestextes nicht die Entscheidung der Verwaltung vorhersehen. Um diesen Nachteil im Ergebnis auszugleichen, kann der Bürger gem. § 114 VwGO die Ermessensentscheidung gerichtlich überprüfen lassen. Die behördliche Entscheidung kann auf einen Ermessensnichtgebrauch, die Ermessensüberschreitung und den Ermessensfehlgebrauch kontrolliert werden.[397]

D. Endergebnis

Lange Zeit wurde der Bestandsschutz unmittelbar aus der verfassungsrechtlichen Eigentumsgarantie des Art. 14 Abs. 1 GG hergeleitet. Dies ist nun aufgrund der veränderten Eigentumsdogmatik seit dem Nassauskiesungsbeschluss abzulehnen. Die Gefahr einer unbilligen Schutzlücke durch die Aufgabe des verfassungsunmittelbaren Bestandsschutzes konnte widerlegt werden. Auch die Befürchtung, dass Art. 14 GG überhaupt keine Rolle mehr spielt, wenn der Bestandsschutz ausschließlich von einfach-gesetzlichen Grundlagen abhängt, konnte entkräftet werden. Die Aufgabe des verfassungsunmittelbaren Bestandsschutzes bedeutet zwar den Verlust einer Anspruchsgrundlage, aber nicht den Wegfall des Bestandsschutzes an sich. Weiterhin kommt der Eigentumsgarantie und den von der Rechtsprechung entwickelten Grundsätzen zum Baurecht Bedeutung zu. Der Bestandsschutz wird nun durch einfach-gesetzliche Regelungen vom Gesetzgeber ausgestaltet. Wenn der einfache Gesetzgeber den Schutzbereich des Eigentumsgrundrechts bestimmt und damit Gegenstand und Umfang der Eigentümerbefugnisse festlegt, ist er nicht frei. Bei der Ausgestaltung der die Eigentümerstellung regelnden Inhalts- und Schrankenbestimmungen hat der Gesetzgeber die abstrakt vorgegebenen verfassungsrechtlichen Strukturmerkmale des Art. 14 GG und sonstiges Verfassungsrecht zu wahren. Diese sind im

---

[396] *Hansmann*, in: FS 50 Jahre BVerwG, S. 935 (952).
[397] *Lindner*, Öffentliches Recht, S. 305.

Rahmen des Verhältnismäßigkeitsgrundsatzes in einen gerechten Ausgleich zu bringen, wobei die Bestandsschutzinteressen der Eigentümer zu berücksichtigen sind. Der Umfang des Bestandsschutzes ergibt sich also aus der Abwägung der Schutzwürdigkeit des Eigentums gegenüber den Belangen der Allgemeinheit. Im Rahmen des eigentumsrechtlichen Abwägungsgebotes kann die Rückwirkungslehre als Argument bei der Begründung einer Vorrangentscheidung herangezogen werden.

Durch diese einfach-gesetzlichen Regelungen hat die Behörde die Möglichkeit, eine durch die Genehmigung oder das materielle Recht gewährte Rechtsposition nachträglich zu beschränken oder zu entziehen. Diese den Bestandsschutz ausgestaltenden Normen sind die generell-abstrakte Festlegung der vermögenswerten Rechte und Pflichten. Wendet die Behörde diese Normen an, realisieren sich die gesetzgeberischen Schranken des Eigentums.

Der Bestandsschutz spielt aber nicht nur bei der Ausgestaltung der Inhalts- und Schrankenbestimmungen eine Rolle, sondern die Verwaltungsbehörden und Gerichte haben die einfach-rechtlichen Bestandsschutzregelungen anzuwenden. Im Rahmen der Auslegung von unbestimmten Rechtsbegriffen und der Ermessensausübung sind die Bestandsinteressen der Eigentümer zu beachten. Der Bestandsschutz besteht also auch dann noch, wenn er zwar als solcher rechtlich nicht abgesichert ist, aber als eine Art „Merkposten" im Ermessensbereich oder bei der Verhältnismäßigkeitsprüfung berücksichtigt wird.[398]

---

[398] *Sendler*, UPR 1990, 41 (45).

Dritter Teil:
Einfach-gesetzliche Ausgestaltung des Bestandsschutzes im Immissionsschutzrecht

Während im vorangegangen Kapitel abstrakt die Frage geklärt wurde, welchen Anforderungen Inhalts- und Schrankenbestimmungen genügen müssen, sind nun die bestehenden Normen des Immissionsschutzrechts auf die Einhaltung dieser Maßstäbe zu überprüfen. Dabei sind nach der Verabschiedung vom unmittelbar aus Art. 14 Abs. 1 S. 1 GG abgeleiteten Bestandsschutz jetzt die einfachgesetzlichen bestandsschutzregelnden Normen im Immissionsschutzrecht genauer zu betrachten.[399] Die den Bestandsschutz ausgestaltenden Normen im Immissionsschutzrecht sind dabei regelmäßig Inhalts- und Schrankenbestimmungen i. S. v. Art. 14 Abs. 1 S. 2 GG, die die verfassungsrechtlichen Anforderungen der Eigentumsgarantie wahren müssen (siehe 2. Teil § 2 B.).

Das BImSchG kennt bestandsschützende Vorschriften in zwei verschiedenen Komplexen. Einerseits die Übergangsvorschrift des § 67 BImSchG und die Überleitungsregelung aus Anlass der Herstellung der Einheit Deutschlands des § 67a BImSchG. Dies betrifft die Frage, wie mit Altanlagen zu verfahren ist. Diese Bereiche werden im Folgenden aus der Betrachtung ausgeklammert, da andere Normen aufgrund ihrer höheren Bedeutung im Vordergrund stehen werden. In § 17 BImSchG finden sich Regelungen zu nachträglichen Anordnungen gegenüber bestehenden, jedoch unter dem neuen Recht des BImSchG errichteten Anlagen. Zudem bestehen die §§ 15, 16 BImSchG mit der Möglichkeit, ohne völlige Neubescheidung eine (wesentliche) Änderung des bereits genehmigten Anlagenbetriebs genehmigt zu bekommen oder ohne Genehmigung, nach einer bloßen Anzeige, vornehmen zu dürfen. Ein ähnliches Muster findet sich auch auf der Ebene der Rechtsverordnungen und Verwaltungsvorschriften. Schließlich sind auch die Tatbestände der Rücknahme der Genehmigung aus § 48 VwVfG und des Widerrufs nach § 21 BImSchG für die Bestandsschutzdiskussion erheblich.

---

[399] *Wegricht*, Das Verhältnis von Eingriffsermächtigungen des Bundes-Immissionsschutzgesetzes zur polizeilichen Generalklausel, S. 101.

§ 1 Genehmigungsbedürftige Anlagen

Aufgrund der großen Bedeutung der immissionsschutzrechtlichen Genehmigung für den Bestandsschutz wird nachfolgend zwischen genehmigungsbedürftigen und nicht genehmigungsbedürftigen Anlagen unterschieden. Die Normen, die die Genehmigungspflicht und -voraussetzungen festlegen, sind für die Analyse der Rechtsstellung des Genehmigungsinhabers zu untersuchen und in die Bestandsschutzkategorien der Rechtsprechung einzuordnen.

Gem. § 4 Abs. 1 S. 1 BImSchG besteht ein Genehmigungserfordernis für potentiell besonders gefährliche Anlagen, die erhebliche Umweltgefährdungen herbeiführen können. Diese Anlagen sind in der 4. BImSchV aufgezählt. Durch dieses Genehmigungserfordernis möchte das Bundesimmissionsschutzrecht primär den Schutz der Umwelt, insbesondere vor Luftverunreinigungen und Lärm, aber auch vor Erschütterungen und vergleichbaren Beeinträchtigungen erreichen.

A. Passiver Bestandsschutz

I. Die dynamischen Grundpflichten

Für genehmigungsbedürftige Anlagen ist die immissionsschutzrechtliche Genehmigung nach § 4 BImSchG der Anknüpfungspunkt für den passiven Bestandsschutz. Die bereits oben aufgeführten Wirkungen, die von der Genehmigung ausgehen, sind vor allem durch die Grundpflichten nach § 5 BImSchG beschränkt. Die dynamischen Grundpflichten wurden bereits angesprochen, im Folgenden soll nun die Frage geklärt werden, welche Anforderungen für den Betreiber aus den Grundpflichten entstehen.

Aufgrund der dynamischen Grundpflichten muss der Betreiber trotz einer unanfechtbaren Genehmigung diejenigen Maßnahmen zur Emissionsreduzierung vornehmen, die dem fortschreitenden Stand der Technik entsprechen.[400] Verändert sich während der Betriebsdauer der Stand der Technik, hat dies einen unmittelbaren Einfluss auf den Inhalt der Pflichten der Anlagenbetreiber. Die Rechtsposition des Genehmigungsinhabers steht von Anfang an unter diesem gesetzlichen Vorbehalt, der dazu führt, dass die nach altem Recht erteilte bestandskräftige Genehmigung nicht mehr in vollem Umfang genutzt werden

---

[400] *Dolde*, in: FS Bachof, S. 191 (212); *Lee*, Eigentumsgarantie und Bestandsschutz im Immissionsschutzrecht, S. 99.

kann.[401] Wie bereits dargestellt handelt es sich bei den dynamischen Grundpflichten um Inhalts- und Schrankenbestimmungen des Eigentums (siehe 2. Teil § 2 B. II.). Der Betreiber muss der Anpassungsverpflichtung an den Stand der Technik nicht sofort nachkommen, da § 5 Abs. 1 BImSchG keine sich selbst vollziehende Vorschrift ist, sondern zur Durchsetzung ist eine konkretisierende behördliche Anordnung oder eine unmittelbar anwendbare hinreichend konkrete Rechtsverordnung nötig.[402]

1. Abwehr-/Schutzpflicht nach § 5 Abs. 1 Nr. 1 BImSchG

Aufgrund der Schutzpflicht des § 5 Abs. 1 Nr. 1 BImSchG darf der Anlagenbetreiber keine schädlichen Umwelteinwirkungen erzeugen, die zu erheblichen Gefahren, erheblichen Nachteilen oder erheblichen Belästigungen für die Allgemeinheit oder Nachbarschaft führen. Durch diese vorbeugende Gefahrenabwehrpflicht wird die Einwirkung auf die Umwelt vermieden.[403] Die Schutzpflicht dient also der Abwehr konkreter schädlicher Umwelteinwirkungen.[404]

a) Schädliche Umwelteinwirkungen

Der Begriff „schädliche Umwelteinwirkungen" wird in § 3 Abs. 1 BImSchG legal definiert. Gemeint sind Immissionen, die nach Art, Ausmaß oder Dauer geeignet sind, Gefahren, erhebliche Nachteile oder erhebliche Belästigungen für die Allgemeinheit oder die Nachbarschaft herbeizuführen.

§ 5 Abs. 1 Nr. 1 BImSchG spricht davon, dass schädliche Umwelteinwirkungen „nicht hervorgerufen werden *können*". Das bedeutet aber nicht, dass jede entfernte Wahrscheinlichkeit eines Schadenseintritts genügt, sondern es muss zum Zeitpunkt der Beurteilung eine hinreichende Wahrscheinlichkeit für den Eintritt eines Schadens bestehen. Die Risiken, die diese Wahrscheinlichkeitsschwelle nicht überschreiten, muss die Allgemeinheit als „Restrisiko" hinnehmen.[405] Darin zeigt sich ein gewisser Schutz des Anlagenbetreibers, denn nicht jede Maßnahme kann dem Betreiber zugemutet werden. Seine Interessen an einer Pri-

---

[401] *Lee*, Eigentumsgarantie und Bestandsschutz im Immissionsschutzrecht, S. 100.
[402] *Petersen*, Schutz und Vorsorge, S. 31.
[403] *Uschkereit*, Der Bestandsschutz im Bau- und Immissionsschutzrecht, S. 289.
[404] *Sach*, Genehmigung als Schutzschild?, S. 84.
[405] *Sellner/Reidt/Ohms*, Immissionsschutzrecht und Industrieanlagen, S. 27; *Sach*, Genehmigung als Schutzschild?, S. 84.

vatnützigkeit der Anlage können dadurch – wenn auch in einem eingeschränkten Maße – gewahrt werden. Die Wahrscheinlichkeitsschwelle ist also der Anknüpfungspunkt für die Entscheidung zugunsten oder zulasten des Anlagenbetreibers bzw. der Allgemeinheit und schafft den verfassungsrechtlichen Ausgleich zwischen der Sozialpflichtigkeit des Eigentums und den Bestandsschutzinteresses des Betreibers.

b) Sonstige Gefahren

Zudem findet sich beim Tatbestandsmerkmal der „Gefahren" die Wahrscheinlichkeitsschwelle als Anknüpfungspunkt wieder. Nach der Rechtsprechung gilt auch im Immissionsschutzrecht der allgemeine Gefahrenbegriff aus dem Polizei- und Sicherheitsrecht.[406] Eine Gefahr liegt vor, wenn bei Beurteilung nach der Lebenserfahrung bestimmte Tatsachen den Schluss zulassen, dass es bei ungehindertem Geschehensablauf mit hinreichender Wahrscheinlichkeit zu einem Schaden am Rechtsgut kommen wird.[407]

c) Nachteile

Als nächste Tatbestandsalternative ist auf die „Nachteile" genauer einzugehen. Nach §§ 5 Abs. 1 Nr. 1, 3 Abs. 1 BImSchG dürfen auch erhebliche Nachteile für die Allgemeinheit und die Nachbarschaft nicht hervorgerufen werden. Nachteile sind nach der amtlichen Begründung Vermögenseinbußen, die durch physische Einwirkungen hervorgerufen werden, ohne zu einem unmittelbaren Schaden zu führen. Dazu gehören etwa die Wertminderung eines Grundstücks infolge der Zuführung von Immissionen, die Notwendigkeit erhöhter Aufwendungen oder Beeinträchtigungen des persönlichen Lebensraums.[408]

d) Belästigungen

Belästigungen werden in der amtlichen Begründung als Beeinträchtigungen des körperlichen und seelischen Wohlbefindens des Menschen umschrieben. Sie

---

[406] *Sundermann*, Der Bestandsschutz genehmigungsbedürftiger Anlagen im Immissionsschutzrecht, S. 76.
[407] *Uschkereit*, Der Bestandsschutz im Bau- und Immissionsschutzrecht, S. 290.
[408] *Sundermann*, Der Bestandsschutz genehmigungsbedürftiger Anlagen im Immissionsschutzrecht, S. 76.

sind im Gegensatz zu den Nachteilen unmittelbare Folgen der physischen Einwirkungen und führen, anders als Gefahren, in der Regel nicht zu Schäden.[409]

e) Erweiterung des Gefahrenabwehrbegriffs

§ 5 Abs. 1 Nr. 1 BImSchG kennt also zwei Alternativen: die „schädlichen Umwelteinwirkungen" und die „sonstigen Gefahren, erheblichen Nachteile und Belästigungen". Beiden Alternativen liegt strukturell der klassische Gefahrenabwehrbegriff aus dem allgemeinen Polizei- und Ordnungsrecht zugrunde.[410] Dieser wird im Immissionsschutzrecht um die Pflicht erweitert, bereits erhebliche Nachteile und erhebliche Belästigungen zu verhindern.[411]

Durch die Einbeziehung von Nachteilen und Belästigungen werden gegenüber dem polizeirechtlichen Gefahrbegriff die Anforderungen in Hinsicht auf das bedrohte Schutzgut gesenkt. Dies ist auf die erhöhte Sozialpflichtigkeit des Eigentums im Immissionsschutzrecht zurückzuführen. Aufgrund der Möglichkeit weitreichender, irreversibler Schäden für eine Vielzahl von Menschen und für die Umwelt ist der Eigentümer einer genehmigungspflichtigen immissionsschutzrechtlichen Anlage einer viel größeren Sozialpflichtigkeit ausgesetzt.

Dieser Umstand führt auch dazu, dass die Gefährlichkeit der Anlage entscheidend für die Beantwortung der Frage ist, ob eine hinreichende Wahrscheinlichkeit vorliegt. Der Grad der Wahrscheinlichkeit ist im Gegensatz zum Polizeirecht nicht an der täglichen Lebenserfahrung, sondern anhand des wissenschaftlichen Erkenntnisstandes zu beurteilen.[412] Die Beantwortung der Frage, ob eine hinreichende Wahrscheinlichkeit vorliegt, hängt vom Wert und der Bedeutung des bedrohten Rechtsguts und dem Ausmaß des zu erwartenden Schadens ab. Je größer der Wert des Rechtsguts und je größer der befürchtete Schaden ist, desto geringere Anforderungen sind an die Wahrscheinlichkeit zu stellen.[413] In diesem Tatbestandsmerkmal kommt der verfassungsrechtlich gebotene Ausgleich der sich widerstreitenden Interessen zum Ausdruck. Bereits hier zeigt sich der eingeschränkte Schutz des Anlagenbetreibers im Immissionsschutzrecht. Aufgrund der höheren Sozialpflichtigkeit muss der Betreiber auch bei geringerer Wahr-

---

[409] Ebd., S. 77.
[410] *Uschkereit*, Der Bestandsschutz im Bau- und Immissionsschutzrecht, S. 290.
[411] *Sellner/Reidt/Ohms*, Immissionsschutzrecht und Industrieanlagen, S. 28.
[412] *Wickel*, Bestandsschutz im Umweltrecht, S. 127.
[413] *Uschkereit*, Der Bestandsschutz im Bau- und Immissionsschutzrecht, S. 291.

scheinlichkeit und niedrigeren Anforderungen an das bedrohte Rechtsgut Gefahrenabwehrmaßnahmen zum Schutz der Allgemeinheit vornehmen.

f) Erheblichkeit

Maßgeblich für die Bejahung einer Abwehrpflicht ist nicht nur der Gefahrenabwehrbegriff, sondern vor allem auch die Erheblichkeit. Während bei den „Nachteilen" und „Belästigungen" das Erfordernis der Erheblichkeit bereits aus dem Wortlaut hervorgeht, ist bei der „Gefahr" und dem „Schaden" die Erheblichkeit Bestandteil der Begriffsdefinition.[414] Rechtsverletzungen, Nachteile oder Belästigungen sind nur dann erheblich, wenn sie dem Betroffenen oder der Allgemeinheit billigerweise nicht zuzumuten sind.[415]

Für den Anlagenbetreiber besonders bedeutend ist der Umstand, dass von einer Erheblichkeitsprüfung bei Gesundheitsschäden abgesehen werden kann. Dies ist darauf zurückzuführen, dass die nach Art. 2 Abs. 2 S. 1 GG geschützten Rechtsgüter stets gegenüber den entgegenstehenden Belangen der Anlagenbetreiber überwiegen.[416] Das ist Ausdruck der Sozialpflichtigkeit des Eigentums und schafft den verfassungsrechtlich gebotenen Ausgleich zwischen den Interessen.

Im Umkehrschluss bedeutet dies aber auch, dass beim Nichtvorliegen von Gesundheitsgefahren die Beschränkung auf erhebliche Umwelteinwirkungen nötig wäre. Außerhalb der Gesundheitsgefahren gäbe es keine absolut zu schützenden Rechtsgüter, die es rechtfertigen würden, dass die Interessen des Anlagenbetreibers im Rahmen einer Verhältnismäßigkeitsprüfung nicht beachtet würden. Damit ein gerechter Ausgleich zwischen den noch zu tolerierenden Beeinträchtigungen und nicht hinnehmbaren Umweltschädigungen gefunden werden könne, sei eine umfassende Interessenabwägung bei der Beurteilung der Erheblichkeit vorzunehmen. Aus diesen Gründen spricht sich ein Teil der Literatur für eine Interessenabwägung unter Berücksichtigung aller relevanten widerstreitenden

---

[414] *Jarass*, BImSchG, § 3 Rn. 46; *Uschkereit*, Der Bestandsschutz im Bau- und Immissionsschutzrecht, S. 292.
[415] BVerwG, Urt. v. 11.02.1977 – IV C 9.75 = DVBl. 1977, 770, 771 f.; BVerwG, Urt. v. 25.02.1992 – 1 C 7/90 = NVwZ 1992, 886 (887); *Thiel*, in: Landmann/Rohmer, UmweltR III, BImSchG, § 3 Rn. 14; *Jarass*, BImSchG, § 3 Rn. 47.
[416] Vgl. *Uschkereit*, Der Bestandsschutz im Bau- und Immissionsschutzrecht, S. 292.

Interessen aus.[417] Auch mehrere Entscheidungen des Bundesverwaltungsgericht und des Preußischen Oberverwaltungsgerichts gehen in die gleiche Richtung.[418] Nur wenn bei dieser Abwägung auch der durch die einfachen Gesetze in Verbindung mit der immissionsschutzrechtlichen Genehmigung gewährte Bestandsschutz beachtet werde,[419] würden die Interessen der Anlagenbetreiber zum Ausdruck gebracht. Das ergebe sich schon aus der Entstehungsgeschichte des BImSchG, denn in der Begründung des Regierungsentwurfs zu § 20 BImSchG a. F. finde sich ausdrücklich, dass bei der „Berücksichtigung der Umstände des Einzelfalls dem nachbarlichen Interessenausgleich eine besondere Bedeutung" zukomme. Die Abwägung sei also bei der Erheblichkeit vorzunehmen und nicht erst im Rahmen der Ermessensausübung.[420]

Die Gegenansicht hingegen verzichtet auf eine generelle Abwägung sämtlicher widerstreitender Interessen. Die Erforderlichkeit bestimme sich nur nach den Wirkungen der Immissionen am konkreten Einwirkungspunkt für den Betroffenen.[421] Der Aufwand, den beispielsweise eine nachträgliche Auflage für den Betreiber einer bestehenden Anlage auslöse, sei bei der Auslegung des Merkmals der Erheblichkeit nicht mit einzubeziehen. Bei der Beurteilung der Erheblichkeit müsse allein auf den Betroffenen abgestellt werden und nicht auf die Schutzbedürftigkeit des Betreibers. Der Bestandsschutz sei bei der Auslegung des Kriteriums der Erheblichkeit nicht zu berücksichtigen. Die Bestandsschutzerwägungen seien aber bei der Prüfung der Verhältnismäßigkeit relevant.[422]

---

[417] *Thiel*, in: Landmann/Rohmer, UmweltR III, § 3 BImSchG Rn. 45 ff.; *Sundermann*, Bestandsschutz genehmigungsbedürftiger Anlagen im Immissionsschutzrecht, S. 77 ff.; *Hansmann*, in: FS 50 Jahre BVerwG, S. 935 (951); *Sellner/Reidt/Ohms*, Immissionsschutzrecht und Industrieanlagen, S. 193; *Schulte/Michalk*, BeckOK UmweltR, § 3 Rn. 43.
[418] BVerfG, Urt. v. 11.02.1977 – IV C 9.75 = DVBl. 1977, 770, 771 f.; BVerwG; BVerwG, Urt. v. 17.02.1984 – 7 C 8/82 = BVerwGE 69, 37, 43 f.; BVerwG, Urt. v. 30.04.1992 – 7 C 25.91 = BVerwGE 90, 163, 165 f.; PrOVG, Urt. v. 03.10.1970 – III B. 139/06 = PrOVGE 51, 313, 314 f.
[419] *Sellner/Reidt/Ohms*, Immissionsschutzrecht und Industrieanlagen, S. 192.
[420] *Thiel*, in: Landmann/Rohmer, UmweltR III, § 3 Rn. 46; *Hoppe*, Wirtschaftliche Vertretbarkeit im Rahmen des Bundes-Immissionsschutzgesetzes, S. 46 ff.
[421] BVerwG, Beschl. v. 06.08.1982 – 7 B 67.82 = UPR 1983, 27 (27 f.); *Kotulla*, in: Kotulla, BImSch, § 3 Rn. 43; *Jarass*, BImSchG, § 3 Rn. 47; *Jarass*, DVBl. 1986, 314 (316).
[422] *Jarass*, JZ 1993, 601 (603); *Sundermann*, Der Bestandsschutz genehmigungsbedürftiger Anlagen im Immissionsschutzrecht, S. 77; *Sach*, Genehmigung als Schutzschild?, S. 118.

Für diese Sichtweise spreche die Eigentumsdogmatik. Der Gesetzgeber bestimme, was eigentumsrechtlich zulässig sei. Der Betrieb, der den Grundpflichten widerspreche, sei durch das Eigentumsgrundrecht nicht geschützt. Der Eigentumsschutz könne aber nicht bestimmen, was erheblich und damit von der Grundpflicht nach § 5 Abs. 1 Nr. 1 BImSchG umfasst sei. Dies würde dazu führen, dass alle eigentumsrechtlich gerechtfertigten Immissionen automatisch unerheblich wären.[423]

Bei der Abwägung aller widerstreitenden Interessen verliert der Begriff der Erheblichkeit an Kontur. Zumal in § 17 Abs. 2 BImSchG und § 41 Abs. 2 BImSchG teilweise auf die Zumutbarkeit der Abwehrmaßnahme abgestellt wird. Es widerspricht diesen Normen, wenn man zusätzlich bei der Beurteilung der Schädlichkeit der Umwelteinwirkungen auch die Interessen des Anlagenbetreibers einbezieht.[424] Dies ist eine Doppelung, die vom Gesetzgeber nicht gewollt sein kann.

Auch die Gesetzesbegründung zu § 3 Abs. 1 BImSchG[425] spricht für diese Ansicht. Die Gegenansicht missversteht die Gesetzesbegründung, indem sie daraus ableitet, dass der Begriff der Erheblichkeit eine Güterabwägung zwischen den Interessen des Anlagenbetreibers und den Dritten verlangt. Aus ihr ergibt sich gerade nicht, dass für die Bestimmung der „Erheblichkeit" eine umfassende Güterabwägung vorzunehmen ist. Der Text bringt zum Ausdruck, dass die gesetzliche Schwelle der Erheblichkeit das Ergebnis der gesetzgeberischen Güterabwägung ist.[426] Daraus kann nicht geschlossen werden, dass für die Bestimmung des Erheblichkeitsbegriffes eine umfassende Güterabwägung vorzunehmen ist. Zwar kann nach dem allgemeinen Sprachgebrauch aus dem Begriff „Erheblichkeit" nicht hergeleitet werden, ob die Eigentümerinteressen Berücksichtigung finden. Jedoch muss der Gesamtzusammenhang des Adjektivs „erheblich" mit den Nomen „Nachteile" und „Belästigungen" beachtet werden. Die Wörter „Nachteile" und „Belästigungen" beziehen sich auf die Nachbarschaft und Allgemeinheit. Nur sie empfinden die Nachteile und Belästigungen der Anlage. Daraus ergibt sich, dass auch beim Begriff „Erheblichkeit" nur die Auswirkungen auf die Nachbarschaft und die Allgemeinheit zu berücksichtigen sind.

---

[423] *Uschkereit*, Der Bestandsschutz im Bau- und Immissionsschutzrecht, S. 294.
[424] Vgl. *Jarass*, BImSchG, § 3 Rn. 47.
[425] BT-Drs. 7/179, S. 29.
[426] Vgl. *Hofmann/Koch*, in: Führ, GK-BImSchG, § 3 Rn. 34; *Classen*, JZ 1993, 1042 (1045).

Schließlich sind nach dem Immissionsbegriff des § 3 Abs. 2 BImSchG für die Prüfung der Schädlichkeit von Umwelteinwirkungen nur immissionsbezogene Kriterien, nicht aber Belange der Anlage oder des Anlagenbetreibers relevant.[427] § 3 Abs. 1 BImSchG verweist für die „Immissionen" gerade auf Abs. 2, der diese legal definiert. Es macht keinen Sinn, wenn für das Vorliegen von „Immissionen" Eigentümerbelange keine Rolle spielen, bei der „Erheblichkeit" aber schon. Dies widerspricht der Einheitlichkeit des Abs. 1.

Bei der Bestimmung der Erheblichkeit von Gefahren bzw. Schäden, Nachteilen oder Belästigungen kommt es allein auf die Immissionswirkungen für den Betroffenen an. Dies bedeutet für den Anlagenbetreiber eine weitere Einschränkung seiner Interessen, da gerade keine allgemeine Güterabwägung vorgenommen wird, bei der auch die Eigentums- und Bestandsschutzgesichtspunkte eine Rolle spielen. Jedoch ist dies verfassungsrechtlich nicht zu beanstanden, da diese Einschränkung des Bestandsschutzes aufgrund des Schutzes der betroffenen Allgemeinheit verfassungsrechtlich gerechtfertigt ist.

2. Vorsorgepflicht gem. § 5 Abs. 1 Nr. 2 BImSchG

Gem. § 5 Abs. 1 Nr. 2 BImSchG ist „Vorsorge gegen schädliche Umwelteinwirkungen […]" mit den dem „Stand der Technik entsprechenden Maßnahmen zur Emissionsbegrenzung" zu treffen. Dadurch soll die Umweltsituation verbessert sowie der Unsicherheit der Prognose und der fehlenden individuellen Zurechenbarkeit von Gefahren ausreichend Rechnung getragen werden.[428]

Der Vorsorgegrundsatz ist ein dem Umweltrecht zugrunde liegendes Rechtsprinzip. Umweltbelastungen unterhalb der Gefahrenschwelle sollen vermieden werden und die natürliche Lebensgrundlage soll durch eine schonende Inanspruchnahme langfristig bewahrt werden.[429] Im Immissionsschutzrecht wurde dieser Vorsorgegrundsatz in § 1 BImSchG ausdrücklich normiert, und die Vorsorgepflicht aus § 5 Abs. 1 Nr. 2 BImSchG dient seiner Verwirklichung.[430]

Wichtig ist die Unterscheidung der Schutz- und Vorsorgepflicht. Ein Unterschied liegt in den weitergehenden materiellen Anforderungen. Zudem ist er

---

[427] Vgl. *Uschkereit*, Der Bestandsschutz im Bau- und Immissionsschutzrecht, S. 294.
[428] *Sellner/Reidt/Ohms*, Immissionsschutzrecht und Industrieanlagen, S. 61; *Wickel*, Bestandsschutz im Umweltrecht, S. 128.
[429] Ebd.
[430] *Roßnagel/Hentschel*, in: Führ, GK-BImSchG, § 5 Rn. 357.

auch darin zu sehen, dass die Vorsorgepflicht eine von der Gefahrenlage im Einzelfall losgelöste, am Stand der Technik orientierte Generalisierung der Anforderungen vorschreibt. Denn die Vorsorgepflicht dient der Verhinderung oder Begrenzung von Emissionen und ist deshalb prinzipiell ein situationsunabhängiger Standard. Das Vorsorgegebot zielt auf großräumige Risiken ab und setzt generalisierte, am Stand der Technik orientierte Regelungen fest. Die Schutzpflicht hingegen betrifft nur die Auswirkungen auf den engen, von der jeweiligen Anlage direkt betroffenen Nahbereich.

Der Gesetzgeber kann über das Vorsorgegebot gegen Risiken vorgehen, die einem bestimmten Betreiber nicht zugeordnet werden können. Dennoch kann der Gesetzgeber nicht unbegrenzte Vorsorgeanforderungen treffen. Die Pflicht zur Emissionsbegrenzung hat ihre Grenzen im Stand der Technik und im verfassungsrechtlichen Grundsatz der Verhältnismäßigkeit.[431] Diese Grenzen sind Ausdruck des verfassungsrechtlich gebotenen Bestandsschutzes im Bereich der Vorsorge.

a) Stand der Technik, § 5 Abs. 1 Nr. 2 BImSchG

Zunächst ist der „Stand der Technik" als erste Grenze genauer zu betrachten. § 5 Abs. 1 Nr. 2 BImSchG statuiert die Einhaltung des Standes der Technik als gesetzliche Pflicht für den Betreiber. § 3 Abs. 6 S. 1 BImSchG definiert den Stand der Technik als einen „Entwicklungsstand fortschrittlicher Verfahren, Einrichtungen oder Betriebsweisen, der die praktische Eignung einer Maßnahme zur Begrenzung von Emissionen gesichert erscheinen lässt".

Entscheidend ist nun die Unterscheidung zwischen zwei verschiedenen Anlagenarten: Einerseits „Anlagen nach der IE-Richtlinie" gem. § 3 Abs. 8 BImSchG,[432] die im Anhang I der 4. BImSchV mit einem „E" gekennzeichnet werden,[433] und andererseits die übrigen Anlagen im Anhang I der 4. BImSchV. Während sich bei den Anlagen nach der IE-Richtlinie der Stand der Technik an den BVT-Schlussfolgerungen bestimmt, gilt für alle anderen Anlagen, dass der

---

[431] *Sach*, Genehmigung als Schutzschild?, S. 85.
[432] *Betensted/Grandjot/Waskow*, ZUR 2013, 395 (399).
[433] *Rebentisch*, in: FS Dolde, S. 71 (75); *Kopp-Assenmacher*, Immissionsschutz Band 4, S. 7.

Stand der Technik anhand der Kriterien der Anlage zu § 3 Abs. 6 BImSchG festgesetzt wird.[434]

Für Anlagen nach der IE-Richtlinie bedeutet dies, dass der Stand der Technik vor allem auf europäischer Ebene bestimmt wird. Bei der Erarbeitung der „Besten Verfügbaren Technik" (BVT) werden bereits auf europäischer Ebene die Interessen der Anlagenbetreiber berücksichtigt.[435] Dies bedeutet, dass die BVT-Schlussfolgerungen als Ergebnis eines Abwägungsprozesses schon die Bestandsinteressen der Anlagenbetreiber beachten. In den deutschen Stand der Technik sind also die Eigentümerbelange bereits mit einbezogen – jedoch nur auf abstrakter Ebene. Bei der Bestimmung der BVT wird im Rahmen einer generell-abstrakten Verhältnismäßigkeitsprüfung nur auf den Durchschnittsunternehmer und seine notwendigen Investitions- und Betriebskosten abgestellt.[436] Aufgrund der fehlenden einzelfallbezogenen Verhältnismäßigkeitsprüfung, bei der sämtliche Interessen des Anlagenbetreibers berücksichtigt werden können, wird den Bestandsschutzinteressen der Betreiber nicht ausreichend Rechnung getragen. Der Ausgleich für die fehlende individuelle Verhältnismäßigkeitsprüfung bei der Bestimmung des „Standes der Technik" wird aber auf der Prüfungsebene der Verhältnismäßigkeit der Vorsorgemaßnahme nach § 5 Abs. 1 Nr. 2 BImSchG durch eine einzelfallbezogene Abwägung vorgenommen.[437]

Außerhalb der IE-Anlagen muss der in der Anlage zu § 3 Abs. 6 BImSchG aufgeführte Kriterienkatalog von den Genehmigungsbehörden und den Vorschriftengebern, die den Stand der Technik bestimmen, berücksichtigt werden.[438] Wichtig dabei ist, dass es bei der Technik nicht auf ihre allgemeine Anerkennung ankommt (anders als bei den anerkannten Regeln der Technik). Die praktische Eignung der Verfahren muss nur so weit gesichert sein, „dass ihre Anwendung ohne unzumutbares Risiko möglich erscheint". Die Technik muss also entwickelt sein, sodass die bloße Erforschung in der Wissenschaft nicht ausreicht.[439]

---

[434] *Feldhaus*, ZUR 2002, 1 (3).
[435] Genaueres zu den BVT-Schlussfolgerungen im vierten Kapitel.
[436] *Feldhaus*, NVwZ 2001, 1 (4).
[437] *Jarass*, BImSchG, § 3 Rn. 107 f.; *Jarass*, BImSchG, § 5 Rn. 60.
[438] *Kloepfer*, Umweltrecht, § 14 Rn. 114; *Schmidt-Eriksen*, I+E 2011, 183 (184 ff.).
[439] *Hofmann/Koch*, in: GK-BImSchG, § 3 Rn. 251 ff.; *Wickel*, Bestandsschutz im Umweltrecht, S. 137.

Auch hierin zeigt sich ein gewisser Schutz des Anlagenbetreibers. Zwar geht der „Stand der Technik" über die „anerkannten Regeln der Technik" hinaus, indem er den Maßstab „an die Front der technischen Entwicklung"[440] setzt, er reicht aber andererseits nicht so weit wie der „Stand von Wissenschaft und Technik" in § 7 Abs. 2 Nr. 3 AtG. Dies zeigt, dass sich der Gesetzgeber für den Mittelweg nach der „Drei-Stufen-Theorie"[441] entschieden hat. Während im Atomrecht aufgrund der überragend hohen potenziellen Gefährlichkeit und des enormen möglichen Schadensausmaßes der höchste Anspruch an die Technik gesetzt wird, sind die Anforderungen für genehmigungsbedürftige Anlagen darunter anzusiedeln. Genehmigungsbedürftige Anlagen haben ein geringeres Gefährdungspotenzial als Atomkraftwerke, sodass die Sozialpflichtigkeit auch weniger ausgeprägt ist und die Anforderungen an die Vorsorgemaßnahmen niedriger sind. Es wird vom Anlagenbetreiber nicht verlangt, dass er die neueste wissenschaftlich entwickelte Technik sofort umsetzen muss. Vielmehr geht der „Stand der Technik" grundsätzlich davon aus, dass die Verfahren bereits erfolgreichen in Anlagenbetrieben erprobt sind.

Der Rechtsbegriff „anerkannte Regeln der Technik" ist die niedrigste Stufe und findet sich vor allem als Maßstab der Qualität von Werkleistungen, im Baurecht oder Wasserrecht.[442] Er meint die Regeln, die eine überwiegende Mehrheit von Fachleuten als richtig anerkennt, vor allem weil sie sich bereits praktisch bewährt haben.[443] Aufgrund der potenziellen Gefährlichkeit der immissionsschutzrechtlichen Anlage kann nicht so lange gewartet werden, bis die Verfahren bereits in der Praxis renomiert sind. Das kann teilweise jahrelang dauern, sodass diejenigen, die nicht in der Nähe einer modernen Anlage wohnen, die veralteten Techniken mit erhöhten Belastungen hinnehmen müssen.

Bereits beim Rechtsbegriff „Stand der Technik" zeigt sich also wiederum die Sozialpflichtigkeit des Eigentums, die es rechtfertigt, dass der Anlagenbetreiber entsprechend dem Stand der Technik nachrüsten muss. Jedoch wird auch den Interessen des Anlagenbetreibers an einer gewissen Kontinuität Rechnung getragen, indem der Gesetzgeber nicht den äußerst dynamischen Begriff des „Standes der Wissenschaft und Technik" verwendet. Über das Tatbestands-

---

[440] *Wickel*, Bestandsschutz im Umweltrecht, S. 137.
[441] *Breuer*, AöR 101 (1976), 46 (67 f.); *Hofmann/Koch*, in: GK-BImSchG, § 3 Rn. 251.
[442] *Seibel*, NJW 2013, 3000 (3000 f.).
[443] *Hofmann/Koch*, in: GK-BImSchG, § 3 Rn. 253; *Petersen*, Schutz und Vorsorge, S. 297.

merkmal „Stand der Technik" wird der Betreiber einfach-gesetzlich in seinem Bestandsschutz geschützt.

b) Verhältnismäßigkeit

Damit auch die individuellen Interessen des jeweiligen Anlagenbetreibers ausreichend berücksichtigt werden können, muss nach Ansicht einiger Literaturvertreter die Einhaltung der Grundpflichten durch den Verhältnismäßigkeitsgrundsatz begrenzt werden, auch wenn dieser in § 5 Abs. 1 Nr. 1, Nr. 2 BImSchG nicht ausdrücklich normiert ist.[444]

aa) Gefahrenabwehr

Innerhalb der Literatur ist umstritten, ob nur im Bereich der Vorsorge oder auch im Rahmen der Gefahrenabwehr eine Verhältnismäßigkeitsprüfung geboten ist. Im Bereich der Gefahrenabwehr enthalten beispielsweise die §§ 5 Abs. 1 Nr. 1, 5 Abs. 1 Nr. 2 BImSchG auf Rechtsfolgenseite keine ausdrückliche Festschreibung des Verhältnismäßigkeitsgrundsatzes, obwohl eine nachträgliche Anpassungsverpflichtung an geänderte Rechtsnormen für den Betreiber eine ebenso belastende Wirkung wie ein Grundrechtseingriff haben kann.

Teilweise wird deshalb die Ansicht vertreten, dass aufgrund der unmittelbaren Geltung der Grundpflichten und des Eingriffs in die Grundrechte der Anlagenbetreiber bereits auf der Ebene der Abwehrpflicht im Rahmen der Verhältnismäßigkeitsprüfung die Bestandsschutzgesichtspunkte zu berücksichtigen seien. Zwischen der Vermeidung von Gefahren, erheblicher Nachteile und erheblicher Belästigungen und dem dafür erforderlichen Aufwand müsse ein angemessenes Verhältnis bestehen.[445]

Einige Autoren sind der Meinung, dass die Vermeidung von schädlichen Immissionen zwingend geboten sei, sodass Eigentümerinteressen nicht berücksichtigt werden müssten. Könne die Verpflichtung des § 5 Abs. 1 Nr. 1 BImSchG nicht eingehalten werden, sei die Anlage nicht zu betreiben. Da gem. Art. 2 Abs. 2 GG und Art. 14 Abs. 1 GG die öffentlichen Belange überwiegen, sei der

---

[444] *Sundermann,* Der Bestandsschutz genehmigungsbedürftiger Anlagen im Immissionsschutzrecht, S. 84.
[445] *Wickel,* Bestandsschutz im Umweltrecht, S. 139 f.; *Petersen,* Schutz und Vorsorge, S. 162; *Ule,* in: Ule/Laubinger, BImSchG, Band I, § 5 Rn. 3; *Jarass,* DVBl. 1986, 314 (316).

Anlagenbetreiber nicht schutzwürdig.[446] Die Abwehrpflicht sei bei Neuanlagen grundsätzlich verhältnismäßig. Bei bereits bestehenden Anlagen könnten die Bestandsschutzinteressen aufgrund der ausdrücklichen Ermächtigung in § 17 Abs. 2 BImSchG berücksichtigt werden.[447]

Begründet wird dies damit, dass die Gefahrenabwehr insbesondere den Rechtsgütern Leib, Leben und Eigentum diene, die der Staat aufgrund seiner grundrechtlichen Verpflichtung aus Art. 2 Abs. 2 GG und Art. 14 Abs. 1 GG schützen müsse. Sie hätten grundsätzlich erhebliches Gewicht,[448] sodass von einer einzelfallbezogenen Verhältnismäßigkeitsprüfung bei Gesundheitsschäden abgesehen werden könne, da die nach Art. 2 Abs. 2 S. 1 GG geschützten Rechtsgüter stets gegenüber den entgegenstehenden Belangen der Anlagenbetreiber überwiegen würden. Zudem sei der Anlagenbetreiber im Bereich der Abwehrpflichten bei Gesundheitsschäden nicht schutzbedürftig, sodass es keinen Raum für Verhältnismäßigkeitserwägungen zugunsten des Betreibers gebe.[449] Das bedeute im Ergebnis, dass die höherwertig zu schützenden Rechtsgüter immer gegenüber den Interessen des Betreibers vorrangig seien, wenn auf Tatbestandsebene die Schwelle des Gefahrenbegriffs überschritten wäre, sodass es einer gesonderten Verhältnismäßigkeitsprüfung auf der Rechtsfolgenseite nicht bedürfe.

Gegen die Auffassung, dass die Verhältnismäßigkeit bei der Schutzpflicht keine Rolle spiele, spreche, dass bereits die Grundpflichten selbst eine unmittelbar geltende Pflicht des Anlagenbetreibers darstellen. Die Grundpflichten selbst seien schon unmittelbar grundrechtsrelevant.[450]

Es kann auf Seiten des Betreibers Härtefälle geben, die auch im Rahmen der Gefahrenabwehr eine Berücksichtigung seiner Belange notwendig machen. Seine Belange können im Rahmen der Genehmigungserteilung nicht bei den Tatbestandsmerkmalen der „hinreichenden Wahrscheinlichkeit" oder der „Erheblichkeit" beachtet werden. Sie sind deshalb im Rahmen der Verhältnismäßig-

---

[446] *Roßnagel/Hentschel*, in: Führ, GK-BImSchG, § 5 Rn. 320; *Jarass*, BImSchG, § 5 Rn. 22; *Papier*, DVBl. 1979, 162 (163); *Roßnagel*, in: Koch/Scheuing/Pache, BImSchG, § 5 Rn. 324; *Jarass*, BImSchG, § 5 Rn. 22; *Murswiek*, Staatliche Verantwortung für die Risiken der Technik, S. 237 ff.; *Breuer*, NVwZ 1990, 211 (213).
[447] *Uschkereit*, Der Bestandsschutz im Bau- und Immissionsschutzrecht, S. 306.
[448] *Roßnagel*, in: Koch/Scheuing/Pache, BImSchG, § 5 Rn. 142; *Führ*, in: Koch/Scheuing/Pache, BImSchG, § 1 Rn. 28 ff.
[449] *Sach*, Genehmigung als Schutzschild?, S. 108.
[450] *Petersen*, Schutz und Vorsorge, S. 163; *Roßnagel/Hentschel*, GK-BImSchG, § 5 Rn. 23.

keitsprüfung auf der Rechtsfolgenseite zu berücksichtigen, da die Versagung einer Genehmigung für den Anlagenbetreiber eine erhebliche Beschränkung seiner Freiheit bedeuten kann. Es muss deshalb auch im Gefahrenabwehrbereich gem. § 5 Abs. 1 Nr. 1 BImSchG eine Verhältnismäßigkeitsprüfung stattfinden, wenn offensichtlich ist, dass ein schwerwiegendes Missverhältnis zwischen den mit der Schutzmaßnahme bezweckten Ziele und den Belastungen für den Anlagenbetreiber vorliegt. Damit wird dem Betreiber wenigstens ein Mindestmaß an Schutz gewährt, auch wenn die Rechtsgüter „Leib und Leben" nach Art. 2 Abs. 2 S. 1 GG höchstwahrscheinlich gegenüber den Eigentümerinteressen überwiegen. Es kann Ausnahmefälle geben, bei denen Emissionen die Gesundheit nur in sehr geringem Maße tangieren. Dies würde eine Stilllegung der Anlage oder Versagung der Genehmigung nicht rechtfertigen. Gleiches gilt, wenn auf der Seite der Nachbarschaft und der Allgemeinheit Sachgüter betroffen sind. In diesen Fällen überwiegen die öffentlichen Belange nicht automatisch, sodass eine Verhältnismäßigkeitsprüfung für einen gerechten Ausgleich zwischen der Privatnützigkeit und der Sozialpflichtigkeit des Eigentums vorzunehmen ist.

bb) Vorsorgepflicht

Im Gegensatz zur Abwehrpflicht ist bei der Vorsorgepflicht allgemein anerkannt, dass der Grundsatz der Verhältnismäßigkeit anzuwenden ist. Es wird einheitlich davon ausgegangen, dass die Verhältnismäßigkeitsprüfung bei der Vorsorgepflicht gem. § 5 Abs. 1 Nr. 2 BImSchG zugunsten der Anlagenbetreiber geboten ist.[451]

Entscheidend für den Unterschied zwischen der Gefahrenabwehr und der Vorsorge sind die unterschiedliche Eintrittswahrscheinlichkeit und der ungleiche Schadensumfang. Während bei der Gefahrenabwehr unmittelbare Gefahren, Nachteile oder Belästigungen vorliegen, ist im Vorsorgebereich der Eintritt der Beeinträchtigung weniger wahrscheinlich. Zudem ist das zu erwartende Schadensausmaß schwieriger zu bestimmen. Aus diesen Gründen haben im Vorsor-

---

[451] *Dietlein*, in: Landmann/Rohmer, UmweltR III, § 5 BImSchG Rn. 159; *Roßnagel/ Hentschel*, in: Führ, GK-BImSchG, § 5 Rn. 495; *Kloepfer*, Umweltrecht, § 14 Rn. 110; *Di Fabio*, Jura 1996, 566 (574).

gebereich die Bestandsschutzinteressen der Anlagenbetreiber ein höheres Gewicht.[452]

Auch im Rahmen der Abwägung im Vorsorgebereich ist entscheidend auf das Besorgnispotenzial abzustellen. Entscheidend ist, ob der wissenschaftliche Erkenntnisstand und die praktische Lebenserfahrung die Durchführung der in Rede stehenden Vorsorgenahme gebieten.[453] Je wahrscheinlicher und intensiver der Schadenseintritt ist, desto eher sind belastende und aufwendige Vorsorgemaßnahmen durch den Anlagenbetreiber verhältnismäßig.[454] Maßnahmen der Vorsorge sind eher geboten, je geringer ihr Aufwand ist, sodass Vorsorgeanforderungen an geplanten Anlagen erheblich strenger als an bereits bestehende Anlagen sind.[455] Hierin zeigt sich der Schutz bereits bestehender Anlagen.

3. Ergebnis

Die für den Genehmigungsinhaber schützende Wirkung der Genehmigung ist von Anfang an durch die Grundpflichten des § 5 BImSchG beschränkt. Der eingeschränkte Bestandsschutz ist aufgrund des Sozialgebotes verfassungsmäßig. Die Betreiber sind ausreichend in ihren Bestandsschutzinteressen geschützt, da ihre Interessen bei den Schutz- oder Abwehrpflichten und bei der Vorsorgepflicht (in unterschiedlichem Maße) berücksichtigt werden.

II. Rechtsverordnungen gem. § 7 BImSchG

Neben diese bereits von Anfang an eingeschränkte Reichweite der immissionsschutzrechtlichen Genehmigung treten weitere dynamische Aspekte in Form der Rechtsverordnungen nach § 7 BImSchG, die der Umsetzung der dynamischen Grundpflichten dienen.[456]

---

[452] *Wickel*, Bestandsschutz im Umweltrecht, S. 140 f.; *Roßnagel/Hentschel*, in: Führ, GK-BImSchG, § 5 Rn. 495; *Jarass*, DVBl. 1986, 314 (316 f.).
[453] BVerwG, Urt. v. 17.02.1978 – 1 C 102/76 = BVerwGE 55, 250, 254; *Dietlein*, in: Landmann/Rohmer, UmweltR III, § 5 Rn. 160.
[454] BVerwG, Beschl. v. 30.08.1996 – 7 VR 2/96 = NVwZ 1997, 497 (499); *Jarass*, BImSchG, § 5 Rn. 61; *Di Fabio*, Jura 1996, 566 (574).
[455] *Jarass*, BImSchG, § 5 Rn. 61.
[456] Ebd., § 6 Rn. 51 und § 7 Rn. 4.

1. Allgemeines

Die Grundpflichten des § 5 Abs. 1 BImSchG können zur Durchsetzung auf abstrakt-genereller Ebene durch Rechtsverordnungen konkretisiert werden. Die in der Rechtsverordnung enthaltenen hinreichend bestimmten Anforderungen verpflichten den Anlagenbetreiber regelmäßig unmittelbar, wenn es um die Grundpflichten nach § 5 Abs. 1 BImSchG geht.[457] Diese unmittelbare Wirkung der Verordnung nach § 7 BImSchG stellen die §§ 17 Abs. 3, 20 Abs. 1 BImSchG ausdrücklich klar.[458] Der Verordnungsgeber kann damit einheitliche Mindeststandards für die Errichtung, die Beschaffenheit, den Betrieb, den Zustand nach Betriebseinstellung und die betriebseigene Überwachung aufstellen.[459]

2. Inhalts- und Schrankenbestimmungen

Rechtsverordnungen sind Inhalts- und Schrankenbestimmungen nach Art. 14 Abs. 1 S. 2 GG, welche die von vornherein durch die Grundpflicht belastete Rechtsposition konkretisieren. Die Genehmigung kann dabei nicht vor der Einhaltung der materiellen Pflichten aus der Rechtsverordnung gem. § 7 Abs. 1 BImSchG schützen, denn die bestandsschützende Wirkung der Genehmigung ist durch die Möglichkeit nachträglichen Anforderungen durch den Erlass von Rechtsverordnungen von vornherein eingeschränkt.[460]

Jedoch können sich aus Art. 14 Abs. 1 GG besondere Anforderungen in Bezug auf die Rechtsverordnung ergeben, wenn durch die Verordnung Rechtspositionen eingeschränkt werden, die bereits vor Erlass der Verordnung bestanden und auf die der Betreiber vertrauen durfte.[461] Die Betreiber können sich nicht darauf verlassen, dass bestimmte Anforderungen der aktuell geltenden Rechtsverordnung schärfere künftige Anordnungen ausschließen, da Rechtsverordnungen grundsätzlich keinen abschließenden Charakter haben.[462] Die durch Rechtsverordnungen umgesetzten konkretisierten Grundpflichten dürfen den Bestands-

---

[457] *Uschkereit*, Der Bestandsschutz im Bau- und Immissionsschutzrecht, S. 317 f.
[458] *Siederer/Nicklas*, AbfallR 2003, 66 (68).
[459] *Uschkereit*, Der Bestandsschutz im Bau- und Immissionsschutzrecht, S. 317.
[460] Ebd., S. 318.
[461] *Dietlein*, in: Landmann/Rohmer, UmweltR III, § 7 Rn. 62, 78; *Jarass*, BImSchG, § 7 Rn. 13.
[462] *Hansmann/Ohms*, in: Landmann/Rohmer, § 17 Rn. 108; *Uschkereit*, Der Bestandsschutz im Bau- und Immissionsschutzrecht, S. 318.

schutz des Anlagenbetreibers zwar schmälern, aber nicht völlig aushebeln.[463] Denn der Bestands- und Vertrauensschutz muss im Verhältnismäßigkeitsgrundsatz beachtet werden.

3. Verhältnismäßigkeit

Die Rechtsverordnung, die an bestehende Anlagen schärfere Anforderungen stellt, muss als Inhalts- und Schrankenbestimmung die Verhältnismäßigkeit wahren. Dies dient der Wahrung der Eigentümerrechte aus Art. 14 Abs. 1 GG. Jede Rechtsverordnung muss die betroffenen Eigentümerinteressen (insbesondere die schutzwürdigen Bestandsschutz- und Vertrauensschutzgesichtspunkte) und die entgegenstehenden Allgemeininteressen in einen angemessenen Ausgleich bringen.[464] Bei der Bestimmung der Verhältnismäßigkeit ist insbesondere die Unterscheidung der Abwehr- und Vorsorgepflicht zu beachten, denn die Belange des Anlagenbetreibers haben bei der Vorsorgepflicht im Gegensatz zur Abwehrpflicht eine höhere Gewichtung. Für die Anforderungen an die Verhältnismäßigkeit wird dabei nach oben verwiesen.[465]

Im Bereich der Vorsorge kann durch eine „weiche" Übergangslösung den Eigentums- und Vertrauensschutzgesichtspunkten der Betreiber bestehender Anlagen im Regelfall ausreichend Rechnung getragen werden.[466] Durch die Bestimmung ausreichend langer Übergangsfristen und der Festsetzung großzügigerer Anforderungen kann die Verhältnismäßigkeit der Vorsorgeanordnungen für Bestandsanlagen gewahrt werden, § 7 Abs. 2 S. 2 BImSchG.[467] Zur Wahrung der Verhältnismäßigkeit kann der Gesetzgeber für Altanlagen nicht nur großzügigere Grenzwerte vorgeschrieben als für Neuanlagen, sondern es können auch Übergangsfristen festlegt werden.[468] Während der Übergangszeit kann der Betreiber die Anlage noch wirtschaftlich nutzen und sie danach stilllegen oder sanieren. Durch die dadurch ermöglichte längere Nutzungsdauer kann eine (weitere) Amortisierung des bereits eingesetzten Kapitals erfolgen. Dies dient der

---

[463] *Dietlein*, in: Landmann/Rohmer, UmweltR III, § 7 Rn. 62.
[464] *Endres*, BeckOK Umweltrecht, § 7 Rn. 12a; *Jarass*, BImSchG, § 7 Rn. 12 ff.
[465] *Jarass*, BImSchG, § 7 Rn. 14.
[466] *Uschkereit*, Der Bestandsschutz im Bau- und Immissionsschutzrecht, S. 320; *Kotulla*, in: Kotulla, BImSchG, § 7 Rn. 62.
[467] *Friauf*, WiVerw 1989, 121 (175); *Feldhaus*, WiVerw 1986, 67 (79); *Hansmann*, in: FS 50 Jahre BVerwG, S. 935 (944); *Kloepfer*, Umweltrecht, § 14 Rn. 134.
[468] *Feldhaus*, WiVerwG 1986, 67 (78); *Wickel*, Bestandsschutz im Umweltrecht, S. 147.

Wahrung des verfassungsrechtlich gebotenen Grundsatzes der Verhältnismäßigkeit. Für die Bestimmung der Länge der Übergangsfrist sind die Kriterien in § 7 Abs. 2 S. 2 BImSchG, also Art, Menge und Gefährlichkeit der von der Anlage ausgehenden Emissionen, die Nutzungsdauer und technische Besonderheiten, relevant.[469]

4. Die Möglichkeit einer sofortigen Stilllegung durch Rechtsverordnung?

Umstritten ist, ob durch die Rechtsverordnung auch der sofortige Weiterbetrieb verhindert werden kann. Anforderungen, die den Weiterbetrieb der Anlage verhindern, sind ein erheblicher Eingriff in die Grundrechte des Anlagenbetreibers. Seine wirtschaftliche Tätigkeit wird sofort beendet, und ihm wird jegliche Möglichkeit genommen, dass sich sein eingesetztes Kapital amortisieren kann. Es müssen also erhebliche öffentliche Belange bestehen, die eine sofortige Betriebseinstellung und den damit verbunden Grundrechtseingriff rechtfertigen.

Einige Literaturvertreter sind der Ansicht, dass durch Rechtsverordnungen unter Wahrung der Verhältnismäßigkeit auch solche Anforderungen festgesetzt werden könnten, die den Weiterbetrieb der Anlage sofort verhindern.[470] Beispielsweise solle dies möglich sein, wenn es um schwere gesundheitsschädliche Emissionen gehe. In diesem Fall sei eine Betriebseinstellung aufgrund des überaus hohen Gewichts des Schutzes von Leib und Leben angemessen.[471]

Die Gegenansicht hingegen ist der Meinung, dass Rechtsverordnungen aufgrund des Art. 14 GG den Bestandsschutz nicht in Gänze aushebeln dürfen. Aus diesem Grund dürften in den Rechtsverordnungen keine Anforderungen enthalten sein, welche die Errichtung oder den Betrieb der Anlage unmöglich machten. Eine Rechtsverordnung präzisiere die in § 5 BImSchG verankerten Grundpflichten. Die Grundpflichten sollten den Anlagenbetrieb aber nicht verhindern, sondern ihn unter allgemeinwohlverträglichen Voraussetzungen zulassen.[472]

Eine Rechtsverordnung, die derartige Anforderungen enthält, dass sie sofort den Weiterbetrieb verhindert, ist mit einer behördlichen Untersagung gem. § 20 BImSchG vergleichbar. Schaut man sich die Voraussetzungen in § 20 BImSchG

---

[469] *Uschkereit*, Der Bestandsschutz im Bau- und Immissionsschutzrecht, S. 321.
[470] *Jarass*, BImSchG, § 7 Rn. 7; *Sach*, Genehmigung als Schutzschild?, S. 129 f.
[471] *Uschkereit*, Der Bestandsschutz im Bau- und Immissionsschutzrecht, S. 322.
[472] *Kotulla*, in: Kotulla, BImSchG, § 7 Rn. 32; *Dietlein*, in: Landmann/Rohmer, UmweltR III, § 7 BImSchG Rn. 59, 62.

an, wird klar, dass für eine Untersagung gewichtige Gründe vorliegen müssen. Die Behörde kann gem. § 20 BImSchG die Untersagung, Stilllegung und Beseitigung anordnen, wenn der Betreiber den Regelungen des Genehmigungsbescheides, einer in einer Rechtsverordnung nach § 7 BImSchG abschließend bestimmten Pflicht oder einer nachträglichen Anordnung gem. § 17 BImSchG nicht nachkommt. Dies bedeutet, dass die Untersagung eine Sanktionsmöglichkeit der Behörde gegenüber dem Betreiber darstellt. Nur wenn der Betreiber eine konkretisierte Pflicht nicht erfüllt, ergeht als „Strafe" die Untersagung. Der Sinn und Zweck der Rechtsverordnung ist anders gelagert. Die Rechtsverordnung soll nicht der Sanktion dienen, sondern unbestimmte Rechtsbegriffe konkretisieren. Während die Rechtsverordnung eine Grundpflicht also erst konkretisiert, setzt die Untersagung eine bereits hinreichend bestimmte Grundpflicht voraus.

Zudem ist eine Rechtsverordnung auf abstrakt-genereller Ebene angesiedelt. Eine behördliche Untersagung hingegen ist eine konkret-individuelle Maßnahme. Bei einer abstrakt-generellen Rechtsverordnung können keine individuellen Verhältnismäßigkeitserwägungen getroffen werden. Im Rahmen der Untersagung nach § 20 BImSchG werden aber die Belange jedes einzelnen Anlagenbetreibers berücksichtigt, sodass darin den Bestandsschutzinteressen der Anlagenbetreiber Ausdruck verliehen wird. Diese individuellen Betrachtungen der Bestandsschutzbelange können bei Rechtsverordnungen nicht vorgenommen werden. Wird der Weiterbetrieb durch die Rechtsverordnung unmöglich gemacht, ist dies eine noch weitere Einschränkung des Bestandsschutzes. Eine Rechtsverordnung, die den Weiterbetrieb der Anlage unmöglich macht, ist ein schwerer Grundrechtseingriff. Sie greift in die Substanz der von Art. 14 Abs. 1 GG geschützten Rechtsposition ein. Es bleibt dabei nicht mehr genügend Raum für einen privatnützigen Gebrauch des Eigentums, denn es ist keinerlei Verfügung über den Eigentumsgegenstand möglich und die Nutzung der Anlage wird ohne jeglichen Ausgleich unterbunden. Diese erhebliche Einschränkung des Bestandsschutzes der Genehmigung ist nur dann verfassungsrechtlich zulässig, wenn der Eingriff durch eine individuelle Betrachtung der Belange des Betreibers gerechtfertigt werden kann. Aus diesen Gründen dürfen Rechtsverordnungen keine Anforderungen enthalten, die den Weiterbetrieb unmöglich machen. Vielmehr müssen Grundpflichten, die für den Anlagenbetreiber die sofortige Schließung des Betriebes bedeuten, formell durchgesetzt werden, z. B. durch nachträgliche Anordnungen (§ 17 BImSchG) oder Untersagung (§ 20 BImSchG). Zusammenfassend lässt sich deshalb feststellen, dass Rechtsverordnungen, die unmittelbar, d. h. ohne administrativen Durchsetzungsakt für den Bürger gelten, keine Anforderungen enthalten dürfen, welche die sofortige Betriebseinstellung bedeuten.

Dies hat aber zur Konsequenz, dass die Allgemeinheit nicht ausreichend geschützt ist. Diese Ansicht bedeutet im Ergebnis, dass eine Rechtsverordnung selbst dann keine Anforderungen enthalten darf, die den Weiterbetrieb unmöglich werden lassen, wenn die Belange der Allgemeinheit gegenüber den Belangen der Anlagenbetreiber wesentlich überwiegen. Das würde bedeuten, dass der Staat seinem Schutzauftrag aus Art. 2 Abs. 1 GG nicht nachkommt. Denn auch nachträgliche Anordnungen, Maßnahmen nach § 20 BImSchG oder den Widerruf gem. § 21 BImSchG schützen nicht. Die Grundpflichten werden durch untergesetzliche Regelwerke wie Rechtsverordnungen und Verwaltungsvorschriften konkretisiert. Teilweise müssen sie dann beispielsweise über nachträgliche Anordnungen nach § 17 BImSchG umgesetzt werden. Wenn aber bereits Rechtsverordnungen keine Anforderungen enthalten dürfen, die den Weiterbetrieb sofort unmöglich werden lassen, dann darf eine nachträgliche Anordnung auch nicht darüber hinausgehen. Die Behörde darf nicht die Stelle des Verordnungsgebers einnehmen und strengere Anforderungen festsetzen. Dies wäre ein Verstoß gegen den Gewaltenteilungsgrundsatz.

Um den beiden Ansichten Rechnung zu tragen, ist die Festsetzung der Anforderungen, die den Weiterbetrieb verhindern, nur im Gefahrenbereich und bei den Rechtsgütern Leib oder Leben sowie nach einer Verhältnismäßigkeitsprüfung möglich. In diesem Fall ist eine Betriebseinstellung aufgrund des überaus hohen Gewichts des Gesundheitsschutzes angemessen. Geht es aber um den Vorsorgebereich oder (schwere) Sachschäden, darf eine Rechtsverordnung keine Anforderungen enthalten, die den Anlagenbetrieb sofort unmöglich machen. Hierfür besteht die Ermächtigung in § 20 BImSchG.

5. Ergebnis

Wenn durch Rechtsverordnungen nach § 7 Abs. 1 BImSchG als Inhalts- und Schrankenbestimmung verschärfte Anforderungen für Bestandsanlagen festgeschrieben werden, sind die Bestands- und Vertrauensinteressen der Anlagenbetreiber bei der Verhältnismäßigkeitsprüfung zu berücksichtigen. Diese Berücksichtigung bedeutet für den Anlagenbetreiber im Regelfall aber nicht, dass seine Anlage strengere Anforderungen nicht einhalten muss. Vielmehr wird durch

Übergangsfristen oder Dispositionsmöglichkeiten die Verhältnismäßigkeit gewahrt. § 7 Abs. 2 S. 2 BImSchG zeigt in anschaulicher Weise, dass der Bestandsschutz sich im Immissionsschutzrecht vor allem in zeitlich begrenzten Übergangsregelungen und Dispositionsmöglichkeiten erschöpft.

III. TA Luft

Nicht nur durch Rechtsverordnungen, sondern auch durch allgemeine Verwaltungsvorschriften gem. § 48 BImSchG werden die Immissions- und Emissionswerte, welche die Grundpflichten konkretisieren, erheblich verschärft. Wie bereits dargestellt, handelt es sich bei Verwaltungsvorschriften um Inhalts- und Schrakenbestimmungen. Die Technische Anleitung zur Reinhaltung der Luft (TA Luft) stützt sich auf § 48 BImSchG und steht in dieser Arbeit stellvertretend für andere Verwaltungsvorschriften.

1. Konkretisierung der Abwehrpflicht

Die TA Luft soll laut ihres ersten Satzes in Nr. 1 TA Luft die Vorgaben der Abwehrpflicht des § 5 Abs. 1 Nr. 1 BImSchG und der Vorsorgepflicht des § 5 Abs. 1 Nr. 1 BImSchG näher konkretisieren. Gem. Nr. 4.2, 4.3, 4.4 und 4.5 TA Luft ist die Abwehrpflicht erfüllt, wenn der Anlagenbetreiber die in der TA Luft festgelegten Immissionswerte nicht überschreitet. Im Falle der Nr. 4.3.2 d), 4.4.3 d) und 4.5.2 d) TA Luft sind die Immissionswerte aber keine Grenzwerte, sondern nur Richtwerte. Der Grund für die Unterscheidung zwischen Grenzwerten und Richtwerten liegt in den zu schützenden Rechtsgütern. Während Grenzwerte immer dann festgelegt werden, wenn eine Gesundheitsgefahr und damit ein Rechtsgut des Art. 2 Abs. 2 S. 1 GG betroffen ist, ist im Fall der Richtwerte nur eine Sachgefahr zu befürchten. Dies bedeutet, dass bei Gefahren für Leib und Leben die Interessen der Betreiber keine Berücksichtigung finden, während bei der bloßen Sachgefahr auch schutzwürdige Vertrauens- und Bestandsinteressen der Anlagenbetreiber relevant sind.[473] Durch die Aufteilung in Grenz- und Richtwerte wird der verfassungsrechtlich gebotene Ausgleich zwischen den Interessen der Betreiber und der zu schützenden Allgemeinheit geschaffen.

---

[473] *Uschkereit*, Der Bestandsschutz im Bau- und Immissionsschutzrecht, S. 330.

2. Konkretisierung der Vorsorgepflicht

Zur Konkretisierung des Vorsorgegebots aus § 5 Abs. 1 Nr. 2 BImSchG durch den Stand der Technik legt Nr. 5 TA Luft präzise Anforderungen zur Vorsorge gegen schädliche Umwelteinwirkungen fest. Zur Wahrung der Belange der Eigentümer enthält die TA Luft gem. § 48 Nr. 4 BImSchG i. V. m. § 7 Abs. 2 BImSchG durch längere Übergangsfristen und großzügige Grenzwerte für Bestandsanlagen ein Konzept zur Wahrung der Verhältnismäßigkeit. Durch diese Übergangsregelungen aus der TA Luft können die Interessen der Betreiber bestehender Anlagen geschützt werden.[474]

IV. Nachträgliche Anordnungen gem. § 17 BImSchG

Neben diesen abstrakt-generellen Durchsetzungsmöglichkeiten dienen die nachträglichen Anordnungen nach § 17 BImSchG der Konkretisierung und Durchsetzung der Grundpflichten auf konkret-individueller Ebene. § 17 BImSchG ermächtigt die zuständige Behörde zum Erlass nachträglicher Anordnungen, damit die Pflichten des BImSchG und dessen Verordnungen eingehalten werden. § 17 BImSchG ist dabei die zentrale Norm im Rahmen der Eingriffsbefugnisse der Behörden gegenüber bestehenden Anlagen.[475] Die nachträgliche Anordnung dient der Erfüllung der gesetzlichen oder untergesetzlichen Betreiberpflichten des § 5 Abs. 1 Nr. 1–4 BImSchG.[476] Eine Anordnung kommt in Betracht, wenn der Betreiber gegen seine Pflichten verstoßen hat, weil er die Anlage entgegen den Regelungen der Genehmigung betreibt oder die Genehmigung den aktuellen Standards des Immissionsschutzrechts angepasst werden muss.[477]

1. Die Abgrenzung von nachträglicher Anordnung und Widerruf

Wichtig für die Behörde ist die Unterscheidung zwischen einer nachträglichen Anordnung und einem Widerruf, da unterschiedliche Tatbestandsvoraussetzungen erfüllt werden müssen.

---

[474] Ebd, S. 331; *Gerold*, UPR 2003, 44 (49); *Jarass*, BImSchG, § 48 Rn. 6; *Wickel*, Bestandsschutz im Umweltrecht, S. 157.
[475] *Jankowski*, Bestandsschutz für Industrieanlagen, S. 68; *Kloepfer*, Umweltrecht, § 14 Rn. 185.
[476] *Sach*, Genehmigung als Schutzschild?, S. 112; *Sellner/Reidt/Ohms*, Immissionsschutzrecht und Industrieanlagen, S. 246; *Kloepfer*, Umweltrecht, § 14 Rn. 185.
[477] *Jarass*, § 17 BImSchG, Rn. 10.

Es kann in rechtmäßiger Weise keine nach § 17 BImSchG zulässige Maßnahme ergehen, wenn der Weiterbetrieb der Anlage durch die nachträgliche Anordnung endgültig technisch unmöglich wird. Es gilt der Grundsatz, dass die erteilte Genehmigung im Kern auch noch nach der Anordnung gem. § 17 BImSchG ausnutzbar bleiben muss.[478] Dies bedeutet, dass eine bloße Modifikation des Genehmigungsinhalts durch Emissionsbeschränkungen noch unter eine nachträgliche Anordnung fällt und damit kein (Teil-)Widerruf ist.[479] Im Umkehrschluss bedeutet dies, dass aber ein Widerruf erfolgen muss, wenn aufgrund der festgesetzten Anforderungen der Anlagenbetrieb technisch unmöglich wird. Die wirtschaftliche Unmöglichkeit spielt hingegen keine Rolle.[480] Dies bedeutet, dass bei sehr alten Anlagen nachträgliche Anordnungen nach § 17 BImSchG auch dann erlassen werden können, wenn aus wirtschaftlichen Gesichtspunkten der Weiterbetrieb derart unrentabel wird, dass aus ökonomischen Gesichtspunkten nur noch eine Stilllegung in Betracht kommt. Die betriebswirtschaftliche Sinnlosigkeit des Weiterbetriebs schließt die nachträglichen Anordnungen, die den Weiterbetrieb unmöglich machen, nicht aus.[481]

2. Tatbestandsvoraussetzungen

Eine nachträgliche Anordnung im Rahmen von § 17 BImSchG betrifft oftmals die Verschärfung von Emissionsgrenzwerten, wobei der Anlagenbetreiber aber nicht enteignet wird, da die nachträgliche Anordnung eine zulässige Konkretisierung einer im Gesetz angelegten Eigentumsinhaltsbestimmung ist.[482] Mit der Möglichkeit der nachträglichen Anordnungen zur Anpassung einer Anlage an den Stand der Technik hat der Gesetzgeber von seiner Befugnis nach Art. 14 Abs. 1 S. 2 GG Gebrauch gemacht und der Eigentumsposition zeitliche Grenzen gesetzt. Die nachträgliche Umsetzung der Grundpflichtenbelastung durch

---

[478] *Sellner/Reidt/Ohms*, Immissionsschutzrecht und Industrieanlagen, S. 244; *Hansmann/Ohms*, in: Landmann/Rohmer, § 17 Rn. 28; *Denkhaus*, NuR 2000, 9 (14).

[479] BVerwG, Beschl. v. 23.02.2004 – 5 B 104/03 – juris Rn. 7; *Hansmann/Ohms*, in: Landmann/Rohmer, § 17 Rn. 30.

[480] *Jarass*, BImSchG, § 17 Rn. 37; *Hansmann/Ohms*, in: Landmann/Rohmer, § 17 Rn. 116, 201.

[481] *Uschkereit*, Der Bestandsschutz im Bau- und Immissionsschutzrecht, S. 339; *Jarass*, DVBl. 1986, 314 (318).

[482] *Hansmann/Ohms*, in: Landmann/Rohmer, UmweltR III, § 17 Rn. 23; *Jankowski*, Bestandsschutz für Industrieanlagen, S. 61.

§ 17 BImSchG ist eine zulässige Inhalts- und Schrankenbestimmungen des Eigentums.

Nachträgliche Anordnungen nach § 17 BImSchG sind für genehmigungsbedürftige Anlagen nur „zur Erfüllung der sich aus diesem Gesetz und der auf Grund dieses Gesetzes erlassenen Rechtsverordnung ergebenden Pflichten" zulässig. Die Rechtspflicht muss tatsächlich verletzt sein oder ihre Verletzung muss unmittelbar und konkret drohen.[483] Die Grundpflichten bestehen zwar kraft Gesetz, jedoch muss zur Durchsetzung beispielsweise eine Konkretisierung durch die Behörde in Form der nachträglichen Anordnung nach § 17 BImSchG erfolgen. Damit wird dem Bestimmtheitsgrundsatz und den Interessen des Betroffenen ausreichend Rechnung getragen.

Eine nachträgliche Anordnung setzt zudem voraus, dass die Allgemeinheit oder Nachbarschaft nach der Genehmigungserteilung nicht mehr ausreichend vor schädlichen Umwelteinwirkungen oder sonstigen Gefahren geschützt ist. Dies kann Folge einer Fehleinschätzung der von der Anlage ausgehenden schädlichen Umwelteinwirkungen oder einer erst nach der Genehmigung auftretenden schädlichen Umweltbeeinträchtigung sein.[484]

3. Verhältnismäßigkeit gem. § 17 Abs. 2 BImSchG

Für den Bestandsschutz des Anlagenbetreibers kommt es nicht nur auf die Tatbestandsmerkmale an, die bereits einen gewissen Bestandsschutz vermitteln. Entscheidend ist vor allem inwieweit über das Merkmal der Verhältnismäßigkeit die Eigentümerinteressen geschützt werden können. Die Gesetzesbegründung macht deutlich, dass die Verhältnismäßigkeit gerade dem eigentumsrechtlichen Bestandsschutz in § 17 Abs. 2 BImSchG dient.[485] Jedoch geht aus dieser Gesetzesbegründung auch hervor, dass das Merkmal der „Verhältnismäßigkeit" der Ersatz für das vormals geltende Kriterium der „wirtschaftlichen Vertretbarkeit" ist.[486] Durch die Einführung des Merkmals der „Verhältnismäßigkeit" wollte der Gesetzgeber die Eingriffsschwelle für nachträgliche Anordnungen auf das „verfassungsrechtlich gebotene Maß zurücknehmen", damit deutlichere Emissionsminderungen erfolgen, die einen effektiven Umweltschutz ermöglichen. Mit der

---

[483] *Jarass*, BImSchG, § 17 Rn. 14.
[484] *Broy-Bülow*, Baufreiheit und baurechtlicher Bestandsschutz, S. 194.
[485] BT-Drs. 10/1862/neu, S. 11.
[486] *Kloepfer*, Umweltrecht, § 14 Rn. 189.

Stärkung des Umweltschutzes soll gleichzeitig die Reduzierung des Bestandsschutzes von Altanlagen einhergehen.[487] Diese Intention ist bei der Prüfung der Verhältnismäßigkeit zu beachten.

Eine nachträgliche Anordnung darf nur erlassen werden, wenn diese zur Beseitigung des Verstoßes gegen Grundpflichten geeignet ist. Zudem dürfen keine weniger belastenden Anordnungsmöglichkeiten bestehen, die den verfolgten Zweck genauso erreichen.[488] Im Rahmen der Prüfung der Angemessenheit sind die sich gegenüberstehenden konträren Interessen zu berücksichtigen. Die Behörde darf eine nachträgliche Anordnung nicht treffen, wenn der mit der Erfüllung der Anordnung verbundene Aufwand außer Verhältnis zu dem mit der Anordnung angestrebten Erfolg steht. Dabei sind Art, Menge und Gefährlichkeit der von der Anlage ausgehenden Emissionen und der verursachten Immissionen zu beachten.[489]

a) Maßstab: Durchschnittsbetrieb oder Einzelanlage?

Problematisch ist, ob bei der Prüfung der Verhältnismäßigkeit auf den Durchschnittsbetrieb oder auf den individuellen Anlagenbetrieb abzustellen ist.

Nach einer Ansicht sei auf den Durchschnittsbetrieb und die Verhältnismäßigkeit der allgemeinen umweltrechtlichen Anforderungen abzustellen.[490] Die Maßnahme müsse für einen Durchschnittsbetrieb verhältnismäßig sein. Konkret bedeute dies, dass nicht die individuelle Immissionssituation des einzelnen Betriebes zu beachten sei, sondern es sei die generelle Schadenseignung des emittierten Stoffes entscheidend.[491] Dies sei auf die frühere Fassung des § 17 BImSchG zurückzuführen, in der für die „wirtschaftliche Vertretbarkeit" auf den Durchschnittsbetrieb abgestellt wurde. Zudem sei die Einhaltung des

---

[487] BT-Drs. 10/1826/neu, S. 1, 11; *Feldhaus*, WiVerw 1986, 67 (83); *Kloepfer*, Umweltrecht, § 14 Rn. 189; *Wickel*, Bestandsschutz im Umweltrecht, S. 166; *Feldhaus*, UPR 1985, 385 (390).

[488] *Czajka*, in: Feldhaus, BImSchG, § 17 BImSchG Rn. 45 f.; *Hansmann/Ohms*, in: Landmann/ Rohmer, UmweltR III, § 17 Rn. 124; *Jarass*, BImSchG, § 17 Rn. 44.

[489] *Sellner/Reidt/Ohms*, Immissionsschutzrecht und Industrieanlagen, S. 246 f.; *Ohms*, Immissionsschutz Band 4, S. 57; *Jarass*, BImSchG, § 17 Rn. 48; *Czajka*, in: Feldhaus, BImSchG, § 17 Rn. 56; *Kloepfer*, Umweltrecht, § 14 Rn. 190; *Ohms*, Praxishandbuch Immissionsschutz, Rn. 643.

[490] *Ohms*, Praxishandbuch Immissionsschutz, Rn. 647; *Koch/König*, in: Führ, GK-BImSchG, § 17 Rn. 59; *Jarass*, BImSchG, § 17 Rn. 49; *Ohms*, Immissionsschutz Band 4, S. 57.

[491] *Feldhaus*, UPR 1987, 1 (6);

Standes der Technik gem. § 5 Abs. 1 Nr. 2 BImSchG ein genereller Maßstab,[492] sodass auch bei der Verhältnismäßigkeitsprüfung nicht das Individuum betrachtet werden könne.

Nach anderer Ansicht sei hingegen die individuelle Verhältnismäßigkeit entscheidend. Gem. § 17 Abs. 2 S. 2 BImSchG seien die bisherige und die künftige Nutzungsdauer sowie die technischen Besonderheiten der Anlage zu berücksichtigen. Außerdem sei das Verhältnis zwischen dem Aufwand der Nachrüstung und dem angestrebten Erfolg entscheidend.[493]

Die Kriterien in § 17 Abs. 2 BImSchG zeigen, dass auf die individuelle Verhältnismäßigkeit abzustellen ist. Außerdem handelt es sich bei der nachträglichen Anordnung um eine konkret-individuelle Maßnahme der Behörde. Es ist deshalb kein Grund ersichtlich, warum auf den Durchschnittsbetrieb im Rahmen einer Einzelmaßnahme abzustellen sein soll.

Zudem kann nur so der Bestandsschutz für jeden einzelnen Betreiber effektiv gewährt werden. Denn der Anlagenbetreiber kann nur durch eine individuelle Verhältnismäßigkeitsprüfung durch die Berücksichtigung spezifischer Gesichtspunkte vor teuren Nachrüstungen bewahrt werden. Im Rahmen des Tatbestandes wird nur geprüft, ob objektiv die Rechtspflichten nicht eingehalten werden. Die konkreten Ursachen der Pflichtverletzung werden nicht berücksichtigt. Es muss deshalb innerhalb der individuellen Verhältnismäßigkeit geprüft werden, ob eine schuldhafte Pflichtverletzung vorliegt, ob die Umstände, die zur Verletzung führen, aus der Sphäre des Betreibers stammen oder dieser Kenntnis von diesen Umständen hat. Im Rahmen der nachträglichen Anordnung muss es einen Unterschied machen, ob beispielsweise ein Fall der heranrückenden Wohnbebauung vorliegt oder der Anlagenbetreiber neu hinzukommt. Es muss bei der Anordnung zu Abstufungen aufgrund der Verhältnismäßigkeit kommen, wenn die Anlage bereits seit Jahren genehmigungskonform betrieben wird und nun eine immissionsempfindliche Wohnnutzung hinzukommt. Derartige Besonderheiten können nur im Rahmen einer individuellen Verhältnismäßigkeit berücksichtigt werden.

---

[492] *Sach*, Genehmigung als Schutzschild?, S. 123 f.; *Ohms*, Immissionsschutz Band 4, S. 57.
[493] *Hansmann/Ohms*, in: Landmann/Rohmer, § 17 Rn. 126 ff.; *Sach*, Genehmigung als Schutzschild?, S. 127; *Ohms*, Praxishandbuch Immissionsschutzrecht, S. 280.

Auch der Wortlaut des § 17 Abs. 2 S. 1 BImSchG spricht für eine individuelle Betrachtung, indem dort die Worte „der mit der Erfüllung der Anordnung verbundene Aufwand" zu lesen sind. Mit dem Wort „Aufwand" kann nur eine individuelle Betrachtung gemeint sein, da sich der Aufwand je nach Einzelfall anders darstellt. Es wäre in der Praxis mit einem enormen Einsatz verbunden, wenn der Durchschnitts„aufwand" ermittelt werden müsste und dies kann vom Gesetzgeber nicht gewollt sein.

Zudem spricht § 17 Abs. 2 S. 1 BImSchG von „insbesondere" und dies deutet auf den nicht abschließenden Charakter der Aufzählung hin, sodass sich auch hier die individuelle Betrachtungsweise zeigt. Entscheidend ist deshalb die individuelle Verhältnismäßigkeit.

b) Konkrete Prüfung der Angemessenheit

Die Behörde muss also eine Abwägungsentscheidung zwischen den Belangen der Anlageneigentümer und den verfassungsrechtlich fundierten Zielen des modernen Umweltschutzes treffen.[494] Für die Angemessenheit wird „vor allem" das Verhältnis zwischen Aufwand und Erfolg als entscheidungserheblich angesehen, § 17 Abs. 2 S. 1 BImSchG.

aa) Zu berücksichtigende Belange des Eigentümers

Auf Seiten des Anlagenbetreibers ist gem. § 17 Abs. 2 S. 2 BImSchG „der mit der Erfüllung der Anordnung verbundene Aufwand" zu berücksichtigen. Über das Merkmal „Aufwand" werden die Gesichtspunkte des Eigentums- und Bestandsschutzes beachtet. In diesem Rahmen ist vor allem der über Art. 14 Abs. 1 GG vermittelte Vertrauensschutz des Betreibers zu beachten.[495] Die Genehmigung gewährt trotz der dynamischen Grundpflichten ein gewisses zu schützendes Vertrauen, dass die Anlage zumindest für eine Zeitlang gemäß des Inhaltes der Genehmigung betrieben werden darf.[496] Der Betreiber hat von der Genehmigung Gebrauch gemacht und unter Einsatz eigener Leistung die Anlage rechtmäßig errichtet sowie betrieben. Art. 14 Abs. 1 GG schützt das durch eige-

---

[494] *Jankowski*, Bestandsschutz für Industrieanlagen, S. 57.
[495] *Uschkereit*, Der Bestandsschutz im Bau- und Immissionsschutzrecht, S. 339; *Czjaka*, in: Feldhaus, BImSchG, § 17 Rn. 53.
[496] *Sach*, Genehmigung als Schutzschild?, S. 127; *Schulze-Fielitz*, Die Verwaltung 1987, 307 (333 f.); *Wickel*, DÖV 1997, 678 (682 f.).

ne Leistung selbst erarbeitete Eigentum besonders. Die erheblichen Kapitalaufwendungen des Betreibers müssen sich im Laufe der Zeit durch die Anlagennutzung erst noch amortisieren. Eine mit der nachträglichen Anordnung verbundene Sanierungspflicht verhindert die vom Anlagenbetreiber geplante Nutzungsdauer und damit die Amortisierung seiner Investitionen, sodass sein Vertrauen in den Fortbestand der Rechtslage aus der Genehmigung beeinträchtigt wird. Das aus der Genehmigung hergeleitete Vertrauen ist schutzwürdig und muss zugunsten des Anlagenbetreibers im Rahmen der Abwägung beachtet werden.

Jedoch ist aufgrund des Wegfalls des Kriteriums der „wirtschaftlichen Vertretbarkeit" i. S. v. § 17 Abs. 2 BImSchG a. F. die Amortisierungsmöglichkeit kein festes, unüberwindbares Kriterium, sondern nur ein gewichtiges Argument.[497] Einem Unternehmer ist es zumutbar, angemessene Rücklagen zu bilden oder in anderer Weise vorzusorgen, damit er in der Lage ist, von Zeit zu Zeit innerhalb großzügig bemessener und damit zumutbarer Fristen aufgrund nachträglicher und damit nicht mehr unverhältnismäßiger Anordnungen den Anschluss an den neuesten Stand der Technik gewinnen zu können.[498] Aus der Überlegung der Amortisierung heraus ergeben sich weitere Kriterien:

Ein wichtiges Kriterium im Rahmen der Verhältnismäßigkeitsprüfung sind die Sanierungskosten und sonstigen Kosten, wie beispielsweise Produktionsausfälle bei der Anlagenumstellung, zusätzlicher Arbeitsaufwand oder erhöhte Betriebs- und Produktionskosten.[499] Davon abzuziehen sind aber staatliche Beihilfen, Preiserhöhungen für die Verbraucher oder Optimierung der Anlage.[500]

Zudem ist das Kriterium der Nutzungsdauer von hoher Bedeutung. Die Nutzungsdauer erfasst die bisherige Dauer der Anlagennutzung und die Restnutzungsdauer. Eine nachträgliche Anordnung ist für den Betreiber mit fortschreitender Anlagennutzungsdauer immer zumutbarer. Je länger eine Anlage bereits genutzt werden konnte, desto eher kann dem Betreiber eine Sanierung zugemutet werden. Eine kostenaufwendige Sanierung ist für einen Anlagenbetreiber eine höhere Belastung, wenn die Anlage erst kürzlich genehmigt wurde. Jedoch ist dabei auch die künftige Restnutzungsdauer zu berücksichtigen. Je länger die An-

---

[497] *Uschkereit*, Der Bestandsschutz im Bau- und Immissionsschutzrecht, S. 342.
[498] *Sendler*, UPR 1990, 41 (46).
[499] *Hansmann/Ohms*, in: Landmann/Rohmer, UmweltR III, § 17 Rn. 133; *Jarass*, BImSchG, § 17 Rn. 45.
[500] *Jarass*, BImSchG, § 17 Rn. 45; *Jankowski*, Bestandsschutz für Industrieanlagen, S. 61.

lage zukünftig genutzt werden kann, desto mehr Zeit hat der Betreiber die investierten Kosten für die Nachbesserungsmaßnahmen wieder zu erwirtschaften.[501]

bb) Zu berücksichtigende öffentliche Belange

Auf der anderen Seite stehen die Belange der Allgemeinheit. Gem. § 1 BImSchG besteht ein öffentliches Interesse, die Menschen und die gesamte Umwelt vor schädlichen Immissionen zu schützen.[502] Die Umweltschutzmaßnahmen sind in Art. 20a GG als Staatszielbestimmung verankert, sodass die Abwehr konkreter Gefahren für die Umwelt und die Vorsorge darauf zurückzuführen sind. Die Menschen, die im Einwirkungsbereich der Anlage leben, sind durch Art. 2 Abs. 2 GG und Art. 14 GG geschützt.[503]

Besonders bedeutend sind die Art, Menge und Gefährlichkeit der von der Anlage ausgehenden Emissionen und der von ihr verursachten Immissionen. Entscheidend ist vor allem die potenzielle Gefährlichkeit der einzelnen Emissionen. Besonders schwer abbaubare Luftverunreinigungen, krebserregende oder hoch toxische Emissionen wären gewichtige Gründe für eine nachträgliche Anordnung.[504]

Für oder gegen eine nachträgliche Anordnung können außerdem auch Vor- und Nachteile von Dritten und der Allgemeinheit sprechen. Für die nachträgliche Anordnung sind beispielsweise auch positive Auswirkungen auf andere Umweltbereiche, Verbesserungen der Arbeitssicherheit, die örtliche Arbeitsplatzsituation, Einbußen bei der Versorgungssicherheit usw. zu berücksichtigen.[505]

---

[501] *Czajka*, in: Feldhaus, BImSchG, § 17 Rn. 56; *Hansmann/Ohms*, in: Landmann/Rohmer, UmweltR III, § 17 Rn. 128; *Jarass*, BImSchG, § 17 Rn. 46; *Uschkereit*, Der Bestandsschutz im Bau- und Immissionsschutzrecht, S. 340 f.; *Schenke*, NuR 1989, 8 (11); *Frenz*, in: Kotulla, BImSchG, § 17 Rn. 99.

[502] *Jarass*, BImSchG, § 1 Rn. 1 ff.

[503] *Czajka*, in: Feldhaus, BImSchG, § 17 Rn. 59; *Uschkereit*, Der Bestandsschutz im Bau- und Immissionsschutzrecht, S. 345 f.

[504] *Frenz*, in: Kotulla, BImSchG, § 17 Rn. 97; *Hansmann/Ohms*, in: Landmann/Rohmer, UmweltR III, § 17 Rn. 126 f.; *Ohms*, Praxishandbuch Immissionsschutzrecht, S. 281.

[505] *Hansmann/Ohms*, in: Landmann/Rohmer, UmweltR III, § 17 Rn. 135; *Jankowski*, Bestandsschutz für Industrieanlagen, S. 66 f.

cc) Gewichtung

Je nachdem, ob es sich um eine Anordnung im Bereich der Vorsorge oder der Gefahrenabwehr handelt, sind die einzelnen Belange des Eigentümers und der Allgemeinheit unterschiedlich zu gewichten.

aaa) Schutzanordnungen

Zwar hat die Behörde im Rahmen der Schutzanordnungen nur ein eingeschränktes Ermessen („sollen"), dennoch darf nach § 17 Abs. 2 BImSchG auch hier eine nachträgliche Anordnung nicht erlassen werden, wenn sie unverhältnismäßig ist.[506] Die „Soll"-Formulierung zeigt nur den hohen Rang der Belange des Umweltschutzes aus Art. 20a GG und des Lebens- und Gesundheitsschutzes des Art. 2 Abs. 2 S. 1 GG.[507] Dies bedeutet aber nicht, dass stets ein Vorrang der Allgemeininteressen besteht, wenn es um den Schutz vor erheblichen Nachteilen und erheblichen Belästigungen und/oder konkreten Gefahren für Sachen geht.[508] Jedoch zielt die gesetzgeberische Intention auf ein grundsätzliches Überwiegen der Schutzpflichten bei konkreten Gesundheitsgefahren gegenüber den Bestandsschutzinteressen ab.[509] Bei nachträglichen Anordnungen zur Abwehr konkreter Gesundheitsgefahren besteht in der Regel ein Vorrang für die Durchsetzung der Grundpflicht gegenüber dem Eigentumsschutz des Betreibers. Dies kann im Ausnahmefall so weit gehen, dass nachträgliche Anordnungen auch dann verhältnismäßig sind, wenn sie zur Anlagenstilllegung führen.[510]

Dies bedeutet aber nicht, dass die Verhältnismäßigkeit überhaupt nicht zu prüfen ist. Wie § 17 Abs. 2 S. 2 BImSchG zeigt, ist selbst bei schweren Gesundheitsgefahren eine Verhältnismäßigkeitsprüfung vorzunehmen. Eine Anordnung darf nämlich nicht getroffen werden, wenn sie zwar aufgrund des öffentlichen Interesses (§ 21 Abs. 1 Nr. 3, 4 BImSchG) oder zur Verhütung von schweren Nachteilen für das Gemeinwohl erforderlich, aber gegenüber dem Betreiber unver-

---

[506] *Sellner/Reidt/Ohms*, Immissionsschutzrecht und Industrieanlagen, S. 245.
[507] *Frenz*, in: Kotulla, BImSchG, § 17 Rn. 101; *Uschkereit*, Der Bestandsschutz im Bau- und Immissionsschutzrecht, S. 349; *Koch/König*, in: Führ, GK-BImSchG, § 17 Rn. 853.
[508] *Ohms*, Praxishandbuch Immissionsschutzrecht, Rn. 649.
[509] *Dolde*, NVwZ 1986, 873 (881); *Sach*, Genehmigung als Schutzschild?, S. 116.
[510] *Hansmann/Ohms*, in: Landmann/Rohmer, UmweltR III, § 17 Rn. 136; *Jarass*, BImSchG, § 17 Rn. 48; *Sellner/Reidt/Ohms*, Immissionsschutzrecht und Industrieanlagen, S. 248.

hältnismäßig wäre. In diesem Fall ist die Genehmigung gem. § 17 Abs. 2 S. 2 BImSchG entschädigungspflichtig zu widerrufen.[511]

Obwohl sehr aufwendige Nachrüstungen oftmals eine gravierende Eigentumsbeeinträchtigung darstellen, kann im Regelfall trotz des Vorrangs der öffentlichen Belange durch die Einräumung von ausreichend langen Sanierungsfristen der Bestandsschutz gewahrt werden.[512]

bbb) Vorsorgeanordnungen

Den Vorsorgeanordnungen hingegen kommt keine Vorrangstellung zu, sodass die Eigentums- und Vertrauensschutzinteressen der Anlagenbetreiber im Vorsorgebereich ein höheres Gewicht haben als bei der Gefahrenabwehr.[513] Die sich gegenüberstehenden Interessen müssen deshalb unvoreingenommen gegeneinander abgewogen werden.

Grundsätzlich darf eine Sanierungspflicht der Altanlage nicht dazu führen, dass die Amortisierung der Investitionen gänzlich unmöglich wird. Durch angemessene Übergangsfristen kann die Beeinträchtigung der Bestandsschutz- und Vertrauensschutzinteressen in der Regel in verfassungskonformer Weise abgemildert werden. Wird jedoch in einem Ausnahmefall durch die nachträgliche Anordnung keine hinreichende Amortisierung ermöglicht, stellt dies einen schwerwiegenden Eingriff in die Bestandsinteressen dar. Zur Rechtfertigung dieses Eingriffs bedarf es bedeutender öffentlicher Belange, wie beispielsweise eine gravierende Pflichtverletzung des Anlagenbetreibers oder besonders schädliche und gefährliche Emissionen.[514]

4. Ermessen

Die Erteilung der nachträglichen Anordnung steht im Ermessen der Behörde, sodass sie entscheiden kann, ob die Anordnung ergeht oder nicht. Wenn die oben bereits dargestellte Abwägung kein eindeutiges Ergebnis für oder gegen die Anordnung ergibt, greifen die ermessenslenkenden Aspekte:[515] Während die

---

[511] *Jankowski*, Bestandsschutz für Industrieanlagen, S. 54.
[512] *Uschkereit*, Der Bestandsschutz im Bau- und Immissionsschutzrecht, S. 349.
[513] *Jarass*, BImSchG, § 17 Rn. 37; *Ohms*, Praxishandbuch Immissionsschutzrecht, Rn. 649.
[514] *Uschkereit*, Der Bestandsschutz im Bau- und Immissionsschutzrecht, S. 350 f.
[515] *Jankowski*, Bestandsschutz für Industrieanlagen, S. 54; *Ohms*, Praxishandbuch Immissionsschutzrecht, S. 282.

nachträglichen Anordnungen zur Durchsetzung der Schutzpflicht des § 5 Abs. 1 Nr. 1 BImSchG getroffen werden „sollen", ist das Ermessen bei den übrigen Betreiberpflichten (§ 5 Abs. 1 Nr. 2–4 BImSchG) nicht eingeschränkt. Bei den Vorsorgeanordnungen zur Erfüllung der Grundflicht aus § 5 Abs. 1 S. 1 Nr. 2 BImSchG ist der Eigentumsschutz des Betreibers relevant. Die Ermessenserwägungen werden nicht eingeschränkt, da gem. § 5 Abs. 1 Nr. 2 BImSchG Vorsorgeanordnungen getroffen werden „können".[516]

5. Bedeutung für den Bestandsschutz

Die nachträglichen Anordnungen in § 17 BImSchG, als Ausdruck der Sozialbindung des Eigentums, schränken den Bestandsschutz ein.[517] Zwar wird das Eigentum geschwächt, jedoch sind die Möglichkeiten der Eingriffe in das Eigentum des einzelnen Anlagenbetreibers gesetzlich begrenzt. § 17 Abs. 2 BImSchG schränkt die Ermächtigung des Abs. 1 ein, indem die Zulässigkeit der nachträglichen Anordnung von der Verhältnismäßigkeit abhängig ist.[518] In diesem Verhältnismäßigkeitsgrundsatz schlägt sich der geforderte Vertrauensschutz nieder.[519] § 17 Abs. 2 BImSchG ist damit die einfachrechtliche Ausformung des verfassungsrechtlichen Bestandsschutzes[520] und die rechtsstaatliche Begrenzung der weitgefassten Grundpflichten.[521] Die Vorschrift verdeutlicht das Spannungsverhältnis zwischen dem sich aus Art. 14 Abs. 1 GG ergebenden Vertrauens- und Bestandsschutz des Betreibers und dem Interesse an der Durchsetzung der Grundpflichten aus § 5 BImSchG.[522] Für den Betreiber besteht im Immissionsschutzrecht ein Bestandsschutz, da die Behörden vor Erlass einer nachträglichen Anordnung die Bestandsinteressen des Eigentümers im Rahmen der Verhältnismäßigkeitsprüfung und bei der Ermessensausübung berücksichtigen müssen. Sowohl den Belangen des Betreibers als auch dem Sozialprinzip gem. Art. 14 GG kann durch die Zweiteilung beim Schutz- und Vorsorgegrundsatz jeweils

---

[516] *Sach*, Genehmigung als Schutzschild?, S. 113, 116.
[517] *Broy-Bülow*, Baufreiheit und baurechtlicher Bestandsschutz, S. 202.
[518] *Sellner/Reidt/Ohms*, Immissionsschutzrecht und Industrieanlagen, S. 193.
[519] *Broy-Bülow*, Baufreiheit und baurechtlicher Bestandsschutz, S. 200.
[520] *Lee*, Eigentumsgarantie und Bestandsschutz im Immissionsschutzrecht, S. 174; *Hansmann*, in: FS 50 Jahre BVerwG, S. 935 (942).
[521] *Hammann*, Bestandsschutz und Bestandsdauer von Eigentumspositionen, beispielhaft erläutert am Konfliktfeld Eigentum und Umweltschutz, S. 119.
[522] *Sellner/Reidt/Ohms*, Immissionsschutzrecht und Industrieanlagen, S. 192 f.

ausreichend Rechnung getragen werden. Diese Aufteilung in Abwehr- und Vorsorgepflicht ermöglicht es, dass der Betreiber im Rahmen der Schutzpflicht anpassungspflichtiger ist als im Bereich der Vorsorge, sodass die gesetzgeberische Wertung, dass im Schutzbereich die Sozialpflichtigkeit stärker betroffen ist, verwirklicht ist. Die Verhältnismäßigkeit im Vorsorgebereich kann im Regelfall durch weniger strenge inhaltliche Anforderungen oder angemessene Übergangsfristen gewahrt werden.[523] Übergangs- oder Dispositionsvorschriften vermeiden eine abrupte, harte Änderung, sodass ein sanftes Gleiten in die neuen Anforderungen erfolgen kann. Dies schützt die Interessen des Anlagenbetreibers in ausreichendem Maße.

Darüber hinaus wird in § 17 Abs. 3 BImSchG der Bestandsschutz erweitert, indem die Anforderungen nach § 5 Abs. 1 S. 1 Nr. 2 BImSchG auf das in der Rechtsverordnung enthaltene Maß beschränkt werden.[524] In der Vollzugspraxis finden sich generalisierte Maßstäbe für die Verhältnismäßigkeitsprüfung in Verwaltungsvorschriften (Nr. 4 ff. TA Luft und DIN-Vorschriften) und Verordnungen.[525] Wenn nun in einer Rechtsverordnung abschließende Emissionsgrenzwerte für den Vorsorgebereich festgelegt sind, steht dies einer Abwägung entgegen. Die an sich gewollte Anordnung darf nicht über das auf die Rechtsvorschrift erlaubte Maß hinausgehen.[526] Auch dies schützt die Belange des Anlagenbetreibers.

Geht die nachträgliche Anordnung über die Verhältnismäßigkeit hinaus, darf keine entschädigungslose nachträgliche Anordnung erfolgen, sondern der Umweltschutz soll durch einen entschädigungspflichtigen Widerruf der Genehmigung realisiert werden (§ 17 Abs. 2 BImSchG).[527] Ein Widerruf hat deutlich höhere Anforderungen, sodass die Belange des Anlagenbetreibers darüber hinaus geschützt werden.

---

[523] *Uschkereit*, in: Jarass, Bestandsschutz bei Gewerbebetrieben, S. 85; *Sach*, Genehmigung als Schutzschild?, S. 130 f.; *Schulze-Fielitz*, Die Verwaltung 1987, 307 (332).
[524] *Sellner/Reidt/Ohms*, Immissionsschutzrecht und Industrieanlagen, S. 193.
[525] *Hansmann*, in: FS 50 Jahre BVerwG, S. 935 (943); *Jarass*, BImSchG, § 17 Rn. 53; *Jankowski*, Bestandsschutz für Industrieanlagen, S. 55; *Sellner/Reidt/Ohms*, Immissionsschutzrecht und Industrieanlagen, S. 243.
[526] *Jankowski*, Bestandsschutz für Industrieanlagen, S. 55.
[527] *Broy-Bülow*, Baufreiheit und baurechtlicher Bestandsschutz, S. 195.

V. Verfügungen gem. § 20 BImSchG

Systematisch geht die Anordnung nach § 17 BImSchG der Untersagung des Betreibers nach § 20 Abs. 1 BImSchG voraus, denn § 20 Abs. 1 BImSchG knüpft an Pflichtverstöße aus Auflagen, vollziehbaren nachträglichen Anordnungen oder an abschließend bestimmte Pflichten aus einer Rechtsverordnung nach § 7 BImSchG an.[528]

1. Untersagung gem. § 20 Abs. 1 BImSchG

Die Rechtsfolge einer Untersagungsverfügung ist das völlige oder teilweise Verbot des Anlagenbetriebs. Das Betriebsverbot darf aber nur bis zur Erfüllung der verletzten Pflichten angeordnet werden, sodass es von vorübergehender Natur ist.[529]

Eine Untersagung kommt nur dann in Betracht, wenn der Betreiber einer nachträglichen Anordnung nach § 17 BImSchG oder einer in einer Rechtsverordnung gem. § 7 BImSchG enthaltenen hinreichend bestimmten Pflicht nicht nachkommt. Durch die Betriebsuntersagung werden Inhalt und Schranken des Eigentums gem. Art. 14 Abs. 1 S. 2 GG bestimmt.[530] Aus diesen Anknüpfungspunkten ergibt sich ein gewisser Bestandsschutz, da die bloße Verletzung von Grundpflichten nach § 5 Abs. 1 BImSchG nicht ausreicht. Solange die Anlage in Übereinstimmung mit den sich aus §§ 7, 17 BImSchG ergebenden Anforderungen errichtet und betrieben wird, ist der Betreiber in seinem Bestand geschützt, da eine Untersagung des Betriebs nicht erfolgen kann.[531] Dies zeigt, dass § 20 Abs. 1 BImSchG an einen Pflichtenverstoß des Anlagenbetreibers anknüpft und der Sanktion dient.

In Bezug auf die Frage, ob und in welchem Umfang eine Untersagungsverfügung erlassen werden kann, hat die Behörde ihr Ermessen ordnungsgemäß auszuüben, wobei vor allem der Grundsatz der Verhältnismäßigkeit zu beachten ist. Bei der Angemessenheitsprüfung ist auf der Seite des Anlagenbetreibers insbesondere das durch die Genehmigung vermittelte Vertrauen zu beachten, dass die Anlage für eine gewisse Zeit unverändert betrieben werden darf. Dieses wird

---

[528] *Sellner/Reidt/Ohms*, Immissionsschutzrecht und Industrieanlagen, S. 263.
[529] *Prall*, in: Führ, GK-BImSchG, § 20 Rn. 23; *Jarass*, BImSchG, § 20 Rn. 16; *Eiermann*, VBlBW 2000, 135 (141).
[530] *Hansmann*, in: FS 50 Jahre BVerwG, S. 935 (944).
[531] *Peschau*, in: Feldhaus, BImSchG, § 20 Rn. 16.

durch die vorübergehende Betriebsuntersagung eingeschränkt. Jedoch ist das Gewicht der Beeinträchtigung wegen der zeitlich begrenzten Wirksamkeit der Untersagung relativ gering. In der Regel führt die Schutzwirkung der immissionsschutzrechtlichen Genehmigung deshalb nicht zur Unangemessenheit der Untersagung.[532] Für diese Regelvermutung spricht auch die Tatsache, dass der Verstoß gegen Pflichten aus §§ 7 und 17 BImSchG nach § 62 Abs. 1 Nr. 2 und Nr. 5 BImSchG als Ordnungswidrigkeit und gem. §§ 325, 330 StGB sogar als Straftat geahndet werden kann. Nur beim Vorliegen besonderer Gründe kann ausnahmsweise von einer Untersagungsverfügung abgesehen werden.[533]

2. Stilllegung oder Beseitigung gem. § 20 Abs. 2 BImSchG

Im Gegensatz zur Untersagung nach § 20 Abs. 1 BImSchG ist die Stilllegung ein dauerhaftes Verbot des Weiterbetriebs der Anlage.[534] Die Beseitigungsanordnung umfasst den Abbau der Anlage und die Entfernung vom Betriebsgrundstück.[535] Die Stilllegung oder Beseitigung soll angeordnet werden, wenn eine Anlage ohne die erforderliche Genehmigung errichtet, betrieben oder wesentlich geändert wird. Allein die formelle Illegalität, also das Fehlen der Genehmigung, ist entscheidend. Auf die materielle Rechtmäßigkeit hingegen kommt es nicht an.[536]

§ 20 Abs. 2 S. 1 BImSchG enthält im Gegensatz zur bauordnungsrechtlichen Eingriffsermächtigung ein intendiertes Ermessen („soll").[537] Das intendierte Ermessen bedeutet, dass bei Vorliegen der Tatbestandsvoraussetzung die Behörde im Regelfall die Stilllegung oder Beseitigung anzuordnen hat. Nur in Ausnahmefällen, beim Vorliegen einer Atypik, ist aus Verhältnismäßigkeitserwägungen von einer derartigen Verfügung abzusehen.[538] Die Behörde hat die Beseitigung anzuordnen, wenn die Allgemeinheit oder die Nachbarschaft nicht auf andere

---

[532] *Sach*, Genehmigung als Schutzschild?, S. 141; *Peschau*, in: Feldhaus, BImSchG, § 20 Rn. 38; *Schenke*, NuR 1989, 8 (11).

[533] *Kühling/Dornbach*, in: Kotulla, BImSchG, § 20 Rn. 24; *Peschau*, in: Feldhaus, BImSchG, § 20 Rn. 38.

[534] *Hansmann*, in: Landmann/Rohmer, UmwelR III, § 20 Rn. 39; *Kühling/Dornbach*, in: Kotulla, BImSchG, § 20 Rn. 50; *Jarass*, BImSchG, § 20 Rn. 33.

[535] *Uschkereit*, Der Bestandsschutz im Bau- und Immissionsschutzrecht, S. 359.

[536] *Ohms*, Praxishandbuch Immissionsschutzrecht, S. 289; *Uschkereit*, Der Bestandsschutz im Bau- und Immissionsschutzrecht, S. 358.

[537] *Kloepfer*, Umweltrecht, § 14 Rn. 195 f.

[538] *Uschkereit*, Der Bestandsschutz im Bau- und Immissionsschutzrecht, S. 360.

Weise ausreichend geschützt werden kann.[539] Aufgrund der bestehenden Gefährlichkeit der Anlage und die potenziell davon ausgehenden irreversiblen Umweltschäden, besteht dieses Regelermessen nur im Immissionsschutzrecht und nicht im Baurecht. Daraus lässt sich erkennen, dass im Immissionsschutzrecht bereits eine Vorgewichtung der Interessen der Allgemeinheit besteht, sodass die Bestandsschutzinteressen des Betreibers weniger geschützt werden.[540] Es bleibt also festzuhalten, dass der Gesetzgeber sich durch die Soll-Vorschrift des § 20 Abs. 2 S. 1 BImSchG bewusst dafür entschieden hat, dass bei einer fehlenden Genehmigung die öffentlichen Belange gegenüber den privaten Bestandsinteressen Vorrang haben. Wegen des eingeschränkten Vertrauens- und Bestandsinteresse ist der Bestandsschutz im Immissionsrecht schwächer ausgestaltet.[541]

a) Offensichtliche materielle Genehmigungsfähigkeit

Es kann Fälle geben, in denen die materielle Genehmigungsfähigkeit der Anlage oder andere Umstände einen atypischen Fall begründen, der von diesem Grundsatz abweicht. Wenn die Anlage zum Zeitpunkt der Stilllegungs- und Beseitigungsanordnung materiell genehmigungsfähig ist, kann die zuständige Behörde als milderes Mittel auf das Genehmigungsverfahren verweisen, sodass durch die Genehmigungserteilung rechtmäßige Zustände herbeigeführt werden können. Vor allem wenn die Genehmigungsfähigkeit geradezu „ins Auge springt", würde der Erlass einer Beseitigungsanordnung die Erforderlichkeit nicht wahren (siehe 2. Teil § 2 A. I.). In diesem Fall ist eine Untersagung nach § 20 Abs. 2 BImSchG zu unterlassen.

b) Bestehende Zweifel an der Genehmigungsfähigkeit

Eine Sonderkonstellation ist auch dann gegeben, wenn Zweifel an der Genehmigungsfähigkeit bestehen und die Legalisierung durch die Genehmigungserteilung möglich ist. In diesem Fall ist zwar eine Stilllegungsanordnung, nicht aber eine Beseitigungsanordnung erforderlich.[542] Diese Unterscheidung ist gerechtfertigt, da die immissionsschutzrechtliche Anlage potenziell dafür geeignet ist, schädliche Umwelteinwirkungen und sonstige Gefahren hervorzurufen. Beste-

---

[539] *Hansmann*, in: FS 50 Jahre BVerwG, S. 935 (945 f.).
[540] *Uschkereit*, Der Bestandsschutz im Bau- und Immissionsschutzrecht, S. 360.
[541] *Uschkereit*, in: Jarass, Bestandsschutz bei Gewerbebetrieben, S. 84.
[542] *Peschau*, in: Feldhaus, BImSchG, § 20 Rn. 59.

hen Zweifel an der Genehmigungsfähigkeit, rechtfertigt dies eine Stilllegungsanordnung aufgrund der Gefährlichkeit und der Notwendigkeit einer Sanktionierung eines Anlagenbetriebs ohne die erforderliche Genehmigung. Zudem ist eine Stilllegungsanordnung zeitlich begrenzt und damit kein so gravierender Grundrechtseingriff.

Die Beseitigung einer Anlage ist keine nur vorübergehende Maßnahme, sondern dauerhaft. Sie ist für den Anlagenbetreiber ein äußerst schwerwiegender Grundrechtseingriff und deshalb nur bei feststehender fehlender Legalisierungsmöglichkeit anzuordnen. Gem. § 20 Abs. 2 BImSchG ist die Beseitigungsanordnung „ultima ratio", sodass vor ihrer Anordnung geprüft werden muss, ob nicht mildere Maßnahmen ausreichend sind. In Betracht kommt dabei eine Stilllegungsanordnung. Nach dieser Unterlassungsanordnung gehen von der nicht mehr betriebenen Anlage in der Regel keine schädlichen Emissionen mehr aus, sodass die Gefährlichkeit der Anlage nun nicht mehr gegeben ist und damit eine Beseitigung nicht rechtfertigen kann. Es wäre unverhältnismäßig, wenn trotz einer Genehmigungsfähigkeit eine Beseitigung angeordnet wird. Bei Zweifeln an der Genehmigungsfähigkeit ist die Erforderlichkeit der Stilllegungsanordnung aufgrund der potenziellen Gefährlichkeit der Anlage gegeben, sodass ein Unterlassen des Betriebes angeordnet werden darf. Der Erlass einer Beseitigungsanordnung nach einer vorausgehenden Stilllegungsanordnung ist hingegen bei Zweifeln an der Genehmigungsfähigkeit nicht zulässig. Damit zeigt sich über das Merkmal „auf andere Weise ausreichend geschützt" der Bestandsschutz des Betreibers.

c) Später eintretende formelle Illegalität

Kein Ausnahmefall liegt hingegen vor, wenn zu einem früheren Zeitpunkt die Anlage formell und materiell legal war, nun aber aufgrund von Nichtigkeit, Erlöschen oder Aufhebung die Genehmigung weggefallen oder der Betrieb aufgrund von wesentlichen Änderungen nicht mehr von der Genehmigung gedeckt ist. Zwar vermittelt die ursprünglich bestehende Genehmigung einen gewissen Vertrauens- und Bestandsschutz des Betreibers, jedoch überwiegen bei der Stilllegungsanordnung grundsätzlich die öffentlichen Belange. Aufgrund der Gefährlichkeit der Anlage, die zu irreversiblen Umweltschäden führen kann, der besonderen Bedeutung des Genehmigungsverfahrens im Immissionsschutzrecht und der höheren Sozialpflichtigkeit des Eigentums im Umweltrecht kann kein Sonderfall begründet werden, der die Stilllegungsanordnung ausschließt.[543] Bei der eingriffsintensiveren Beseitigungsanordnung hingegen sind die Eigentümerbelange zwar stärker zu berücksichtigen, jedoch überwiegen die öffentlichen Interessen bei einer materiellen Illegalität im Regelfall immer gegenüber den Bestandsschutzinteressen der Betreiber. Aufgrund der Gefährlichkeit der Anlage für die Allgemeinheit sind im Regelfall die Bestandsinteressen des Betreibers im Vergleich zu den öffentlichen Interessen weniger gewichtig.

d) Von Anfang an bestehende formelle Illegalität

Die Atypik ist auch bei von Anfang an bestehender formeller Illegalität zu verneinen. Bei einem „Schwarzbau" besteht kein Vertrauensschutz, der durch die Genehmigung vermittelt wird. Folglich kann auch eine Stilllegungs- oder Beseitigungsanordnung diesen Vertrauensschutz nicht tangieren. Zudem muss auch unter dem Gesichtspunkt der Sanktionierung einer ohne Genehmigung errichteten Anlage eine Stilllegungs- oder Beseitigungsanordnung ergehen. Aufgrund des sehr gewichtigen öffentlichen Interesses an der Beendigung der gegen das BImSchG verstoßenden Anlagennutzung treten sonstige rechtsstaatliche Vertrauensschutzerwägungen dahinter zurück, sodass eine Stilllegungs- und Beseitigungsanordnung grundsätzlich ausgesprochen werden kann.

3. Bedeutung für den Bestandsschutz

Die Bestandsschutzinteressen des Betreibers zeigen sich in der eingeschränkten Möglichkeit der Untersagung nach § 20 Abs. 1 BImSchG und der Anordnungsmöglichkeit zur Stilllegung und Beseitigung der Anlage gem. § 20 Abs. 2 BImSchG. Die Behörde kann gem. § 20 BImSchG die Untersagung, Stilllegung und Beseitigung anordnen, wenn der Betreiber den Regelungen des Genehmigungsbescheides, einer in einer Rechtsverordnung nach § 7 BImSchG abschließend bestimmten Pflicht oder einer nachträglichen Anordnung gem. § 17 BImSchG nicht nachkommt. Vor allem die Grenzwerte aus der 13. BImSchV sind abschließend bestimmte Pflichten aus Rechtsverordnungen. Neben dieser tatbestandlichen Einschränkung gewährt auch die Möglichkeit der nur teilweisen Betriebsuntersagung dem Betreiber einen Bestandsschutz. Schließlich räumt zu-

---

[543] *Peschau*, in: Feldhaus, BImSchG, § 20 Rn. 52; *Kloepfer*, Umweltrecht, § 5 Rn. 134.

dem noch Abs. 1 einen Ermessensspielraum ein, der Verhältnismäßigkeitserwägungen zugunsten des Betreibers ermöglicht.[544]

Andererseits ist aber auch eine deutliche Einschränkung des Bestandsschutzes zu erkennen. Besonders bedeutsam ist, dass § 20 Abs. 2 BImSchG nur an die formelle Illegalität der Anlage anknüpft.[545] Dies ist für zu einer erheblichen Einschränkung für die Bestandsschutzinteressen des Anlagenbetreibers.

VI. Rücknahme der Genehmigung, § 48 VwVfG

Im Rahmen der Rücknahme sind mehrere Aspekte zu beachten. Einerseits darf der Betreiber auf die Bestandskraft der erlassenen Genehmigung vertrauen. Eine staatliche Maßnahme, die nach dem aufwendigen immissionsschutzrechtlichen Genehmigungsverfahren ergangen ist, hat aus der Sicht des Antragsstellers die Vermutung der Richtigkeit in sich. Soweit der Antragsteller alles getan hat, was Gesetz und Behörde von ihm verlangen, darf er darauf vertrauen, dass die gewährte Begünstigung rechtmäßig ist und er von ihr Gebrauch machen darf. Wurde die Genehmigung dennoch rechtswidrig erteilt, kann die Behörde sie gegen eine Entschädigungszahlung zurücknehmen (§ 48 Abs. 3 VwVfG) oder die Genehmigung bestehen lassen.[546] Entscheidet die Behörde sich für eine Rücknahme, muss sie im Rahmen der Entschädigungspflicht die schutzwürdigen Interessen des Betroffenen berücksichtigen. Kann aber durch eine Geldentschädigung kein oder kein ausreichender Ausgleich gewährt werden, ist der Vertrauensschutz bei der Ermessensausübung gem. §§ 48 Abs. 1 S. 1, Abs. 3 VwVfG zu berücksichtigen.[547] Die Bestandsschutzinteressen werden also in der Entschädigungspflicht und im Ermessen berücksichtigt.

Hat der Anlagenbetreiber die Genehmigung aber aufgrund falscher Angaben im Antrag „erschlichen" oder hat er einen Irrtum der Behörde in Bezug auf die Genehmigung gekannt, besteht die Vermutung der Richtigkeit nicht mehr, und es das Vertrauen des Antragstellers ist nicht mehr schutzwürdig. Die Behörde kann die Genehmigung ohne Entschädigungspflicht zurücknehmen (§ 48 Abs. 3 S. 1

---

[544] *Hansmann*, in: Landmann/Rohmer, Umweltrecht, Bd. I, § 20 Rn. 25 ff.; *Jarass*, BImSchG, § 20 Rn. 13; *Hansmann*, in: FS 50 Jahre BVerwG, S. 935 (945).
[545] *Sellner/Reidt/Ohms*, Immissionsschutzrecht und Industrieanlagen, S. 263 ff.
[546] *Jankowski*, Bestandsschutz für Industrieanlagen, S. 81.
[547] *Uschkereit*, Der Bestandsschutz im Bau- und Immissionsschutzrecht, S. 125 f.

VwVfG) oder sie bestehen lassen.[548] Aufgrund der Kenntnis der Unrichtigkeit der Angaben kann der Betreiber kein zu schützendes Vertrauen in die Genehmigung bilden, sodass es sachgerecht ist, dass seine Bestandsschutzinteressen bei der Rücknahme nicht berücksichtigt werden. Dies dient der Sanktion des Anlagenbetreibers und dem Schutz der Richtigkeit des Genehmigungsverfahrens, was gerade im Immissionsschutzrecht aufgrund der potenziellen Gefährlichkeit der Anlage eine hohe Bedeutung genießt.

VII. Widerruf der Genehmigung gem. § 21 BImSchG

Der Widerruf einer immissionsschutzrechtlichen Genehmigung erfolgt nach § 21 BImSchG, der gegenüber § 49 VwVfG spezieller ist und diesen verdrängt.[549] Nach dieser Vorschrift kann eine rechtmäßige Genehmigung in den fünf verschiedenen Fällen des § 21 Abs. 1 Nr. 1–5 BImSchG und nach der Verweisung des § 17 Abs. 2 S. 2 BImSchG widerrufen werden.[550]

1. Die Widerrufstatbestände des § 21 Abs. 1 BImSchG

Im Grundsatz kann eine immissionsschutzrechtliche Genehmigung nicht „frei" widerrufen werden, weil sie die förmliche Bestätigung eines im Gesetz angelegten Anspruchs auf Errichtung und Betrieb der immissionsschutzrechtlichen Anlage ist.[551] Ein Widerruf der Genehmigung kommt nur in den gesetzlich festgelegten Fällen in Betracht: Widerrufsvorbehalt, Nichterfüllung einer Auflage, Änderung der tatsächlichen Verhältnisse, Änderung der Rechtslage und schwere Nachteile für das Gemeinwohl. Die abschließende Regelung der Widerrufstatbestände hat vor allem zur Folge, dass ein Widerruf nicht in Betracht kommt, wenn der Betreiber gegen die fortentwickelten dynamischen Grundpflichten verstößt.[552]

---

[548] *Jankowski*, Bestandsschutz für Industrieanlagen, S. 81 f.
[549] *Sach*, Genehmigung als Schutzschild?, S. 134.
[550] *Broy-Bülow*, Baufreiheit und baurechtlicher Bestandsschutz, S. 205; *Sellner/Reidt/Ohms*, Immissionsschutz-recht und Industrieanlagen, S. 269.
[551] *Jankowski*, Bestandsschutz für Industrieanlagen, S. 83.
[552] *Hansmann*, in: FS 50 Jahre BVerwG, S. 935 (946).

a) Der Widerrufsvorbehalt, § 21 Abs. 1 BImSchG

§ 21 Abs. 4 BImSchG gewährt dem Betreiber einer Anlage bei einem Widerruf nach § 21 Abs. 1 Nr. 3–5 BImSchG einen Ausgleich für die von ihm erlittenen Vermögensnachteile. Die Widerrufsvorbehalte nach § 12 Abs. 2 S. 2 BImSchG und § 12 Abs. 3 BImSchG ermöglichen einen Vorbehalt für Anlagen, die Erprobungszwecken dienen, und für Teilgenehmigungen nach § 8 BImSchG. In beiden Fällen bestehen Unsicherheiten bezüglich der Auswirkungen des Anlagenbetriebs, sodass die Behörde keine unveränderbaren Tatsachen schaffen will, sondern bestrebt ist, auf Weiterentwicklungen auch nach dem Genehmigungsverfahren reagieren zu können.[553]

Die bestandsschutzrechtliche Bedeutung dieser Norm ist eher gering. Vor Erteilung der gebundenen Genehmigung muss die Behörde die gesetzlichen Genehmigungsvoraussetzungen prüfen. Wenn die Voraussetzungen des § 5 BImSchG nicht vorliegen, kann die Genehmigung nicht rechtmäßig erteilt werden. Die Genehmigungsvoraussetzungen bestimmen sich nach dem Maßstab des Standes der Technik (§ 3 Abs. 6 BImSchG). Die Erprobungsanlagen können wegen technischer Besonderheiten die Genehmigungsvoraussetzungen aber nicht erfüllen, denn zur Bestimmung des Standes der Technik werden nur die erprobten Verfahren herangezogen (§ 3 Abs. 6 S. 2 BImSchG). Für Erprobungsanlagen könnte dann nie eine Genehmigung erteilt werden.[554] Der Anlagenbetreiber der Erprobungsanlage hat aber dennoch ein Interesse, dass ihm für seinen Betrieb eine Genehmigung erteilt wird, auch wenn er sie nur unter Widerrufsvorbehalt bekommt. Die Genehmigungserteilung unter Widerrufsvorbehalt ist aber auch für die Behörde wichtig, denn nur in der täglichen praktischen Anwendung kann durch den Betrieb neuer Erprobungsanlagen eine Weiterentwicklung des technischen Fortschritts ermöglicht werden. Der Widerrufsvorbehalt ist also ein Ausgleich für die Unsicherheiten, die bei Genehmigungserteilung bestehen. Durch den mit der Genehmigungserteilung ergangenen Widerrufsvorbehalt weiß der Anlagenbetreiber von Anfang an, dass seine Genehmigung zu einem späteren Zeitpunkt möglicherweise widerrufen werden könnte. Deshalb ist der Genehmigungsinhaber von Anfang an in seinem Vertrauensschutz eingeschränkt, und ein Widerruf kommt für ihn nicht überraschend. Damit sind die Bestandsinteressen

---

[553] *Broy-Bülow*, Baufreiheit und baurechtlicher Bestandsschutz, S. 206.
[554] *Jankowski*, Bestandsschutz für Industrieanlagen, S. 84.

bei einem Widerrufsvorbehalt nicht in verfassungsrechtlich bedenklicher Art und Weise beeinträchtigt.

b) Das Nichterfüllen einer Auflage nach § 21 Abs. 1 Nr. 2 BImSchG

Gem. § 21 Abs. 1 Nr. 2 BImSchG ist ein Widerruf möglich, wenn mit der Genehmigung eine Auflage verbunden ist und der Genehmigungsinhaber diese nicht oder nicht innerhalb der Frist erfüllt. Auch in diesem Fall sind keine bestandsschutzrechtlichen Schwierigkeiten zu erkennen, denn der Anlagenbetreiber darf von der Genehmigung nur so weit Gebrauch machen, wie die Genehmigung es auch gestattet.[555] Der Widerruf der Genehmigung ist das letzte und stärkste Mittel bei der Nichterfüllung einer Auflage. Die Behörde kann vorher andere Sanktionen treffen, wenn der Anlagenbetreiber die Auflage nicht erfüllt. Beispielsweise kommt eine Betriebsuntersagung nach § 20 Abs. 1 BImSchG bis zur Erfüllung der Auflage in Betracht. Bei der Auswahl der zur Verfügung stehenden Mittel muss die Behörde den Verhältnismäßigkeitsgrundsatz wahren.[556] Weicht der Anlagenbetreiber von den Anforderungen aus der Genehmigung ab, so stellt dies einen Betrieb entgegen den gesetzlichen Vorschriften dar. Das steht einem Betrieb ohne Genehmigung gleich.[557] Der Widerruf ist in dieser Variante eine Sanktion für den Betreiber und dient der Gefahrenabwehr. Ein gesetzeswidriger Betrieb ist im Immissionsschutzrecht nicht geschützt, sodass die Bestandsschutzinteressen des Anlagenbetreibers dem Widerruf nicht entgegenstehen.

c) Widerruf wegen nachträglich eingetretener Tatsachen, § 21 Abs. 1 Nr. 3 BImSchG

§ 21 Abs. 1 Nr. 3 BImSchG bezieht sich auf Fälle, in denen die Genehmigungsbehörde aufgrund nachträglich eingetretener Tatsachen berechtigt wäre, die Genehmigung gem. § 6 BImSchG nicht zu erteilen, und wenn ohne den Widerruf das öffentliche Interesse gefährdet würde. Es sind dabei zwei Tatbestände zu unterscheiden: die Änderung von Tatsachen im Sinne einer Veränderung der realen Gegebenheiten im Einwirkungsbereich der Anlage und eine Tatsachenän-

---

[555] Ebd., S. 84 f.
[556] *Sellner/Reidt/Ohms*, Immissionsschutzrecht und Industrieanlagen, S. 269; *Ohms*, Praxishandbuch Immissionsschutzrecht, S. 293.
[557] *Jankowski*, Bestandsschutz für Industrieanlagen, S. 84 f.

derung in Form einer Risikoneubewertung durch neue Erkenntnisse über Umweltgefahren.

Durch die durch den Wortlaut festgelegte Nachträglichkeit des Tatsacheneintritts und durch die Voraussetzung der Gefährdung eines öffentlichen Interesses wird die Anwendbarkeit des § 21 Abs. 1 Nr. 3 BImSchG eingeschränkt.[558] Für eine „Gefährdung des öffentlichen Interesses" muss eine konkrete Gefährdung der durch das BImSchG geschützten Rechtsgüter vorliegen. Ohne diese konkrete Gefährdung überwiegen die Bestandsschutzinteressen des Anlagenbetreibers, und ein Widerruf muss unterbleiben.[559] Keine konkrete Gefährdung liegt bei Verstößen gegen die Vorsorgeanforderung nach § 5 Abs. 1 Nr. 2 BImSchG vor, da sie grundsätzlich nicht für die Annahme der Gefährdung des öffentlichen Interesses ausreichen. Über die einschränkenden Tatbestandsvoraussetzungen wird den Bestandsschutzinteressen ausreichend Rechnung getragen. Bei einer konkreten Gefährdung der geschützten Rechtsgüter überwiegt die Sozialpflichtigkeit gegenüber den Privatinteressen, sodass für den Betreiber ein Widerruf verhältnismäßig ist.

d) Widerruf wegen zwischenzeitlicher Rechtsänderung, § 21 Abs. 1 Nr. 4 BImSchG

Demgegenüber bezieht sich § 21 Abs. 1 Nr. 4 BImSchG auf eine geänderte Rechtslage. Darunter wird die Änderung des geschriebenen Rechts verstanden, nicht aber die veränderte Auslegung einer unveränderten Regelung durch die Rechtsprechung oder die behördliche Auslegungspraxis. Rechtsvorschriften i. S. v. § 21 Abs. 1 Nr. 4 BImSchG sind immissionsschutzrechtliche oder nach § 6 Abs. 1 Nr. 2 BImSchG relevante Normen des materiellen Rechts. Rechtsverordnungen gem. § 7 Abs. 1 BImSchG sind nur dann relevant, wenn sie nicht lediglich bei Genehmigungserteilung bereits bekannte Tatsachen konkretisieren, sondern sich in ihnen danach geänderte Erkenntnisse niederschlagen.[560] Die TA Luft stellt keine Rechtsvorschrift i. S. v. § 21 Abs. 1 Nr. 4 BImSchG dar, da sie keine unmittelbare Außenwirkung hat.

---

[558] *Uschkereit*, Der Bestandsschutz im Bau- und Immissionsschutzrecht, S. 367 f.
[559] *Jarass*, BImSchG, § 21 Rn. 12; *Uschkereit*, Der Bestandsschutz im Bau- und Immissionsschutzrecht, S. 367 f.
[560] *Hansmann*, in: Landmann/Rohmer, UmweltR III, § 21 RN. 36 f.; *Kühling*, in: Kotulla, BImSchG, § 21 Rn. 41.; *Jarass*, BImSchG, § 21 Rn. 14.

§ 21 Abs. 1 Nr. 4 BImSchG verlangt, dass der Begünstigte von der Vergünstigung noch keinen Gebrauch gemachte. Zudem muss ohne den Widerruf des begünstigenden Verwaltungsaktes eine Gefährdung des öffentlichen Interesses drohen. Das bedeutet, dass der Widerruf zur Beseitigung oder Verhinderung eines andernfalls drohenden Schadens für den Staat, die Allgemeinheit oder anderweitig geschützte Rechtsgüter erforderlich sein muss. Der Vergleich zu § 21 Abs. 1 Nr. 3 BImSchG zeigt, dass das Risiko von Rechtsänderungen vom Anlagenbetreiber in einem geringeren Maße getragen werden muss als bei Tatsachenänderungen. Damit besteht in § 21 Abs. 1 Nr. 4 BImSchG ein stärkerer Bestandsschutz.[561]

e) Auffangtatbestand gem. § 21 Abs. 1 Nr. 5 BImSchG

Letztendlich ist ein Widerruf auch zulässig, um schwere Nachteile für das Gemeinwohl zu verhüten oder zu beseitigen, § 21 Abs. 1 Nr. 5 BImSchG. Der Auffangtatbestand ist für besonders schwere Fälle wirksam, in denen zwar die engen Voraussetzungen des § 21 Abs. 1 Nr. 1–4 BImSchG nicht erfüllt sind, der Widerruf zur Verhütung oder Beseitigung schwerer Nachteile für das Gemeinwohl aber erforderlich ist.[562] Schwere Nachteile liegen beispielsweise vor, wenn die Bevölkerung durch die Immissionswerte, Emissionswerte oder sonstige der Anlage zuzurechnende Risiken in ihrer Gesundheit gefährdet ist. Die Vorschrift greift auch bei der Gefährdung von erheblichen Sachgütern.[563]

Durch die einschränkende Voraussetzung des schweren Nachteils für das Gemeinwohl wird dem Bestandsschutz ausreichend Rechnung getragen. Darunter sind konkrete Gefahren für bedeutende Rechtsgüter wie das Leben, die Gesundheit oder erhebliche Sachwerte zu verstehen. Im Bereich der konkreten Gefahrenabwehr müssen die Eigentümerinteressen aufgrund der Sozialpflichtigkeit zurücktreten. Für Bestandsschutzerwägungen kann es im Bereich der Gefahrenabwehr keinen Raum geben, deshalb ist es sachgerecht, dass die Interessen des Anlagenbetreibers zurücktreten.

---

[561] *Kühling*, in: Kotulla, BImSchG, § 21 Rn. 40; *Sach*, Genehmigung als Schutzschild?, S. 136; *Röckinghausen*, UPR 1996, 50 (52).
[562] *Jarass*, BImSchG, § 21 Rn. 17; *Kühling*, in: Kotulla, BImSchG, § 21 Rn. 48 f.; *Hansmann*, in: Landmann/Rohmer, § 21 BImSchG Rn. 43.
[563] *Laubinger*, in: Ule/Laubinger, § 21 Anm. C 48; *Sellner/Reidt/Ohms*, Immissionsschutzrecht und Industrieanlagen, S. 271; *Hansmann*, in: Landmann/Rohmer, § 21 BImSchG Rn. 44.

2. Ermessen

Der Widerruf der Genehmigung ist ein schwerwiegender Eingriff in die geschützte Rechtsposition des Betreibers, sodass im Rahmen der Ermessensausübung der Verhältnismäßigkeitsgrundsatz gewahrt werden muss. Von der Widerrufsmöglichkeit darf nicht Gebrauch gemacht werden, wenn andere Mittel wie die nachträgliche Anordnung, Betriebsuntersagung oder -stilllegung ergriffen werden können.[564]

Bei der Angemessenheitsprüfung sind die Interessen der Allgemeinheit und betroffener Dritter mit den Belangen des Anlagenbetreibers in ein angemessenes Verhältnis zu bringen. Dabei ist insbesondere der aus der immissionsschutzrechtlichen Genehmigung folgende Vertrauensschutz zu berücksichtigen.[565] Ist eine nachträgliche Anordnung unangemessen und liegen die Voraussetzungen der § 21 Abs. 1 Nr. 3–5 BImSchG und des § 17 Abs. 1 BImSchG vor, so kann nach § 17 Abs. 2 S. 2 BImSchG die Ermessensprüfung eingeschränkt sein. Im Rahmen der Abwägungsentscheidung ist die „Soll-Vorschrift" des § 17 Abs. 1 BImSchG zu berücksichtigen. Zugunsten der öffentlichen Belange ist hier eine Vorgewichtung durch den Gesetzgeber getroffen worden. Somit darf die Behörde nur im Ausnahmefall von einem Widerruf absehen.[566]

3. Entschädigung gem. § 21 Abs. 4 BImSchG

Schließlich wird dem Bestandsschutz grundsätzlich auch noch durch die Entschädigungspflicht Rechnung getragen. Damit eine Entschädigung zu gewähren ist, muss ein Entzug eines Eigentumsrechts vorliegen. Zudem muss der Anlagenbetreiber auf den Bestand der Genehmigung vertrauen und dieses Vertrauen muss schutzwürdig sein.[567]

Der Entschädigungsanspruch basiert auf dem Vertrauensschutzprinzip.[568] Dies bedeutet, dass keine Entschädigung zu gewähren ist, wenn kein schutzwürdiges Vertrauen vorliegt. Bei § 21 Abs. 1 Nr. 1 und Nr. 2 BImSchG ist keine Entschädigung notwendig, da dort bereits die Entstehung eines schutzwürdigen Vertrau-

---

[564] *Sellner/Reidt/Ohms*, Immissionsschutzrecht und Industrieanlagen, S. 271; *Ohms*, Praxishandbuch Immissionsschutzrecht, S. 294 f.
[565] *Uschkereit*, Der Bestandsschutz im Bau- und Immissionsschutzrecht, S. 370.
[566] *Jarass*, BImSchG, § 21 Rn. 21.
[567] *Czajka*, in: Feldhaus, BImSchG, § 21 Rn. 66.
[568] *Jarass*, BImSchG, § 21 Rn. 28 f.

ens von Anfang an aufgrund des Widerrufsvorbehalts und dem Vorbehalt Nichterfüllung der Auflage ausgeschlossen ist.[569] Auch in den Fällen der Nr. 2–5 BImSchG wäre ohne Entschädigung verhältnismäßig, denn den Verstoß gegen die Grundpflichten, der zum Widerruf führt, hat der Anlagenbetreiber selbst zu vertreten.[570] Wenn der Betreiber die dynamischen Grundpflichten verletzt, ist das Vertrauen deutlich eingeschränkt. Die Verletzung der Grundpflichten führt zu einer reduzierten Schutzwürdigkeit des Vertrauens auf den unveränderten Fortbestand der Genehmigung, was im Rahmen der Entschädigung zu berücksichtigen ist. Würde man bei einem Verstoß gegen die Grundpflichten immer die Schutzwürdigkeit ablehnen, würde die gesetzliche Entschädigungsregelung praktisch leer laufen. Ein schutzwürdiges Vertrauen kann sich deshalb aus rechtsstaatlichen Gründen ergeben. In Bezug auf den rechtsstaatlichen Vertrauensschutz ist zu unterscheiden, in welchen Verantwortungsbereich die zum Widerruf führenden Umstände fallen. Verstöße gegen die Abwehrpflicht des § 5 Abs. 1 Nr. 1 BImSchG und neue Erkenntnisse über die Gefährlichkeit der Emissionen, bei denen sich das technische Risiko der jeweiligen Anlage realisiert, fallen grundsätzlich in den Verantwortungsbereich des Anlagenbetreibers. Sie begründen deshalb keine Schutzwürdigkeit. Wird aber die Sicherheitsphilosophie der Behörde geändert oder verändert sich die Umgebung, dann fallen diese Umstände in den Verantwortungsbereich der Allgemeinheit und begründen eine Schutzwürdigkeit des Anlagenbetreibers.[571] Je nachdem, in welchen Verantwortungsbereich die Veränderung fällt, kommt ein Entschädigungsanspruch in Betracht, der dann die Bestandsschutzinteressen des Anlagenbetreibers wahrt. Der Bestandsschutz wandelt sich in einen Entschädigungsanspruch um.

4. Ergebnis

Die Widerrufsgründe sind so gefasst, dass sie einen Ausgleich zwischen dem Vertrauensschutz des Anlagenbetreibers auf den Fortbestand der erteilten Genehmigung und dem Interesse der Allgemeinheit, in die Bestandskraft der Genehmigung aus Umweltschutzgründen eingreifen zu können, herbeiführen. Die

---

[569] *Posser*, BeckOK, § 21 Rn. 28; *Ohms,* Praxishandbuch Immissionsschutzrecht, S. 295.
[570] *Czajka,* in: Feldhaus, BImSchG, § 21 Rn. 64; *Uschkereit,* Der Bestandsschutz im Bau- und Immissionsschutzrecht, S. 371.
[571] *Kühling,* in: Kotulla, BImSchG, § 21 Rn. 64 ff.; *Sach,* Genehmigung als Schutzschild?, S. 139 f.; *Uschkereit,* Der Bestandsschutz im Bau- und Immissionsschutzrecht, S. 371 f.; *Posser,* BeckOK, § 21 Rn. 29.

Entschädigungspflicht (§ 21 Abs. 4 BImSchG) und die Jahresfrist zur Ausübung des Widerrufs schützen den Anlagenbetreiber in seinen Interessen und sind Ausdruck des Bestandsschutzes im Immissionsschutzrecht.

B. Ergebnis zum passiven Bestandsschutz

Bei der näheren Untersuchung des Bundes-Immissionsschutzgesetzes zeigte sich, dass Art. 14 Abs. 1 S. 1 GG auf die immissionsschutzrechtlichen Vorschriften überwirkt und seine eigentumsrechtlichen Vorgaben über Tatbestandsmerkmale, verfassungskonforme Auslegungen und Ermessensausübungen zum Ausdruck kommen. Man kann für das Immissionsschutzrecht deshalb zu dem Ergebnis kommen, dass ein Bestandsschutz besteht, auch wenn dieser eingeschränkt ist. Diese Einschränkung wird bereits durch das Bestehen der dynamischen Grundpflichten deutlich. Für genehmigungsbedürftige Anlagen ist die immissionsschutzrechtliche Genehmigung der Anknüpfungspunkt für den passiven Bestandsschutz. Die Wirkungen der Genehmigung sind aber durch die dynamischen Grundpflichten beschränkt. Neben dieser bereits von vornherein eingeschränkten Reichweite der immissionsschutzrechtlichen Genehmigung treten weitere Eingriffsmöglichkeiten, die der Konkretisierung und Durchsetzung der dynamischen Grundpflichten dienen. Zu nennen sind hier Rechtsverordnungen nach § 7 BImSchG, Verwaltungsvorschriften gem. § 48 BImSchG, nachträgliche Anordnungen i. S. v. § 17 BImSchG, Verfügungen nach § 20 BImSchG und der Verlust der Genehmigung nach § 21 BImSchG und § 48 VwVfG. Diese Einschränkungen des Bestandsschutzes sind notwendig, damit der Staat seiner Verpflichtung zum Schutz des Lebens und der körperlichen Unversehrtheit gem. Art. 2 Abs. 2 S. 1 GG nachkommt.

Jedoch kommt der passive Bestandsschutz in den eingeschränkten Möglichkeiten nachträglicher Eingriffe zum Ausdruck. Aufgrund der Gefahren, die von Emissionen auf betroffene Schutzgüter ausgehen können, besteht zwar eine breite Eingriffsmöglichkeit, sodass nachträgliche Anordnungen, der Widerruf der Genehmigung oder die Betriebsuntersagung denkbar sind, diese sind aber nur im Rahmen der Sozialbindung zulässig. Das Spezifikum des immissionsschutzrechtlichen Bestandsschutzes ist der Ausgleich der Eigentumsgarantie des Art. 14 GG, die im Bestandsschutz zum Ausdruck kommt, mit den Schutzinteressen der Allgemeinheit vor immissionsgefährlichen Betrieben, die strenge Schutzanforderungen verlangen. Diesen Ausgleich schafft der Gesetzgeber im

Immissionsschutzrecht in einfach-gesetzlichen Regelungen. Für den passiven Bestandsschutz bedeutet dies, dass er sich in einfach-gesetzlichen Regelungen im Bundes-Immissionsschutzgesetz in verfassungsrechtlich ausreichender Weise wiederfindet. Die These, dass es im Umweltrecht keinen Bestandsschutz mehr gibt, kann deshalb für den passiven Bestandsschutz in Bezug auf die Regelungen des Bundes-Immissionsschutzgesetzes widerlegt werden.

C. Aktiver Bestandsschutz

I. Regelungen gem. §§ 15, 16 BImSchG

Besonders im Immissionsschutzrecht haben Gewerbetreibende immer wieder ein Bedürfnis ihre Anlage an veränderte Nachfrage, neue technische Entwicklungen oder aufgrund sonstiger Umstände zu verändern. Die §§ 15, 16 BImSchG regeln die Handlungsalternativen des Anlagenbetreibers, der bereits über eine bestehende Anlagengenehmigung verfügt und eine errichtete Anlage betreibt. Sein Interesse liegt darin, seine Anlage abzuändern, aber keine vollständige Neugenehmigung für die so geänderte Anlage einholen zu müssen. Entscheidend in diesem Komplex ist die Frage, welche Änderungen der Betreiber an der Anlage vornehmen darf, ohne für die veränderte Anlage eine neue Vollgenehmigung beantragen zu müssen.[572] Dabei sind drei Konstellationen zu unterscheiden:

Im Immissionsschutzrecht sind gewöhnliche Instandhaltungs-, Reparatur- und Unterhaltungsmaßnahmen ohne Anzeige oder Genehmigung zulässig, wenn die Schwelle einer Änderung bzw. einer wesentlichen Änderung nach §§ 15 Abs. 1 S. 1, 16 Abs. 1 BImSchG nicht erreicht ist.[573] Unproblematisch sind also die Fälle, in denen die Änderung weder genehmigungs- noch anzeigepflichtig ist. Dies betrifft beispielsweise Pflege- und Reparaturmaßnahmen, die der Erhaltung der Substanz der Anlage dienen. Sie fallen unter den passiven Bestandsschutz.[574]

Erweiterungen, die über unwesentliche Änderungen hinausgehen und die Schutzgüter des § 1 BImSchG sowie die Grundpflichten des § 5 Abs. 1

---

[572] *Jankowski*, Bestandsschutz für Industrieanlagen, S. 69, 72.
[573] *Guckelberger*, in: Kotulla, BImSchG, § 15 Rn. 40; *Jarass*, BImSchG, § 15 Rn. 16; *Jarass*, DVBl. 1986, 314 (319); *Schiller*, in: Landmann/Rohmer, UmweltR III, § 15 Rn. 39.
[574] *Hansmann*, in: FS 50 Jahre BVerwG, S. 935 (948); *Jankowski*, Bestandsschutz für Industrieanlagen, S. 72.; *Jarass*, BImSchG, § 15 BImSchG a. F. Rn. 8.

BImSchG negativ beeinträchtigen, müssen die Gesetze einhalten, die bei der Entscheidung über die Anlagenänderung bestehen. Gem. § 16 Abs. 1 S. 1 BImSchG ist eine Änderungsgenehmigung notwendig, da für sie keine Privilegierung besteht.[575]

Eine Ausnahme besteht für den Ersatz und Austausch von Anlagen oder Anlagenteilen im Rahmen der erteilten Genehmigung nach § 16 Abs. 5 BImSchG. Demnach ist beim Vorliegen der Tatbestandsvoraussetzungen eine Baugenehmigung nicht nötig. Der Anlagenbetreiber ist von der Einhaltung der materiellen immissionsschutzrechtlichen Vorgaben befreit.[576]

Abgrenzungskriterium für diese drei Konstellationen ist die „Wesentlichkeit" der Änderung gem. § 16 Abs. 1 S. 1 BImSchG. Die Wesentlichkeit der Änderung liegt vor, wenn voraussichtlich Auswirkungen auf die Schutzgüter des § 1 BImSchG festgestellt werden können, wenn sich wegen dieser Auswirkungen die Frage der Genehmigungsfähigkeit nach § 6 Abs. 1 Nr. 1 BImSchG neu stellt, wenn die Auswirkungen voraussichtlich nachteilig sind (also zumindest auch die Schutzgüter des § 1 BImSchG belasten) und die Bagatellgrenze des § 16 Abs. 1 S. 2 BImSchG überschritten wird. Im Fokus steht dabei die Frage, ob nachteilige Auswirkungen für die Grundpflichtenerfüllung zu erwarten sind.[577]

1. Änderungsgenehmigung nach § 16 Abs. 1 S. 1 BImSchG

Damit eine Änderungsgenehmigung erteilt werden kann, muss die Anlage grundsätzlich die gleichen Voraussetzungen erfüllen wie eine Anlage, für die eine Erstgenehmigung beantragt wird.[578] Jedoch müssen nur die Anlagenteile, die von der Änderung betroffen sind oder auf die sich die Änderung auswirkt, die Anforderungen des § 6 BImSchG zum Zeitpunkt der Änderungsgenehmigung erfüllen.[579]

---

[575] *Ohms*, Praxishandbuch Immissionsschutzrecht, S. 195 f.; *Uschkereit*, in: Jarass, Bestandsschutz bei Gewerbebetrieben, S. 89.
[576] *Uschereit*, Der Bestandsschutz im Bau- und Immissionsschutzrecht, S. 379 f.
[577] *Feldhaus*, BImSchG, § 16 Rn. 37; *Denkhaus*, NuR 2000, 9 (15); *Uschereit*, Der Bestandsschutz im Bau- und Immissionsschutzrecht, S. 376 f.
[578] *Jarass*, UPR, 2006, 45 (47).
[579] Ebd., S. 46 f.

2. Wiedererrichtung einer genehmigt betriebenen und danach beseitigten Anlage gem. § 16 Abs. 5 BImSchG

Gem. § 16 Abs. 5 BImSchG bedarf es keiner immissionsschutzrechtlichen Genehmigung, wenn eine genehmigte Anlage oder Teile der genehmigten Anlage im Rahmen der erteilten Genehmigung ersetzt oder ausgetauscht werden sollen. Dabei sind die Voraussetzungen der „genehmigten Anlage", des Ersatzes oder Austausches „im Rahmen der erteilten Genehmigung" und der Gestattung von Wieder- und Neuerrichtungen von durch außergewöhnliche Ereignisse zerstörten Anlagen für die Privilegierung notwendig.[580]

3. Bedeutung für den Bestandsschutz

a) Passiver Bestandsschutz

Gewöhnliche Instandhaltungs-, Reparatur- und Unterhaltungsmaßnahmen, die der Wiederherstellung oder Erhaltung des genehmigten Zustandes dienen, erreichen die Schwelle der „Wesentlichkeit" nicht, sodass sie ohne Anzeige und Genehmigung durchgeführt werden können.[581] Insofern werden die Eigentümerinteressen in Bezug auf den einfachen aktiven Bestandsschutz des Eigentümers ausreichend gewahrt.

Für die darüber hinausgehenden Erweiterungsmaßnahmen ist zu unterscheiden, wie umfangreich sie sind. Auch Änderungen, die nur unerhebliche Auswirkungen auf die Schutzgüter des BImSchG haben, erreichen die „Wesentlichkeitsschwelle" nicht und sind deshalb ohne weitere Überprüfung des materiellen Rechts zulässig.[582] Während der passive Bestandsschutz den status quo erhält, geht der aktive Bestandsschutz darüber hinaus. Instandhaltungs-, Reparatur- und Unterhaltungsmaßnahmen zur Erhaltung des Zustandes unterliegen deshalb dem passiven Bestandsschutz.

Selbst Erweiterungsmaßnahmen, die nur unerhebliche Auswirkungen auf die Schutzgüter des BImSchG haben, fallen unter den passiven Bestandsschutz. Wie bereits oben dargestellt, kann aufgrund des passiven Bestandsschutzes der vorhandene Bestand in einem gewissen „untergeordneten" Umfang baulich erwei-

---

[580] *Uschkereit*, in: Jarass, Bestandsschutz bei Gewerbebetrieben, S. 89.
[581] *Guckelberger*, in: Kotulla, BImSchG, § 15 Rn. 40; *Jarass*, BImSchG, § 15 Rn. 16.
[582] *Uschkereit*, Der Bestandsschutz im Bau- und Immissionsschutzrecht, S. 378.

tert werden,[583] da durch den passiven Bestandsschutz die verfassungsrechtlich gebotene Sicherung des durch die Eigentumsausübung Geschaffenen gegen den Verfall und die Entwertung erreicht werden soll.

b) Aktiver Bestandsschutz

Wesentliche Erweiterungsmaßnahmen hingegen, die nicht unter § 16 Abs. 5 BImSchG fallen, müssen die aktuell geltenden materiellen Rechtsvorschriften einhalten. Beim Vorliegen einer wesentlichen Änderung ist zudem das Änderungsgenehmigungsverfahren durchzuführen.

§§ 15, 16 BImSchG sehen keinen Ermessensspielraum der Behörden vor, sodass die Behörde nicht auf die besonderen Umstände des Einzelfalls Rücksicht nehmen kann. Die Änderungsgenehmigung ist für den Betreiber sehr kosten- und zeitaufwendig. Je mehr Fälle genehmigungsbedürftige Änderungen sind, desto öfter muss der Betreiber das kostenpflichtige Änderungsgenehmigungsverfahren durchlaufen.[584]

Zur Verdeutlichung des Spannungsverhältnisses soll ein Beispielfall dienen: Dem Anlagenbetreiber wurde bereits in der Vergangenheit eine Genehmigung erteilt, die für seine Anlage die einzuhaltenden Pflichten des § 5 Abs. 1 BImSchG zum Zeitpunkt der Genehmigungserteilung festlegte. Bereits zu diesem damaligen Zeitpunkt war erkennbar, dass aufgrund des technischen Fortschritts neue Emissionsgrenzwerte nach dem Stand der Technik denkbar sind, sodass in naher Zukunft die Umstellung auf ein anderes Produktionsverfahren erforderlich werden dürfte. Diese späteren Änderungen der Anlage sind aber nicht nach dem Maßstab des zum Zeitpunkt der Genehmigungserteilung geltenden Rechts zu beurteilen, sondern nach der zukünftigen Gesetzeslage. Damit muss die Anlage in ihrer dann geänderten Form insgesamt wieder auf ihre Vereinbarkeit mit dem dann künftig geltenden Recht überprüft werden, bevor diese Veränderungen durchgeführt werden. Das bedeutet, dass bereits bei der Errichtung der Anlage feststeht, dass jede spätere Modernisierung unter dem Vorbehalt der Prüfung der Vereinbarkeit mit dem zukünftigen Recht steht.[585] Aufgrund des fehlenden Ermessensspielraums kann die Behörde auf derartige Be-

---

[583] *Friauf*, in: FS 25 Jahre BVerwG, S. 217 (222).
[584] *Uschkereit*, Der Bestandsschutz im Bau- und Immissionsschutzrecht, S. 379; *Jankowski*, Bestandsschutz für Industrieanlagen, S. 72.
[585] *Jankowski*, Bestandsschutz für Industrieanlagen, S. 59.

sonderheiten im Einzelfall nicht reagieren. Die Betreiber können keine Argumente für die Notwendigkeit der Veränderung ihrer Anlagen vorbringen, die gegenüber den Interessen des Umweltschutzes überwiegen könnten und die zu einer Zulässigkeit der Anlagenumgestaltung ohne Genehmigungsverfahren führen könnten.[586]

Auf den ersten Blick mag es so erscheinen, als würden die Interessen der Anlagenbetreiber im Rahmen von §§ 15, 16 BImSchG nicht beachtet. Jedoch muss aus verfassungsrechtlichen Gründen auch in den §§ 15, 16 BImSchG ein Ausgleich zwischen den Eigentümerinteressen und dem Interesse an einem kontinuierlichen verbesserten Umweltschutz erfolgen. Dieser Ausgleich zwischen den Umweltschutzinteressen des Staates und den Entwicklungsinteressen der Anlagenbetreiber findet im Begriff der „Wesentlichkeit" seinen Niederschlag. Indem nur die Anlagenänderungen eine Änderungsgenehmigung benötigen, die erhebliche Auswirkungen auf die Umwelt haben,[587] schafft der Gesetzgeber einen ausreichenden Ausgleich. Dies ist Ausdruck der Sozialpflichtigkeit des Eigentums. Wenn eine Änderung keinerlei Auswirkungen auf die Allgemeinheit und Umwelt hat, dann ist es Teil der grundrechtlich geschützten Freiheit, dass der Anlagenbetreiber diese Maßnahmen zur Erhaltung seines durch Art. 14 GG geschützten Eigentums vornehmen darf. Werden aber öffentliche Belange tangiert, muss diese Freiheit in der Genehmigungspflicht ihre Grenzen finden. Es ist Aufgabe des Staates, Leib und Leben Dritter sowie die Umwelt zu schützen. Diesem Schutzauftrag kommt er durch die Pflicht zur Änderungsgenehmigung nach. Eine wesentliche Änderung, durch die nachteilige, für die immissionsschutzrechtlichen Genehmigungsvoraussetzungen möglicherweise erhebliche Auswirkungen hervorgerufen werden,[588] muss zur Sicherstellung eines nachhaltigen und effektiven Umweltschutzes (Art. 20a GG), behördlich überprüft werden. Nur so kann die Allgemeinheit ausreichend vor Gefahren durch die Anlage geschützt werden.

Im Merkmal der „Wesentlichkeit" zeigt sich der sachgerechte Ausgleich zwischen den sich gegenüberstehenden Interessen. Der Gesetzgeber entschied, dass beim Vorliegen einer wesentlichen Änderung zur Wahrung der öffentlichen In-

---

[586] Ebd., S. 75.
[587] Ebd., S. 79; *Uschkereit*, Der Bestandsschutz im Bau- und Immissionsschutzrecht, S. 376.
[588] *Jankowski*, Bestandsschutz für Industrieanlagen, S. 79.

teressen das Kontinuitätsinteresse des Betreibers hinter den vorsorgenden Umweltschutz zurücktritt. Handelt es sich aber um keine wesentliche Anlagenänderung, so besteht auch kein öffentliches Bedürfnis an der Durchführung des Genehmigungsverfahrens zum Schutze der Allgemeinheit, sodass die Eigentümerinteressen überwiegen und kein Genehmigungsverfahren durchzuführen ist. Diese Ausführungen zeigen aber auch, dass es keinen qualifiziert-aktiven Bestandsschutz im Immissionsschutzrecht gibt.

c) Eigentumskräftig verfestigte Anspruchsposition in Bezug auf § 16 Abs. 1 i. V. m. § 4 BImSchG

Dennoch muss beachtet werden, dass sich eine Anspruchsposition aus § 16 Abs. 1 i. V. m. § 4 BImSchG ergeben kann, die dazu führt, dass eine Genehmigung kraft Bestandsschutzes zu erteilen ist, auch wenn die Anlage als solche durch eine wesentliche Änderung nach aktuell geltendem Recht nicht genehmigungsfähig wäre. Der Prüfungsgegenstand bei der Änderungsgenehmigung bezieht sich nur auf die Anlagenteile und Prüfungsschritte, die von der Änderung betroffen sind oder auf die die Änderung wirkt. Eine Änderungsgenehmigung muss also auch dann erteilt werden, wenn bei nicht in die Prüfung einzubeziehenden Anlagenteilen ein Verstoß gegen das materielle Recht vorliegt.[589] Trotz materieller Rechtswidrigkeit bzgl. der gesamten Anlage wird die Genehmigung erteilt, sodass sich eine Anspruchsposition ergibt, die mit der inzwischen aufgegebenen Rechtsfigur der eigentumskräftig verfestigten Anspruchsposition zu vergleichen ist.[590] Bei der eigentumskräftig verfestigten Anspruchsposition besteht ein noch nicht durchgesetzter Anspruch auf Zulassung eines Vorhabens, obwohl das aktuell geltende Recht einer Genehmigung entgegensteht. Dies ist mit § 16 Abs. 1 i. V. m. § 4 BImSchG vergleichbar. Eigentlich ist die Genehmigung für die gesamte Anlage zu versagen, da bestimmte Anlagenteile nicht mehr genehmigungsfähig sind. Jedoch bezieht sich die Prüfung nur auf die Teile der Anlage, die von der wesentlichen Änderung betroffen sind. Sind diese genehmigungsfähig, hat der Betreiber einen Anspruch auf die Genehmigung. Wie bei der eigentumskräftig verfestigten Anspruchsposition steht hier das aktuell geltende Recht in Bezug auf die Gesamtanlage eigentlich einer Genehmigung entgegen; dennoch hat der Anlagenbetreiber einen Anspruch auf die Genehmigung.

---

[589] *Hansmann*, in: FS 50 Jahre BVerwG, S. 935 (949).
[590] *Jankowski*, Bestandsschutz für Industrieanlagen, S. 75.

d) Aktiver Bestandsschutz in Bezug auf § 16 Abs. 5 BImSchG

§ 16 Abs. 5 BImSchG stellt im Gegensatz zum Baurecht eine erhebliche Erweiterung des aktiven Bestandsschutzes dar. Der Wiederaufbau eines zunächst beseitigten Vorhabens ist im Baurecht genehmigungsbedürftig, wobei die dann aktuelle Rechtslage gilt, sodass der Wiederaufbau unzulässig sein kann. Im Immissionsschutzrecht hingegen ist keine Genehmigung erforderlich, wenn eine genehmigte Anlage oder Teile der genehmigten Anlage im Rahmen der erteilten Genehmigung ersetzt oder ausgetauscht werden sollen.[591]

aa) Sachgerechte Erweiterung des Bestandsschutzes?

Aufgrund dieser Diskrepanz stellt sich die Frage, ob diese Erweiterung des Bestandsschutzes im Immissionsschutzrecht sachgerecht ist.

aaa) Notwendigkeit einer Einschränkung im Immissionsschutzrecht

Einerseits sprechen einige Argumente für eine Einschränkung des in § 16 Abs. 5 BImSchG stark zum Ausdruck kommenden Bestandsschutzes im Immissionsschutzrecht. Gem. § 16 Abs. 5 BImSchG muss der Betreiber die Wiedererrichtung der Anlage nicht einmal anzeigen, sodass die Behörde oft erst im Nachhinein von der Ersetzung der Anlage erfährt. Es wurde schon mehrfach auf die hohe Bedeutung des Genehmigungsverfahrens im Immissionsschutzrecht hingewiesen. Aufgrund der potenziellen Gefährlichkeit der Anlage für die Allgemeinheit und der Gefahr von erheblichen sowie irreversiblen Umweltschädigungen ist es nicht sachgerecht, wenn der Betreiber die Anlage ohne jegliche behördliche Überprüfung neu errichten darf.

Der bisher in der Arbeit dargestellte Vergleich des Bestandsschutzes im Bau- und Immissionsschutzrecht hat gezeigt, dass der Bestandsschutz im Immissionsschutzrecht im Vergleich zum Baurecht stets eingeschränkter ist. Ein weiterer Bestandsschutz im Immissionsschutzrecht wäre eine absolute Ausnahme. Dies legt nahe, dass eine Einschränkung des Bestandsschutzes im Immissionsschutzrecht geboten ist.

---

[591] *Feldhaus*, BImSchG, § 16 Rn. 45; *Dietlein*, in: Landmann/Rohmer, § 4 Rn. 67; *Uschkereit*, Der Bestandsschutz im Bau- und Immissionsschutzrecht, S. 380.

bbb) Keine Notwendigkeit der Einschränkung im Immissionsschutzrecht

Andererseits müssen aber auch die Argumente der Gegenseite berücksichtigt werden. Die Entstehungsgeschichte der Norm zeige aber, so die gegnerische Ansicht, dass diese Ausnahme durchaus gewollt war. Der Gesetzgeber wollte eine mit den baulichen Vorschriften (§§ 35 Abs. 4 S. 1 Nr. 2, Nr. 3, 34 Abs. 3a BauGB) vergleichbare Privilegierung schaffen. § 16 Abs. 5 BImSchG wurde im Jahr 1996 erlassen, also zu einer Zeit, in der die höchstrichterliche Rechtsprechung sich bereits vom verfassungsunmittelbaren Bestandsschutz verabschiedete. Folglich sei der Gesetzgeber sich bewusst gewesen, dass Bestandsschutzansprüche nur nach einfach-gesetzlichen Vorschriften gewährt werden könnten. Die Entstehungsgeschichte des § 16 Abs. 5 BImSchG zeige, dass es eine bewusste Entscheidung des Gesetzgebers war, dass bei einer Wiedererrichtung der Anlage das aktuell geltende materielle Recht nicht berücksichtigt werden müsse.[592]

Außerdem handelt es sich nicht um eine immissionsschutzrechtlich relevante Änderung, weil die Identität weiterhin besteht. § 16 Abs. 5 BImSchG umfasst nur den unveränderten vollständigen Wiederaufbau der Anlage nach ihrer Zerstörung.[593] Die Ersetzung einer Anlage durch eine gleichartige Anlage ist keine Neuerrichtung der Anlage und daher nicht nach § 4 BImSchG genehmigungsbedürftig.[594] Aus diesen systematischen Gesichtspunkten heraus ergibt sich bereits, dass keine Genehmigung notwendig ist und sich der durch die ursprüngliche Genehmigung vermittelte Bestandsschutz auch auf den Fall der Wiedererrichtung ausdehnt.

Zudem ist die Ausgangslage im Bau- und Immissionsschutzrecht völlig unterschiedlich. Im Immissionsschutzrecht muss sich die Neuerrichtung im Rahmen der erteilten Genehmigung bewegen, wobei die bereits bestehende Genehmigung den dynamischen Grundpflichten unterliegt. Im Gegensatz zum Baurecht ist der Anlagenbetreiber während des gesamten Betriebs der Anlage verpflichtet, immer neue, strengere Anforderungen einzuhalten. Die Gefahr einer „veralteten" Genehmigung, die den neuen wissenschaftlichen Erkenntnissen nicht gerecht wird, besteht im Immissionsschutzrecht nicht. Eine Baugenehmigung hin-

---

[592] *Uschkereit*, in: Jarass, Bestandsschutz bei Gewerbebetrieben, S. 89, 94.
[593] Vgl. *Sellner/Reidt/Ohms*, Immissionsschutzrecht und Industrieanlagen, S. 144 f.
[594] Vgl. *Feldhaus*, BImSchG, § 16 Rn. 45.

gegen macht diese Entwicklungen im Laufe ihres Bestehens nicht mit. Sie ist statisch. Dies würde für das Baurecht bedeuten, dass ein Gebäude nach einer völligen Zerstörung wieder identisch aufgebaut werden darf, wie es bei Genehmigungserteilung gestattet wurde. Wenn die Baugenehmigung vor dreißig Jahren erteilt wurde, würde dies bedeuten, dass das wieder errichtete Gebäude auch nur die Anforderungen von vor dreißig Jahren einhalten muss. Seither haben aber neue technische Erkenntnisse dazu geführt, dass diese Anforderungen überholt sind. Es ist deshalb sachgerecht, dass im Baurecht die §§ 30, 35 Abs. 4 S. 1 Nr. 2, Nr. 3, 34 Abs. 3a BauGB für die Wiedererrichtung zerstörter baulicher Anlagen eine Baugenehmigung und damit die Einhaltung des aktuell geltenden materiellen Rechts verlangen. Die Betreiber der wieder errichteten Anlage müssen die immissionsschutzrechtlichen Grundpflichten und damit das aktuell geltende Recht einhalten. § 16 Abs. 5 BImSchG ist mit seinem weiten Bestandsschutz nicht einzuschränken.

ccc) Mittelweg: Bedürfnis einer Baugenehmigung?

Geht man dennoch davon aus, dass im Immissionsschutzrecht für die Verwirklichung einer effektiven Vorsorge eine Überprüfung der aktuellen materiellen Anforderungen nach dem derzeit geltenden Stand der Technik auch beim Ersatz und Austausch einer Anlage notwendig ist, wäre es denkbar, dass statt einer immissionsschutzrechtlichen Genehmigung eine baurechtliche Genehmigung verlangt wird. Damit wird dann auch im Immissionsschutzrecht die materielle Rechtmäßigkeit der Anlage gesichert. Ob für die immissionsschutzrechtlich genehmigungsfreie Wiedererrichtung immer eine Baugenehmigung verlangt werden soll, in deren Rahmen dann auch das materielle Immissionsschutzrecht geprüft werden muss, ist strittig.

Einige Vertreter in der Literatur sprechen sich für das Erfordernis einer Baugenehmigung aus.[595] Durch die Pflicht zur Beantragung einer Baugenehmigung würden die dramatischen Folgen der immissionsschutzrechtlichen Sonderregelung entschärft.[596] Das Erfordernis der Baugenehmigung ergebe sich aus §§ 30, 34, 35 Abs. 4 N. 3 BauGB, die bei der Wiedererrichtung von baulichen Anlagen

---

[595] *Führ*, in: GK-BImSchG, § 16 a. F. Rn. 29; *Jarass*, BImSchG, § 16 Rn. 21.
[596] *Uschkereit*, in: Jarass, Bestandsschutz bei Gewerbebetrieben, S. 94.

eine Baugenehmigung erforderlich machten.[597] Zudem käme ansonsten der ursprünglichen immissionsschutzrechtlichen Genehmigung ein zu starker Bestandsschutz zu.[598]

Die Gegenansicht hingegen wendet sich gegen das Erfordernis einer Baugenehmigung.[599] Es sei keine Baugenehmigung nötig, wenn der Wiederaufbau einer Anlage nach § 16 Abs. 5 BImSchG keiner immissionsschutzrechtlichen Genehmigung bedürfe, da sonst der Regelungsgehalt des § 16 Abs. 5 BImSchG konterkariert werde.[600] § 16 Abs. 5 BImSchG spreche explizit von der „erteilten Genehmigung". Diese Erstgenehmigung schließe durch ihre Konzentrationswirkung nach § 13 BImSchG die Baugenehmigung mit ein.[601]

Zudem besteht gar kein Bedürfnis einer Genehmigung. Der unveränderte Wiederaufbau der Anlage ist keine wesentliche Änderung im Sinne § 16 BImSchG, denn die alte und neue Anlage sind identisch. Der systematische Vergleich mit § 16 BImSchG zeigt also, dass eine Genehmigung nicht notwendig ist. Außerdem ist die Allgemeinheit ausreichend geschützt und benötigt keine erneute Überprüfung der Voraussetzungen für den Betrieb, denn § 16 Abs. 5 BImSchG lässt die dynamischen Betreiberpflichten unberührt.[602]

Außerdem wird durch den bestehenden § 16 Abs. 5 BImSchG und ohne das Erfordernis der Baugenehmigung der früher in § 16 GewO a. F. bestehende Rechtszustand wieder hergestellt.[603] Aus der Historie lässt sich also erkennen, dass die zusätzliche Baugenehmigung vom Gesetzgeber nicht gewollt ist.

Wenn § 16 Abs. 5 BImSchG also vom Erfordernis einer immissionsschutzrechtlichen Genehmigung befreit, dann ist über die Konzentrationswirkung nach § 13 BImSchG auch die Baugenehmigung enthalten. Besteht gem. § 4 BImSchG eine Genehmigungspflicht und wurde dem Betreiber die immissionsschutzrechtliche

---

[597] *Führ*, in: GK-BImSchG, § 16 a. F. Rn. 29; *Dietlein*, in: Landmann/Rohmer, UmweltR III, § 4 Rn. 67.
[598] *Uschkereit*, in: Jarass, Bestandsschutz bei Gewerbebetrieben, S. 95.
[599] *Dietlein*, in: Landmann/Rohmer, UmweltR III, § 4 Rn. 67; *Kotulla*, in: Kotulla, BImSchG, § 4 Rn. 72; *Czajka*, in: Feldhaus, BImSchG, § 16 Rn. 45.
[600] *Uschkereit*, in: Jarass, Bestandsschutz bei Gewerbebetrieben, S. 95.
[601] *Dietlein*, in: Landmann/Rohmer, UmweltR III, § 4 Rn. 67; *Kotulla*, in: Kotulla, BImSchG, § 4 Rn. 72.
[602] *Sellner/Reidt/Ohms*, Immissionsschutzrecht und Industrieanlagen, S. 145.
[603] Vgl. *Dietlein*, in: Landmann/Rohmer, UmweltR III, § 4 Rn. 67.

Genehmigung erteilt, so ist nach § 13 BImSchG auch die baurechtliche Genehmigung „erteilt". Dieser Grundsatz muss nicht nur für die Erteilung der Erstgenehmigung gelten, sondern auch danach fortwirken. Dies ergibt sich aus § 16 Abs. 5 BImSchG, der statuiert, dass die immissionsschutzrechtliche Genehmigung auch für die wieder errichtete Anlage fortwirkt. Wenn die erste immissionsschutzrechtliche Genehmigung weiterhin wirkt, wirkt auch die Konzentrationswirkung in Bezug auf die baurechtliche Genehmigung fort.

Jedoch bedeutet die formelle Konzentrationswirkung gem. § 13 BImSchG nicht, dass die Genehmigungsbehörde die notwendigen baurechtlichen Gesetze im immissionsschutzrechtlichen Genehmigungsverfahren nicht prüfen muss. Die immissionsschutzrechtliche Genehmigung umfasst aus praktischen Gründen die Baugenehmigung, denn es sollen nicht mehrere verschiedene Genehmigungen von diversen Behörden für die unterschiedlichen Rechtsgebiete erteilt werden. Vielmehr ist eine Entscheidungskonzentration bei der jeweiligen Fachbehörde gewollt, sodass die Baugenehmigung nicht von der Bauaufsichtsbehörde, sondern von einer anderen Fachbehörde erteilt wird. Entscheidend ist aber, dass die Baugenehmigung aber erteilt wird. Sie ist nur von der immissionsschutzrechtlichen Genehmigung mit umfasst, sie wird aber nicht von ihr ersetzt, sodass sie obsolet wäre. Dies bedeutet, dass die rechtliche Wirkung, Bindung und die Rechtsfolgen der Baugenehmigung identisch sind – egal, ob die immissionsschutzrechtliche Genehmigung die Baugenehmigung mit umfasst oder die Baugenehmigung selbstständig erteilt wird. Aufgrund der Selbstständigkeit der Baugenehmigung kann nicht der Umkehrschluss aus § 13 BImSchG gezogen werden, dass keine Baugenehmigung notwendig ist, nur weil die immissionsschutzrechtliche Genehmigung gem. § 16 Abs. 5 BImSchG auch auf die ersetzte Anlage fortwirkt.

Jedoch ist es nicht verständlich, warum im Immissionsschutzrecht aufgrund der Konzentrationswirkung gem. § 13 BImSchG eine Zweiteilung in Baugenehmigung und immissionsschutzrechtliche Zulassung erfolgen soll. Die soeben genannte Ansicht hat zur Folge, dass die Baugenehmigung durch die Zerstörung des Gebäudes erlischt, die immissionsschutzrechtliche Genehmigung aber trotz der Zerstörung des ursprünglichen Anlagenbetriebs auch auf die wieder neu errichtete Anlage überwirkt. Dies würde dem Sinn und Zweck des § 13 BImSchG gerade widersprechen. § 13 BImSchG möchte aus Praktikabilitätserwägungen, dass nur eine immissionsschutzrechtliche Genehmigung erteilt wird, welche die anderen Genehmigungen mit einschließt. Diese Verbindungswirkung würde gerade zerstört, wenn man nun das Erfordernis einer Baugenehmigung bejaht. Dadurch wird die Einheitlichkeit der Genehmigung zerrüttet und der Sinn und Zweck des § 13 BImSchG ausgehöhlt.

Zudem ist das Erfordernis einer Baugenehmigung in Bezug auf das Kompetenzrecht bedenklich. Die Erteilung der Baugenehmigung richtet sich nach Landesrecht, während das Bundes-Immissionsschutzgesetz Bundesrecht darstellt. Gem. Art. 74 Abs. 1 Nr. 24 GG liegt die Gesetzgebungskompetenz für das Immissionsschutzrecht beim Bund. Den Ländern hingegen verbleibt die baurechtliche Landesplanung. Entscheidet sich der Bundesgesetzgeber bei § 16 Abs. 5 BImSchG dafür, dass der Wiederaufbau der Anlage keiner Genehmigung bedarf, dann wäre es ein Verstoß gegen die Gesetzgebungskompetenz, wenn nun statt der immissionsschutzrechtlichen Zulassung eine Baugenehmigung gefordert wird.

§ 16 Abs. 5 BImSchG wurde 1996 eingeführt und besteht mittlerweile mehrere Jahre, sodass keine planwidrige Regelungslücke vorliegt,[604] die es rechtfertigt, dass auf das Erfordernis einer Baugenehmigung abgestellt wird. Der Gesetzgeber hätte genug Zeit gehabt, § 16 Abs. 5 BImSchG mit seinem weiten Bestandsschutz einzuschränken, wenn er dies gewollt hätte.

bb) Ergebnis

Abschließend lässt sich erkennen, dass § 16 Abs. 5 BImSchG auch von dem Erfordernis einer Baugenehmigung suspendiert. Dies hat zur Folge, dass die wieder errichtete Anlage im Immissionsschutzrecht kein erneutes Genehmigungsverfahren durchlaufen muss, sodass § 16 Abs. 5 BImSchG einen starken Bestandsschutz gewährt.

II. Ergebnis

Es hat sich in §§ 15 f. BImSchG gezeigt, dass der aktive qualifizierte Bestandsschutz im Immissionsschutzrecht ausgeschlossen ist. Es besteht aber eine mit der Rechtsfigur der „eigentumskräftig verfestigten Anspruchsposition" vergleichbare Regelung. Besonders bedeutsam ist § 16 Abs. 5 BImSchG, der vom Erfordernis einer immissionsschutzrechtlichen Genehmigung befreit und damit

---

[604] *Kotulla*, in: Kotulla, BImSchG, § 4 Rn. 72.

über den baurechtlichen aktiven Bestandsschutz hinausgeht, sodass sich in diesem Komplex ein starker Bestandsschutz zeigt.

D. Präventiver Bestandsschutz

Um das Bild zu vervollständigen, soll nun der präventive Bestandsschutz im Fokus stehen. Beim präventiven Bestandsschutz geht es um die Befugnis sich gegen Änderungen in der Umgebung zu wehren, wenn dadurch der Bestand der Anlage gefährdet werden kann.[605] Besonders bedeutend für die Fallgruppe des präventiven Bestandsschutzes ist das Beispiel der heranrückenden Wohnbebauung an eine genehmigte emittierende Anlage mit einer immissionsempfindlichen Nutzung. Für die Eigentümer der heranrückenden Wohnbebauung besteht eine baurechtlich begründete Klagemöglichkeit gegen die Zulassung der Anlagennutzung.[606]

I. Normenkontrollverfahren gegen den Bebauungsplan

Eine erste Klagemöglichkeit ist die Normenkontrolle gem. §§ 47 Abs. 1 Nr. 1, Abs. 2 S. 1, Abs. 5 VwGO gegen den Bauplan, um den als Satzung erlassenen Bebauungsplan für nichtig erklären zu lassen. Der Anlagenbetreiber hat ein subjektiv-öffentliches Recht, sein privates Interesse auf ungehinderte Ausübung der bestehenden emissionsträchtigen Anlagennutzung in die Abwägung einstellen zu lassen. Das Eigentum zählt zu den abwägungserheblichen Belangen der öffentlich-rechtlichen Planungsentscheidungen. Darin kommt das Bestandsschutzinteresse des Betreibers zum Ausdruck.

II. Anfechtungsklage gegen einzelne Verwaltungsakte

Wenn aber kein Bebauungsplan vorliegt, kann der Anlagenbetreiber sich gegen die Genehmigung von „heranrückenden" Wohngebäuden und gegen ihn selbst treffende nachträgliche Anordnungen und Genehmigungswiderrufe mit einer Anfechtungsklage wehren. Für die Zulässigkeit der Anfechtung der Baugenehmigung ist es notwendig, dass der Kläger sein subjektiv öffentliches Recht geltend machen kann. Die spezielle Ausprägung des bauplanungsrechtlichen Rück-

---

[605] VGH Mannheim, Urt. v. 17.02.2000 – 10 S 2913/98 = GewArch 2001, 387 (388 f.).
[606] *Hansmann*, in: FS 50 Jahre BVerwG, S. 935 (950); *Jankowski*, Bestandsschutz für Industrieanlagen, S. 33 f.; *Jarass*, DVBl. 1986, 314 (316).

sichtnahmegebotes ist über den Begriff der schädlichen Umwelteinwirkungen §§ 3 Abs. 1, 5 Abs. 1 S. 1 Nr. 1 BImSchG zu erkennen.

Erhält der Anlagenbetreiber eine Anordnung nach § 17 BImSchG oder einen Widerruf seiner Genehmigung, kann er sich darauf berufen, er habe die wegen der Vorbelastung höher anzusetzenden Grenzwerte nicht überschritten bzw. die Behörde habe diesen Umstand nicht ausreichend bei ihrer Ermessensausübung berücksichtigt.[607]

E. Zusammenfassung

Die Analyse der Normen hat gezeigt, dass zwar im Immissionsschutzrecht größtenteils ein eingeschränkter Bestandsschutz besteht, überraschende nachträgliche Anforderungen an den Anlagenbetrieb aber nicht uneingeschränkt zulässig sind. Im Bereich der genehmigungspflichtigen Anlagen ist also festzuhalten, dass für sie Bestandsschutz besteht, auch wenn dieser aufgrund der dynamischen Grundpflichten gem. § 5 BImSchG eingeschränkt ist. Das Vertrauen des Betreibers auf die immissionsschutzrechtliche Genehmigung kann sich von Anfang an nicht auf den status quo, sondern lediglich auf den neuesten Stand der Technik beziehen.[608] Zwar wird aufgrund der dynamischen Grundpflichten die Starrheit der statischen Genehmigung überwunden, jedoch wird die rechtsstaatlich gebotene Investitionssicherheit des Anlagenbetreibers nicht vernachlässigt. Die Einschränkungen des Bestandsschutzes sind die Konsequenz der Sozialbindung des Eigentums. Es zeigt sich, dass im Bereich der Gefahrenabwehr aufgrund der hohen Bedeutung der Rechtsgüter Leib und Leben schwerere Grundrechtseingriffe vom Anlagenbetreiber grundsätzlich hingenommen werden müssen. Im Bereich der Vorsorge hingegen ist ein gerechter Ausgleich zwischen den öffentlichen Belangen und den Bestandsschutzinteressen der Betreiber vorzunehmen. Es lässt sich also festhalten, dass der Umfang des Bestandsschutzes das Ergebnis der Abwägung zwischen der Eigentumsfreiheit und der Sozialbindung ist. Der eingeschränkte Bestandsschutz im Immissionsschutzrecht ist im Hinblick auf die Möglichkeit der weitreichenden Auswirkungen der Anlage auf andere Menschen, gerechtfertigt.

---

[607] *Ohms*, Praxishandbuch Immissionsschutzrecht, S. 279.
[608] *Hammann*, Bestandsschutz und Bestandsdauer von Eigentumspositionen, beispielhaft erläutert am Konfliktfeld Eigentum und Umweltschutz, S. 113 f.

Wie die historische Entwicklung gezeigt hat, war bereits der (verfassungsunmittelbare) Bestandsschutz im Immissionsschutzrecht seit jeher weniger stark ausgeprägt als im Baurecht. Dennoch bestand von Anfang an auch für immissionsschutzrechtliche Anlagen ein gewisser Schutz. Dieser Schutz ist nun auch im Bundes-Immissionsschutzgesetz in seinen Ausprägungen als passiver, aktiver, präventiver und mit einer, der Rechtsfigur der „eigentumskräftig verfestigten Anspruchsposition" vergleichbaren Regelung fortgeführt. Über unbestimmte Rechtsbegriffe, Verhältnismäßigkeitserwägungen oder Ermessensvorschriften können die Belange der Allgemeinheit und des Unternehmers gegeneinander abgewogen werden, sodass der Privatnützigkeit und dem Sozialgebot aus Art. 14 GG ausreichend Rechnung getragen wird.

§ 2 Nicht genehmigungsbedürftige Anlage

Um das Bild zu vervollständigen, sind die nicht genehmigungsbedürftigen Anlagen in den Blick zu nehmen. In Bezug auf die nicht genehmigungsbedürftigen Anlagen ist vor allem auf die Besonderheiten des einfach-gesetzlichen Bestandsschutzes einzugehen.

Nur diejenigen Anlagen, die in der 4. BImSchV genannt sind, benötigen eine Genehmigung nach dem Bundesimmissionsschutzgesetz. Alle anderen Anlagen bedürfen keiner speziellen bundesimmissionsschutzrechtlichen Genehmigung. Die Betreiber einer solchen Anlage müssen die in §§ 22 ff. BImSchG normierten Pflichten einhalten.

A. Verminderter Bestandsschutz

Bei den genehmigungsbedürftigen Anlagen wurde bereits dargestellt, dass grundsätzlich kein Bestandsschutz besteht, wenn der Anlagenbetreiber keine Genehmigung vorweisen kann. Dies kann aber nicht ohne weiteres auf nicht genehmigungsbedürftige Anlagen übertragen werden, denn für sie würde es bedeuten, dass sie nie einen Bestandsschutz genießen.

Zunächst ist festzuhalten, dass das Fehlen der Genehmigung zu einem verminderten Vertrauensschutz des Anlagenbetreibers führt. Besteht keine Genehmigung, gibt es auch keinen Anknüpfungspunkt für das Vertrauen an den unveränderten Fortbestand der Rechtslage. Das bedeutet aber nicht, dass der Anlagenbetreiber völlig schutzlos ist. Neben diesem fehlenden schutzwürdigen Vertrauen aufgrund der nicht bestehenden Genehmigung ist aber der rechtsstaatliche Vertrauensschutz zu beachten. Der Anlagenbetreiber darf grundsätzlich auf den unveränderten Fortbestand der Rechtslage vertrauen. Aus dieser Betrachtung der beiden Positionen heraus zeigt sich, dass ein geringeres Maß an Bestandsschutz besteht.

Das BVerwG bestätigt dies in seiner Entscheidung vom 25.08.2005: „Die durch die Anzeige vermittelte, auf Gründen des Vertrauensschutzes beruhende Rechtsposition des Betreibers gewährt im Vergleich zur Rechtsposition des Inhabers einer immissionsschutzrechtlichen Genehmigung ein geringeres Maß an Bestandsschutz."[609]

I. Grundpflichten i. S. v. § 22 BImSchG

1. Anwendungsbereich

Nicht nur für genehmigungsbedürftige Anlagen sind in § 5 Abs. 1 BImSchG unmittelbar geltende, dynamische Grundpflichten normiert. Auch nicht genehmigungsbedürftige Anlagen müssen die unmittelbar geltenden und dynamischen Grundpflichten aus § 22 BImSchG einhalten. Jedoch sind die Grundpflichten aus § 22 BImSchG inhaltlich weniger streng.[610] Das Gesetz verlangt vom Betreiber zwar eine Schutz- und Abwehrpflicht, jedoch findet sie nur Anwendung, soweit die Anlage selbst schädliche Umwelteinwirkungen hervorrufen kann. Es besteht keine mit § 5 Abs. 1 Nr. 1 BImSchG vergleichbare Pflicht zur Vermeidung sonstiger Gefahren, erheblicher Nachteile und erheblicher Belästigungen für die Allgemeinheit und die Nachbarschaft, die nicht auf Immissionen beruhen.[611]

Zudem sind die nicht zu besonderen Gefahren führenden schädlichen Umwelteinwirkungen nur dann zu unterlassen, wenn dies nach dem Stand der Technik möglich ist, § 25 Abs. 2 BImSchG. Sind die schädlichen Umwelteinwirkungen unvermeidbar, sind sie auf ein Mindestmaß zu beschränken.[612] Außerdem besteht keine mit Vorsorgegrundsatz aus § 5 Abs. 1 Nr. 2 BImSchG vergleichbare Regelung in § 22 Abs. 1 S. 1 Nr. 1 BImSchG.[613]

2. Bestandsschutz

Bei nicht genehmigungsbedürftigen Anlagen sind im Bereich der Vorsorge keine Grundpflichten normiert. Lediglich für den Bereich der Gefahrenabwehr sind Grundpflichten statuiert. Dies führt dazu, dass die Grundpflichten bei § 22 Abs. 1 BImSchG im Regelfall nicht unverhältnismäßig aufgrund von Bestandsschutzaspekten sind. Regelmäßig überwiegen die öffentlichen Belange

---

[609] BVerwG, Urt. v. 25.08.2005 – 7 C 25/04 = NVwZ 2005, 1424 (1424).
[610] *Jarass*, BImSchG, § 22 Rn. 12.
[611] *Kloepfer*, Umweltrecht, § 14 Rn. 205.
[612] *Porger*, in: Kotulla, BImSchG, § 22 Rn. 38.
[613] *Jarass*, BImSchG, § 22 Rn. 22; *Kloepfer*, Umweltrecht, § 14 Rn. 206; *Ohms*, Praxishandbuch Immissionsschutzrecht, S. 72.

gegenüber den privaten Eigentümerbelangen. Die Gründe hierfür sind der aufgrund der fehlenden Genehmigung verminderte Vertrauensschutz des Anlagenbetreibers, die Zuordnung der Maßnahme zum Gefahrenabwehrbereich und die Pflicht zur umfassenden Abwägung aller Interessen bei der Bestimmung des Mindestmaßes für Belästigungen oder Nachteile.[614] Es darf nicht außer Acht gelassen werden, dass auch eine nicht genehmigungsbedürftige Anlage zur Luftverunreinigung und Lärmbelastung beiträgt, sodass auch diese Anlage eine potenzielle Gefährlichkeit aufweist. Im Bereich der Gefahrenabwehr sind die Rechtsgüter Leib und Leben derart gewichtig, dass die Sozialpflichtigkeit nahezu immer gegenüber der Privatnützigkeit überwiegt.

II. Nachträgliche Anordnung bei einer anzeigepflichtigen Änderung

Auch genehmigungsfreie, anzuzeigende Anlagen (§ 15 Abs. 1 BImSchG) können nachträglichen Anordnungen ausgesetzt sein. Sie unterliegen gem. § 17 Abs. 1 S. 1 BImSchG dem Anwendungsbereich der nachträglichen Anordnung. Die Besonderheit gegenüber genehmigungsbedürftigen Anlagen besteht bei den nicht genehmigungsbedürftigen Anlagen in der eingeschränkten Prüfung der Verhältnismäßigkeit. Diese Einschränkung ist auf zwei Gründe zurückzuführen: In einem Anzeigeverfahren wird nur die Genehmigungsbedürftigkeit, nicht aber die Genehmigungsfähigkeit der Anlage überprüft. Damit ist die präventive Kontrolle durch die Behörde deutlich eingeschränkter. Zudem fehlt die immissionsschutzrechtliche Genehmigung, die ein schutzwürdiges Vertrauen vermitteln kann. Diese beiden Komponenten führen dazu, dass bei der Verhältnismäßigkeitsprüfung in § 17 Abs. 2 BImSchG die Bestandsschutzinteressen des Eigentümers weniger gewichtig sind. Nachträgliche Anordnungen in Bezug auf genehmigungsfreie Anlagen sind deshalb regelmäßig verhältnismäßig, da die öffentlichen Belange überwiegen.[615]

---

[614] VGH Mannheim, Beschl. v. 08.06.1998 – 10 S 3300/96 = NVwZ-RR 1999, 569 (569 f.); *Jarass*, BImSchG, § 22 Rn. 41.
[615] *Uschkereit*, Der Bestandsschutz im Bau- und Immissionsschutzrecht, S. 390.

III. Durchsetzung der Grundpflichten

Diese schwächere Gewichtung der Bestandsschutzinteressen zeigt sich auch bei der Durchsetzung der Grundpflichten.

1. Anordnungen gem. § 24 BImSchG

Gemäß § 24 BImSchG kann die zuständige Behörde im Einzelfall Anordnungen zur Durchsetzung der Grundpflichten aus § 22 BImSchG und der Rechtsverordnungen treffen. Voraussetzung für ein Einschreiten der Behörde ist ein Pflichtverstoß des Betreibers gegen die in § 22 BImSchG und in Rechtsverordnungen normierten Grundsätze.[616] Damit soll die Einhaltung immissionsschutzrechtlicher Pflichten sichergestellt werden. Inhaltlich können in einer Anordnung nach § 24 BImSchG all die Anforderungen gestellt werden, die notwendig sind, um die Einhaltung der immissionsschutzrechtlichen Grundpflichten zu garantieren, solange die Verhältnismäßigkeit gewahrt wird. Im Rahmen der Prüfung der Verhältnismäßigkeit müssen die mit der Anordnung zu schützenden Belange und Interessen des Anlagenbetreibers in ein angemessenes Verhältnis gebracht werden.[617]

2. Untersagung gem. § 25 BImSchG

Kommt der Betreiber einer vollziehbaren behördlichen Anordnung nach § 24 BImSchG nicht nach, so kann die zuständige Behörde den Betrieb bis zur Erfüllung der Anordnung ganz oder teilweise untersagen, § 25 Abs. 1 BImSchG.[618] Sinn dieser Vorschrift ist die Sanktionierung des Betreibers, um diesen auf diese Weise zur Erfüllung der immissionsrechtlichen Bedingungen zu verpflichten.

Nach § 25 Abs. 2 BImSchG, der eine weitere eigenständige Untersagungsermächtigung darstellt, können der Betrieb, die Errichtung oder die Inbetriebnahme der Anlage untersagt werden, wenn die von einer Anlage hervorgerufenen schädlichen Umwelteinwirkungen das Leben oder die Gesundheit von Menschen oder bedeutende Sachwerte gefährden und die Allgemeinheit oder die Nachbarschaft nicht auf andere Weise ausreichend geschützt werden kann.[619]

---

[616] *Proger*, in: Kotulla, BImSchG, § 24 Rn. 1; *Jarass*, BImSchG, § 24 Rn. 1 f.
[617] *Sparwasser/Heilshorn*, in: Landmann/Rohmer, UmweltR III, § 24 Rn. 49 ff.
[618] *Jarass*, BImSchG, § 25 Rn. 1.
[619] *Porger*, in: Kotulla, BImSchG, § 25 Rn. 25.

IV. Bestandsschutzaspekte

Die Bestandsinteressen des Anlagenbetreibers sind bei der Verhältnismäßigkeit der in Rechtsverordnungen festgelegten Anforderungen nach § 23 Abs. 1 BImSchG, bei der Verhältnismäßigkeit von nachträglichen Anordnungen (§ 24 Abs. 1 BImSchG) und bei der Ermessensprüfung im Rahmen der Untersagungsanordnung gem. § 25 Abs. 1 BImSchG zu berücksichtigen.[620] Jedoch sind sie aufgrund der fehlenden Schutzwirkung der Genehmigung weniger gewichtig. Zudem kommt hinzu, dass das öffentliche Interesse auf Schutz vor Emissionen in Form von Luftverunreinigungen, Lärm, Wärme, Erschütterung usw. im Regelfall auch noch ins Gewicht fällt. Dies bedeutet für den Anlagenbetreiber regelmäßig, dass seine Bestandsschutzinteressen hinter die öffentlichen Belange zurücktreten müssen.

B. Ergebnis

Nicht genehmigungsbedürftige Anlagen genießen im Vergleich zu genehmigungsbedürftigen Anlagen einen noch geringeren Bestandsschutz. Dennoch wahren auch die einfach-gesetzlichen Regelungen für nicht genehmigungsbedürftige Anlagen die verfassungsrechtlichen Vorgaben. Als Ausdruck der Sozialbindung des Eigentums ist der Bestandsschutz zwar eingeschränkt, er besteht auch für nicht genehmigungsbedürftige Anlagen weiterhin durch einfachgesetzliche Regelungen.

---

[620] *Jarass*, BImSchG, § 23 Rn. 18; § 24 Rn. 16; § 25 Rn. 5; *Schenke*, NuR 1989, 8 (12).

Vierter Teil:
Immissionsschutzrechtlicher Bestandsschutz und fachrechtliche Einflüsse

Immissionsschutzrechtlich relevante Anlagen tragen nicht nur zur Luftverschmutzung bei, sondern ihr Betrieb ist immer zusätzlichen Emissionen verbunden, z. B. bei Mastanlagen oder Mülldeponien. Für alle Anlagentypen existieren neben dem BImSchG eigene fachrechtliche Grundlagen, die eigenen Gesetzmäßigkeiten und Veränderungen unterworfen sind. Diese Änderungen entfalten Bedeutung für die immissionsschutzrechtliche Zulassung und wirken dementsprechend verschiedentlich mit ihr zusammen. In den neueren Entscheidungen des Bundesverwaltungsgerichts (BVerwG) zeigen sich mehrere Varianten der Einwirkung von Änderungen der umweltrechtlichen Vorgaben auf den Genehmigungsbestand. So sind unmittelbare Beachtenspflichten ohne direkte Zulassungsänderung oder direkte Zulassungsänderungen (ggf. mit Neubescheidung) möglich. Diese aktuelle Rechtsprechung zeigt nun eine neue Tendenz hin zu einer noch weiteren Einschränkung des bereits eingeschränkten Bestandsschutzes im Umweltrecht.

Zu Beginn der Darstellung ist eine wichtige Unterscheidung zu treffen: Einerseits gibt es die formale Seite, die sich nach dem Zulassungsrecht bestimmt, und andererseits die inhaltliche Komponente, die sich aus dem Fachrecht ergibt. In der Rechtsprechung ist die Möglichkeit anerkannt, dass der Gesetzgeber und Verordnungsgeber unmittelbar in den rechtlichen Bestand einer Genehmigung eingreifen kann, indem er nach Erteilung der Genehmigung die rechtlichen Anforderungen verschärft.[621] Der Zulassungsbescheid bzw. das Zulassungsrecht muss dafür aber änderungsoffen sein, und das Fachrecht muss dann diesen Spielraum ausnutzen, indem es fachliche Standards setzt und bestimmt, in welcher Weise die Zulassung geändert wird.[622] Deshalb ist zunächst zu untersuchen, ob die Zulassung gegenüber der Rechtsänderung bestandsschützend ist. Ist dies nicht der Fall, wird im nächsten Schritt dargestellt, auf welche Art und Weise das Fachrecht auf den Zulassungsbescheid einwirken kann.

---

[621] *Wittmann/Beckmann*, in: Landmann/Rohmer, UmweltR/USchadG, § 1 Rn. 24.
[622] *Attendorn*, NVwZ 2011, 327 (330).

§ 1 Bestandsschutz in der Rechtsprechung der Verwaltungsgerichte

A. *Andere öffentlich rechtliche Vorschriften gem. § 6 I Nr. 2 BImSchG*

Die erste zu untersuchende Entscheidung des BVerwG befasst sich mit der Verordnung zum Schutz landwirtschaftlicher Nutztiere und anderer zur Erzeugung tierischer Produkte gehaltener Tiere bei ihrer Haltung (TierSchNutztV). Diese stellt an die Haltung von Legehennen neue Anforderungen. Nach Ansicht der Klägerin genieße die Anlage aufgrund der bau- und immissionsschutzrechtlichen Genehmigung Bestandsschutz, sodass dieser sich gegen nachträglich entstandene Anforderungen aus der TierSchNutztV durchsetzen könne. Das BVerwG entschied hingegen, dass die bereits erteilte immissionsschutzrechtliche Genehmigung keinen Bestandsschutz vor nachträglichen Änderungen der tierschutzrechtlichen Anforderungen vermitteln könne.

I. Vermittlung von Bestandsschutz durch die immissionsschutzrechtliche Genehmigung gegenüber nachträglichen Änderungen durch die TierSchNutztV

Im Mittelpunkt steht der Schutz der Altanlage, der durch den Bestandsschutz vermittelt wird. Er begrenzt eine gegenüber genehmigten Altanlagen bestehende Anpassungsverpflichtung an geänderte Rechtsverhältnisse.

Gem. § 6 Abs. 1 Nr. 2 BImSchG muss die Anlage für die Erteilung der immissionsschutzrechtlichen Genehmigung auch „andere öffentlich-rechtliche Vorschriften" einhalten. Zu diesen anderen öffentlich-rechtlichen Vorschriften zählt die TierSchNutztV, da es sich um materiell-rechtliche Vorschriften handelt, die Anforderungen an die Errichtung und den Betrieb – das Halten von Legehennen – der Anlage stellen.[623]

Das BVerwG entschied, dass die immissionsschutzrechtliche Genehmigung keinen Bestandsschutz für tierschutzrechtliche Fragen vermittle, der sich gegenüber nachträglichen Rechtsänderungen durchsetzen könne.[624] Die immissionsschutzrechtliche Genehmigung gestatte die Errichtung und den Betrieb der genehmig-

---

[623] *Dietlein*, in: Landmann/Rohmer, Umweltrecht, § 6 BImSchG Rn. 23; *Storost*, in: Ule/Laubinger/Repkewitz, BImSchG, § 6 Rn. 26.
[624] VGH Bad.-Württ., Urt. v. 19.03.2007 – Az. 1S104205 1 S 1041/05 = GewArch 2007, 299 (303); OVG Lüneburg, Urt. v. 18.12.2007 – 11 LC 139/06, BeckRS 2008, 31334.

ten Anlage und stelle fest, dass die Anlage mit den zum Zeitpunkt der Genehmigungserteilung geltenden öffentlich-rechtlichen Vorschriften vereinbar ist. Die Feststellungswirkung knüpfe an den Zeitpunkt der Genehmigungserteilung an, sodass sie nachträglichen Rechtsänderungen nicht entgegenstehen könne.[625] Wenn eine Anlage genehmigt wurde, könne sich der Betreiber nicht darauf verlassen, dass er seine Anlage für immer und ewig so betreiben könne, wie sie genehmigt wurde, denn das Immissionsschutzrecht kenne nicht den Grundsatz, dass eine einmal eingeräumte Rechtsposition trotz Rechtsänderung zu belassen sei.[626] Begründet wird dies damit, dass die immissionsschutzrechtliche Genehmigung nur so weit Gestattungswirkung entfalte, als sie das Errichtungs- und Betriebsverbot aufhebe.[627] Zum Zeitpunkt der immissionsschutzrechtlichen Genehmigungserteilung müsse die Anlage zwar die tierschutzrechtlichen Anforderungen einhalten gem. § 6 Abs. 1 Nr. 2 BImSchG, die Gestattungswirkung beziehe sich aber nur auf den Genehmigungsgegenstand und nicht auf die Genehmigungsvoraussetzungen.[628] Deshalb müsse eine Differenzierung zwischen den Voraussetzungen für die Genehmigung und dem Regelungsgegenstand erfolgen.[629] Die materiell-rechtlichen Voraussetzungen, die Fachgesetze aufstellen, die aber nicht von der Konzentrationswirkung nach § 13 BImSchG erfasst werden, gehören zu den Genehmigungsvoraussetzungen. Sie seien zwar von der Behörde zwingend zu prüfen, nehmen aber nicht am Regelungsgehalt der Verfügung und damit nicht an der umfassenden Bindungswirkung der immissionsschutzrechtlichen Genehmigung teil.[630]

Das TierSchG sehe aber keine Erlaubnis für das Halten von Legehennen vor, sodass es keinen Erlaubnistatbestand gebe, an den eine Konzentrationswirkung

---

[625] BVerwG, Urt. v. 23.10.2008 – 7 C 4/08 = NVwZ 2009, 647 (648).
[626] BVerwG, Urt. v. 18.05.1982 – 7 C 42.80 = BVerwGE 65, 313 = NVwZ 1983, 32 (32); *Sendler*, WiVerw 1993, 235 (278).
[627] BVerfG, Beschl. v. 14.01.2010 – 1 BVR 1627/09 = NVwZ 2010, 771, Rn. 41 ff.
[628] BVerwG, Urt. v. 30.04.2009 – 7 C 14/08 = NVwZ 2009, 1441 (1442); BVerfG, Beschl. v. 14.01.2010 – 1 BVR 1627/09 = NVwZ 2010, 771, Rn. 39; *Jarass*, BImSchG, § 6 Rn. 50a; *Scheidler*, in: Feldhaus, BImSchG § 6 Rn. 38; *Ule/Laubinger/Repkewitz*, BImSchG Rspr., § 6 Nr. 56.
[629] *Dietlein*, in: Landmann/Rohmer, UmweltR, § 6 BImSchG, Rn. 24; *Jarass*, BImSchG, § 6 Rn. 11; BVerfG, Beschl. v. 14.01.2010 – 1 BVR 1627/09 = NVwZ 2010, 771, Rn. 40 ff.
[630] *Beckmann*, in: Landmann/Rohmer, UmweltR, § 6 BImSchG Rn. 24; *Jarass*, BImSchG, § 6 Rn. 24.

anknüpfen könnte.[631] Materielle Voraussetzungen von Genehmigungen, die nicht der Konzentrationswirkung unterlägen, gehören auch dann nicht zum Regelungsgegenstand, wenn die fachrechtlichen Vorschriften unter keinem Erlaubnisvorbehalt stünden und vielmehr unmittelbar einzuhalten seien.[632] Damit beziehe sich die Regelungswirkung der immissionsschutzrechtlichen Genehmigung nicht auf die Anforderungen, die in der TierSchNutztV geregelt seien. Für sie könne insoweit kein Bestandsschutz entstehen,[633] der vor nachträglichen Rechtsänderungen durch die TierSchNutztV schützen könne.[634]

II. Gezielt bestandsänderndes Recht durch die unmittelbar zulassungsmodifizierende Wirkung der TierSchNutztV

Während bei § 6 Abs. 1 Nr. 1 BImSchG die Anpassungspflicht an nachträgliche Rechtsänderungen durch §§ 7, 17, 20, 21 BImSchG erfolgen könne, gebe es für § 6 Abs. 1 Nr. 2 BImSchG im Bundes-Immissionsschutzgesetz keine ausdrückliche Anpassungspflicht und auch keine Rechtsgrundlage für ihre Durchsetzung.[635] Die Anpassung einer Anlage an nachträgliche Veränderungen im Bereich der sonstigen öffentlich-rechtlichen Vorschriften geschehe deshalb nach den Vorschriften des jeweiligen Fachrechts.[636] Die Verpflichtung zur nachträglichen Änderung, die aus dem jeweiligen Fachrecht stamme, könne durch eine konkretisierende behördliche Anordnung oder eine unmittelbar anwendbare, hinreichend konkrete Rechtsvorschrift umgesetzt werden. Die Verwaltung sei im Rahmen ihres Auswahlermessens bei der Wahl ihrer Handlungsform frei und könne selbst entscheiden, wie sie die nachträgliche Anpassung an die geänderten Anforderungen vornehme.[637]

Das BVerwG entschied, dass die TierSchNutztV (auch für Altanlagen) als unmittelbar anwendbare und hinreichend bestimmte Verordnung einzustufen sei. Sie wirke dabei unmittelbar auf die Rechtsposition der Betreiber bereits zugelas-

---

[631] BVerfG, Beschl. v. 14.01.2010 – 1 BVR 1627/09 = NVwZ 2010, 771, Rn. 41 ff.; OVG Lüneburg, Urt. v. 18.12.2007 – 11 LC 139/06, BeckRS 2008, 31334.
[632] OVG Lüneburg, Urt. v. 18.12.2007 – 11 LC 139/06, BeckRS 2008, 31334; VGH Bad.-Württ., Urt. v. 19.03.2007 – Az. 1S104205 1 S 1041/05 = GewArch 2007, 299 (303).
[633] OVG Lüneburg, Urt. v. 18.12.2007 – 11 LC 139/06, BeckRS 2008, 31334.
[634] Ebd.
[635] BVerwG, Urt. v. 23.10.2008 – 7 C 4/08 = NVwZ 2009, 647, 648.
[636] *Jarass*, BImSchG, § 17 Rn. 20.
[637] BVerwG, Urt. v. 23.10.2008 – 7 C 4/08 = NVwZ 2009, 647, 648.

sener Anlagen zur Haltung von Legehennen ein.[638] Dieses Ergebnis ist durch eine Auslegung der TierSchNutztV begründbar:

1999 erging ein Urteil des Bundesverfassungsgerichts, das die Hennenhaltungsverordnung für verfassungswidrig erklärte.[639] Zur Schließung dieser damit entstandenen Regelungslücke und zur Umsetzung der Richtlinie 1999/74/EG wurde die TierSchNutztV um Bestimmungen für Legehennen ergänzt. Mit dieser Ergänzung wurde die konventionelle Käfighaltung abgeschafft.[640] Aus der Historie und der Richtlinie lassen sich jedoch keine Schlüsse für den Willen des Gesetzgebers ziehen, dass eine unmittelbar zulassungsmodifizierende Wirkung der Verordnung gewollt ist.

Aus § 4 TierSchNutztV lässt sich aber entnehmen, dass der Halter der Legehennen als Adressat der Verordnung anzusehen ist.[641] Dies zeigt sich bereits aus der Formulierung „Wer Nutztiere hält,..." in § 4 Abs. 1 TierSchNutztV. Diese Norm richtet sich unmittelbar an den Nutztierhalter und legt ihm allgemeine Pflichten für die Überwachung, Fütterung und Pflege auf. Die Statuierung in §§ 3, 4 TierSchNutztV von „allgemeine[n] Anforderungen", die von allen Betreibern einzuhalten sind, zeigt, dass die Pflichten unmittelbar gelten sollen und keiner bescheidtechnischen Umsetzung bedürfen.

Zudem legen die §§ 13, 14 TierSchNutztV bestimmte konkrete Haltungsvoraussetzungen fest und geben anlagebezogene Anforderungen vor.[642] Die dort angeordneten Voraussetzungen für die Haltung sind hinsichtlich der Größe, Beleuchtung und Ausstattung so hinreichend bestimmt, dass die Halter daraus genau erkennen können, wie sie ihre Haltungseinrichtungen zu gestalten haben. Der Gesetzgeber hat die Anforderungen so konkret ausgestaltet, damit es einer behördlichen konkretisierenden Anordnung nicht mehr bedarf. Demnach entspricht es dem Willen des Gesetzgebers, dass keine weitere Entscheidung der Behörde notwendig sein soll.

---

[638] BVerfG, Beschl. v. 14.01.2010 – 1 BVR 1627/09 = NVwZ 2010, 771, Rn. 57.
[639] BVerfG, Urt. v. 06.07.1999 – 2 BvF 3/90 = NJW 1999, 3253 (3253).
[640] Pressemitteilung Nr. 111/2010 des BVerfG v. 02.12.2010 =
https://www.bundesverfassungsgericht.de/SharedDocs/Pressemitteilungen/DE/2010/bvg10-111.html.
[641] BVerwG, Urt. v. 23.10.2008 – 7 C 4/08 = NVwZ 2009, 647, 648.
[642] BVerwG, Urt. v. 23.10.2008 – 7 C 4/08 = NVwZ 2009, 647 (648).

Die Ordnungswidrigkeitentatbestände in § 44 TierSchNutztV setzen voraus, dass die Verbote und Gebote der Verordnung unmittelbare Wirkung entfalten.[643] Aus der Formulierung „Ordnungswidrig [...] handelt, wer [...] entgegen [...]" und der Aufzählung der allgemeinen Anforderungen aus der TierSchNutztV (z. B. Zugang zu Tränkwasser, § 14 Abs. 1 Nr. 1 TierSchNutztV) wird deutlich, dass der Verstoß gegen diese allgemeinen Anforderungen bereits eine Ordnungswidrigkeit darstellt. Daraus ist eindeutig zu erkennen, dass keine behördliche Anordnung notwendig ist, um den Tatbestand der Ordnungswidrigkeit zu erfüllen.

Die Übergangsvorschriften aus § 45 TierSchNutztV dienen der Abmilderung der Härte, die nur durch die unmittelbare Wirkung der Verordnung eintritt.[644]

Die Auslegung ergibt damit, dass eine unmittelbare Wirkung der Verordnung gewollt ist.[645] Das BVerwG konnte eine unmittelbar rechtsgestaltende Wirkung der TierSchNutztV annehmen, da im Hinblick auf die Vorgaben des Tierschutzrechts die Feststellungs- und Gestattungswirkung der immissionsschutzrechtlichen Genehmigung keinen Schutz vor nachträglichen Rechtsänderungen bietet. Der Regelungsgehalt der Genehmigung bleibt von den nachträglichen Änderungen der tierschutzrechtlichen Anforderungen an die Haltung unberührt, sodass deshalb keine Aufhebung oder Änderung der Genehmigung notwendig ist.[646]

B. Planfeststellung als Schutzschild gegen Verschärfung?

In einem weiteren Fall, den das BVerwG zu entscheiden hatte, ging es um die Änderungen für Deponienbetriebe durch die Neufassung der Abfallablagerungsverordnung (AbfAblV) und der DepV. Dabei stellte sich die Frage, ob die Planfeststellung ein Schutzschild gegen die daraus entstehenden Verschärfungen darstellt.

---

[643] Ebd.
[644] Ebd.
[645] Zur Verfassungsmäßigkeit der TierSchNutztV siehe unten.
[646] *Ule/Laubinger/Repkewitz*, BImSchG Rspr., § 6 Nr. 56, S. 9.

I. Keine Änderungsfestigkeit des Planfeststellungsbeschlusses gegen Fortentwicklungen der Grundpflichten

Das BVerwG geht davon aus, dass die bestandskräftige Genehmigung bzw. Planfeststellung keinen Bestandsschutz entfalte, da die Grundpflichten des Betreibers nach § 15 Kreislaufwirtschaftsgesetz (KrWG) in den Planfeststellungsbeschluss mit eingegliedert seien und er unter dem Vorbehalt der Aktualisierung und Konkretisierung der Grundpflichten stehe.[647] Die Grundpflicht der gemeinwohlverträglichen Abfallbeseitigung aus § 15 Abs. 2 KrWG werde vor allem durch die DepV konkretisiert.[648]

Zur Klärung der Frage, ob der Planfeststellungsbeschluss änderungsoffen ist, ist zunächst zu untersuchen, ob die Gestattungswirkung des Planfeststellungsbeschlusses gem. § 36 Abs. 1 KrWG i. V. m. § 75 Abs. 1 S. 1 VwVfG den veränderten rechtlichen Anforderungen aus der AbfAblV und DepV entgegensteht.[649] Die Gestattungswirkung erstrecke sich nur auf den Regelungsgegenstand und nicht auf Begründungen bzw. Feststellungen.[650] Ihr Umfang ergebe sich aus dem Inhalt des Planfeststellungsbeschlusses.[651] Im vorliegenden Fall regele der Planfeststellungsbeschluss, wie der Deponiekörper zu gestalten sei und welche Abfälle in welcher Form abgelagert werden dürfen. Diese Fragen regeln auch die DepV und AbfAblV, sodass die Verordnungen und der Verwaltungsakt kollidierten. Der Verwaltungsakt verhindere grundsätzlich den Durchgriff auf die geänderte Rechtslage, denn solange der Verwaltungsakt Bestand habe, konkretisiere er verbindlich die Rechtslage und nicht die gesetzliche Regelung. Damit ließen nachträgliche Änderungen der Rechtslage durch die AbfAblV und DepV den Befehlsinhalt des wirksamen VAs grundsätzlich unberührt,[652] und die Gestattungswirkung bliebe trotz der neuen rechtlichen Anforderungen erhalten.[653]

---

[647] *Petersen/Krohn*, AbfallR 2003, 60 (63).
[648] *Queitsch*, in: BeckOK Umweltrecht, § 12 KrWG Rn. 12.
[649] *Pünder*, in: Ehlers/Pünder, Allg. VerwR, § 15 Rn. 30; *Beckmann*, in: Landmann/Rohmer, UmweltR, § 38 KrWG Rn. 36.
[650] *Klett/Oexle*, NVwZ 2004, 1301 (1302).
[651] *Siederer/Nicklas*, AbfallR 2003, 66 (68).
[652] *Klett/Oexle*, NVwZ 2004, 1301 (1302).
[653] *Beckmann*, AbfallR 2003, 2 (4); *Beckmann*, in: Landmann/Rohmer, UmweltR, § 38 KrWG Rn. 37; *Beckmann*, DVBl. 2003, 821 (823).

Nach Ansicht des BVerwG sei das KrWG aber gegenüber der Fortentwicklung der dynamischen Grundpflichten der Abfallbeseitigung offen. Bei technischen Anlagen müsse der Genehmigungsinhaber stets damit rechnen, dass neue Erkenntnisse in Wissenschaft und Technik eine Änderung der Rechtslage zur Folge haben, sodass es kein Vertrauen auf den unveränderten Fortbestand der Genehmigung oder des Planfeststellungsbeschlusses geben könne.[654]

Über das Bestehen von dynamischen Grundpflichten herrscht in der Literatur Streit. Es wird vertreten, dass die Grundpflichten des KrWG, wie auch § 5 BImSchG, dynamisch seien, da sie gem. § 16 S. 1 KrWG nach dem Stand der Technik konkretisiert würden.[655]

Im BImSchG sind die Grundpflichten mit der Genehmigung verknüpft, da die Einhaltung der Grundpflicht selbst Voraussetzung für die Genehmigungserteilung ist, § 6 Abs. 1 Nr. 1 BImSchG. Im KrWG hingegen bestehe die Verbindung zwischen Grundpflichten und Deponienzulassung nur mittelbar.[656] § 36 KrWG verweise für den Planfeststellungsbeschluss nicht ausdrücklich auf die dynamischen Grundpflichten.[657] In § 15 Abs. 2 S. 1 KrWG sei die Grundpflicht für Erzeuger und Besitzer enthalten, Abfälle so zu beseitigen, dass „das Wohl der Allgemeinheit nicht beeinträchtigt wird". § 15 Abs. 2 S. 2 KrWG konkretisiere dabei dieses Gebot.[658] Nach § 36 Abs. 1 Nr. 1 KrWG dürfe der Planfeststellungsbeschluss nur erteilt werden, wenn „das Wohl der Allgemeinheit nicht beeinträchtigt wird". Dieser unbestimmte Rechtsbegriff werde in § 15 Abs. 2 S. 2 KrWG durch die Aufzählung der Regelbeispiele näher konkretisiert.[659] Aufgrund dieser Wortlautgleichheit bestehe eine enge sachliche Verknüpfung zwischen der allgemeinen Grundpflicht und dem Planfeststellungsbeschluss.[660]

Beckmann hingegen vertritt die Ansicht, dass es keine mit § 5 BImSchG vergleichbaren dynamischen Grundpflichten im Abfallrecht gebe, die zu einer Änderungsoffenheit führen können. Seiner Ansicht nach gälten die abfallrechtli-

---

[654] *Siederer/Nicklas*, AbfallR 2003, 66 (67).
[655] *Petersen/Krohn*, AbfallR 2003, 60 (63); *Siederer/Nicklas*, AbfallR 2003, 66 (68).
[656] *Petersen/Krohn*, AbfallR 2003, 60 (63).
[657] *Beckmann*, AbfallR 2003 2 (5).
[658] *Petersen/Krohn*, AbfallR 2003, 60 (63).
[659] *Jarass/Petersen*, KrWG, § 36 Rn. 15.
[660] *Petersen/Krohn*, AbfallR 2003, 60 (63).

chen Grundpflichten gem. § 15 Abs. 1 S. 1 KrWG dem Wortlaut entsprechend nur für Abfallbesitzer und -erzeuger. Der Betreiber hingegen sei nicht Adressat der Grundpflichten.[661] Dies übersehe aber, dass der Deponienbetreiber immer auch Abfallbesitzer sei und somit auch er den Grundpflichten des § 15 KrWG unterliege. Für die Zielerreichung einer umweltverträglichen Abfallbeseitigung sei es gerade essenziell, dass auch der Betreiber an die Grundpflichten gebunden sei.[662]

Damit inkorporiert der Planfeststellungsbeschluss die Grundpflichten des Betreibers nach § 15 KrWG, sodass er kein Schutzschild gegen nachträglich geänderte Vorgaben ist. Durch die dynamischen Grundpflichten besteht keine materiell-rechtliche Bindung des Anlagenbetreibers an die im Genehmigungszeitpunkt geltenden Vorschriften. Der Planfeststellungsbeschluss ist deshalb nicht änderungsfest gegenüber der Fortentwicklung der dynamischen Grundpflichten.

II. Unmittelbar zulassungsmodifizierende Wirkung der AbfAblV und DepV

Das BVerwG entschied, dass die AbfAblV und DepV unmittelbare Wirkung hätten und direkt auf den Bestand der abfallrechtlichen Planfeststellung einwirkten, d. h. es sei kein weiterer Umsetzungsakt notwendig. Der Planfeststellungsbeschluss werde dadurch nicht unwirksam, sondern er werde durch die Verordnung insoweit abgeändert, als diese Anforderungen an die abzulagernden Abfälle stelle.[663]

In der Literatur herrscht Streit darüber, ob die Pflichten der DepV und AbfAblV unmittelbar gelten oder ob es einer gesonderten Umsetzung durch einen einzelfallbezogenen Verwaltungsakt bedarf. Einige Autoren schließen sich der Rechtsprechung des BVerwG an und betrachten die AbfAblV und DepV als unmittelbar anwendbare Verordnungen. Damit wäre ein Widerruf oder die nachträgliche Anordnung zur Durchsetzung der Verordnung nicht nötig. Die Verordnung

---

[661] *Beckmann*, AbfallR 2003, 2 (5).
[662] *Petersen/Krohn*, AbfallR 2003, 60 (63).
[663] BVerwG, Beschl. v. 03.06.2004 – 7 B 14/04 = NVwZ 2004, 1246 (1247); *Beckmann*, DVBl. 2003, 821 (822).

modifiziere die bestandskräftige Zulassungsentscheidung (Planfeststellungsbeschluss) unmittelbar.[664]

Beckmann sieht dies anders und vertritt die Ansicht, dass die AbfAblV und die DepV nicht unmittelbar gelten. Demnach könne der Bestandsschutz der Planfeststellungsentscheidung nur über nachträgliche Anordnungen gem. § 36 Abs. 4 S. 3 KrWG eingeschränkt werden,[665] nicht aber über eine unmittelbar geltende Verordnung. Würde der Planfeststellungsbeschluss unmittelbar durch die AbfAblV und DepV modifiziert, bedeute dies, dass Anlagen, die nicht die neuen Anforderungen erfüllen, einen Antrag für den Weiterbetrieb stellen und bis zur Entscheidung ihre Anlage stilllegen müssen.[666] Deshalb ist eine nachträgliche Anordnung zur Durchsetzung der neuen Anforderungen notwendig.

Nach Ansicht seiner Kritiker verkenne er, dass es gerade die Intention des Gesetzgebers war, dass der Betreiber selbst aktiv werden und einen Antrag stellen muss. Aus § 36 Abs. 4 S. 3 KrWG ergebe sich, dass die Verordnung gerade nicht durch Anordnung der Behörde durchzusetzen sei, sondern der Betreiber einen Antrag auf Zulassung des Weiterbetriebs stellen müsse.[667]

Nach Beckmanns Meinung spreche schon der Planfeststellungsbeschluss als solcher gegen die unmittelbare Geltung der Verordnung.[668] Die Rechtswirkung der Planfeststellung umfasse die Gestattungswirkung, Gestaltungswirkung, Konzentrationswirkung und die Ausschlusswirkung.[669] Der Planfeststellungsbeschluss diene dazu, dass eine einheitliche Gesamtregelung geschaffen werde, die die vielfältigen Rechte und Interessen berücksichtige, die von dem Vorhaben berührt sind.[670] Jedoch sei die Gestattungswirkung, die der Planfeststellungsbeschluss vermittle, nicht anders als die Gestattungswirkung eines Verwaltungsaktes. Aus § 75 VwVfG lasse sich nicht entnehmen, dass der Planfeststellungsbe-

---

[664] *Petersen/Krohn*, AbfallR 2003, 60 (61).
[665] *Beckmann*, AbfallR 2003, 2 (4).
[666] *Beckmann*, DVBl. 2003, 821 (822); *Beckmann*, AbfallR 2003, 2 (2).
[667] *Siederer/Nicklas*, AbfallR 2003, 66 (69).
[668] *Beckmann*, AbfallR 2003, 2 (4).
[669] *Fellenberg/Schiller*, in: Jarass/Petersen, KrWG, § 36 Rn. 106 ff.; *Beckmann*, in: Landmann/Rohmer, UmweltR, § 38 KrWG Rn. 34; *Beckmann*, AbfallR 2003, 2 (3).
[670] *Kopp/Ramsauer*, VwVfG, § 74 Rn. 16.

schluss mehr Schutz vermittle,[671] sodass er eine nachträgliche Anordnung notwendig mache.

Zwar ist die unmittelbare Wirkung von Verordnungen in § 7 Abs. 1 BImSchG anerkannt, jedoch gilt dies nur für die Anpassungspflicht an die dynamischen Grundpflichten. Beckmann meint, dass es keine dynamischen Grundpflichten im Abfallrecht gebe, sodass auch keine unmittelbare Verpflichtung durch eine Verordnung entstehen könne.[672] Eine mit §§ 17 Abs. 3, 20 Abs. 1 BImSchG vergleichbare Regelung, die ausdrücklich klarstelle, dass eine unmittelbare Wirkung der Verordnungen gewollt sei, gebe es im KrWG nicht.[673] Die AbfAblV und DepV wurden auf die Ermächtigung in § 16 S.1 KrWG gestützt. Diese Verordnungsermächtigung enthielte keine Einschränkungen dahingehend, dass den darauf gestützten Verordnungen keine unmittelbare Wirkung zukommen dürfe und es einer behördlichen Anordnung zu ihrer Durchsetzung bedürfe.[674]

Der Wortlaut in § 1 II Nr. 1 AbfAblV, § 1 II Nr. 2 DepV zeige, dass sich die Pflichten aus den Verordnungen direkt an die Deponienbetreiber richten.[675] In § 1 II Nr. 3 AbfAblV, § 1 II Nr. 4 DepV seien aber auch die Abfallbesitzer als Adressaten genannt, für die die Verordnungen keine unmittelbare Geltung haben solle. Beckmann folgert daraus, dass dann auch für die Betreiber und Inhaber der Deponien die Verordnungen keine unmittelbare Geltung habe.[676]

Der Wortlaut des § 4 Abs. 3 AbfAblV spricht aber davon, dass der Deponiebetreiber die dort genannten Anforderungen „einzuhalten hat", sodass die Verpflichtung sich an den Betreiber direkt richtet.[677] Nach dem Willen des Gesetzgebers ist keine behördliche Umsetzung nötig.

Aus den Normenmaterialien und der Entstehungsgeschichte ergebe sich der Wille des Gesetzgebers, dass die Verordnung unmittelbar auf den Rechtskreis des Betreibers wirken solle.[678] Aus der Begründung des Regierungsentwurfes der AbfAblV gehe eindeutig hervor, dass die Anforderungen an die Beschaffenheit

---

[671] *Siederer/Nicklas*, AbfallR 2003, 66 (68).
[672] *Beckmann*, AbfallR 2003, 2 (5).
[673] *Siederer/Nicklas*, AbfallR 2003, 66 (68).
[674] *Klett/Oexle*, NVwZ 2004, 1301 (1303).
[675] *Petersen/Krohn*, AbfallR 2003, 60 (61).
[676] *Beckmann*, AbfallR 2003, 2 (6).
[677] Vgl. *Siederer/Nicklas*, AbfallR 2003, 66 (68).
[678] Ebd.

abzulagernder Abfälle unmittelbar gelten würden. Auch die Begründung zur DepV zeige, dass es dem Willen des Verordnungsgebers entspreche, unmittelbar auf die Rechtstellung des Betreibers einzuwirken.[679] Sinn und Zweck der AbfAblV und DepV sei die Höherstufung der Vorschriften aus der ehemaligen Technischen Anleitung Siedlungsabfall (TASi) und Technischen Anleitung Abfall (TA Abfall). Zudem solle eine höhere Verbindlichkeit im Rahmen der gerichtlichen Kontrolle geschaffen werden.[680] Die Vorschriften sollen gerade Außenwirkung haben und nicht nur behördenintern wirken, wie dies bei der TA Abfall bzw. TASi der Fall war, damit Vollzugsdefizite vermieden werden würden.[681] Die Anforderungen der früheren TASi seien nun in der AbfAblV enthalten und stiegen damit von einer normenkonkretisierenden Verwaltungsvorschrift zu einer Verordnung auf. Aufgrund des Verordnungsrangs hätten sie eine eindeutige Verbindlichkeit im Außenverhältnis, sodass das Ziel eines höheren Stellenwertes und einer besseren Durchsetzung gegenüber den Betreibern erreicht werde. Zur Absicherung dieses Zweckes sei es aber nötig, dass bereits die Verordnung unmittelbar auf die Rechtstellung des Betreibers einwirke, unabhängig von behördlichen Einzelfallentscheidungen.[682]

Wenn der Inhalt des Planfeststellungsbeschlusses durch die Verordnung unmittelbar modifiziert würde, dann wäre der Weiterbetrieb ohne Einhaltung der neuen Anforderungen eine unerlaubte Abfallbeseitigung nach § 326 StGB, sodass strafrechtliche Folgen zu befürchten sind, §§ 324, 324a, 325, 327, 326 StGB.[683] Die hohen Abfallmengen sind ein großes Umweltrisiko, sodass das KrWG einen staatlichen Ordnungsrahmen für die Abfallwirtschaft schaffen wollte. Es soll sichergestellt werden, dass die verantwortlichen Personen eine möglichst umweltverträgliche Entsorgung vornehmen. Durch die Deponierung entsteht langfristig ein ökologisches Risiko eines Schadstoffaustrags aus dem Abfall in die Umwelt. Deshalb sind hier besondere Sicherheitsvorkehrungen notwendig.[684] Dieses Sicherheitsrisiko rechtfertige es auch, dass Betreiber bei einem Verstoß

---

[679] BVerwG, Beschl. v. 03.06.2004 – 7 B 14/04 = NVwZ 2004, 1246 (1247).
[680] *Petersen/Krohn*, AbfallR 2003, 60 (61).
[681] *Siederer/Nicklas*, AbfallR 2003, 66 (68).
[682] *Petersen/Krohn*, AbfallR 2003, 60 (61).
[683] Vgl. *Beckmann*, AbfallR 2003, 2 (3); *Beckmann*, DVBl. 2003, 821 (822 f.).
[684] Vgl. *Koch*, Umweltrecht, § 6 Rn. 2.

gegen verschärfte Anforderungen mit strafrechtlichen Maßnahmen rechnen müssen.

Im Interesse der Planklarheit ist für eine Änderung des Anlagenbetriebs eine ausdrückliche Kundgabe der entsprechenden Änderung des Planfeststellungsbeschlusses zu fordern. Ansonsten könnten rechtliche Meinungsverschiedenheiten entstehen.[685] Jedoch werden in §§ 3, 4 AbfAblV, §§ 3, 6 DepV konkrete Ablagerungsvoraussetzungen und deponientechnische Anforderungen bestimmt, die eine unmittelbare Wirkung der Verordnung rechtfertigen. Die Verbote und Pflichten sind dabei so konkret ausgestaltet und eindeutig bestimmt, dass die Betreiber die Verhaltenspflichten klar erkennen und direkt aus der Verordnung ableiten können, § 3 I AbfAblV. Die Betreiber können ohne Probleme unmittelbare Handlungsanweisungen entnehmen, da die Vorgaben, an denen sie ihr Verhalten ausrichten müssen, aufgrund des hohen Konkretisierungsgrades eindeutig sind.[686] Die Gefahr von Ungewissheit und Meinungsverschiedenheiten sind deshalb nicht zu befürchten.

Die Ordnungswidrigkeitentatbestände in § 7 AbfAblV, § 24 DepV statuieren, dass bereits der Verstoß gegen einzelne Anforderungen aus der Verordnung eine Ordnungswidrigkeit darstellt.[687] Einer Einzelfallanordnung bedarf es gerade nicht. Gleiches gilt für die Verhängung des Bußgeldes, wodurch die Umsetzung der Pflichten aus §§ 3, 4, 7 AbfAblV sichergestellt werden soll. Auch in § 24 Nr. 4 DepV sind Verstöße gegen die in § 6 Abs. 1, 2 DepV genannten Tatbestände bußgeldbewehrt.

Auch die in § 2 Nr. 7 a) AbfAblV, § 14 II DepV enthaltenen Übergangsfristen sprechen für eine unmittelbare Wirkung der Verordnung. Ihr Ziel ist die Milderung der Härte, die durch die unmittelbare Wirkung der Verordnung entsteht.

Die Auslegung der Verordnungen ergibt auch hier, dass eine unmittelbar zulassungsmodifizierende Wirkung der AbfAblV und der DepV gewollt ist.[688]

---

[685] Vgl. *Beckmann*, DVBl. 2003, 821 (826).
[686] Vgl. *Petersen/Krohn*, AbfallR 2003, 60 (61).
[687] Vgl. BVerwG, Beschl. v. 03.06.2004 – 7 B 14/04 = NVwZ 2004, 1246 (1247).
[688] Zur Verfassungsmäßigkeit der AbfAblV und DepV siehe unten.

C. Fachrecht neben Gestattungswirkung der immissionsschutzrechtlichen Genehmigung

Die „Krise des Bestandsschutzes" zeigt sich auch durch die Entscheidung des BVerwG in Bezug auf das Treibhausgas-Emissionshandelsgesetz (TEHG). Ein Unternehmen klagte gegen seine Pflichten aus dem TEHG, da es in der Einführung des Emissionshandelssystems einen Eingriff in den immissionsschutzrechtlich genehmigten Bestand der Anlage sah. Mit Einführung des Emissionshandels muss der Anlagenbetreiber eine den Kohlendioxid-Emissionen der Anlage entsprechende Anzahl von Berechtigungen vorweisen. Diese werden zunächst zugeteilt und sind danach frei handelbar, sodass gegebenenfalls zur Erfüllung der Verpflichtung neue Zertifikate gekauft werden müssen. Der Betreiber der Anlage war der Ansicht, dass er durch die immissionsschutzrechtliche Genehmigung ein subjektiv-öffentliches Recht auf den Betrieb der Anlage und damit auch auf Aussendung der Emissionen im Umfang der genehmigten Anlagenkapazität habe und dass diese Gestattungswirkung durch §§ 4 Abs. 4 S. 1, 5, 7 Abs. 1 TEHG inhaltlich beschränkt werde.

Die Leipziger Richter entschieden, dass die Pflichten des TEHG eigenständig neben die Gestattungswirkung der schon erteilten immissionsschutzrechtlichen Genehmigung träten, sodass die immissionsschutzrechtliche Genehmigung nicht bestandsschützend sei. § 4 Abs. 4 S. 1 TEHG greife nicht auf den immissionsschutzrechtlichen Genehmigungsinhalt unmittelbar zu, sondern stehe neben der Genehmigung.

I. Keine Änderungsfestigkeit der immissionsschutzrechtlichen Genehmigung gegenüber separat daneben tretendem formellem Bundesrecht

Nach Ansicht des BVerwG dient das TEHG zwar der Umsetzung der Grundpflichten nach § 5 BImSchG, es trete aber neben die Gestattungswirkung der bisherigen immissionsschutzrechtlichen Genehmigung. Das BVerwG begründet seine Ansicht damit, dass die immissionsschutzrechtliche Genehmigung keine Rechte auf Treibhausemissionen in bestimmter Menge verleihe, da das Recht zu emittieren nicht vom Staat gewährt werde, sondern aus den Grundrechten des Anlagenbetreibers stamme.[689] Damit stehe die Gestattungswirkung einer nach-

---

[689] *Spieth/Hamer*, ZUR Sonderheft 2004, 427 (427).

träglichen Rechtsänderung nicht entgegen.[690] Das TEHG trete neben die Gestattungswirkung der immissionsschutzrechtlichen Genehmigung, da es sich beim TEHG um einen gemeinschaftsrechtlich bedingten Systemwechsel handle, indem die Steuerung der Freisetzung von Kohlendioxiden nun durch die Regeln des TEHG erfolge.[691]

Das BVerwG begründet in seiner Entscheidung das Nebeneinander von TEHG und BImSchG nur rudimentär. Deshalb ist es wichtig, sich das Verhältnis der beiden Rechtsgebiete genauer anzusehen.

Der Wortlaut des § 4 Abs. 1 S. 1 TEHG besagt, dass der Verantwortliche für die Freisetzung von Treibhausgasen eine besondere Emissionsgenehmigung benötigt.[692] Dies würde bedeuten, dass neben einer immissionsschutzrechtlichen Anlagengenehmigung nach dem BImSchG der Betreiber von Neu- und Altanlagen zusätzlich eine spezielle Emissionsgenehmigung nach § 4 Abs. 1 S. 1 TEHG besitzen muss.[693] Die Wortlautauslegung spricht deshalb für ein doppelspuriges System, da zwei Genehmigungen nebeneinander notwendig sind.

Für Anlagen, die vor dem 01.01.2013 nach den Vorschriften des BImSchG genehmigt wurden, ist aber die immissionsschutzrechtliche Anlagengenehmigung als Emissionsgenehmigung anzusehen, § 4 Abs. 4 S. 1 TEHG.[694] Demnach ist für genehmigungsbedürftige Altanlagen keine gesonderte Emissionsgenehmigung notwendig. Die immissionsschutzrechtliche Genehmigung wird um die zusätzlichen Anforderungen nach dem TEHG ergänzt.[695] Dies zeigt, dass die Regelungen des TEHG in die immissionsschutzrechtliche Genehmigung Eingang finden, weshalb kein Nebeneinander der beiden Rechtsgebiete gewollt ist.

Auch wenn für bereits genehmigte Anlagen eine erneute Durchführung des Genehmigungsverfahrens nicht erforderlich ist, gelten für sie ebenso die Anforderungen nach §§ 5, 6 Abs. 1 TEHG. Durch die Bestimmung, dass diese Bestandteil der immissionsschutzrechtlichen Genehmigung sind, soll ihre Einbeziehung

---

[690] BVerwG, Urt. v. 30.06.2005 – 7 C 26/04 = NVwZ 2005, 1178 (1182 f.); *Hansmann*, DVBl. 1997, 1421 (1427); *Rebentisch*, DVBl. 1997, 810 (811).
[691] BVerfG, Beschl. v. 13.03.2007 – 1 BvF 1/05 – juris Rn. 10.
[692] *Arndt/Fischer*, in: Steiner (Hrsg.), Besonderes Verwaltungsrecht, VII Rn. 137.
[693] *Schweer/Hammerstein v./Ludwig/Wielsch*, TEHG, § 4 Rn. 1 f.
[694] *Frenz*, Emissionshandelsrecht, § 4 Rn. 21 f.
[695] *Maslaton*, TEHG, § 4 Rn. 7.

sichergestellt werden.[696] Sinn der Regelung in § 4 Abs. 4 S. 1 TEHG ist es, dem Betreiber zwei unterschiedliche Genehmigungsverfahren zu ersparen, indem sie emissions- und immissionsschutzrechtliche Genehmigungen zusammenfasst.[697] Auch wenn keine gesonderte Emissionsgenehmigung erforderlich ist, kann der Anlagenbetreiber auch bei Vorliegen einer immissionsschutzrechtlichen Genehmigung nach § 4 TEHG eine gesonderte Emissionsgenehmigung beantragen, § 4 Abs. 4 S. 2 TEHG.[698] Neuanlagen, die nach dem 01.01.2013 genehmigt wurden, benötigen stets eine Emissionsgenehmigung nach § 4 TEHG. Dies zeigt, dass das Fachrecht hier eigenständig neben das BImSchG tritt und eine neue Regelung treffen möchte, die gerade nicht von der bisherigen Genehmigung umfasst ist. § 4 Abs. 4 S. 2 TEHG wäre ansonsten obsolet, da eine weitere zusätzliche Genehmigung mit dem gleichen Regelungsgehalt wie die immissionsschutzrechtliche Genehmigung sinnlos wäre.

Diese Schlussfolgerung wird auch durch den Zweck des TEHG bestätigt. Nach § 4 TEHG dürfen Treibhausgase erst freigesetzt werden, wenn der Emittent hierfür eine wirksame Genehmigung besitzt. Damit kann die zuständige Behörde überprüfen, ob der Anlagenbetreiber seine Emissionen überwachen und über sie Bericht erstatten kann (§ 4 Abs. 2 THG), denn dies ist Voraussetzung für die Festsetzung der Abgabepflicht. Durch die Integration der Genehmigung für die Treibhausemissionen in die immissionsschutzrechtliche Genehmigung (§ 4 Abs. 5, 6 a. F. TEHG) kann dieser Zweck aber gerade nicht erreicht werden.[699]

Ein Blick in die Gesetzgebungsgeschichte zeigt zudem die politischen Schwierigkeiten bei der Konsensfindung im Rahmen des Erlasses des TEHG. Das TEHG dient der Umsetzung der Richtlinie 2003/87/EG (EH-Richtlinie). Zunächst zeigen die Referentenentwürfe, dass eine Verzahnung des Immissionsschutzrechts mit dem Emissionshandel beabsichtigt war und eine Integration in das geltende Anlagenrecht erfolgen sollte, damit bestehende, nach dem BImSchG genehmigte Anlagen keine zusätzliche Genehmigung benötigen.[700] Aufgrund der massiven Kritik entschied sich der Bundestag dann gegen eine solche Integration in das immissionsschutzrechtliche Verfahren, integrierte

---

[696] Ebd., § 4 Rn. 21.
[697] Ebd., § 4 Rn. 1.
[698] *Frenz*, Emissionshandelsrecht, § 4 Rn. 21 f.
[699] *Schweer/Hammerstein v./Ludwig/Wielsch*, TEHG, § 4 Rn. 5 f.
[700] *Maslaton*, TEHG, § 4 Rn. 3.

vielmehr sämtliche Regelungen in das TEHG selbst und koppelte es vom Immissionsschutzrecht ab.[701] Dieser Wille zeigt sich im Regierungsentwurf, der die Einführung des § 4 Abs. 1 S. 2 TEHG vorsieht, wonach die immissionsschutzrechtliche Genehmigung keine Konzentrationswirkung nach § 13 BImSchG haben soll.[702] Im Vermittlungsausschuss entstanden dann die Regelungen in den § 4 Abs. 6 – 8 a. F. TEHG, die eine Verzahnung mit dem Bundesimmissionsschutzrecht erreichen.[703] Dies zeigt, dass die Einführung eines neuen Systems gewollt war, das neben das BImSchG tritt und dieses nicht ändern sollte. Die Verzahnung erfolgte nur aus rein praktischen Erwägungen: zur Ersparung einer weiteren Genehmigung. Der Gesetzgeber wollte ein zweispuriges System einführen, sodass die Gestattungswirkung der immissionsschutz-rechtlichen Genehmigung nicht die Anforderungen des TEHG umfasst.

Das TEHG verfolgt zwei Ziele: den ordnungsrechtlichen Ansatz der Lizenzpflicht, der eine Berechtigung zur Emission von Treibhausgasen voraussetzt und den ökonomischen Ansatz in Bezug auf den Handel mit Berechtigungen.[704] Dieser ökonomische Ansatz war dem Umweltrecht bisher fremd, denn es herrschte die Ansicht, dass die Luft ein frei nutzbares Gut ist. Erst durch die Einführung des TEHG wird sie zu einem Gut, das gehandelt werden kann. Die Einführung dieses neuen Systems ist Hauptgrund dafür, dass das TEHG neben das BImSchG tritt. Dadurch wird der Bestand der bisher bestehenden immissionsschutzrechtlichen Genehmigung nicht angetastet, sondern die Anforderungen des TEHG stellen sich eigenständig daneben.

Die Befugnis zur Freisetzung von CO_2-Emissionen ist nicht in immissionsschutzrechtlichen Rechtsverordnungen oder in der Technischen Anleitung Luft (TA Luft) enthalten. Somit kann die immissionsschutzrechtliche Genehmigung keine Emissionsfreisetzung regeln. Einen Bestandsschutz der immissionsschutzrechtlichen Genehmigung, der vor den neuen Anforderungen aus dem TEHG schützt, kann es nicht geben, da der CO_2-Ausstoß nicht Regelungsgehalt der Genehmigung sein kann.[705] Nach alledem kommt man zu dem Ergebnis, dass

---

[701] *Schweer/Hammerstein v./Ludwig/Wielsch*, TEHG, § 4 Rn. 4.
[702] *Maslaton*, TEHG, § 4 Rn. 4.
[703] *Schweer/Hammerstein v./Ludwig/Wielsch*, TEHG, § 4 Rn. 4.
[704] BT-Drs. 15/2328, S. 2.
[705] *Schweer/Hammerstein v./Ludwig/Wielsch*, TEHG, § 6 Rn. 28.

das TEHG als neues Regelungssystem neben die Gestattungswirkung der immissionsschutzrechtlichen Anlage tritt.

Es gibt jedoch Stimmen in der Literatur, die davon ausgehen, dass die Emissionsbefugnis Bestandteil der immissionsschutzrechtlichen Genehmigung sei.[706] Demnach sei bei Altanlagen die Emissionsaussendung von der immissionsschutzrechtlichen Genehmigung gedeckt.[707] Die Verfahrensregelungen der 9. BImSchV verlangten detaillierte Angaben über die Emissionsquellen, sodass die Gestattung der Emissionen auch Inhalt der Genehmigung sein müsse.[708] Die Freisetzung von Treibhausgasen sei zudem ein wesentlicher Teil des immissionsschutzrechtlichen Genehmigungstatbestandes.[709] Diese Ansicht wird besonders auf die Regelung in § 4 Abs. 4 S. 1 TEHG gestützt. Demnach gilt die immissionsschutzrechtliche Genehmigung für Anlagen, die vor dem 01.01.2013 genehmigt worden sind, auch als Emissionsgenehmigung im Sinne des TEHG, sodass man die Verursachung von Emissionen als echten Regelungsgegenstand der immissionsschutzrechtlichen Erlaubnis ansehen kann.[710] Damit ist die Befugnis zur Freisetzung von Treibhausemissionen von der Gestattungswirkung umfasst.

Letztendlich hängt die Frage, ob die Genehmigung Emissionen gestattet, von der jeweiligen Ausgestaltung des Genehmigungsbescheids ab. Wird dort eine bestimmte Emissionsmenge gestattet und nicht nur zur Begründung herangezogen, erstreckt sich die Genehmigung auch darauf.[711]

Auch wenn die Emissionsbefugnis Bestandteil der immissionsschutzrechtlichen Genehmigung ist, besteht ein von vornherein eingeschränkter Bestandsschutz aufgrund der dynamischen Grundpflichten. Das TEHG dient der Konkretisierung der dynamischen Grundpflichten. Gem. § 5 Abs. 1 S. 2 BImSchG a. F. mussten immissionsschutzrechtlich genehmigungsbedürftige Anlagen, die dem Anwendungsbereich des TEHG unterliegen, zur Erfüllung der Vorsorgepflicht nach § 5 Abs. 1 S. 1 Nr. 2 BImSchG die Anforderungen des § 5 (Emissionsbericht) und des § 6 Abs. 1 (Abgabe von Berechtigungen) des bisherigen TEHG

---

[706] *Kutscheidt*, DVBl. 2000, 754 (756).
[707] *Burgi/Müller*, ZUR Sonderheft 2004, 419 (426).
[708] *Dietlein*, in: Landmann/Rohmer, Umweltrecht, § 6 Rn. 13.
[709] *Maslaton*, TEHG, § 4 Rn. 4.
[710] *Dietlein*, in: Landmann/Rohmer, Umweltrecht, § 6 Rn. 13.
[711] *Jarass*, BImSchG, § 6 Rn. 57.

einhalten.[712] Der Ausstoß von Treibhausgasen war bisher nicht in der Menge begrenzt, sondern orientierte sich am Stand der Technik, § 5 Abs. 1 S. 1 Nr. 2 BImSchG.[713] Da der Betreiber aber stets die Anlage an den Stand der Technik anpassen muss, gibt es keine materiell-rechtliche Bindung des Anlagenbetreibers an die bei Genehmigungserteilung einzuhaltenden Pflichten. Damit verhindert der Bestandsschutz einer immissionsschutzrechtlichen Genehmigung auch nicht die Anpassung an geänderte Vorschriften.

Diese Norm wurde nun aber gestrichen. Nach § 5 Abs. 2 S. 1 BImSchG sind bei immissionsschutzrechtlich genehmigungsbedürftigen TEHG-Anlagen Anforderungen zur Begrenzung von Treibhausgasen nur zulässig, um zur Erfüllung der Pflichten nach § 5 Abs. 1 S. 1 Nr. 1 BImSchG sicherzustellen, dass im Einwirkungsbereich der Anlage keine schädlichen Umwelteinwirkungen entstehen. Damit gilt weiterhin, dass die immissionsschutzrechtlichen Vorsorgepflichten in Bezug auf die Emission von Treibhausgasen erfüllt sind, wenn die Anforderungen des TEHG zur Emissionsberichterstattung und zur Abgabe von Emissionsberechtigungen eingehalten werden.[714] Durch die dynamischen Grundpflichten ist der Anlagenbetreiber nicht materiell-rechtlich an die im Genehmigungszeitpunkt geltenden Vorschriften gebunden, und die immissionsschutzrechtliche Genehmigung ist nicht änderungsfest gegenüber der Fortentwicklung der dynamischen Grundpflichten. Selbst wenn man nicht der Ansicht des BVerwG folgen möchte, dass das TEHG neben die Gestattungswirkung der immissionsschutzrechtlichen Genehmigung tritt, ist die Zulassung aufgrund der dynamischen Grundpflichten nicht gegenüber den neuen Anforderungen aus dem TEHG änderungsfest.

II. Keine Notwendigkeit zur Einfügung der Rechtsänderung in den Zulassungsbescheid

Im nächsten Schritt ist nun zu klären, ob das TEHG die immissionsschutzrechtliche Genehmigung unmittelbar ändert. Wie schon in der TierSchNutztV sowie in der AbfAblV und der DepV muss dafür der Adressat der Pflichten der Anlagenbetreiber sein. In § 5 Abs. 1 und § 6 Abs. 1 Nr. 1 TEHG findet sich die Formulierung „Der Betreiber hat..." bzw. „Der Betreiber ist verpflichtet...". Die

---

[712] BVerwG, Urt. v. 30.06.2005 – 7 C 26/04 = NVwZ 2005, 1178 (1183).
[713] BVerfG, Beschl. v. 13.03.2007 – 1 BvF 1/05, Rn. 10.
[714] *Koch*, Umweltrecht, § 4 Rn. 134; *Kotulla*, in: Kotulla, BImSchG, § 5 Rn. 123b ff.

Pflichten richten sich demnach unmittelbar an den Betreiber und bedürfen keiner bescheidtechnischen Umsetzung.

Außerdem sind in § 5 Abs. 1 TEHG und § 6 Abs. 1 S. 2 TEHG genaue Anforderungen an den Betreiber enthalten, indem er „ermitteln und berichten" sowie einen „Überwachungsplan einreichen" muss. Damit kann der Anlagenbetreiber genau erkennen, was das TEHG von ihm fordert. Auch der Ordnungswidrigkeitentatbestand in § 32 Abs. 3 Nr. 4 TEHG knüpft an diese Pflicht aus § 6 Abs. 1 TEHG an. Damit ist zu erkennen, dass es gerade keiner behördlichen Umsetzung bedarf. Zudem droht dem Betreiber ein Bußgeld gem. § 32 Abs. 1 Nr. 1 TEHG, wenn er seinen Pflichten aus § 5 Abs. 1 TEHG nicht nachkommt.

Darüber hinaus finden sich in § 33 TEHG Übergangsvorschriften für Altanlagen. Ihr Zweck kann die Abmilderung einer unbilligen Härte für den Anlagenbetreiber sein, die durch die unmittelbare Wirkung des TEHG entsteht.

Diese soeben genannten Indizien sprachen in den vorangegangen Entscheidungen des BVerwG für eine unmittelbar zulassungsmodifizierende Wirkung. Jedoch stellte die Rechtsprechung immer auch auf die gesetzgeberische Intention ab. Das TEHG muss deshalb deutlich zum Ausdruck bringen, dass es der Wille des Gesetzgebers war, unmittelbar die Zulassung zu ändern. Nach Ansicht des BVerwG müssen die Rechtsänderungen, die durch die Neueinführung des TEHG entstehen, nicht durch einen Bescheid umgesetzt werden. Der Regelungsgehalt der immissionsschutzrechtlichen Altgenehmigung bleibe durch die neuen Pflichten unverändert. § 4 Abs. 7 TEHG greife nicht auf den Genehmigungsinhalt zu, da die Pflichten aus §§ 5, 6 Abs. 1 TEHG unmittelbar kraft Gesetz für alle Betreiber genehmigungsbedürftiger Anlagen gelten, sodass eine bescheidtechnische Implementierung nicht notwendig sei.[715] Das BVerwG geht also nicht von einer unmittelbar zulassungsmodifizierenden Wirkung aus.

Durch die systematische Auslegung lässt sich dies zunächst nicht begründen. Zwar gibt es im TEHG zwei Arten von Pflichten: Zum einen die gesetzesunmittelbaren Pflichten, die unabhängig von der Genehmigung (z. B. die Anzeigepflicht nach § 4 Abs. 9 TEHG) gelten, zum anderen die Pflichten, die als Bestandteil einer Genehmigung Anwendung finden. Daraus kann aber die Frage, ob die Pflichten nach §§ 5, 6 Abs. 1 TEHG Bestandteil der Altgenehmigung

---

[715] *Attendorn*, NVwZ 2001, 327 (331).

sind, nicht beantwortet werden. Denn diese Systematisierung setzt bereits voraus, dass sie Bestandteil der Genehmigung sind.[716]

Auch die Auslegung des Wortlautes der Emissionshandelsrichtlinie bringt keine Klarheit. Art. 6 Abs. 2 lit. d und e der Emissionshandelsrichtlinie verlangt nur, dass die Emissionsgenehmigung Auflagen für die Berichterstattung und die Verpflichtung zur Abgabe von Zertifikaten enthalten muss. Diese materiellen Pflichten müssen unmittelbar gelten, weil sie tatbestandlich an die immissionsschutzrechtliche Genehmigung anknüpfen. Es ist aber ohne Bedeutung, ob der Gesetzgeber diese Pflichten als Bestandteil der Genehmigung ansieht oder sie für anwendbar erklärt.[717]

Die Pflichten nach §§ 5, 6 Abs. 1 TEHG sind vom Betreiber unabhängig davon, ob sie in die Genehmigung mit aufgenommen wurden oder nicht, bereits kraft Gesetz zu erfüllen. Wenn eine immissionsschutzrechtliche Genehmigung noch zu erteilen ist, dann wiederholt eine Auflage mit dem Inhalt der Pflichten nach §§ 5, 6 Abs. 1 THEG nur den Gesetzeswortlaut, denn die Pflichten gelten schon unmittelbar kraft Gesetzes. Die Formulierung des § 4 TEHG, dass diese Pflichten „Bestandteil der Genehmigung" sind, ist ebenso eine bloß den Gesetzeswortlaut wiederholende Formulierung ohne darüberhinausgehenden Regelungscharakter.[718] § 4 Abs. 7 S. 1 TEHG a. F. regelte nämlich lediglich, dass die gesetzlichen Pflichten für alle Verantwortlichen unmittelbar gelten, also auch für Altanlagen. Die Altgenehmigung soll allein der tatbestandliche Anknüpfungspunkt für die Geltung der Pflichten nach §§ 5, 6 Abs. 1 TEHG sein.[719] Dies zeigt, dass nicht unmittelbar in den Genehmigungsinhalt eingegriffen werden soll.

§ 4 Abs. 7 TEHG a. F. setzte fest, dass bei Altanlagen, die bereits über eine immissionsschutzrechtliche Genehmigung verfügen, eine Anpassung an die speziellen Anforderungen nur mittels nachträglicher Anordnung nach § 17 BImSchG erfolgen kann. Die Pflichten nach dem TEHG gelten zwar auch für Altanlagen bereits kraft Gesetzes, § 4 Abs. 6 S. 1 TEHG. Man kann nun einerseits davon ausgehen, dass diese bereits bestehenden Pflichten über § 4 Abs. 7 S. 1 TEHG in

---

[716] BVerwG, Urt. v. 30.06.2005 – 7 C 26/04 = NVwZ 2005, 1178 (1180).
[717] Ebd.
[718] Ebd., S. 1179.
[719] *Maslaton/Hauk*, NVwZ 2005, 1150 (1152).

den Genehmigungsinhalt einfügt werden müssen.[720] § 4 Abs. 7 S. 1 TEHG kann jedoch auch dahingehend verstanden werden, dass damit die Geltung der grundlegenden Pflichten des TEHG für Altanlagen klargestellt wird und Satz 2 zur Konkretisierung der Umsetzung dieser Pflichten dient.[721] Dafür spricht, dass die früher vorgesehene Durchsetzung von Pflichten des TEHG durch § 17 BImSchG seit 2011 entfallen ist.[722] Die Abschaffung des § 4 Abs. 7 S. 2 TEHG für die Anpassung der immissionsschutzrechtlichen Genehmigung über die nachträgliche Anordnung nach § 17 BImSchG zeigt die Konzeption des Gesetzes, dass der Regelungsgehalt der Genehmigung als solcher trotz der neuen Anforderungen unverändert bleibt. Durch eine nachträgliche Anordnung könnte die Behörde in den Genehmigungsbestand eingreifen. Diese Ermächtigungsgrundlage wurde aber abgeschafft, da eine nachträgliche Anordnung nicht nötig ist, wenn die Pflichten des TEHG den Betreiber unmittelbar kraft Gesetzes treffen. Sie lassen deshalb den Bescheid unangetastet.

Das BVerwG geht in seiner Rechtsprechung davon aus, dass durch die Einführung des TEHG gar nicht in die immissionsschutzrechtliche Genehmigung eingegriffen wird, sondern das Fachrecht hier eigenständig neben das BImSchG tritt. Eine solche Neugestaltung ist dem Gesetzgeber nicht verwehrt. Es ist kein neuer zusätzlicher Verwaltungsakt nötig, sondern die neuen Pflichten nach dem TEHG gelten unmittelbar kraft Gesetzes.[723] Es handelt sich um die partielle Neuordnung eines Rechtsgebiets, die für die Zukunft den bisher gewährleisteten Eigentumsinhalt ändert. Der Gesetzgeber ist deshalb auch nicht an die Widerrufsregelung des BImSchG gebunden.[724]

---

[720] *Schweer/Hammerstein v./Ludwig/Wielsch*, TEHG, § 4 Rn. 5 f.
[721] BVerwG, Urt. v. 30.06.2005 – 7 C 26/04 = NVwZ 2005, 1178 (1180).
[722] *Jarass*, BImSchG, § 17 Rn. 20.
[723] Zur Verfassungsmäßigkeit des TEHG siehe unten.
[724] BVerwG, Urt. v. 30.06.2005 – 7 C 26/04 = NVwZ 2005, 1178 (1182 f).

D. Herausbildung allgemeiner Grundsätze

I. Bestandsschutz durch die immissionsschutzrechtliche Genehmigung

Nachdem nun die drei einschlägigen Entscheidungen des BVerwG dargestellt wurden, sind in einem weiteren Schritt allgemeine Grundsätze herauszuarbeiten, die auch auf andere Sachverhalte, insbesondere die Entscheidung des OVG Koblenz, übertragbar sind.

Nach der Analyse der Entscheidungen lässt sich erkennen, dass Genehmigungen im Umweltrecht meist keinen Bestandsschutz vermitteln, der gegenüber nachträglichen strengeren Anforderungen schützt und zu einer Änderungsfestigkeit führt. Entscheidende Kriterien des Bestandsschutzes sind der Vertrauensschutz und der Verhältnismäßigkeitsgrundsatz.[725] Die eingeschränkte bestandsschützende Wirkung kann auf einen geschwächten Vertrauensschutz, den die Genehmigung vermittelt, zurückgeführt werden. Der Vertrauensschutz, als wichtige Facette des Bestandsschutzes, wird aus Art. 14 Abs. 1 GG und dem verfassungsrechtlichen Rechtsstaatsprinzip (Art. 20 Abs. 3 GG) hergeleitet.[726] Der Bürger richtet sein Verhalten an der bestehenden Rechtslage aus und hat ein berechtigtes Interesse daran, dass sein darauf abgestimmtes Verhalten nicht unerwartet anders gewertet wird. Das Rechtsstaatsprinzip vermittelt zwar Rechtssicherheit und Beständigkeit, es gibt aber keinen Anspruch auf den unveränderten Fortbestand der einmal bestehenden Rechtslage.[727]

1. Dynamische Grundpflichten

Das BVerwG stellte fest, dass die dynamischen Grundpflichten im BImSchG und KrWG einer Änderungsfestigkeit der Genehmigung entgegenstehen.[728] Die dynamischen Grundpflichten dienen dem gesetzgeberischen Ziel, dass die Betreiber nicht auf die Pflichten zum Genehmigungszeitpunkt beschränkt bleiben, sondern auch im laufenden Betrieb immer wieder neue Anforderungen einhalten müssen. Diese Verpflichtung zur stetigen Anpassung an geänderte Voraussetzungen ist nur möglich, wenn auch die Genehmigung änderungsoffen ist und

---

[725] *Sach*, Genehmigung als Schutzschild?, S. 108.
[726] *Ule/Laubinger/Repkewitz*, BImSchG Rspr., § 6 Nr. 56 S. 9.
[727] *Lindner*, Öffentliches Recht, § 11 Rn. 672.
[728] OVG Koblenz, Urt. v. 12.11.2009 – 1 A 11222/09 = NuR 2010, 416 (419).

damit die Möglichkeit besteht, den Betreiber zur Einhaltung strengerer Anforderungen zu verpflichten.

In der Entscheidung zur DepV wurde betont, dass die Genehmigung die dynamischen Betreiberpflichten einschließen muss.[729] Nur wenn die dynamischen Grundpflichten auch in die Genehmigung Eingang finden, entsteht die Änderungsoffenheit, die das Fachrecht ausnutzt, um neue Anforderungen zu setzen. Die Einschränkungen des Bestandsschutzes der Genehmigung sind also auf den durch die Grundpflichten geschwächten Vertrauensschutz zurückzuführen.

Das Genehmigungsverfahren dient der präventiven Kontrolle des Vorhabens, um die Allgemeinheit vor daraus hervorgehenden erheblichen Gefahren zu schützen. Es dient aber auch der Rechtssicherheit des Betreibers, da durch die Genehmigung eine verlässliche Investitionsgrundlage geschaffen werden soll. Die Genehmigung vermittelt ein Vertrauen des Genehmigungsinhabers in die Beständigkeit der staatlichen Entscheidung, das geschützt werden muss.[730] Jedoch beschränken die dynamischen Grundpflichten diesen allgemeinen Schutz von vornherein, indem sie einen Vertrauensschutz des Genehmigungsinhabers von Anfang an verhindern bzw. einschränken.[731] Ein Vertrauen des Betreibers, dass er nach Maßgabe der bei der Genehmigungserteilung geltenden Rechtslage die Anlage auf Dauer betreiben darf, gibt es deshalb nicht.[732] Aufgrund der dynamischen Grundpflichten ist der Betreiber materiell-rechtlich dazu verpflichtet, seine Anlage an die jeweilige Sach- und Rechtslage anzupassen. Dadurch entfällt die Bindung an die zum Genehmigungszeitpunkt geltenden Vorschriften, sodass es keinen statischen Charakter des Zulassungsaktes gibt.[733]

Aufgrund der dynamischen Grundpflichten vermittelt die Genehmigung also von Anfang an einen sehr schwachen Vertrauensschutz. Die Genehmigungsinhaber müssen mit nachträglichen Anordnungen rechnen, sodass der eingeschränkte Bestandsschutz verfassungsrechtlich nicht zu beanstanden ist. Daher lässt sich der allgemeine Grundsatz herausbilden, dass dynamische Grundpflichten, die in die Genehmigung Eingang gefunden haben, zu einem eingeschränk-

---

[729] Ebd.
[730] *Sach*, Genehmigung als Schutzschild?, S. 282 f.
[731] *Denkhaus*, NuR 2000, 9 (13).
[732] *Sendler*, UPR 1983, 33 (43).
[733] *Sach*, Genehmigung als Schutzschild?, S. 88 f.

ten Vertrauensschutz führen und die Zulassung deshalb gegenüber nachträglichen Änderungen offen ist.

2. Fehlende Gestattungswirkung

In der Entscheidung zum TEHG stellte das BVerwG zwar fest, dass das TEHG zur Umsetzung der dynamischen Grundpflichten diene, verneinte die bestandsschützende Wirkung der Genehmigung aber nicht aus diesem Grund. Entscheidend für eine Änderungsoffenheit der Genehmigung war die Tatsache, dass die fachrechtlichen Anforderungen neben die Gestattungswirkung treten.[734] Auch in diesem Bereich ist der Vertrauensschutz entscheidend für die Änderungsoffenheit der Genehmigung. Einerseits sind Neuregelungen, die neben die Gestattungswirkung treten, wie dies beim TEHG der Fall ist, für den Betreiber unvorhersehbar und treffen ihn quasi „aus heiterem Himmel". Dies spricht für ein schutzwürdiges Vertrauen des Betreibers, denn eine Neuregelung war für ihn nicht absehbar.

Jedoch sind die Befugnisse zur Freisetzung von Treibhausgasemissionen gerade nicht Teil der Genehmigung. Der Genehmigungsinhaber kann nur insoweit auf den unveränderten Bestand seiner Genehmigung vertrauen, als auch die Regelungswirkung reicht. Wenn die Vereinbarkeit des Vorhabens mit bestimmten öffentlich-rechtlichen Vorschriften bei Genehmigungserteilung nicht geprüft wurde, kann die Genehmigung auch kein Vertrauen auf eine verbindliche Feststellung der Rechtslage vermitteln. Aus der verfassungsrechtlichen Eigentumsgewährleistung kann nicht hergeleitet werden, dass eine vom Eigentumsrecht umfasste Anlage nach ihrem Entstehen für alle Zukunft unverändert bleiben muss. Durch eine angemessene und zumutbare Überleitungsregelung kann die individuelle Rechtsposition des Betreibers durch das Hinzutreten neuer Gesetze umgestaltet werden. Der Gesetzgeber kann ein Rechtsgebiet neu ordnen,[735] wenn er dabei die verfassungsrechtlich gebotenen Grenzen im Rahmen des Rückwirkungsverbotes einhält (siehe § 3 B. III. 3.). Das TEHG greift auf einen gegenwärtig noch nicht abgeschlossenen Sachverhalt rückwirkend ein und entwertet damit die Rechtsposition nachträglich, sodass eine unechte Rückwirkung vorliegt. Es gibt keinen generellen Vertrauensschutz auf den Fortbestand der bisherigen Rechtslage ohne die Änderung oder das Hinzutreten von Gesetzen.

---

[734] BVerwG, Urt. v. 30.06.2005 – 7 C 26/04 = NVwZ 2005, 1178 (1182).
[735] BVerfG, Beschl. v. 24.02.2010 – 1 BvR 27/09 – juris Rn. 65.

Der Staat muss durch Veränderungen die Möglichkeit haben, auf das aktuelle Geschehen und weitere Bedürfnisse zu reagieren. Das TEHG nimmt hier keinen Eingriff vor, mit dem der Betroffene nicht rechnen musste und den er in seinem Verhalten nicht einplanen konnte. Das TEHG dient der Umsetzung der Emissionshandelsrichtlinie, sodass das Bestehen der Richtlinie ausreichend ist, um das Vertrauen des Betreibers zu zerstören. In diesem Fall musste der Betroffene mit der Änderung rechnen. Die Genehmigung vermittelt deshalb keinen Vertrauensschutz, da sie in Bezug auf die Emission von Treibhausgasen keine Regelungen vorsieht. Auch in dieser Entscheidung zeigt sich also, dass der eingeschränkte Vertrauensschutz dazu führt, dass die immissionsschutzrechtliche Genehmigung nicht vor nachträglichen Änderungen schützt.

Dieses Ergebnis lässt sich auch auf die Entscheidung zur TierSchNutztV übertragen. Die Regelungen, die die TierSchNutztV trifft, sind nicht von der Bindungswirkung der immissionsschutzrechtlichen Genehmigung umfasst. Bei nachträglichen Rechtsänderungen im Bereich des § 6 I Nr. 2 BImSchG vermittelt die Genehmigung allein kaum Bindungswirkung, da eine Bindung nur bestehen kann, soweit der Genehmigungsgegenstand reicht.[736] Die materiellrechtlichen Voraussetzungen der Fachgesetze, die nicht von der Konzentrationswirkung nach § 13 BImSchG erfasst sind, gehören nicht zum Regelungsgehalt der Verfügung. Deshalb nehmen sie nicht an der umfassenden Bindungswirkung der immissionsschutzrechtlichen Genehmigung teil,[737] und die Genehmigung kann diesbezüglich keinen Vertrauensschutz vermitteln. Dies führt zum fehlenden Bestandsschutz der Genehmigung.

Das lässt sich auch auf alle öffentlich-rechtlichen Vorschriften gem. § 6 Abs. 1 Nr. 2 BImSchG übertragen, die von der Genehmigungsbehörde vor Erteilung der immissionsschutzrechtlichen Genehmigung zu prüfen sind, aber nicht von der Konzentrationswirkung gem. § 13 BImSchG umfasst sind (z. B. wasserrechtliche Vorschriften). Die Konzentrationswirkung der immissionsschutzrechtlichen Genehmigung erfasst nicht die wasserrechtlichen Erlaubnisse und Bewilligungen nach §§ 8 i. V. m. 10 WHG. Damit gehören die wasserrechtlichen Anforderungen zu den Genehmigungsvoraussetzungen, nehmen aber nicht an der umfassenden Bindungswirkung teil. Die immissionsschutzrechtliche Ge-

---

[736] *Jarass*, BImSchG, § 6 Rn. 50.
[737] *Beckmann*, in: Landmann/Rohmer, UmweltR, § 6 BImSchG Rn. 24; *Jarass*, BImSchG, § 6 Rn. 24.

nehmigung ist nicht bestandsschützend vor nachträglichen Anpassungsverpflichtungen. Es kann der allgemeine Grundsatz herausgebildet werden, dass die Genehmigung nicht bestandsschützend in Bezug auf materiell-rechtliche Voraussetzungen der Fachgesetze ist, die nicht von einer Konzentrationswirkung gem. § 13 BImSchG umfasst sind.

3. Ergebnis

Die umweltrechtlichen Genehmigungen sind gegenüber nachträglichen Änderungen grundsätzlich änderungsoffen. Dies ist verfassungskonform, denn die Änderungsoffenheit ist darauf zurückzuführen, dass die Genehmigung keinen Vertrauensschutz auf ihren unveränderten Fortbestand vermittelt. Dem Gesetzgeber kommt eine Einschätzungsprärogative zu, ob er im Zulassungsrecht Normen schafft, die der Genehmigung eine bestandsschützende Wirkung einräumt oder Gestaltungsspielräume schafft, die eine dynamische Anpassung an geänderte Rechtsvorschriften zulassen.[738] Diese von vornherein labile Ausgestaltung des Genehmigungsbescheids ist aufgrund des Schadensrisikos, das von der Anlage ausgeht, zulässig.[739] Die Befugnis des Gesetzgebers kann aber aufgrund des Art. 14 GG nicht unbegrenzt gelten, sondern muss die Verfassung wahren.

II. Änderung der Zulassung

Die Rechtsprechung zeigt, dass nicht nur die Genehmigung im Umweltrecht änderungsoffen ist, sondern dass auch die Fachgesetze die bestehende Zulassungsentscheidung unmittelbar ändern. Das Fachrecht kann direkt auf den Zulassungsbestand einwirken durch gezielt bestandsänderndes Recht (TierSchNutztV, AbfAblV, DepV) oder gezielt bestandsergänzendes Recht (TEHG).[740] Wenn eine unmittelbar zulassungsgestaltende Wirkung vorgesehen ist, muss kein Verwaltungsakt ergehen, da die Änderung der Zulassung unmittelbar kraft Gesetz eintritt. Bei genauerer Betrachtung der Entscheidungen hat sich ein Schema für die Begründung einer unmittelbar zulassungsmodifizierenden Wirkung von Verordnungen herauskristallisiert:

---

[738] *Ule/Laubinger/Repkewitz*, BImSchG Rspr., § 6 Nr. 56 S. 11.
[739] *Sach*, Genehmigung als Schutzschild?, S. 105.
[740] *Attendorn*, NVwZ 2011, 327 (330).

1. Auslegung der Verordnung

- **Adressat der Verordnung**
  Aus der Verordnung muss eindeutig erkennbar sein, dass sie sich an den Genehmigungsinhaber richtet und nicht die Behörde Adressat der Verpflichtungen ist.

- **Konkrete Anforderungen**
  Die in der Verordnung enthaltenen Pflichten und Verbote müssen so konkret ausgestaltet und hinreichend bestimmt sein, dass die Betreiber ihre Verhaltens- und Handlungspflichten problemlos der Verordnung selbst entnehmen können. Die Anforderungen müssen einen hohen Konkretisierungsgrad aufweisen.

- **Gesetzgeberische Intention**
  Der Wille des Gesetzgebers muss gerade dahin gehen, dass die Verordnung den Rechtskreis des Betreibers unmittelbar (ohne behördlichen Vollzugsakt) gestalten möchte. Dies muss in der Verordnung selbst deutlich erkennbar sein.

- **Ordnungswidrigkeitentatbestand und Androhung von Bußgeld**
  In diesen Tatbeständen muss eindeutig zum Ausdruck kommen, dass ein Verstoß gegen eine Pflicht aus der Verordnung eine Ordnungswidrigkeit darstellt und bußgeldbewährt ist. Der Anknüpfungspunkt an die Verordnung – und nicht an einen behördlichen Vollzugsakt – muss klar zum Ausdruck kommen.

- **Übergangsvorschriften**
  Die Härte, die durch eine unmittelbar geltende Verordnung entsteht, soll gerade durch Übergangsvorschriften abgemildert werden.

2. Bestimmtheit des Fachrechts

Vergleicht man die Entscheidungen des BVerwG, so zeigt sich, dass es in seinen Urteilen nur bei Verordnungen von einer direkten zulassungsmodifizierenden Wirkung ausgeht, nicht aber bei formellem Bundesrecht. Im Folgenden ist zu überprüfen, ob ein allgemeiner Grundsatz, dass nur Verordnungen eine unmittelbar zulassungsändernde Wirkung haben, herausgebildet werden kann.

Das Umweltrecht ist ein Rechtsgebiet, das im Besonderen der stetigen Fortentwicklung unterworfen ist. Für eine rechtsstaatlich effektive Verwaltung ist es somit gerade in diesem Bereich wichtig, dass Regelungsspielräume bestehen, die Innovationen ermöglichen. Deshalb entscheidet sich der Gesetzgeber in dem sich so schnell ändernden Umweltrecht oftmals dafür, dass er von detaillierten gesetzlichen Regelungen absieht und Regelungsspielräume schafft, die durch die Exekutive ausgestaltet werden können. Denn Verordnungen können durch die sachnähere Verwaltung schneller und einfacher an neue Anforderungen angepasst werden. Parlamentsgesetze hingegen bieten diese Flexibilität nicht. Die Genehmigung als Einzelfallentscheidung enthält meist detaillierte Regelungen. Deshalb ist eine Verordnung oder ein Parlamentsgesetz notwendig, die sehr präzise Angaben enthalten, damit die Einzelfallentscheidung der Behörde geändert werden kann. Während sich ein Parlamentsgesetz aber nicht um „Kleinigkeiten kümmert", d. h. allgemeine Regelungen enthält, präzisiert die Verordnung diese allgemeinen Anordnungen in der Regel viel genauer. Ein allgemein gehaltenes Gesetz kann deshalb diesen hohen Konkretisierungsgrad einer Genehmigung oftmals nicht erreichen und folglich die Zulassung nicht ändern. Verordnungen hingegen sind meistens hinreichend bestimmt, sodass ihr Adressat bereits unmittelbar aus ihr seine Rechte und Pflichten ableiten kann und deshalb kein weiterer Verwaltungsakt notwendig ist. Jedoch muss beachtet werden, dass eine Verordnung ebenfalls ein abstrakt-generelles Gesetz ist. Es kann also auch Verordnungen geben, die nicht derart hinreichend konkret formuliert sind, dass sie die Zulassung unmittelbar ändern können.

Es kann nicht davon ausgegangen werden, dass ein (hinreichend konkretes) Parlamentsgesetz die Zulassung nicht ändern kann. Außerdem stehen einfache Bundesgesetze in der Normhierarchie über Rechtsverordnungen, sodass der Rang der Regelung nicht entscheidend ist, ob eine unmittelbar zulassungsändernde Wirkung besteht. Von Rechts wegen ist eine unmittelbar zulassungsmodifizierende Wirkung von formellen Gesetzen nicht ausgeschlossen, sodass kein allgemeiner Grundsatz herausgebildet werden kann, dass nur Verordnungen die Genehmigung direkt modifizieren.

3. Zulassungsrecht mit dynamischen Grundpflichten

Auffallend ist, dass das BVerwG die unmittelbar zulassungsmodifizierende Wirkung der Verordnungen teilweise mit den dynamischen Grundpflichten des Zulassungsrechts begründet. So führen die dynamischen Grundpflichten aus § 5 BImSchG i. V. m. § 6 Abs. 1 Nr. 1 BImSchG zur unmittelbaren Anwendbarkeit von Verordnungen im Sinne von § 7 BImSchG. Auch die unmittelbare

Anwendbarkeit der AbfAblV und DepV ist auf die dynamischen Grundpflichten aus § 15 KrWG zurückzuführen. Wie bereits oben ausgeführt, hat das BVerwG in seiner Entscheidung zur Deponienverordnung eine solche genehmigungsmodifizierende Wirkung anerkannt, wenn die Genehmigung eine dynamische Betreiberpflicht einschließt. Auch im Immissionsschutzrecht ist die dynamische Grundpflicht über § 6 Abs. 1 Nr. 1 BImSchG unmittelbar Genehmigungsinhalt. Durch die Einbindung der dynamischen Grundpflichten in den Genehmigungsbescheid sind sie ohne ausdrückliche Anordnung der Behörde während der gesamten Dauer des Betriebs verbindlich.[741] Diese Inkorporation der dynamischen Grundpflichten in die Genehmigung bewirkt also, dass sich die Zulassung direkt, ohne weiteren Vollzugsakt, entsprechend der veränderten Pflichten automatisch verändert. Der Betreiber weiß auch von Beginn an, dass sich seine Zulassung direkt an die neuen Anforderungen anpasst. Dies lässt auf den ersten Blick den Schluss zu, dass dynamische Grundpflichten zu einer unmittelbar zulassungsmodifizierenden Wirkung führen.

Betrachtet man aber die Entscheidung zum TEHG näher, lässt sich erkennen, dass die dynamischen Grundpflichten nicht zwingend zu einer zulassungsändernden Wirkung des Fachrechts führen. Das TEHG dient damit zwar der Umsetzung der Grundpflichten, es hat aber nach der Entscheidung des BVerwG keine direkte zulassungsändernde Wirkung.

Jedoch führen auch „andere öffentlich-rechtliche Vorschriften" im Sinne von § 6 Abs. 1 Nr. 2 BImSchG zu einer unmittelbar zulassungsmodifizierenden Wirkung der TierSchNutztV. Die TierSchNutztV dient gerade nicht der Konkretisierung der dynamischen Grundpflichten. Daher kann man nicht davon ausgehen, dass nur die dynamischen Grundpflichten zu einer unmittelbar zulassungsmodifizierenden Wirkung der Verordnung führen.

Es kann kein allgemeiner Grundsatz herausgebildet werden, dass dynamische Grundpflichten immer zu einer unmittelbar zulassungsmodifizierenden Wirkung führen. § 7 Abs. 2 BImSchG, der ausdrücklich zum Erlass von Verordnungen ermächtigt, die zur Erledigung ihnen entgegenstehender Genehmigungen führen, wäre rein deklaratorisch, wenn die dynamischen Grundpflichten immer zu einer

---

[741] BVerwG, Beschl. v. 03.06.2004 – 7 B 14/04 = NVwZ 2004, 1246 (1247).

unmittelbaren Änderung der Zulassung führen würden. Der Gesetzgeber wollte mit § 7 Abs. 2 BImSchG keine rein deklaratorische Norm schaffen.[742]

4. Ergebnis

Aufgrund der Unterschiede in den einzelnen Entscheidungen lassen sich nur einige allgemeine Anzeichen in den Rechtsakten erkennen, die bei der Auslegung des Rechtsaktes auf eine unmittelbare zulassungsmodifizierende Wirkung schließen lassen. Es sind aber weder der Rang des Fachrechts noch die dynamischen Grundpflichten immer für eine direkte zulassungsändere Wirkung entscheidend.

E. *Übertragung der bisherigen Erkenntnisse auf die Entscheidung des OVG Koblenz*

Anhand der nun dargelegten Entscheidungen des BVerwG und des Versuches der Herausbildung allgemeiner Grundsätze ist die Entscheidung des OVG Koblenz zum Bundes-Berggesetz (BBergG) kritisch zu überprüfen.

I. Entwicklungsoffenheit des Bundesberggesetzes

Das OVG Koblenz entschied, dass die Verfüllung von Tagebauen mit mineralischen Abfallstoffen trotz bestandskräftiger behördlicher bergrechtlicher Sonderbetriebsplanzulassung nach den Regelungen des aktuell geltenden Bodenschutzrechts zu erfolgen habe. Im Rahmen seiner Rechtsprechung kam das OVG Koblenz zu der Entscheidung, dass der Zulassungsbescheid für eine dynamische Interpretation und Fortentwicklung offen sei.[743]

Wie auch in den vorangegangen Entscheidungen stellt sich zunächst die Frage, ob es im BBergG dynamische Grundpflichten gibt, die mit den §§ 5, 6 BImSchG vergleichbar und von der Genehmigung eingeschlossen sind. Dies würde dann bedeuten, dass die Zulassung nicht änderungsfest und damit nicht bestandsschützend gegenüber nachträglichen Rechtsänderungen ist. Das OVG Koblenz ging auf die Frage, ob dynamische Grundpflichten vorliegen, die zu einem eingeschränkten Bestandsschutz führen, nicht ein. Denn selbst wenn keine dynamischen Grundpflichten vorliegen, kann sich ein eingeschränkter Vertrauensschutz

---

[742] *Klett/Oexle*, NVwZ 2004, 1301 (1303).
[743] OVG Koblenz, Urt. v. 12.11.2009 – 1 A 11222/09 = NuR 2010, 416 (416).

aus der Zulassung selbst ergeben. Dafür muss der Genehmigungsbescheid änderungsoffen formuliert sein, sodass der Betreiber kein Vertrauen auf einen dauerhaften unveränderten Betrieb bilden konnte.

Für eine Entwicklungsoffenheit der bergrechtlichen Zulassung spricht § 48 Abs. 2 BBergG, der zur Durchsetzung fachrechtlicher Vorgaben – explizit für das Bodenschutzrecht – dient.[744] Das BBergG kennt in § 56 Abs. 1 S. 2, Abs. 3 BBergG – wie auch das BImSchG – die grundsätzliche Möglichkeit zu nachträglichen Aufnahmen, Änderungen oder Ergänzungen von Auflagen bei bestandskräftigen Anlagen. Dies zeigt, dass der Gesetzgeber keinen absoluten Bestandsschutz der bergrechtlichen Zulassung schaffen wollte, sondern vielmehr eine Offenheit für nachträgliche Änderungen vorsieht.

Das OVG Koblenz kommt nach Auslegung des Sonderbetriebsplanes zu dem Ergebnis, dass der Zulassungsbescheid änderungsoffen sei. Demnach ergebe die Auslegung, dass der Sonderbetriebsplan sich nicht allein an die Einhaltung der Werte der damaligen Verwaltungsvorschrift binden möchte, sondern dass diese Werte nur die Mindestanforderungen darstellten. Es könne nicht der Wille der Zulassungsbehörde sein, dass eine dauerhafte Festschreibung der Werte erfolge. Vielmehr brauche der Sonderbetriebsplan eine Offenheit gegenüber der dynamischen Verweisung, da die frühere Verwaltungsvorschrift nicht normenkonkretisierend war, sondern der Entwurf der Länderarbeitsgemeinschaft Abfall (LAGA) den Stand der Technik darstellte. Deshalb sei es nicht der Wille der Behörde, die Betriebspläne bestandsschützend auszugestalten.[745]

Zudem gab es ein Schreiben vom Bergamt an alle Tagebaubetriebe, das über die „Erweiterung des Untersuchungsprogramms" informierte, sodass die Betreiber mit Anordnungen über die Verwaltungsvorschrift hinaus rechnen mussten. Aus diesem Schreiben lasse sich erkennen, dass sich das Bodenschutzrecht in einer dauerhaften Entwicklung befand. Der Betroffene wusste, dass kein abschließender Stand des Bodenschutzrechtes bestand und damit keine Änderungsfestigkeit vorliegen könne.[746] Der Vertrauensschutz ist deshalb eingeschränkt.

---

[744] *Attendorn*, NuR 2011, 28 (29).
[745] OVG Koblenz, Urt. v. 12.11.2009 – 1 A 11222/09 = NuR 2010, 416 (416 ff.).
[746] Ebd., S. 417.

II. Unmittelbar zulassungsmodifizierende Wirkung

Nach Ansicht des OVG Koblenz habe auch das Bundes-Bodenschutzgesetz (BBodSchG) und die Bundes-Bodenschutz- und Altlastenverordnung (BBodSchV) eine unmittelbare Wirkung, sodass die bergrechtliche Zulassung durch das Bodenschutzrecht geändert werde. Das Gericht ist der Meinung, dass es keinen Unterschied zwischen den Betreibern einer nach dem BImSchG genehmigungsbedürftigen Anlage, einem planfestgestellten Deponienbetrieb und einem nach Bergrecht genehmigten Betrieb gebe.[747] Der Adressat der Pflichten aus § 7 BBodSchG sei „Jedermann". Die Pflichten richten sich damit nicht nur an den Genehmigungsinhaber, sondern an eine Vielzahl von verschiedenen Personen wie zum Beispiel den Eigentümer, Besitzer oder Nutzer des Grundstücks. Damit fehle es gerade an einer gezielt auf den Anlagenbetreiber bezogenen Regelung. Dies spreche gegen eine unmittelbar zulassungsändernde Wirkung der Verordnung. Im Vergleich zur TierSchNutztV, AbfAblV, DepV hätten diese anlagen-, betreiber- oder halterbezogene Vorgaben.[748]

Das OVG Koblenz ist der Meinung, dass die Formulierungen der BBodSchV für eine unmittelbare Wirkung sprechen. Nach §§ 7 BBodSchG, 10 BBodSchV, 9 BBodSchV i. V. m. Anhang 2 Nr. 4 BBodSchV müsse man mit schädlichen Bodenveränderungen in der Regel dann rechnen, wenn ein Schadstoffgehalt im Boden gemessen wird, der die Vorsorgewerte überschreitet, sodass der Verpflichtete Vorkehrungen treffen müsse, um weitere Bodenveränderungen zu vermeiden. Dazu gehören nach § 10 BBodSchV auch „technische Vorkehrungen an Anlagen", sodass erkennbar sei, dass eine Trennung in allgemeine und betreiberbezogene Pflichten nicht sachgerecht sei. Daraus ergebe sich, dass der Betreiber von den in der BBodSchV normierten Pflichten direkt betroffen sei.[749] §§ 7 BBodSchG und 9 BBodSchV i. V. m. Anhang 2 Nr. 4 BBodSchV sowie der § 10 BBodSchV sprächen zwar von „weitere[r]" Verunreinigung und „verhältnismäßig" sowie „Anlage", jedoch sei alleine aus diesen Wörtern keine unmittelbar zulassungsgestaltende Wirkung zu erkennen.[750]

---

[747] Ebd., S. 419.
[748] *Attendorn*, NuR 2011, 28 (29 f.); *Dazert*, AbfallR 2010, 102 (104).
[749] OVG Koblenz, Urt. v. 12.11.2009 – 1 A 11222/09 = NuR 2010, 416 (419 f.).
[750] *Dazert*, AbfallR 2010, 102 (104); *Attendorn*, NuR 2011, 28 (29 f.).

Über die Frage, ob es im Bodenschutzrecht dynamische Grundpflichten gibt, herrscht Streit. Historisch betrachtet wollte der Gesetzgeber vor allem die Grundpflichten nach § 4 BBodSchG als unmittelbar geltende und nicht durch Verwaltungsakt umsetzungsbedürftige Pflichten ausgestalten. Dazu zählt die Vorsorgepflicht nach § 7 BBodSchG aber nicht. In Bezug auf die Vorsorgepflicht gebe es in den Gesetzesmaterialien keinen Hinweis auf eine unmittelbare Geltung und die nicht notwendige Umsetzungsbedürftigkeit. Vielmehr wollte der Gesetzgeber die Vorsorgeanforderungen durch behördliche Anordnung (§ 7 S. 4 BBodSchG) durchsetzen.[751]

Auch die Systematik des BBodSchG und der BBodSchV spreche gegen die unmittelbar zulassungsmodifizierende Wirkung. Die BBodSchV diene der Konkretisierung der Vorsorgepflichten nach § 7 BBodSchG, § 1 Nr. 4 BBodSchV. Die Grundpflicht zur Vorsorge bestehe vorliegend demnach aus dem BBodSchG, also aus dem Fachrecht selbst. In den Entscheidungen des BVerwG stamme die Grundpflicht jedoch aus dem BImSchG und KrWG, also aus dem Zulassungsrecht. Für eine Übertragung der Rechtsprechung müsse sie damit aus dem BBergG entstehen.[752]

Nach § 10 Abs. 1 BBodSchG sind behördliche Anordnungen zur Erfüllung der Vorsorgepflichten und der sich aus den Rechtsverordnungen ergebenden Pflichten vorgesehen.[753] Für eine unmittelbare zulassungsmodifizierende Wirkung muss der Gesetzgeber aber deutlich zum Ausdruck bringen, dass kein behördlicher Vollzugsakt notwendig sein soll. Die Ermächtigung zum Erlass behördlicher Anordnungen spricht gegen eine direkte zulassungsändernde Wirkung der BBodSchV und des BBodSchG. Zudem stellt § 7 S. 3 BBodSchG die Vorsorgepflicht unter einen ausdrücklichen Verhältnismäßigkeitsvorbehalt. Dies zeigt, dass der Gesetzgeber eine Einzelbeurteilung vorsieht, die einer unmittelbaren Wirkung gerade entgegensteht.

§ 9 BBodSchV statuiert, wann eine schädliche Bodenveränderung zu erwarten ist. Jedoch zählt die Verordnung nur die Regelfälle auf und ist damit keine abschließende Regelung. Der Pflichtige kann nur feststellen, wann eine schädliche Bodenveränderung „in der Regel" vorliegt. Gibt es aber Abweichungen von den

---

[751] *Attendorn*, NuR 2011, 28 (30).
[752] Ebd.
[753] *Dazert*, AbfallR 2010, 102 (104).

in § 9 Nr. 1, 2 BBodSchV genannten Fällen, herrscht beim Verpflichteten Ungewissheit. Auch die Vorsorgeanforderungen in § 10 BBodSchV stellen keine hinreichend konkreten Verhaltenspflichten auf. Vielmehr ist die Norm sehr allgemein gehalten, sodass der Verpflichtete gem. § 7 BBodSchG daraus nicht ableiten kann, welche expliziten Maßnahmen von ihm erwartet werden. Dies spricht gegen eine unmittelbare Wirkung der BBodSchV.

Die Bußgeld- und Ordnungswidrigkeitenvorschrift in § 26 BBodSchG stellt in Nr. 2 und 3 immer auf eine vollziehbare Anordnung der Behörde ab. Auch dies spricht gegen eine unmittelbar zulassungsmodifizierende Wirkung. Auch Übergangsvorschriften, die eine Härte der unmittelbar zulassungsmodifizierenden Wirkung abmildern würden, finden sich weder im BBodSchG noch in der BBodSchV.

Auch wenn man die unmittelbare Geltung der Vorsorgepflicht bejaht, ist fraglich, inwieweit diese sich gegenüber bestehenden Zulassungen durchsetzen kann. Der Gesetzgeber habe die vielen Schnittstellen des Bodenschutzrechts mit den einzelnen Zulassungsrechten gesehen. Diese habe er aber nie durch eine unmittelbare Geltung des Bodenschutzrechts aufgelöst, sondern in den Regelungen des Anwendungsbereichs in § 3 BBodSchG. Damit habe das für die Anlagenzulassung relevante Regime Vorrang, soweit dieses Regime Regelungen für Einwirkungen auf den Boden enthält.[754]

Die Kriterien, die sich in den gerichtlichen Entscheidungen zur TierSchNutztV und AbfAblV/DepV finden, sind im vorliegenden zu entscheidenden Fall gerade nicht gegeben. Der Rechtsprechung des OVG Koblenz ist daher nicht zu folgen. Die bergrechtliche Zulassung ist zwar nicht änderungsfest, jedoch ist eine unmittelbar zulassungsmodifizierende Wirkung des BBodSchG und der BBodSchV nicht gewollt. Für die Implementierung der fachrechtlichen Anforderungen ist die Behörde auf die im Zulassungsrecht (BBergG) vorhandenen Instrumente beschränkt. Soweit das BBergG keine speziellen Ermächtigungen enthält, kann auf das Allgemeine Verwaltungsrecht zurückgegriffen werden.[755]

---

[754] *Attendorn*, NuR 2011, 28 (31).
[755] *Attendorn*, NVwZ 2011, 327 (332).

§ 2 Bedeutung für den Bestandsschutz

A. Verfassungsmäßigkeit der Anpassungspflicht

Zwar schützt der Genehmigungsbescheid den Betreiber im Umweltrecht nicht immer vor nachträglichen Anpassungspflichten, dennoch ist der Betroffene nicht völlig schutzlos. Das BVerwG stellte fest: „Alleine maßgeblich für die Verpflichtung, die Anlage nachträglichen Rechtsänderungen anzupassen, ist, ob diese auf einer gesetzlichen Grundlage beruht und in ihrer konkreten Ausgestaltung verfassungsrechtlichen Anforderungen genügt."[756] Der Schutz des Betreibers wird also über das Fachrecht gewährleistet, das mit der Verfassung übereinstimmen muss. Der Gesetzgeber bestimmt den Inhalt und die Grenzen des Eigentums und damit auch den Bestandsschutz durch einfache Gesetze, die mit dem Grundgesetz im Einklang stehen müssen. Es ist demnach zu prüfen, ob die Anpassungspflicht aus dem Fachrecht als Inhalts- und Schrankenbestimmung mit dem Grundgesetz vereinbar ist.

I. Eingriff in den Schutzumfang

In der Regel macht der Betreiber von der Genehmigung Gebrauch und setzt in die Anlage Kapital und Arbeitskraft ein. Wenn der Betreiber auch Eigentümer ist, dann sind die geleistete Arbeit sowie der eingesetzte Kapitaleinsatz auch neben der Genehmigung von Art. 14 GG geschützt.[757] Die Anlage als solche fällt also auch unter den Schutz des Art. 14 GG.[758]

Man kann vertreten, dass durch die nachträgliche Anpassungspflicht kein Eingriff in das Eigentumsrecht erfolge, da dieses von Anfang an unter dem Vorbehalt nachträglicher Änderungen aufgrund der dynamischen Grundpflichten stehe.[759] Beispielsweise vermittle die Genehmigung in Bezug auf die tierschutzrechtlichen Anforderungen keine von Art. 14 Abs. 1 GG geschützte Rechtsposition,[760] da sie nicht von der Feststellungs- und Gestattungswirkung der immissionsschutzrechtlichen Genehmigung umfasst ist. Mit dem Schutz von Umwelt und Gesundheit vor weiteren Beeinträchtigungen gehen aber finanzielle Belas-

---

[756] BVerwG, Urt. v. 23.10.2008 – 7 C 48.0 – juris Rn. 27.
[757] Lee, Eigentumsgarantie und Bestandsschutz im Immissionsschutzrecht, S. 65.
[758] Sach, Genehmigung als Schutzschild?, S. 101.
[759] Ebd, S. 105.
[760] BVerfG, Beschl. v. 14.01.2010 – 1 BvR 1627/09 = NVwZ 2010, 771 (775).

tungen und Nutzungseinbußen für den Betreiber einher. Nach Ablauf der Übergangsfrist kann der Normadressat seine Anlage nicht mehr in ihrer bisherigen Form fortführen und muss erhebliche Investitionen für die Umrüstung tätigen. Diese Ansicht führt dazu, dass der Eigentümer völlig schutzlos gestellt ist und der Gesetzgeber von ihm jede Anpassung verlangen kann. Das Eigentum wird zwar nicht entzogen, aber seine Nutzung wird beschränkt. Dies ist als Eingriff einzustufen.

II. Beseitigung des Bestandsschutzes durch die Anpassungspflicht

Entscheidend ist, ob durch die im Fachrecht festgeschriebene Anpassungspflicht der Bestandsschutz der Anlage beseitigt wird. Der Umfang des Bestandsschutzes richtet sich nach dem Fachrecht, das eine Inhalts- und Schrankenbestimmung im Sinne von Art. 14 Abs. 1 S. 2 GG ist und als solche verfassungsgemäß sein muss.[761] Eine Anpassungspflicht ist für den Betroffenen unzumutbar, wenn er verfassungsrechtlich auf den Fortbestand der alten Rechtslage vertrauen durfte. Ein schutzwürdiges Vertrauen des Betreibers liegt vor, wenn die Änderung der Rechtlage eine echte Rückwirkung ist.[762]

1. Rückwirkung

Eine unechte Rückwirkung liegt vor, wenn eine Norm in einen gegenwärtigen, noch nicht abgeschlossenen Vorgang rückwirkend eingreift und diesen für die Zukunft neu regelt.[763] Die TierSchNutztV, AbfAblV/DepV und das TEHG greifen in den bestehenden Genehmigungsbestand ein und regeln die Anforderungen für die Anlage neu, sodass eine unechte Rückwirkung vorliegt. Normen mit einer unechten Rückwirkung sind grundsätzlich zulässig, da es keinen generellen Vertrauensschutz auf den Fortbestand von Gesetzen gibt und der Staat durch Änderungen die Möglichkeit haben muss, auf das aktuelle Geschehen zu reagieren. Von dieser grundsätzlichen Zulässigkeit sind Ausnahmen zu machen, wenn eine Abwägung der öffentlichen Interessen mit denen der Betroffenen ergibt, dass das Vertrauen des Betreibers auf einen Fortbestand der Rechtslage schutzwürdig ist.[764] Zudem ist das Verhältnismäßigkeitsprinzip eine Grenze der Zuläs-

---

[761] Ebd., S. 772.
[762] Ebd., S. 776.
[763] *Jarass/Pieroth*, GG, § 20 Rn. 69.
[764] *Lindner*, Öffentliches Recht, § 11 Rn. 673.

sigkeit. Diese Grenze wird erreicht, wenn die vom Gesetzgeber angeordnete unechte Rückwirkung zur Erreichung des Gesetzeszwecks nicht geeignet oder erforderlich ist oder wenn die Bestandsinteressen der Betroffenen die Veränderungsgründe des Gesetzgebers überwiegen.[765]

Die unbefristete Genehmigung erzeugt trotz der Grundpflichten ein schutzwürdiges Vertrauen darauf, dass die Anlage zumindest für eine gewisse Zeit im Rahmen der Genehmigung genutzt werden darf.[766] Zur Wahrung des noch vorhandenen, wenn auch eingeschränkten Vertrauensschutzes muss deshalb das Fachrecht mit seiner Anpassungspflicht die Verhältnismäßigkeit wahren. Diese kann in der Regel durch Übergangsregelungen hergestellt werden.[767] Als Übergangsregelung kann beispielsweise den Betreibern ein gewisser Zeitraum zugestanden werden, bis sie die neuen Anforderungen einhalten müssen, oder für sie werden Dispensmöglichkeiten geschaffen.

Aus dem Verhältnismäßigkeitsgrundsatz und dem Vertrauensschutz ergibt sich aber keine Verpflichtung zur Festschreibung von Übergangsvorschriften,[768] die jedem Betreiber einen unveränderten Weiterbetrieb der Anlage ermöglichen. Es gibt kein Recht auf Verschonung vor Änderungen bis sich die Investitionen amortisiert haben.[769] Dennoch darf die unmittelbar geltende Anpassungsverpflichtung nicht dazu führen, dass eine generelle Amortisierung des Kapitals unmöglich wird.[770] Die Investitionen für den Bau der Anlage an sich dürfen durch die Sanierungspflicht also nicht völlig „in den Sand gesetzt" werden. Das bedeutet, dass dem Anlagenbetreiber nicht jegliche Möglichkeit genommen werden darf, seine Anlage so zu nutzen, dass sich seine Investitionskosten amortisieren können.

---

[765] BVerfG, Urt. v. 15.10.1996 – 1 BvL 44/92 = BVerfGE 95, 64, 86.
[766] *Sach*, Genehmigung als Schutzschild?, S. 108.
[767] *Lindner*, Öffentliches Recht, § 11 Rn. 673.
[768] *Pieroth*, Rückwirkung und Übergangsrecht, S. 384.
[769] BVerwG, Urt. v. 23.10.2008 – 7 C 48/07 = NVwZ 2009, 650 (652); BVerwG, Urt. v. 30.04.2009 – 7 C 14/07 = NVwZ 2009, 1441 (1443).
[770] *Sach*, Genehmigung als Schutzschild?, S. 108.

2. Instituts- und Bestandsgarantie

Entzieht der Gesetzgeber bestehende Eigentumsrechte oder ermächtigt er die Verwaltung dazu, muss er die Grundsätze der Rechtsstaatlichkeit beachten, denn er berührt zwangsläufig die Bestandsgarantie. Die Institutsgarantie und die Bestandsgarantie gem. Art. 14 Abs. 1 S. 1 GG setzen dem Gesetzgeber bei der Ausgestaltung der Eigentümerposition Schranken. Der Gesetzgeber darf durch die nachträglichen Anforderungen gem. Art. 14 Abs. 1 S. 1 GG das Privateigentum als Rechtsinstitut nicht abschaffen, denn die Institutsgarantie sichert einen Grundbestand an Normen. Dieser Kernbestand von Normen muss die Existenz und Funktionsfähigkeit privaten Eigentums ermöglichen. Die Bestandsgarantie schützt das „Haben" von Eigentum, dessen Gebrauch, die Nutzung und die Verfügung darüber. Durch die nachträglichen Anforderungen in der TierSchNutztV, AbfAblV/DepV und dem TEHG wird der Gebrauch des Eigentums eingeschränkt, indem der Betreiber die Anlage sanieren muss. Jedoch wird dadurch das Eigentum in der Hand des Betreibers nicht abgeschafft oder funktionslos. Es bestehen Übergangsregelungen, die die Härte der nachträglichen Anforderungen abmildern. Der Betreiber hat dadurch genug Zeit für die Sanierung.

3. Übergangsregelungen zur Wahrung der Verhältnismäßigkeit

a) Abstrakte Betrachtung der Übergangsregelung

Das BVerfG geht davon aus, dass die Festlegung einer angemessenen Übergangsregelung grundsätzlich im Ermessen des Gesetzgebers stehe.[771] Bei der Bestimmung muss einerseits das schutzwürdige Vertrauen des Betreibers beachtet werden, der die Investitionen in den Bau der Anlage vielleicht nicht getätigt hätte, wenn er von der nachträglichen Anpassungspflicht gewusst hätte. Andererseits ist der bereits oben dargestellte eingeschränkte Vertrauensschutz zu berücksichtigen.

Bestehende Anlagen verlangen auch eine besondere Berücksichtigung bereits getätigter Aufwendungen und des schutzwürdigen Vertrauens auf erlangte Rechtspositionen. Wer seine Anlage entsprechend dem damals geltenden Stand der Technik errichtet hat, kann nicht ohne weiteres dazu verpflichtet werden, sie bei jedem Fortschritt des Standes der Technik umzurüsten. Aus diesen Gründen müssen die Betroffenen durch die Übergangszeit ihre Betriebsführung auf die

---

[771] BVerfG, Urt. v. 13.06.2006 – 1 BvL 10/04 = BVerfGE 116, 96, 134.

geänderte Rechtslage einstellen können.[772] Der Betreiber muss demnach innerhalb der Übergangsregelung die Substanz seiner geschützten Rechtsposition durch Veräußerung verwerten oder daraus Erträge ziehen können, die dem Wert der Substanz entsprechen. Die Regelung muss aufgrund von Art. 14 Abs. 1 GG so ausgestaltet sein, dass der Betroffene den Verkehrswert der beeinträchtigten Eigentumsposition erwirtschaften kann.[773]

Ein Blick in das Gesetz zeigt, dass eine Übergangsregelung durch die Setzung einer Übergangsfrist erfolgen kann. Für die Bestimmung einer angemessenen Übergangszeit sind mehrere Faktoren einzubeziehen:

Beispielsweise ist gem. § 17 Abs. 1 S. 2 BImSchG „der mit [der] Erfüllung der Anordnung verbundene Aufwand" zu berücksichtigen. Dies umfasst unter anderem die Sanierungskosten, Produktionsausfälle und erhöhte Produktions- und Betriebskosten.[774]

Als weiteres Beispiel kann § 7 Abs. 2 BImSchG dienen, der für bestehende Anlagen Übergangsfristen festschreibt und zur Bestimmung der Dauer derselben die bisherige Nutzungsdauer der Anlage heranzieht. Für die Gewichtung der Interessen des Anlagenbetreibers kommt dem Zeitfaktor eine erhebliche Bedeutung zu.[775] Gem. § 7 Abs. 2 BImSchG ist also bei der Bestimmung der Übergangsfristen für bestehende Anlagen die bisherige Nutzungsdauer der Anlage zu berücksichtigen. Darüber hinaus ist auch die Restnutzungsdauer zu berücksichtigen. Der durch die Anpassungsverpflichtung entstehende Aufwand des Betreibers ist umso geringer zu gewichten, je länger die Anlage bereits genutzt wurde und je mehr sie abgeschrieben werden konnte. Umgekehrt kann eine kostenaufwendige Sanierung für einen Anlagenbetreiber, dessen Anlage erst kürzlich genehmigt wurde, zumutbar sein, da er eine längere Zeit der künftigen Nutzung hat und dabei diese Kosten hereinwirtschaften kann.[776]

---

[772] Ebd., S. 133 f.
[773] *Jahndorf/Pichler*, GewArch 2012, 377 (379).
[774] *Hansmann*, in: Landmann/Rohmer, Umweltrecht, Band I, § 17 Rn. 89; *Frenz*, in: Kotulla, BImSchG, § 17 Rn. 93 f.
[775] *Dietlein*, in: Landmann/Rohmer, Umweltrecht, Band I, § 7 Rn. 78, 84 f.; *Wickel*, Bestandsschutz im Umweltrecht, S. 141; *Jarass*, DVBl. 1986, 314 (316 f.); *Roßnagel*, in: Koch/Scheuing/Pache, BImSchG, § 5 Rn. 621 f.
[776] *Uschkereit*, Der Bestandsschutz im Bau- und Immissionsschutzrecht, S. 341 f.

Die eingeräumte Einschätzungsprärogative bezüglich der Dauer der Nutzungszeit geht von Schätzungen aus, da der Gesetzgeber den Lebenssachverhalt abstrakt und generell zu regeln hat. Es kann keine Regelung nach den konkreten Bedingungen des Einzelfalles erfolgen, sodass es einer verlässlichen tatsächlichen Grundlage bedarf.[777] Zur Bestimmung der Nutzungsdauer gibt das Bundesfinanzministerium unter Beteiligung der Fachverbände der Wirtschaft die amtliche „AfA-Tabelle" heraus. Dort wird die technische und wirtschaftliche Nutzungsdauer eines Wirtschaftsgutes ermittelt.[778] Nach Ablauf der dort genannten Zeiträume kann man davon ausgehen, dass sich die Investitionen des Betreibers weitestgehend amortisiert haben und die Betreiber deshalb keine weiteren Übergangsregelungen benötigen.

Zusammenfassend lässt sich festhalten, dass eine Anpassungsverpflichtung unverhältnismäßig ist, wenn eine Amortisation der getätigten Investitionen in der überwiegenden Mehrzahl der Fälle unmöglich ist.[779] In dieser Situation muss der Gesetzgeber ausreichend lange Übergangsfristen oder Dispensmöglichkeiten bereithalten.

b) Übergangsregelungen in den einschlägigen Entscheidungen des BVerwG

Die Übergangsfristen gem. § 45 TierSchNutztV sehen in den 32 Gesetzesabsätzen detaillierte Regelungen für verschiedene Anlagen vor. Dabei findet sich in § 45 Abs. 4 S. 1 TierSchNutztV die längste Übergangsfrist bis 31.12.2025 und die Möglichkeit einer Verlängerung der Frist durch die Behörde bis zum 31.12.2028. Die Rechtssicherheit aus Art. 20 Abs. 3 GG wird gewahrt, da der Betreiber sich auf die geänderte Rechtslage einstellen kann. Er hat genug Zeit für die Planung und Durchführung der notwendigen Sanierungsmaßnahmen. Der Betreiber ist durch derart lange Fristen nicht schutzlos gestellt. Zudem beträgt die Nutzungsdauer für „Legebatterien" gem. 2.5.5. der AfA-Tabelle für den Wirtschaftszweig „Landwirtschaft und Tierzucht" acht Jahre, sodass bei den in der TierSchNutztV genannten Übergangsfristen von minimal 11 Jahren eine Amortisierung möglich ist.

---

[777] BVerfG, Urt. v. 28.05.1993 – 2 BvF 2/90 = BVerfGE 88, 203, 254, 265 f.; BVerfG, Urt. v. 14.05.1996 – 2 BvR 1507/93 = BVerfGE 94, 115, 141.
[778] *Uschkereit*, Der Bestandsschutz im Bau- und Immissionsschutzrecht, S. 344.
[779] *Jahndorf/Pichler*, GewArch 2012, 377 (380).

Die Übergangsfristen in der AbfAblV hingegen galten einheitlich bis zum 31.05.2001, § 6 Abs. 1 AbfAblV. Eine Verlängerung durch die Behörde ist aber in Abs. 2 vorgesehen. Die Verordnung wurde am 20.02.2001 ausgefertigt und trat am 01.03.2001 in Kraft, sodass die Übergangsregelung nur wenige Wochen betrug. In diesem Fall hat der Betreiber viel weniger Zeit zur Reaktion auf die geänderten Bedingungen, und die neue Rechtslage trifft ihn deshalb härter.

Die AbfAblV hat das Ziel, dass die Deponien, die die Anforderungen der AbfAblV nicht einhalten, nicht weiterbetrieben werden dürfen. Siedlungsabfälle dürfen nur noch abgelagert werden, wenn sie die Anforderungen der TASi für die Deponienklasse I und II erfüllen.[780] Die Anforderungen, die die AbfAblV an die Deponierung von Restabfällen festsetzt, bestanden bereits in der TASi und wurden von der AbfAblV übernommen. Durch die AbfAblV werden die Anforderungen aus der TASi in den Rang einer Verordnung gehoben, sodass sie rechtlich verbindlicher sind als die Verwaltungsvorschrift TASi.[781] Die TASi wurde am 14.05.1993 erlassen, sodass die Betreiber die Anforderungen bereits kannten und Zeit hatten, sich darauf einzustellen. Die Nutzungsdauer der verschiedenen Wirtschaftsgüter wird in der AfA-Tabelle grundsätzlich zwischen vier und zwölf Jahren festgesetzt, sodass man bei einer Frist von acht Jahren in der Regel von einer ausreichend langen Übergangsfrist ausgehen kann.

Die DepV sah lediglich für die Überprüfung eine Übergangsvorschrift bis zum 01.05.2015 vor, wobei die Verordnung am 01.08.2009 in Kraft trat. Die DepV dient der Ergänzung der AbfAblV, da diese für die Stilllegung und Nachsorge von Altdeponien sowie für Monodeponien keine Anforderungen vorsieht. Für diesen Bereich galt weiterhin die TASi, sodass die DepV der Ergänzung der AbfAblV dient.[782] Die Anforderungen aus der TASi werden also durch die DepV nur in den Verordnungsrang gehoben. Der Betreiber kannte auch in diesem Fall bereits die Anforderungen, die die TASi setzt, sodass ihn die neuen Regelungen in der DepV auch ohne Übergangsregelung grundsätzlich nicht hart treffen. Er konnte seine Betriebsführung auf die geänderten Bedingungen bereits

---

[780] *Amrhein,* Leitfaden Abfallrecht, S. 18.
[781] *Zeschmar-Lahl,* Die Auswirkung der Abfall-Ablagerungsverordnung (AbfAblV) auf die Entwicklung der bundesdeutschen Abfallwirtschaft im Allgemeinen und den Markt für Ersatzbrennstoffe im Besonderen – Versuch einer Prognose für das Jahr 2005, S. 2.
[782] *Amrhein,* Leitfaden Abfallrecht, S. 18.

ausreichend lange einstellen. Eine Umfrage bei Anlagenbetreibern hat folglich auch gezeigt, dass für sie die kurze Anpassungsfrist kein Problem darstellte. Während die AbfAblV in § 6 Abs. 2, 3 AbfAblV die Möglichkeit vorsieht, dass die Behörde auf Antrag des Betreibers Ausnahmen von den einzuhaltenden Verpflichtungen gewährt, kennen die TierSchNutztV und die DepV dies nicht. Es ist deshalb die Frage zu klären, ob diese allgemeinen Übergangsregelungen die Verhältnismäßigkeit immer wahren können (siehe 3. Teil, § 2 F.).

III. Ergebnis

Die Rechte des Betreibers bei einer Anpassungspflicht werden grundsätzlich über den Bestandsschutz diskutiert. Zwar ist die Genehmigung als solche im Umweltrecht kaum noch bestandsschützend, dennoch ist der Betreiber nicht schutzlos gestellt. Das Fachrecht muss mit den dort enthaltenen Neuregelungen verfassungsgemäß sein und die Rechte der Genehmigungsinhaber wahren. Die Anpassungspflichten aus dem Fachrecht sind grundsätzlich verfassungskonform, da aufgrund der in den einschlägigen Verordnungen festgelegten Übergangsfristen der Verhältnismäßigkeitsgrundsatz als Kriterium des Bestandsschutzes gewahrt wird.

Die Anpassungspflicht an geänderte Rechtsvorschriften als solche ist auch keine Neuerung der analysierten Entscheidungen des BVerwG. Bereits bei der Neueinführung der Verordnung über Großfeueranlagen wurde der Bestandsschutz von bestehenden Anlagen diskutiert.[783] Entscheidender Unterschied zu dieser Rechtsprechung ist aber die Tatsache, dass das Gericht dabei zum Schluss kam, dass in den Bestand der erteilten Genehmigung nur nach Maßgabe der für die Änderung bzw. Aufhebung solcher Einzelfallentscheidungen geltenden Vorschriften eingegriffen werden dürfe, denn die Genehmigung als solche habe Bindungswirkung.[784] Aus diesem Grund ist nun die Frage, ob trotz der unmittelbar zulassungsmodifizierender Wirkung weiterhin ein verfassungskonformer Bestandsschutz gewährt wird.

---

[783] BVerwG, Urt. v. 17.02.1984 – 7 C 8/82 = NJW 1984, 371 (371).
[784] Ebd.

B. Der Bestandsschutz und die unmittelbar zulassungsmodifizierende Wirkung

Die neueren Entscheidungen des BVerwG der letzten Jahre zeigen aber im Gegensatz zu früheren Judikatur, dass unmittelbar zulassungsmodifizierende Verordnungen zulässig sind, die gerade keine behördliche Rücknahme oder keinen Widerruf der Genehmigung voraussetzen. Dies steht in deutlichem Widerspruch zu den Genehmigungswirkungen aus dem allgemeinen Verwaltungsrecht.

I. Allgemeines Verwaltungsrecht

Im allgemeinen Verwaltungsrecht ist eine Änderung der Genehmigung nur über eine Rücknahme, einen Widerruf oder eine Erledigung möglich (siehe 2. Teil, § 1 A.). Das Umweltrecht als das gegenüber dem allgemeinen Verwaltungsrecht speziellere Rechtsgebiet kennt aber nach der Rechtsprechung des BVerwG die Möglichkeit einer unmittelbar zulassungsmodifizierende Wirkung ohne jeglichen Umsetzungsakt als zusätzlichen Mechanismus.

II. Ermächtigungsgrundlage

Nach dem aus dem Demokratieprinzip stammenden Parlamentsvorbehalt müssen alle wesentlichen Entscheidungen durch ein Gesetz und nicht in einer Verordnung geregelt werden.[785] Jedes staatliche Handeln setzt aufgrund des Rechtsstaatsprinzips nach Art. 20 Abs. 3 GG i. V. m. Art. 28 Abs. 1 GG eine Ermächtigungsgrundlage voraus. Insbesondere ist der im Rechtsstaatsprinzip verankerte Grundsatz des Gesetzesvorbehaltes zu berücksichtigen, d. h. der Erlass einer Rechtsverordnung, die in Rechte der Betreiber eingreift, darf nur aufgrund einer gesetzlichen Rechtsgrundlage durchgeführt werden. Die Ermächtigungsgrundlagen, auf welche die Verordnungen gestützt wurden, müssen also zu einer Verordnung mit zulassungsmodifizierender Wirkung ermächtigen.

Wie § 7 Abs. 2 S. 1 BImSchG zeigt, gibt es im Immissionsschutzrecht eine ausdrückliche Ermächtigung, dass strengere Anforderungen, die in der Verordnung enthalten sind, zur Erledigung entgegenstehender Genehmigungen führen können.[786] Eine derartige ausdrückliche Ermächtigung des Gesetzgebers an den

---

[785] *Detterbeck*, Öffentliches Recht, § 2 Rn. 36.
[786] *Klett/Oexle*, NVwZ 2004, 1301 (1303).

Verordnungsgeber zum Erlass einer Regelung rechtfertigt die unmittelbar zulassungsmodifizierende Wirkung.

Auch in § 43 Abs. 2 S. 1 KrWG wird der Verordnungsgeber ausdrücklich zum Erlass von Regelungen ermächtigt, die nach Ablauf bestimmter Übergangsfristen zu erfüllen sind, wenn der Planfeststellungsbeschluss geringere Anforderungen stellt. Der Wortlaut der Normen § 7 Abs. 2 S. 1 BImSchG und § 43 Abs. 2 S. 1 KrWG ist nahezu identisch. Dies zeigt, dass § 43 Abs. 2 S. 1 KrWG bewusst § 7 Abs. 2 S. 1 BImSchG nachgebildet wurde.[787] Die AbfAblV und DepV wurden aber auf die Ermächtigung in § 16 S. 1 KrWG gestützt. Dort fehlt jedoch gerade eine ausdrückliche Ermächtigung, dass die Verordnung unmittelbar entgegenstehende Genehmigungen modifiziert.

Die TierSchNutztV wurde auf die Ermächtigungsgrundlage des § 2a Abs. 1 TierSchG gestützt. Dort ist keine mit § 7 Abs. 2 S. 1 BImSchG und § 43 Abs. 2 S. 1 KrWG vergleichbare Regelung enthalten. Damit liegt keine ausdrückliche Ermächtigung zum Erlass der unmittelbar den Zulassungsbescheid ändernden TierSchNutztV, DepV und AbfAblV vor. Geht man davon aus, dass keine Ermächtigungen zum Erlass von Verordnungen vorliegen, die unmittelbar den Zulassungsbescheid modifizieren, würde dies bedeuten, dass solche Verordnungen aufgrund des Verstoßes gegen das Gewaltenteilungsprinzip verfassungswidrig und daher nichtig sind.[788]

Art. 80 Abs. 1 S. 2 GG verlangt aber nicht, dass der Gesetzgeber Ermächtigungen zum Erlass von rückwirkenden Verordnungen oder Übergangsregelungen ausdrücklich erteilt. Es reicht, wenn sich dies aus dem Sinn und Zweck des Gesetzes ergibt.[789] Jedoch muss gem. Art. 80 Abs. 1 S. 2 GG der Gesetzgeber „Inhalt" und „Zweck" der erteilten Ermächtigung bestimmen. Das ist aufgrund des aus dem Rechtsstaatsprinzip stammenden Interesses an Rechtssicherheit für die Normadressaten geboten.[790] Dabei wird auf die Bedeutung der Materie und insbesondere auf ihre Eingriffsintensität abgestellt. Ob eine hinreichende Bestimmtheit vorliegt, wird durch Auslegung des gesamten Gesetzes ermittelt, wo-

---

[787] Ebd.
[788] Ebd.
[789] BVerwG, Urt. v. 30.04.2009 – 7 C 14/08 = NVwZ 2009, 1441 (1442).
[790] *Mann*, in: Sachs, GG, Art. 80 Rn. 26.

bei vor allem der Zweck der Ermächtigung entscheidend ist.[791] Deshalb ist der Inhalt der Ermächtigungsgrundlagen hinsichtlich einer unmittelbar zulassungsmodifizierenden Wirkung der Verordnung zu untersuchen.

§ 2a Abs. 1 TierSchG und § 16 S. 1 KrWG müssen als Ermächtigungsgrundlage den Anforderungen des Art. 80 Abs. 1 S. 2 GG genügen, d. h. sie müssen Inhalt, Zweck und Ausmaß der zu erlassenden Verordnung hinreichend bestimmen. Das BVerfG geht davon aus, dass der Gesetzgeber über die wesentlichen Umstände selbst entscheiden muss.[792] Dies bedeutet, dass der Gesetzgeber selbst das Programm festlegen muss, sodass der Verordnungsgeber nur noch über die Ausführungsdetails entscheidet.[793]

Die beiden Ermächtigungsgrundlagen sind dahingehend zu überprüfen, ob sich aus Inhalt, Zweck und Ausmaß der zu erlassenden Verordnung die Ermächtigung zur zulassungsmodifizierenden Wirkung ergibt. In beiden Ermächtigungsgrundlagen gibt es keinen konkreten Ausschluss einer unmittelbar zulassungsmodifizierenden Verordnung, sodass die allgemein übliche Systematik gilt, dass eine Aufhebung nur durch Verwaltungsakt erfolgen kann, wenn die Zulassung ein Verwaltungsakt ist (siehe 2. Teil § 1 A.). Aus diesem Grund kann man einerseits zum Ergebnis kommen, dass der Gesetzgeber selbst Ausnahmen von diesem Prinzip deutlich zum Ausdruck bringen muss[794] und dies ist in den hier in Rede stehenden Ermächtigungsgrundlagen nicht erkennen.

Andererseits muss beachtet werden, dass die §§ 48, 49 VwVfG auf dem Vertrauensschutzprinzip beruhen.[795] Ein nicht nichtiger Verwaltungsakt ist auch dann wirksam, wenn er gegen die materielle Rechtslage verstößt. Der Anlagenbetreiber richtet seinen Betrieb an der bestehenden Rechtslage der Genehmigung aus. Er hat ein berechtigtes Interesse daran, dass sein darauf abgestimmter Betrieb nicht plötzlich verändert werden muss, denn er hat auf die Rechtssicherheit und die Beständigkeit der Rechtslage vertraut. Der Vertrauensschutz ist im KrWG aber bereits von Anfang an aufgrund der Grundpflichten eingeschränkt. Durch die Einbindung der dynamischen Grundpflichten in den Genehmigungs-

---

[791] *Wallrabenstein*, in: v. Münch/Kunig, GGK II, Art. 80 Rn. 38, 40.
[792] BVerfG, Beschl. v. 10.07.1953 – 1 BvF 1/53 = BVerfGE 2, 307, 334.
[793] BVerfG, Beschl. v. 14.05.1986 – 2 BvL 2/83 = BVerfGE 72, 200, 222.
[794] *Klett/Oexle*, NVwZ 2004, 1301 (1303).
[795] *Detterbeck*, Öffentliches Recht, § 2 Rn. 40.

bescheid sind sie ohne ausdrückliche Anordnung der Behörde während der gesamten Dauer des Betriebs verbindlich.[796] Diese Inkooperation der dynamischen Grundpflichten in die Genehmigung bewirkt, dass sich die Zulassung direkt ohne weiteren Vollzugsakt entsprechend der veränderten Pflichten automatisch verändern kann. Der Betreiber weiß von Beginn an, dass sich seine Zulassung unmittelbar an die neuen Anforderungen anpasst. Einer ausdrücklichen Ermächtigung zur unmittelbar zulassungsmodifizierenden Wirkung an den Verordnungsgeber bedarf es deshalb nicht mehr, sodass § 16 KrWG eine ausreichende Ermächtigung für die unmittelbar zulassungsmodifizierende Wirkung ist. Der Verordnungsgeber ist berechtigt, die erteilten Genehmigungen durch die Änderung des Verordnungstextes unmittelbar – ohne nachträgliche Anordnung – zu modifizieren.

Die TierSchNutztV hingegen dient nicht der Konkretisierung der dynamischen Grundpflichten. Entscheidend ist hier nun die Frage, ob es sich bei der unmittelbar zulassungsmodifizierenden Wirkung um ein bloßes Ausführungsdetail oder um die Ausführung der Verordnung handelt. Geht es nur um ein Ausführungsdetail, kann der Verordnungsgeber selbst über die unmittelbar zulassungsmodifizierende Wirkung entscheiden. Die Ermächtigung in § 2a Abs. 1 TierSchG ist sehr weit („[...] soweit es zum Schutze der Tiere erforderlich ist [...]"), sodass der Verordnungsgeber ein weites Regelungsermessen hat.[797] Bei der unmittelbar zulassungsmodifizierenden Wirkung handelt es sich nicht um das grundsätzliche Regelungsprogramm, sondern um die Ausführung der Verordnung. Dieser Bereich der Durchsetzung obliegt dem Verordnungsgeber, sodass man davon ausgehen kann, dass es keiner speziellen Ermächtigung in § 2a Abs. 1 TierSchG bedarf und die unmittelbar zulassungsmodifizierende Wirkung von der Ermächtigungsgrundlage des § 2a Abs. 1 TierSchG umfasst ist.

---

[796] OVG Koblenz, Urt. v. 12.11.2009 – 1 A 11222/09, BeckRS 2010, 45207.
[797] BVerwG, Urt. v. 23.10.2008 – 7 C 4/08 = NVwZ 2009, 647 (648).

C. Gibt es noch einen Bestandsschutz im Umweltrecht?

Das OVG Koblenz stellte fest, dass die immissionsschutzrechtliche Genehmigung „den Spielraum für bestandsgeschützte Kontaminationen und sonstige Beeinträchtigungen geschützter Rechtsgüter im Umwelt- und Naturschutzrecht praktisch aufgehoben hat."[798] Diese Feststellung ist nun auf ihre Richtigkeit hin zu überprüfen.

Bisher ergab sich immer ein gewisser Bestandsschutz für den Anlagenbetreiber daraus, dass das BImSchG nachträgliche Anordnungen, eine Untersagung des Betriebs oder einen Widerruf der Genehmigung nur unter zusätzlichen Voraussetzungen zulässt, insbesondere unter Beachtung des Grundsatzes der Verhältnismäßigkeit.[799] Wie bereits herausgearbeitet, ist ein wichtiges Kriterium des Bestandsschutzes die Wahrung der Verhältnismäßigkeit, sodass die Interessen der Betreiber mit den entgegenstehenden Allgemeininteressen in einen angemessenen Ausgleich gebracht werden müssen.[800]

Die oben dargestellte Relativität des Bestandsschutzes aufgrund der dynamischen Grundpflichten führt zwar dazu, dass Maßnahmen nach §§ 17, 20, 21 BImSchG möglich sind, jedoch ist dabei immer der Verhältnismäßigkeitsgrundsatz zu beachten. Die Behörde muss sich vor ihrem Erlass in jedem Einzelfall Gedanken über die widerstreitenden Interessen machen. Gerade diese einzelfallbezogenen Abwägungen fallen durch unmittelbar modifizierende Verordnungen weg. Die individuellen Entscheidungen werden nun durch die generalisierten Verhältnismäßigkeitserwägungen in den jeweiligen Verordnungen ersetzt. Die TierSchNutztV, DepV und AbfAblV enthalten zwar Übergangsregelungen, die eine unbillige Härte durch die Anpassungspflicht an geänderte Regelungen mildern sollen. Jedoch führt dies nur zu einem zeitlichen Aufschub der Einhaltungsverpflichtung. Eine Sanierung der Anlage wird dadurch aber nicht verhindert, denn nach Ablauf der Übergangsfrist sind die neuen Anforderungen einzuhalten. Erwägungen wie in § 17 Abs. 2 BImSchG bezüglich der Nutzungsdauer oder der technischen Besonderheiten der Anlage sind in den Verordnungen nicht zu finden. Auch die hohen Anforderungen aus § 20 Abs. 2 S. 2 BImSchG, die

---

[798] OVG Koblenz, Urt. v. 12.11.2009 – 1 A 11222/03 = NuR 2010, 416 (419).
[799] *Jarass*, BImSchG, § 6 Rn. 51; *Uschkereit*, Der Bestandsschutz im Bau- und Immissionsschutzrecht, S. 319.
[800] *Sach*, Genehmigung als Schutzschild?, S. 108.

eine unmittelbare Gefährdung der menschlichen Gesundheit oder Umwelt voraussetzen, sind in den Verordnungen nicht enthalten. Zudem gibt es keine Entschädigungsregelung wie in § 21 Abs. 4 BImSchG.

Der bisherige Bestandsschutz, der noch durch die Pflicht zur bescheidtechnischen Umsetzung in §§ 17, 20, 21 BImSchG vermittelt wurde, wird nun durch die direkte zulassungsändernde Wirkung der Verordnung weiter eingeschränkt. Die TierSchNutztV, DepV und AbfAblV sehen zwar Übergangsregelungen vor, doch diese zeigen nur, dass der Gesetzgeber die Interessen der Anlagenbetreiber gesehen und gewürdigt hat. Einzelfallentscheidungen wie bei §§ 17, 20, 21 BImSchG, die den Betreiber und seine Interessen schützen, gibt es aber nicht mehr. Damit wird der Bestandsschutz im Immissionsschutzrecht verallgemeinert und objektiviert. Ob das allerdings für die Feststellung ausreicht, dass es im Umweltrecht noch einen Bestandsschutz gibt, ist äußerst fraglich.

Handelt es sich bei den unmittelbaren Anpassungspflichten um verfassungsrechtlich zulässige Inhaltsbeschränkungen des Eigentums, muss der Gesetzgeber die schutzwürdigen Interessen des Eigentümers und die Belange des Gemeinwohls in einen gerechten Ausgleich und in ein ausgewogenes Verhältnis bringen.[801] Durch die Festschreibung von Übergangsfristen hat der Gesetz- oder Verordnungsgeber gezeigt, dass eine Abwägung der widerstreitenden Interessen stattgefunden hat. Die vorgesehene Einräumung der Übergangsfristen mildert die Schwere der Beeinträchtigung der Eigentümerinteressen bereits ab. Es ist dennoch zu überprüfen, ob der Ausgleich der sich gegenüberstehenden Belange überhaupt durch einheitliche Übergangsregelungen erreicht werden kann und die Bestandsschutzinteressen jedes einzelnen Betroffenen ausreichend gewahrt werden können.

I. Effektiver Schutz der Umwelt durch generelle Verhältnismäßigkeitserwägungen

Für die generelle Verhältnismäßigkeitserwägung sprechen zunächst gewichtige Argumente des Umweltschutzes. Die Pflicht zur Wahrung der Verhältnismäßigkeit in jedem Einzelfall bedeutet nämlich nicht, dass der Verordnungsgeber jeden Fall einzeln regeln und jede Disposition speziell berücksichtigen muss. Die Bildung von typischen Fallgruppen und ihre einheitliche Betrachtung sind zuläs-

---

[801] BVerfG, Beschl. v. 24.02.2010 – 1 BvR 27/09 – juris Rn. 64.

sig.[802] Aufgrund der Praktikabilität kann nicht verlangt werden, dass alle denkbaren Sonderfälle in einer gesetzlichen Übergangsregelung erfasst werden. Die Anpassungspflicht ist eine Inhalts- und Schrankenbestimmung des Eigentums und damit eine generelle Regelung für eine Vielzahl von Fällen. Es kann deshalb nur auf den objektiven Vertrauensschutz abgestellt werden. Im Rahmen des Vertrauensschutzes kann zwischen einem individuellen und einem generellen Maßstab unterschieden werden. Der generelle Vertrauensschutz, der in Gesetzen zum Ausdruck kommt, orientiert sich am Durchschnittsbetrieb. Für den individuellen Vertrauensschutz bedeutet dies dann aber, dass die gesetzlichen Regelungen in den Verordnungen einige Betriebe härter treffen als andere.[803]

Das Vorsorgeprinzip wird immer durch den Stand der Technik konkretisiert. Entscheidender Unterschied zur Schutzpflicht ist, dass die Vorsorgepflicht von der Gefahrenlage im Einzelfall losgelöst ist. Vielmehr setzt sie Anforderungen fest, die am Stand der Technik generalisiert werden. Die Vorsorge möchte Emissionen verhindern bzw. begrenzen und erfolgt situationsunabhängig. Die Grundpflichten dienen dem Schutz der Allgemeinheit.[804] Wenn der Stand der Technik ohne Verzögerung durch bescheidtechnische Umsetzung eingehalten werden muss, dann wird die Allgemeinheit effektiv geschützt. Aufgrund dieser Generalisierung und Situationsunabhängigkeit des Vorsorgeprinzips ist die oben bereits ausgearbeitete generalisierte Verhältnismäßigkeitserwägung durch die einheitlichen Übergangsfristen in den unmittelbar zulassungsmodifizierenden Verordnungen geboten.

Eine unmittelbar zulassungsmodifizierende Verordnung ändert den Zulassungsbescheid direkt nach Ablauf der Übergangsfrist. Für einen effektiven Umweltschutz muss eine Vereinheitlichung der Anforderungen für Alt- und Neuanlagen erreicht werden. Eine Umsetzung durch behördliche Bescheide ist dabei langwieriger, da jeder betroffene Fall einzeln ermittelt und geregelt werden muss. Durch eine unmittelbar zulassungsmodifizierende Wirkung ist eine rasche Durchsetzung von neuen Anforderungen bei Altanlagen möglich. Deshalb müssen zur Verbesserung des Umweltschutzes die herkömmlichen Mittel des

---

[802] BVerwG, Urt. v. 23.10.2008 – 7 C 48/07 = NVwZ 2009, 650 (652).
[803] *Sach*, Genehmigung als Schutzschild?, S. 108 f.
[804] Ebd., S. 85, 105.

Polizeirechts erweitert werden.[805] Dies dient dem Schutz der Allgemeinheit vor weiteren oder neuen Gesundheits- und Umweltbeeinträchtigungen. Gem. Art. 20 a GG besteht ein öffentliches Interesse, die Menschen sowie die gesamte Umwelt vor schädlichen Umwelteinwirkungen zu schützen. Zudem ist der Schutz der Menschen gem. Art. 2 Abs. 2 GG und Art. 14 GG vor Einwirkungen durch die Anlage zu berücksichtigen. Durch eine unmittelbar zulassungsmodifizierende Wirkung wird wirkungsvoll die Umweltsanierung erreicht und die Menschen sowie die gesamte Umwelt werden effektiv geschützt. Eine unmittelbar zulassungsmodifizierende Wirkung ist deshalb ein sachgerechtes Mittel zur Durchsetzung neuer Pflichten für einen effektiven Umweltschutz.

II. Schutz des Betreibers durch generelle Verhältnismäßigkeitserwägungen

Andererseits sind aber auch die Betreiber und ihre Bestandsschutzinteressen im Rahmen der generellen Verhältnismäßigkeitserwägungen zu beachten.

1. Gefahrenabwehr

Im Bereich der Gefahrenabwehr überwiegen grundsätzlich die Belange der Allgemeinheit in Bezug auf Schutz vor Gesundheits- und Lebensgefahren. Dies bedeutet, dass grundsätzlich die grobe Faustformel, dass in diesem Bereich keine gesonderte Verhältnismäßigkeitsprüfung vorzunehmen ist, angewendet werden kann. Dies bedeutet aber nicht, dass die Verhältnismäßigkeit überhaupt nicht zu überprüfen oder eine generelle Verhältnismäßigkeit immer zulässig ist. Es können offensichtliche Härtefälle auf Seiten des Betreibers vorliegen, die eine detaillierte Verhältnismäßigkeitsprüfung fordern. Grundsätzlich lässt sich aber festhalten, dass im Regelfall eine generelle Verhältnismäßigkeitserwägung im Bereich der Gefahrenabwehr ausreichen kann.

Liegt keine Gesundheits- oder Lebensgefahren vor, sondern Gefahren für Sachgüter, sind generelle Verhältnismäßigkeitserwägungen durch Übergangsfristen nicht immer mehr ausreichend, denn die Belange der Allgemeinheit und Umwelt überwiegen nicht immer gegenüber den Interessen des Betreibers. Alleine maßgeblich ist, ob der Gesetz- oder Verordnungsgeber bei einer Gesamtabwägung zwischen der Schwere des Eingriffs und der Dringlichkeit der ihn rechtfertigen-

---

[805] *Feldhaus*, in: Feldhaus, BImSchG, Band 1, § 5 Anm. 1 und 2; *Sach*, Genehmigung als Schutzschild?, S. 93.

den Gründe die Grenzen der Zumutbarkeit nicht überschreitet.[806] Der Gesetzgeber räumt in den einschlägigen Verordnungen zwar Übergangsfristen ein, die zur Wahrung der Verhältnismäßigkeit dienen, jedoch sind dies nur generelle Verhältnismäßigkeitserwägungen. Eine Verhältnismäßigkeit bei Härtefällen kann durch diese einheitlichen Übergangsfristen nicht gewahrt werden.

2. Vorsorge- und Schutzpflichten

§ 7 Abs. 2 S. 1 BImSchG und § 43 Abs. 2 S. 1 KrWG zeigen deutlich, dass die Ermächtigungen nur für den Erlass von Rechtsverordnungen im Bereich der Vorsorge gegen schädliche Umwelteinwirkungen bzw. schädliche Bodenveränderungen gelten. Das Vorsorgeprinzip ist eines der Hauptprinzipien des deutschen Umweltrechts. Es ist in Art. 20a GG verankert und beauftragt den Gesetzgeber, in Verantwortung für künftige Generationen die natürlichen Lebensgrundlagen zu schützen. Durch das Vorsorgeprinzip sollen Umweltbelastungen mit präventiven Maßnahmen verhindert werden, sodass Umweltschäden gar nicht erst entstehen und nicht im Nachhinein bekämpft werden müssen. Es ist deshalb sachgerecht, dass auch Altanlagen neue Vorsorgeanforderungen einhalten müssen.

Im Gegensatz zur Abwehrpflicht ist allgemein anerkannt, dass im Bereich der Vorsorgepflicht die Verhältnismäßigkeit gewahrt werden muss.[807] Vorsorgemaßnahmen müssen risikoadäquat und angemessen sein, d. h. die den Betreiber treffenden Aufwendungen und der mit der Vorsorgemaßnahme angestrebte Zweck dürfen nicht außer Verhältnis sein.[808] Im Rahmen der Vorsorgepflicht müssen die Bestandsschutzbelange des Betreibers im Vergleich zur Abwehrpflicht immer berücksichtigt werden. Bei bestehenden Anlagen sind bereits getätigte Aufwendungen und das schutzwürdige Vertrauen des Betreibers zu beachten. Wie § 7 Abs. 2 BImSchG zeigt, müssen deshalb Übergangsfristen festgesetzt werden.[809] Diese Übergangsregelungen finden sich auch in den hier ein-

---

[806] BVerwG, Urt. v. 23.10.2008 – 7 C 48/07 = NVwZ 2009, 650 (652).
[807] *Dietlein*, in: Landmann/Rohmer, Umweltrecht, Band I, § 5 Rn. 159; *Roßnagel*, in: Koch/Scheuing/Pache, BImSchG, § 5 Rn. 536; *Kloepfer*, Umweltrecht, § 14 Rn. 110; *Di Fabio*, Jura 1996, 566 (574).
[808] BVerwG, Urt. v. 17.02.1984 – 7 C 8/82 = BVerwGE 69, 37, 44 f.; BVerwG, Urt. v. 20.12.1999 – 7 C 15.98 = BVerwGE 110, 216, 224; OVG Münster, Urt. v. 08.02.1990 – 21 A 2535/88 = NVwZ-RR 1990, 545 (546); *Jarass*, DVBl. 1986, 314 (316 f.).
[809] *Uschkereit*, Der Bestandsschutz im Bau- und Immissionsschutzrecht, S. 308 f.

schlägigen Verordnungen. Zu prüfen ist nun aber, ob die generellen Verhältnismäßigkeitserwägungen in diesen Übergangsfristen ausreichen, um dem Grundsatz der Verhältnismäßigkeit ausreichend Rechnung zu tragen.

Die direkte Zulassungsänderung aufgrund einer Verordnung führt dazu, dass die Anlage immer saniert werden muss. § 7 Abs. 2 S. 2 BImSchG verlangt aber ausdrücklich, dass für die Bestimmung der Übergangsfristen und der Anforderungen die Art, Menge und Gefährlichkeit der Emissionen und die Nutzungsdauer und technischen Besonderheiten der Anlage zu berücksichtigen sind. Der fast gleiche Wortlaut ist in § 43 Abs. 2 S. 2 KrWG zu finden. Dies dient der Wahrung des individuellen Verhältnismäßigkeitsgrundsatzes, sodass nicht bei jedem Fortschritt des Standes der Technik die Anlage saniert werden muss. Der Bestandsschutz kann sich also auch gegenüber den Grundpflichten durchsetzen. Wenn eine neue Technik entwickelt wird, dann kann das für bestehende Anlagen bedeuten, dass die gesamte Anlage ersetzt werden muss. Daraus entstehen hohe Anschaffungs- und auch Folgekosten.[810] Der Verordnungsgeber kann das im Rahmen der Normsetzung nicht völlig ignorieren. Der Hinweis auf die Nutzungsdauer und die technischen Besonderheiten der Anlage zeigt, dass pauschalisierende Betrachtungen in den Verordnungen gerade nicht gewollt sind. Der Gesetzgeber war sich also bewusst, dass es Ausnahmefälle gibt, und diese sollen in Spezialregelungen berücksichtigt werden. Eine derartige Sonderregelung für Härtefälle ist jedoch in den hier zu untersuchenden Verordnungen nicht enthalten, da die Übergangsfrist allgemein für alle Anlagen gilt.

Im Vorsorge- und Schutzbereich sind also individuelle Verhältnismäßigkeitsabwägungen notwendig, da es immer wieder Härtefälle geben kann, bei denen eine Verhältnismäßigkeit nicht durch die bloße Setzung von Übergangsfristen gewahrt werden kann. In besonderen Ausnahmefällen können gravierende Eigentumsbeeinträchtigungen entstehen, wenn sehr aufwendige Nachrüstungen nach geringer Nutzungszeit und bei kurzer Restnutzungsdauer vorzunehmen sind, die eine Sanierung der bestehenden Anlage unrentabel machen und deshalb zu einer Schließung zwingen würden. Hier können Übergangsfristen allein nicht weiterhelfen, sondern es sind eventuell Ausnahmen für die Emissionsfreisetzung notwendig. In diesen Fällen kann es sein, dass die Interessen der Betreiber an einem

---

[810] *Jarass*, DVBl. 1986, 314 (316 f.).

Weiterbetrieb gegenüber denen der Allgemeinheit und Umwelt überwiegen können.

Um der Vielschichtigkeit der unterschiedlichsten Sachverhalte und Anlagen gerecht werden zu können, besteht deshalb im Vorsorgebereich die Notwendigkeit der individuellen Beurteilungsmöglichkeit eines jeden Falles durch eine konkret-individuelle Maßnahme. Der Gesetzgeber kann bei einer einheitlichen Festsetzung von Übergangsfristen nicht alle erdenklichen Besonderheiten vorhersehen und konkret regeln. Deshalb sollte von generellen Verhältnismäßigkeitserwägungen in einer Verordnung abgesehen und die individuelle Beurteilung in die Hände der Verwaltung gelegt werden. Die Verwaltung muss eigenständig – innerhalb des gesetzlichen Rahmens – über ihr Tätigwerden entscheiden können, um unnötige Eingriffe zu verhindern und dadurch dem Übermaßverbot Rechnung zu tragen. Diese Einzelfallbetrachtung kann nicht nur unter der bloßen Bezugnahme auf eine abstrakt-generelle Regelung beantwortet werden, sondern es sind konkret-individuelle Maßnahmen der Behörde notwendig. Das Vorsorgeprinzip ist also strukturell und aufgrund seiner Bedeutung im Gegensatz zur Gefahrenabwehr nicht dazu geeignet, generelle Verhältnismäßigkeitserwägungen zu rechtfertigen.

3. Härtefallregelungen

Zudem ist eine unmittelbar zulassungsmodifizierende Wirkung für den betroffenen Betreiber eine große Belastung. Die automatische Änderung der Zulassung durch die Verordnungen führt zu einer erheblichen Rechtsunsicherheit bei den Genehmigungsinhabern. Sie können sich nicht mehr darauf verlassen, dass der Anlagenbetrieb, der sich an der bestandskräftigen Zulassung orientiert, rechtmäßig ist. Der Anlagenbetreiber muss vielmehr davon ausgehen, dass seine Zulassung durch später ergehende oder sich veränderte Verordnungen modifiziert wird, ohne dass es auch nur einer behördlichen Handlung bedarf. Er muss sich ständig selbst informieren, ob neue Verordnungen in Kraft getreten sind, die für ihn und seine Anlage relevant sind. Es gibt keinen Verwaltungsakt, der dem Pflichtigen sagt, in welchen Teilen und wie er seine Anlage verändern muss. Für einen juristischen Laien ist dies eine große Belastung, denn er muss alle ihn betreffenden Regelungen stets im Auge behalten, sie richtig verstehen und korrekt umsetzen. Es besteht die Gefahr, dass der Betreiber die Modifikation seiner Rechtsposition aufgrund der unmittelbar zulassungsändernden Verordnung gar nicht bemerkt, sodass die Anlage aufgrund nicht durchgeführter Sanierungsmaßnahmen ohne Genehmigung betrieben wird. Der ungenehmigte Betrieb der Anlage erfüllt aber den Straftatbestand des § 327 Abs. 2 StGB. Außerdem darf das Nutzungsrecht des Anlagenbetreibers bei bestehender Genehmigung nicht vollständig beseitigt werden, § 20 Abs. 2 BImSchG. Für eine endgültige Stilllegung oder Beseitigung ist die Aufhebung der immissionsschutzrechtlichen Genehmigung notwendig.[811] Im Rahmen einer unmittelbar zulassungsmodifizierenden Verordnung wird der Anlagenbetrieb nach Ablauf der Umsetzungsfrist ohne Vornahme der Sanierung automatisch ohne die erforderliche Genehmigung betrieben. Eine ausdrückliche behördliche Aufhebung erfolgt aber nicht, sondern der Betreiber darf automatisch seine Anlage nicht weiter nutzen.

III. Lösungsmöglichkeit

Es ist herauszuarbeiten, wie der Anlagenbetreiber und seine Rechte besser geschützt werden können.

1. Bestimmtheit

Zum Schutz des Betreibers ist eine Anpassungspflicht durch eine direkte zulassungsändernde Verordnung nur zulässig, wenn der Betroffene hierdurch nicht mit einer unzumutbaren Unsicherheit bzgl. Umfang und Inhalt der nun geänderten Rechtsposition belastet wird. Durch die unmittelbar zulassungsmodifizierende Wirkung der Genehmigung schlägt der vormals genehmigte Betrieb automatisch ohne behördliche Anordnung in eine ungenehmigte Anlage um. Dabei muss das verfassungsrechtliche Gebot einer ausreichenden Bestimmtheit von Rechtsvorschriften gewahrt werden. Der Betroffene muss aufgrund des rechtsstaatlichen Prinzips der Rechtssicherheit das Staatshandeln vorhersehen und berechnen können. Deshalb müssen die Rechtsvorschriften so formuliert sein, dass der Bürger die Rechtslage erkennen und sein Verhalten danach einrichten kann.[812] Dies ist nur dann der Fall, wenn der Betroffene ohne weiteren juristischen Rat aus der Verordnung direkt erkennen kann, was von ihm und seiner Anlage erwartet wird. Der Verpflichtete und der genaue Inhalt der Pflicht müs-

---

[811] *Uschkereit*, Der Bestandsschutz im Bau- und Immissionsschutzrecht, S. 312.
[812] BVerfG, Urt. v. 27.07.2005 – 1 BvR 668/04 = NJW 2005, 2603 (2607); BVerfG, Beschl. v. 12.06.1979 – 1 BvL 19/76 = BVerfGE 52, 1, 41; *Uschkereit*, Der Bestandsschutz im Bau- und Immissionsschutzrecht, S. 311 f.

sen also in der Verordnung eindeutig feststehen. Die neuen Anforderungen in der Verordnung müssen so hinreichend bestimmt und eindeutig formuliert sein, dass eine Umsetzung und Konkretisierung durch die Behörde obsolet ist und sie den Verordnungswortlaut nur noch wiederholen würde.

Auch die Abweichungsmöglichkeiten durch konkret-individuelle Regelungen der Behörde müssen eindeutig festgeschrieben werden. Eine pauschale Ermächtigung zum Erlass einer Einzelfallanordnung ist gerade nicht ausreichend, denn dann besteht die Gefahr der Rechtsunsicherheit für die Betreiber, da sie nicht wissen, ob sie eine Ausnahmeregelung durch die Behörde bekommen oder nicht. Eine exakte Formulierung der Fälle, die eine Einzelfallregelung notwendig machen, verhindert zudem Vollzugsdefizite durch eine unterschiedliche Handhabung der Ausnahmeregelung je nach Behörde.

2. Ausreichend lange Übergangsregelungen

Zudem darf die unmittelbar geltende Anpassungsverpflichtung nicht dazu führen, dass eine generelle Amortisierung des Kapitals unmöglich wird. Die unbefristete Genehmigung erzeugt trotz der Grundpflichten ein schutzwürdiges Vertrauen darauf, dass die Anlage zumindest für eine gewisse Zeit im Rahmen der Genehmigung genutzt werden darf. Eine Anpassungspflicht, die ohne hinreichend lange Übergangsfrist den Betreiber nur kurze Zeit nach Genehmigungserteilung trifft, verhindert von Anfang an eine Amortisierung des eingesetzten Kapitals. In diesem Fall steht der Bestandsschutz einer Sanierung der Anlage entgegen.

In der Praxis wird Bestandsschutz vor allem unter betriebswirtschaftlichen Gesichtspunkten diskutiert. Für Unternehmer muss sich das Eigentum wirtschaftlich rechnen. Die Gestaltungsbefugnis des Gesetzgebers ist dann überschritten, wenn durch neue gesetzliche Regelungen das Eigentum für den Betroffenen praktisch wertlos wird. Es darf aufgrund der nachträglichen Anordnung keine „erdrosselnde" Wirkung für den Eigentümer bestehen.

Durch eine „weiche" Überleitung, z. B. durch Übergangsregelungen, kann der Bestandsschutz gewahrt werden. Einem Unternehmer ist zumutbar, angemessene Rücklagen zu bilden oder in anderer Weise vorzusorgen, um in der Lage zu sein, von Zeit zu Zeit innerhalb geräumiger und damit zumutbarer Fristen den Anschluss an den neuesten Stand der Technik zu gewinnen. Ein abrupter, harter Fall in den Abgrund wird dadurch vermieden, vielmehr ein weiches Gleiten in erträgliche Gefilde möglich.[813] Die Wahrung des Bestandsschutzes kann also durch Übergangsvorschriften erreicht werden.

3. Möglichkeit der konkret-individuellen Durchsetzung

Mit der Setzung von ausreichend langen Übergangsfristen wird das Vertrauen des Betreibers in die Beständigkeit der unbefristeten Genehmigung in den meisten Fällen gewahrt. Jedoch kann es Härtefälle geben, in denen allein die Setzung von angemessen langen Übergangsfristen nicht für die Wahrung der Verhältnismäßigkeit ausreicht. Um auch diesen besonderen Fällen gerecht werden zu können, besteht die Notwendigkeit der individuellen Beurteilungsmöglichkeit eines jeden Falles durch konkret-individuelle Regelungen durch die Behörde. Wenn die Vorteile einer unmittelbar zulassungsmodifizierenden Wirkung eines Rechtsaktes genutzt, aber die Nachteile nicht außer Acht gelassen werden, ist eine Zweiteilung des Gesetzes notwendig. Im Regelfall wird die Zulassung unmittelbar nach Ablauf der Übergangsfrist an die neuen Anforderungen automatisch angepasst. Zusätzlich muss es aber für Sonderfälle eine Ermächtigung an die Behörde geben, dass diese im Einzelfall andere inhaltliche und/oder zeitliche Regelungen treffen kann, durch welche die individuelle Verhältnismäßigkeit wieder hergestellt werden kann.

4. Kritik

Jedoch ergeben sich auch gegen diese Lösungsvariante Bedenken. Zwar kommt durch die konkret-individuelle Abweichungsmöglichkeit der Behörde dem Bestandsschutz mehr Gewicht zu, allerdings führt dies zu einem uneinheitlichen Umweltniveau. Wenn die Behörden für einzelne Betriebe unterschiedlich lange Übergangsfristen oder inhaltliche Anforderungen festsetzen können, führt dies dazu, dass die Umwelt weiterhin durch diese einzelnen Anlagen verschmutzt werden kann. Dies hätte dann eine partielle Aushöhlung und Umgehung der Anpassungspflicht zur Folge.

Die bisherigen Ausführungen zeigen aber, dass dies bei besonders erheblichen Belästigungen nicht zu befürchten ist. Bei Gesundheitsschäden muss grundsätzlich eine Sanierung der Anlage erfolgen, sodass es in diesem Bereich überhaupt keinen Spielraum für konkret-individuelle Regelungen gibt und die Umwelt ausreichend geschützt ist. In den verbleibenden Fällen hat eine Abwägung der Be-

---

[813] *Sendler*, UPR 1990, 41 (46).

lange ergeben, dass diejenigen des Betreibers schutzwürdiger sind. Dies zeigt, dass die Gefahren für die Umwelt, die von der Anlage ausgehen, nicht in einem derart hohen Maß erfolgen, dass sie nicht hinnehmbar sind. Es kann deshalb davon ausgegangen werden, dass die vorgeschlagene Lösungsmöglichkeit nicht zu schwerwiegenden Umweltverschmutzungen führt.

Ebenso besteht keine Gefahr von ungleichen Wettbewerbsbedingungen. Manche Betreiber werden zwar von teuren Sanierungsmaßnahmen verschont oder müssen diese erst später vornehmen, dennoch führt dies nicht zu Wettbewerbsvorteilen. Wenn für einen Betreiber die generellen Übergangsregelungen nicht ausreichen und für ihn individuelle Regelungen getroffen werden, dann bedeutet dies, dass sich die Investitionen der Anlage noch nicht amortisiert haben. Aufgrund der technischen oder wirtschaftlichen Besonderheiten der Anlage hat der Betreiber auch ohne die Vornahme der Sanierung grundsätzlich keine Wettbewerbsvorteile, denn es ist davon auszugehen, dass die Investitionskosten durch den laufenden Betrieb erst noch hereingewirtschaftet werden müssen, sodass von diesem Betreiber Preisdumping oder Wettbewerbsverzerrungen nicht zu befürchten sind.

Schließlich ist aber noch zu befürchten, dass der Zeitvorteil, der durch ein entfallendes Tätigwerden der Behörde aufgrund der unmittelbaren Modifizierung besteht, eingeschränkt wird. Die Behörde muss jeden einzelnen Fall prüfen, ob eine Einzelfallanordnung notwendig ist. Dies erfordert wiederum Zeit und Ressourcen. Dies ist aber immer noch weniger zeitaufwendig, als der Erlass von Bescheiden für jeden einzelnen Betreiber. Für die überwiegende Zahl der Betreiber gilt die gesetzliche Regelung der automatischen Zulassungsmodifizierung. Nur in Ausnahmefällen wird also ein Tätigwerden der Behörde notwendig sein.

D. Ergebnis

Im Mittelpunkt der Diskussion um den Bestandsschutz steht die Abwehrfunktion der Eigentumsgarantie gegen neue Anforderungen unter dem Gesichtspunkt der Verhältnismäßigkeit und des Vertrauensschutzes. Die Ansicht des OVG Koblenz, dass der Spielraum für bestandsgeschützte Kontaminationen und sonstige Beeinträchtigungen geschützter Rechtsgüter im Umwelt- und Naturschutzrecht aufgehoben ist, stimmt dahingehend, dass die Genehmigungen oftmals änderungsoffen sind. Es konnte herausgearbeitet werden, dass die Genehmigungen im Umweltrecht aufgrund ihrer anfänglichen Offenheit kaum Schutz vor nachträglichen Rechtsänderungen gewähren, da das Vertrauen des Betreibers von Anfang eingeschränkt ist.

Das Ausmaß des gewährleisteten Bestandsschutzes ergibt sich aber aus der Überprüfung des Fachrechts als Inhalts- und Schrankenbestimmung. Der Bestandsschutz aus Art. 14 GG verbietet zwar nicht die gesetzliche Neugestaltung der Rechtslage, jedoch muss das Fachrecht den Verhältnismäßigkeitsgrundsatz und den Vertrauensschutz als wichtige Facetten des Bestandsschutzes wahren. Der Genehmigungsinhaber hat eine unbefristete Erlaubnis zum Betrieb seiner Anlage erhalten und zur Errichtung erhebliche Investitionen getätigt. Seine Interessen müssen geschützt werden, da er darauf vertrauen darf, dass sich die Anforderungen in der bestandskräftigen Genehmigung nicht kurze Zeit nach ihrer Erhaltung verändern und er seine Anlage sofort wieder sanieren muss. Konzentrierte sich früher die Verhältnismäßigkeitsprüfung im Immissionsschutzrecht auf Einzelentscheidungen,[814] werden heutzutage generalisierte Bestandsschutzerwägungen dem Verordnungsgeber überlassen. Den Ausgleich zwischen dem Bestandsinteresse des Betreibers und dem Umweltschutz schafft der Gesetzgeber durch Übergangsfristen. Der Bestandsschutz besteht zwar noch im Umweltrecht, er erschöpft sich aber aufgrund der neuer Rechtsprechung des BVerwG in der Regel in der Setzung von ausreichend langen Übergangsfristen. Diese Übergangsregelungen verschaffen dem Betreiber noch einen gewissen zeitlichen Spielraum für den unveränderten Weiterbetrieb. Der Bestandsschutz kann jedoch keine Sanierung der Anlage verhindern, sondern verschiebt diese nur zeitlich in die Zukunft.

---

[814] *Lee*, Eigentumsgarantie und Bestandsschutz im Immissionsschutzrecht, S. 208.

Die Gesamtbetrachtung macht deutlich, dass eine Anpassungspflicht durch eine direkte zulassungsändernde Verordnung zulässig ist, wenn der Betroffene hierdurch nicht mit einer unzumutbaren Unsicherheit bzgl. Umfang und Inhalt der nun geänderten Rechtsposition belastet wird. Zudem müssen die Übergangsregelungen zur Wahrung der Verhältnismäßigkeit so lang sein, damit nicht die Gefahr besteht, dass durch eine Sanierungspflicht die generelle Amortisierung des eingesetzten Kapitals verhindert wird. Dies ist vor allem dann der Fall, wenn aufgrund der Sanierungspflicht eine Amortisierung der Investitionen nicht während einer in der AfA-Tabelle festgeschriebenen wesentlich kürzeren Zeit möglich ist. Aufgrund der Rechtsprechung des BVerwG verhindert der Bestandsschutz also nur noch die Vernichtung von Kapital. Es zeigt sich deshalb, dass die Judikatur mit der unmittelbar zulassungsmodifizierenden Wirkung der Verordnung den Bestandsschutz einen weiteren Schritt mehr eingeschränkt hat, er aber dank der Pflicht zur Setzung von ausreichend langen Übergangsfristen in den hier überprüften Rechtsvorschriften immer noch in kleinem Maße vorhanden ist. Es besteht zwar auch nach diesen neuen höchstrichterlichen Entscheidungen weiterhin Bestandsschutz, jedoch lässt sich die deutliche Tendenz erkennen, dass der Bestandsschutz immer weiter zurückgedrängt wird.

Wenn aber die bloße Übergangsfrist die Beeinträchtigung der Eigentümerbelange nicht mehr relativieren kann, weil der angestrebte Schutzerfolg mit den Belastungen des Betreibers gravierend außer Verhältnis steht, sind inhaltliche Änderungen der Anpassungsverpflichtung notwendig, damit die Bestandsschutzinteressen des Betreibers überhaupt noch geschützt werden. Diese notwendige Möglichkeit von konkret-individuellen Anordnungen durch die Behörde besteht aber in den einschlägigen Verordnungen nicht immer. Generell ist die Einräumung von angemessenen Übergangsfristen zwar eine gute Möglichkeit, die Beeinträchtigung der schützenswerten Eigentumsbelange abzuschwächen, jedoch müssen die Bestandsschutz- und Vertrauensinteressen des Betreibers bei Härtefälle durch eine konkret-individuelle Regelung besser geschützt werden. Für einen angemessenen „sanften Übergang" muss deshalb der Behörde die Chance eingeräumt werden, dass sie die Bestandsschutzinteressen durch individuell zeitlich längere Übergangsfristen oder inhaltliche Abweichungsbefugnisse wahren kann.

Fünfter Teil:
BVT-Schlussfolgerungen

In diesem Kapitel soll die IE-Richtlinie[815] mit ihren Neuerungen in Bezug auf die BVT-Schlussfolgerungen der Gegenstand der Überlegungen zum Bestandsschutz sein. Entscheidend für dieses Kapitel ist die Frage, welche Bedeutung die BVT-Schlussfolgerungen für den Bestandsschutz der Betreiber haben. Die neuen verbindlichen BVT-Schlussfolgerungen führen zu einer dauernden Anpassungspflicht und sind gerade für den Bestandsschutz eine interessante Thematik. Die vorliegende Untersuchung beschränkt sich auf das Immissionsschutzrecht, da die Analyse des Bestandsschutzniveaus primär auf die Situation im Immissionsschutzrecht ausgerichtet ist. Auf eine Betrachtung der Auswirkungen der BVT-Schlussfolgerungen auf das Wasserrecht und das Abfallrecht wird deshalb verzichtet.

§ 1 BVT

A. Begrifflichkeiten

Die Befassung mit den BVT-Schlussfolgerungen macht zunächst eine Klärung der relevanten Begriffe erforderlich.

I. Beste verfügbare Technik

Die beste verfügbare Technik (BVT) wird auch nach dem im Englischen verwendeten Begriff „best available techniques" mit „BAT" abgekürzt.[816] Die BVT, als Maßstab für Emissionsbegrenzungen, hat ihren Ursprung im europarechtlichen Vorsorgeprinzip nach Art. 191 Abs. 2 AEUV.[817] Sie sind der materielle Maßstab für die vom Anlagenbetreiber vorzunehmende Emissionsvermei-

---

[815] RL 2010/75/EU des Europäischen Parlaments und des Rates vom 24.11.2010 über Industrieemissionen (integrierte Vermeidung und Verminderung der Umweltverschmutzung), ABl. L 334/17 v. 17.12.2010, S. 17.
[816] *Suhr*, I+E 2013, 44 (45); *Spieler*, Beste verfügbare Technik und Immissionsschutzrecht, S. 19; *Versteyl/Stengler*, AbfallR 2010, 245 (249).
[817] *Feldhaus*, NVwZ 2001, 1 (1); *Kment*, VerwArch 2014, 262 (263).

dung und -verminderung.[818] Sie beschreiben das anzustrebende Vorsorgeprofil, mit dem ein hohes Schutzniveau erreicht werden soll.[819]

Die beste verfügbare Technik wird in Art. 3 Nr. 10 IE-RL beschrieben als „den effizientesten und fortschrittlichsten Entwicklungsstand der Tätigkeiten und entsprechenden Betriebsmethoden, der bestimmte Techniken als praktisch geeignet erscheinen lässt, als Grundlage für die Emissionsgrenzwerte und sonstige Genehmigungsauflagen zu dienen, um Emissionen in und Auswirkungen auf die gesamte Umwelt zu vermeiden oder, wenn dies nicht möglich ist, zu vermindern." Damit soll die Bewertung nach einem integrativen Maßstab erfolgen, der vor allem auf die Verrechnung von Vor- und Nachteilen einer Anlage zielt.[820]

„Technik" meint dabei die angewandte Technologie und die Art und Weise, wie die Anlage geplant, gebaut, gewartet, betrieben und stillgelegt wird, Art. 3 Nr. 10 a) IE-RL. „Verfügbar" ist eine Technik, die „unter Berücksichtigung des Kosten-Nutzen-Verhältnisses die Anwendung in den betreffenden industriellen Sektoren in wirtschaftlich und technisch vertretbaren Verhältnissen ermöglicht."[821] Die „besten" Techniken sind „die am wirksamsten zur Erreichung eines allgemein hohen Schutzniveaus für die Umwelt insgesamt sind.", Art. 3 Nr. 10 c) IE-RL.

Die BVT wird anhand von 12 Kriterien des Anhangs III der IE-RL in einem komplexen Abwägungsprozess ermittelt. Dabei werden beispielsweise der Rohstoffverbrauch und die Wiederverwertbarkeit erzeugter/verwendeter Stoffe, aber auch die Unfallvorsorge berücksichtigt, sodass nicht das wirksamste, sondern das am wirksamsten angenäherte Verfahren ermittelt wird. Es ist zu beachten, dass von einem weiten Verständnis von Technik ausgegangen wird, weil auch die Phasen der Planung, der Wartung und der Stilllegung beachtet werden.[822]

Wichtig für das Verständnis ist, dass den Betreibern nicht die Anwendung einer bestimmten Technik vorgeschrieben wird, sondern dass Emissionsgrenzwerte, äquivalente Parameter oder äquivalente technische Maßnahmen auf die besten

---

[818] *Pfaff/Knopp/Peine*, Revision des Immissionsschutzrechts durch die Industrieemissionsrichtlinie, Auswirkungen auf die deutsche Wirtschaft, S. 182 f.
[819] *Tausch*, NVwZ 2002, 676 (677).
[820] *Dietrich/Au/Dreher*, Umweltrecht der Europäischen Gemeinschaften, S. 114.
[821] *Röckinghausen*, UPR 1996, 50 (53).
[822] *Tausch*, NVwZ 2002, 676 (677); *Koch*, Die „beste verfügbare Technik" im Umweltrecht, S. 265.

verfügbaren Techniken zu stützen sind.[823] Die Bestimmungen zur BVT beziehen sich deshalb auch stets auf einen kompletten industriellen Sektor und nicht nur auf eine Einzelanlage.[824]

II. „Stand der Technik"

Im Bundes-Immissionsschutzrecht hingegen richtet sich die Vorsorge gegen schädliche Umwelteinwirkungen am Stand der Technik aus, § 5 Abs. 1 Nr. 2 BImSchG.[825] § 3 Abs. 6 BImSchG definiert den Stand der Technik legal als „Entwicklungsstand fortschrittlicher Verfahren, Einrichtungen oder Betriebsweisen, der die praktische Eignung einer Maßnahme zur Begrenzung von Emissionen gesichert erscheinen lässt."

Der Stand der Technik wird anhand der Kriterien der Anlage zu § 3 Abs. 6 BImSchG bestimmt.[826] Der in der Anlage zu § 3 Abs. 6 BImSchG aufgeführte Kriterienkatalog muss zwar von allen (Genehmigungsbehörde und Vorschriftengeber), die den Stand der Technik bestimmen, berücksichtigt werden,[827] jedoch legen Verordnungen und die Technische Anleitung zur Reinhaltung der Luft (TA Luft) den Stand der Technik weitgehend abschließend fest, sodass die Behörde im Einzelfall grundsätzlich nicht den Stand der Technik selbst ermitteln muss. Es sind vor allem Emissionsgrenzwerte, die sich in Rechtsverordnungen (z. B. 39. BImSchV) und in der TA Luft finden, die wesentlich den Stand der Technik bestimmen.[828]

Wie auch bei der BVT ist der Stand der Technik nicht immer die wirksamste Technik,[829] denn die in der Anlage zu § 3 Abs. 6 BImSchG aufgeführten Kriterien sind nicht zielharmonisch, da beispielsweise die für einen wirksamen Nachbarschutz notwendige Verminderung von Geruchsemissionen einen höheren Energieaufwand bewirkt und damit neue Emissionen verursacht.[830]

---

[823] *Pfaff/Knopp/Peine*, Revision des Immissionsschutzrechts durch die Industrieemissionsrichtlinie, Auswirkungen auf die deutsche Wirtschaft, S. 182 f.
[824] Ebd., S. 130.
[825] *Schmidt-Eriksen*, I+E 2011, 183 (184 f.).
[826] *Feldhaus*, ZUR 2002, 1 (3).
[827] *Schmidt-Eriksen*, I+E 2011, 183 (184 ff.).
[828] *Theuer/Kenyeressy*, I+E 2012, 140 (151).
[829] *Feldhaus*, BImSchG, § 3 Rn. 8.
[830] *Feldhaus*, NVwZ 2001, 1 (3).

III. Abgrenzung „Stand der Technik" und „beste verfügbare Technik"

Während das deutsche Umweltrecht den Begriff des „Standes der Technik" verwendet, spricht das europäische Recht von den „besten verfügbaren Techniken". Nach dem Willen des Gesetzgebers „entspricht der deutsche Stand der Technik inhaltlich mindestens dem Anforderungsniveau der besten verfügbaren Techniken im Sinne der [...] IVU-Richtlinie,[831] ohne dass der Ausdruck ‚beste verfügbare Techniken' übernommen wird."[832] Der Stand der Technik ist also nach der gesetzgeberischen Intention das deutsche „Synonym" für den europarechtlichen Begriff der „besten verfügbaren Techniken".[833] Der Gesetzgeber wollte den Begriff „Stand der Technik" nicht aufgeben, damit keine Rechtsunsicherheiten durch die Begriffsänderung entstehen.[834] Jedoch führt dieses Nebeneinander zu einer Doppelung: Zu den Kriterien für die Bestimmung des Standes der Technik gehört unter Nr. 13 der Anlage zu § 3 Abs. 6 BImSchG auch die Berücksichtigung der BVT-Merkblätter.[835] Die BVT-Merkblätter werden nach Art. 13 Nr. 11 IE-RL auf die in Anhang III genannten Kriterien gestützt. Die Kriterien in beiden Anhängen, die bei der Erarbeitung der BVT-Merkblätter und nach deutschem Recht eigenständig neben den BVT-Merkblättern bei der Bestimmung des Stands der Technik zu berücksichtigen sind, sind identisch. Damit kommt es zu einer Doppelung. Zur Vermeidung einer doppelten Berücksichtigung sind für die Bestimmung des Standes der Technik nur die BVT-Merkblätter maßgeblich, da die anderen Kriterien darin bereits berücksichtigt sind.[836]

Wichtig bei der Bestimmung des Standes der Technik sind nun die BVT-Schlussfolgerungen. Wie bereits dargelegt, ist der Stand der Technik nach den Kriterien der Anlage zum BImSchG zu bestimmen, die inhaltlich mit dem Anhang III der IE-Richtlinie übereinstimmt. Die BVT-Merkblätter und BVT-

---

[831] RL 96/61/EG des Rates vom 24.09.1996 über die integrierte Vermeidung und Verminderung der Umweltverschmutzung, ABl.EG L 257 v. 10.10.1996, S. 26.
[832] BT-Drs. 14/4599, S. 126; *Scheidler*, UPR 2013, 121 (123).
[833] *Halmschlag*, I+E 2014, 48 (51); *Jarass*, BImSchG, § 3 Rn. 110.
[834] *Thiel*, in: Landmann/Rohmer, UmweltR III, § 3 Rn. 113; *Pfaff/Knopp/Peine*, Revision des Immissionsschutzrechts durch die Industrieemissionsrichtlinie, Auswirkungen auf die deutsche Wirtschaft, S. 208.
[835] *Betensted/Grandjot/Waskow*, ZUR 2013, 395 (398); *Scheidler*, UPR 2013, 121 (121).
[836] *Pfaff/Knopp/Peine*, Revision des Immissionsschutzrechts durch die Industrieemissionsrichtlinie, Auswirkungen auf die deutsche Wirtschaft, S. 211.

Schlussfolgerungen sind bei diesen Kriterien im BImSchG nur ein Punkt unter vielen anderen Punkten. Die vorrangige Stellung der BVT-Schlussfolgerungen aus Art. 11 b) IE-RL gegenüber den anderen Kriterien wird dadurch nicht deutlich. Praktisch müssen aber bei der Bestimmung des Standes der Technik zunächst die Inhalte der BVT-Schlussfolgerungen berücksichtigt werden.[837] Erst wenn für die jeweilige Anlage keine Regelungen in den BVT-Schlussfolgerungen vorliegen, sind die BVT-Merkblätter[838] und danach die weiteren Kriterien der Anlage zum BImSchG heranzuziehen.[839] Die Betreiberpflichten nach Art. 11 b) IE-RL müssen also zunächst durch die Inhalte der BVT-Schlussfolgerungen bestimmt werden. Nur wenn solche nicht vorliegen, sind zur Bestimmung der BVT die Kriterien im Anhang III der IE-Richtlinie heranzuziehen. Dabei sind nicht nur die Emissionswerte der BVT-Schlussfolgerungen verbindlich anzuwenden, sondern auch die sonstigen Inhalte der BVT-Schlussfolgerungen sind bei der Festsetzung der Genehmigungsauflagen zu berücksichtigen.[840]

Das Regelungskonzept des BImSchG bleibt auch nach der IE-Richtlinie weiterhin unverändert. Die Definition des Standes der Technik in § 3 Abs. 6 BImSchG ist gleich, sodass die Stärkung der Verbindlichkeit der BVT keine Veränderung der gesetzlichen Betreiberpflichten bedeutet.[841] Denn im Bereich der Grundpflichten nach § 5 BImSchG kommt es zu keinen Änderungen,[842] sodass der allgemeine Maßstab für die Vorsorgepflicht der Betreiber weiterhin die Einhaltung des Standes der Technik (§ 5 Abs. 1 Nr. 2 BImSchG) bleibt.[843] Zudem wird der abstrakte Maßstab des Standes der Technik auch künftig vorrangig in den konkretisierenden Regelwerken in Form der auf § 7 BImSchG gestützten Rechtsverordnungen oder der auf § 48 BImSchG gestützten Verwaltungsvorschriften näher bestimmt.[844]

---

[837] Ebd., S. 231; *Diehl*, ZUR 2011, 59 (62).
[838] *Diehl*, ZUR 2011, 59 (62).
[839] *Pfaff/Knopp/Peine*, Revision des Immissionsschutzrechts durch die Industrieemissionsrichtlinie, Auswirkungen auf die deutsche Wirtschaft, S. 231; *Diehl*, ZUR 2011, 59 (62).
[840] *Diehl*, ZUR 2011, 59 (62).
[841] *Röckinghausen*, I+E 2013, 99 (100).
[842] *Wasielewski*, UPR 2012, 424 (427); *Kment*, VerwArch 2014, 262 (268).
[843] *Pfaff/Knopp/Peine*, Revision des Immissionsschutzrechts durch die Industrieemissionsrichtlinie, Auswirkungen auf die deutsche Wirtschaft, S. 208.
[844] *Röckinghausen*, UPR 2012, 161 (164).

IV. Eigenständige „BVT-Grundpflicht"?

1. EU-Ebene

Entscheidend für die spätere Diskussion ist das unterschiedliche Verständnis des europäischen und des deutschen Gesetzgebers in Bezug auf die Grundpflichten. Nach Art. 11 a) IE-RL „werden alle geeigneten Vorsorgemaßnahmen gegen Umweltverschmutzung getroffen". Die Vorgängernorm Art. 3 Abs. 1 a) IVU-RL hatte noch den Zusatz, dass dies insbesondere durch den Einsatz der BVT erreicht werden soll. Somit war der Einsatz der BVT eine besonders geeignete, aber nicht ausschließliche Möglichkeit zur Konkretisierung der Vorsorgepflicht.[845]

Art. 11 b) IE-RL führt nun eine eigenständige „BVT-Grundpflicht" ein, die selbstständig neben den Vorsorge- und Schutzpflichten nach Art. 11 a), c) IE-RL steht.[846] Der BVT-Maßstab dient jetzt nicht nur der Konkretisierung des überaus weiten Vorsorgeprinzips, sondern hat eine eigenständige, von der Vorsorge losgelöste Bedeutung, Art. 14 Abs. 1 UAbs. 1 b) IE-RL.[847] Die Vorsorge- und Gefahrenabwehrpflicht aus Art. 11 a), c) IE-RL einerseits und die neue „BVT-Grundpflicht" andererseits stehen parallel nebeneinander, wobei die BVT weiterhin zur Konkretisierung der Vorsorgepflicht herangezogen werden kann. Der BVT-Maßstab ist nun potenziell auf alle Situationen, auch auf die Abwehr von Gefahren, anwendbar.[848]

2. Nationale Ebene

Der europarechtliche Standard der BVT kommt durch die Anpassung des etablierten Begriffs „Stand der Technik" in das deutsche Umweltrecht. Für die Betreiberpflichten verweist § 5 Abs. 1 S. 1 Nr. 2 BImSchG auf den Stand der Technik. Dies zeigt, dass auf nationaler Ebene die eigenständige BVT-Grundpflicht nicht umgesetzt wurde. § 5 Abs. 1 BImSchG wurde nicht geändert, sodass die Herauslösung der BVT aus der Vorsorgepflicht nicht deutlich wird.[849]

---

[845] *Diehl*, ZUR 2011, 59 (60 f., 63).
[846] *Kment*, VerwArch 2014, 262 (264); *Jesse*, Instrumentenverbund als Rechtsproblem am Beispiel effizienter Energienutzung, S. 63.
[847] *Jarass*, NVwZ 2013, 169 (171).
[848] *Diehl*, ZUR 2011, 59 (60 f., 63).
[849] *Jesse*, Instrumentenverbund als Rechtsproblem am Beispiel effizienter Energienutzung, S. 63.

Es bleibt auch nach der Umsetzung der IE-Richtlinie dabei, dass nach der in § 5 Abs. 1 Nr. 2 BImSchG geregelten Vorsorgepflicht genehmigungsbedürftige Anlagen so errichtet und betrieben werden müssen, dass gegen schädliche Umwelteinwirkungen vorgesorgt wird, insbesondere durch die dem Stand der Technik entsprechenden Maßnahmen zur Emissionsbegrenzung.[850] Dies berücksichtigt aber nicht die Tatsache, dass unter die IE-Richtlinie eine stärkere Bindung an die Emissionswerte der BVT-Schlussfolgerungen erfolgt.[851] Auf nationaler Ebene bleibt es bei der Aufteilung in Vorsorgepflicht und Gefahrenabwehrpflicht, wobei die Vorsorgepflicht durch den Stand der Technik bestimmt wird. Auf der Ebene der EU gibt es diese Aufteilung hingegen nicht, denn danach sind die BVT-Schlussfolgerungen der Maßstab für alle Bereiche. Dies ist besonders bedeutend für den Bestandsschutz. Bereits oben wurde festgestellt, dass im Bereich der Gefahrenabwehr aufgrund der zu schützenden hochrangigen Rechtsgüter „Leib und Leben" eine Interessenabwägung mit den Bestandsschutzinteressen des Betreibers in der Regel nicht erfolgen muss. Im Vorsorgebereich hingegen ist eine Abwägung notwendig. Die BVT-Schlussfolgerungen gelten nun einheitlich für den Bereich der Gefahrenabwehr und der Vorsorge, sodass hier das deutsche System der Aufspaltung in diese Bereiche nun durch die BVT-Schlussfolgerungen nicht mehr angewendet werden kann, sondern in beiden Bereichen erfolgt grundsätzlich die vorgelagerte Abwägung bei der Erarbeitung der BVT-Schlussfolgerungen.

V. IE-Anlage

Im bisherigen Immissionsschutzrecht galten die Anforderungen der IVU-Richtlinie für alle förmlich zu genehmigenden Anlagen. Zahlreiche materielle und formelle Anforderungen des Umweltrechts betreffen nun nur noch die IE-Anlagen.[852] Deshalb ist der Begriff der IE-Anlagen zu klären. Eine Anlage nach Art. 3 Nr. 3 IE-RL ist eine „ortsfeste technische Einheit, in der eine oder mehrere der in Anhang I oder Anhang VII Teil 1 genannten Tätigkeiten (…) durchgeführt werden (…)." Nach § 7 Abs. 1a S. 1 BImSchG gilt die verbindliche Vorgabe zur Beachtung der BVT-Schlussfolgerungen nicht für alle Anlagen, son-

---

[850] BVerwG, Urt. v. 21.06.2001 – 7 C 21/00 = NVwZ 2001, 1165 (1165).
[851] *Jesse*, Instrumentenverbund als Rechtsproblem am Beispiel effizienter Energienutzung, S. 63.
[852] *Jarass*, NVwZ 2013, 169 (170).

dern nur für „Anlagen nach der IE-Richtlinie" gem. § 3 Abs. 8 BImSchG.[853] Diese werden im Anhang I der 4. BImSchV mit einem „E" gekennzeichnet.[854] Auf europäischer Ebene sind das gem. Art. 10 IE-RL Anlagen, die dem Anhang I der IE-RL unterfallen.[855]

VI. BVT-Merkblätter

Entscheidend in der neuen Richtlinie sind auch die BVT-Merkblätter. Sie sollen die Industrie, die Mitgliedstaaten und die Öffentlichkeit informieren, welche Emissions- und Verbrauchswerte erreicht werden können, wenn bestimmte Techniken genutzt werden.[856]

Die BVT-Merkblätter werden in § 3 Abs. 6a BImSchG legal definiert, was nahezu der Definition aus Art. 3 Nr. 11 IE-RL entspricht. Ein „BVT-Merkblatt im Sinne dieses Gesetzes ist ein Dokument, das auf Grund des Informationsaustausches nach (...) (Art. 13 IE-RL) für bestimmte Tätigkeiten erstellt wird und insbesondere die angewandten Techniken, die derzeitigen Emissions- und Verbrauchswerte, alle Zukunftstechniken sowie die Techniken beschreibt, die für die Festlegung der besten verfügbaren Techniken sowie der BVT-Schlussfolgerungen berücksichtigt wurden."

Die BVT-Merkblätter werden von der Kommission veröffentlicht und sind das Ergebnis eines mehrjährigen Informationsaustausches zwischen den Mitgliedstaaten und der betroffenen Industrie (Sevilla-Prozess). Diese meist mehr als 400 Seiten umfassenden Dokumente [857] werden zu allgemeinen, sektorübergreifenden Themen (horizontale Merkblätter) und zu einzelnen oder mehreren Industriesektoren (vertikale Merkblätter) erstellt.[858]

Die Merkblätter haben in der Regel eine einheitliche Struktur: Zuerst werden vorhandene allgemeine Informationen, angewandte Verfahren/Techniken und die derzeitigen praxisüblichen Emissions- und Verbrauchswerte dargestellt. Im

---

[853] *Betensted/Grandjot/Waskow*, ZUR 2013, 395 (399); *Kotulla*, in: Kotulla, BImSchG, § 3 Rn. 135.
[854] *Rebentisch*, in: FS Dolde, S. 71 (75); *Kopp-Assenmacher*, Immissionsschutz Band 4, S. 7; *Jarass*, BImSchG, § 3 Rn. 121.
[855] *Jarass*, NVwZ 2013, 169 (170).
[856] *Spieler*, Beste verfügbare Technik und Immissionsschutzrecht, S. 67.
[857] *Harff*, Immissionsschutz 2008, 23 (23).
[858] *Thiel*, in: Landmann/Rohmer, UmweltR III, § 3 Rn. 114; *Tausch*, NVwZ 2002, 676 (678); *Keller*, I+E 2011, 223 (225); *Wasielewski*, UPR 2012, 424 (425).

Hauptteil werden aus den möglichen Techniken die besten verfügbaren Techniken herausgearbeitet, beschrieben und die Auswahl begründet. Im fünften Kapitel werden dann die BVT-Schlussfolgerungen aufgeführt. Vor der Zusammenfassung sind künftige mögliche Techniken, Abschlussbemerkungen und Referenzen genannt.[859]

VII. BVT-Schlussfolgerungen

Größte Bedeutung für diese Arbeit haben die BVT-Schlussfolgerungen, denn gem. Art. 14 Abs. 3 IE-RL dienen die BVT-Schlussfolgerungen als maßgebliche Referenzdokumente bei der Bestimmung der Genehmigungsauflagen. Sie beinhalten gem. Art. 3 Nr. 12 IE-RL „die Schlussfolgerungen zu den besten verfügbaren Techniken, ihrer Beschreibung, Informationen zur Bewertung ihrer Anwendbarkeit, den mit den besten verfügbaren Techniken assoziierten Emissionswerten, die dazugehörigen Überwachungsmaßnahmen, den dazugehörigen Verbrauchswerten sowie gegebenenfalls einschlägigen Standortsanierungsmaßnahmen."[860] Der dreistufige Aufbau der BVT-Schlussfolgerungen gliedert sich zu Beginn in die Umweltziele und dem Umweltnutzen. Danach folgen die Techniken und die Umweltleistungsstufen, beispielsweise Emissionswerte als Wertebereich. Neben den technisch-baulichen Vorgaben sind also vor allem auch Bandbreiten der beim Betrieb von Anlagen zulässigen Emissionswerte enthalten.[861]

VIII. Assoziierte Emissionswerte

Nach Art. 3 Nr. 12 IE-RL beinhalten die BVT-Schlussfolgerungen assoziierte Emissionswerte. Nach der Legaldefinition in Art. 3 Nr. 13 IE-RL sind unter assoziierten Emissionswerten „der Bereich von Emissionswerten, die unter normalen Betriebsbedingungen unter Verwendung einer besten verfügbaren Technik oder einer Kombination von besten verfügbaren Techniken entsprechend der Beschreibung in den BVT-Schlussfolgerungen erzielt werden, ausgedrückt als Mittelwert für einen vorgegebenen Zeitraum unter spezifischen Referenzbedingungen" zu verstehen. Es handelt sich also um Werte, die nach Abwägung der BVT-Kriterien entstehen. Sie sind Einzelwerte oder Bandbreiten (zwischen zwei

---

[859] *Raab*, I+E 2011, 189 (190); *Tausch*, NVwZ 2002, 676 (678).
[860] *Wasielewski*, UPR 2012, 424 (425).
[861] *Braunewell*, UPR 2011, 250 (252).

Werten oder unterhalb eines bestimmten Wertes).[862] Die Behörde muss die Emissionsgrenzwerte so festlegen, dass die tatsächlichen Emissionen der Anlage (Betriebswerte) den Werten aus den BVT-Schlussfolgerungen entsprechen und in der Bandbreite liegen.[863] Wichtig dabei ist die Unterscheidung der Bedeutung von Emissionsgrenzwerten und Emissionswerten auf nationaler und EU-Ebene.

1. Emissionsgrenzwerte

Nach Art. 15 Abs. 3 IE-RL legt die zuständige Behörde Emissionsgrenzwerte fest, mit denen sichergestellt ist, dass die Emissionen der Anlage die mit den besten verfügbaren Techniken assoziierten Emissionswerte, die in den BVT-Schlussfolgerungen festgelegt sind, nicht überschreiten. Gem. Art. 14 Abs. 2 IE-RL versteht die IE-Richtlinie unter dem Begriff „Emissionsgrenzwerte" vor allem administrativ festgelegte Soll-Werte, die auf die besten verfügbaren Techniken zu stützen sind.[864] Emissionsgrenzwerte sind auch unter ungünstigsten Betriebsbedingungen immer einzuhalten, und ein Überschreiten wird sanktioniert (z. B. durch die Stilllegung der Anlage, strafrechtliche Sanktionen).[865]

Nach dem deutschen Immissionsschutzrecht hingegen sind nach § 7 Abs. 1 S. 1 Nr. 2 BImSchG die Emissionsgrenzwerte rechtsverbindlich in Rechtsverordnungen festgelegt und damit unmittelbar rechtsverbindliche Standardisierungen der anlagenbezogenen Vorsorgeanforderungen.[866] Sie werden also nicht – wie nach der IE-Richtlinie – durch die Behörde festgelegt und sind nicht nur „Soll-Werte".

2. Emissionswerte

Emissionswerte sind nach der IE-Richtlinie Bandbreiten von Ist-Werten, die bei der Anwendung der BVT erreicht werden können. Die in den BVT-Merkblättern beschriebenen assoziierten Emissionswerte sind die Bandbreiten, die in der Praxis bei optimalen Bedingungen erreicht werden können.[867] Im deutschen Immissionsschutzrecht werden mit Emissionswerten nur die in allgemeinen Verwal-

---

[862] *Jarass*, NVwZ 2013, 169 (171).
[863] *Wasielewski*, UPR 2012, 424 (426); *Suhr*, I+E 2013, 44 (45); *Weidemann/Krappel/Süßkind-Schwendi*, DVBl. 2012, 1457 (1458); *Kment*, VerwArch 2014, 262 (266).
[864] *Rebentisch*, in: FS Dolde, S. 71 (74 f.).
[865] *Versteyl/Stengler*, AbfallR 2010, 245 (250).
[866] *Rebentisch*, in: FS Dolde, S. 71 (74 f.).
[867] *Versteyl/Stengler*, AbfallR 2010, 245 (250).

tungsvorschriften enthaltenen Standardisierungen bezeichnet. Sie müssen durch nachträgliche Anordnungen durch die Behörde festgesetzt werden und sind Grundlage der nach Nr. 2.7 Abs. 2 TA Luft festzulegenden Emissionsbegrenzungen.[868] Die Bandbreiten aus den BVT-Schlussfolgerungen müssen deshalb zur Grenzwertfindung in Emissionswerte umgerechnet werden.[869]

B. Das Konzept der Industrieemissionsrichtlinie (IE-RL)

Die neue Richtlinie über Industrieemissionen[870] (IE-RL) regelt die Zulassung von Industrieanlagen für die gesamte Europäische Union und ersetzt die Richtlinie über die integrierte Vermeidung und Verminderung der Umweltverschmutzung (IVU-Richtlinie).[871]

Mit der IE-Richtlinie möchte der EU-Gesetzgeber die Schwächen der IVU-Richtlinie und ihre unbefriedigende Umsetzung beseitigen.[872] Zunächst sollen durch die Novellierung der IVU-Richtlinie die materiellen Anforderungen an die aktuellen Entwicklungen angepasst werden, sodass teilweise Emissionsgrenzwerte verschärft werden.[873] Ziel der IE-Richtlinie ist aber vor allem die Vereinheitlichung der Umweltanforderungen auf EU-Ebene, um Umweltverschmutzungen zu vermeiden oder so weit wie möglich zu vermindern. Dies soll über den Einsatz der besten verfügbaren Techniken (BVT) erreicht werden, die im Gegensatz zur vorherigen Richtlinie größere Bedeutung bekommen.[874]

Die BVT sind schon aus der IVU-Richtlinie bekannt. Damals waren die BVT-Merkblätter aber nur zu berücksichtigen.[875] Diese Berücksichtigung fiel in den einzelnen Mitgliedstaaten sehr unterschiedlich aus,[876] weil jeder Mitgliedstaat

---

[868] *Rebentisch*, in: FS Dolde, S. 71 (74 f.).
[869] *Halmschlag*, I+E 2014, 48 (53).
[870] RL 2010/75/EU des Europäischen Parlaments und des Rates vom 24.11.2010 über Industrieemissionen (integrierte Vermeidung und Verminderung der Umweltverschmutzung), ABl. L 334/17 v. 17.12.2010., S. 17.
[871] RL 96/61/EG des Rates vom 24.09.1996 über die integrierte Vermeidung und Verminderung der Umweltverschmutzung, ABl.EG L 257 v. 10.10.1996, S. 26.
[872] *Kopp-Assenmacher*, Immissionsschutz Band 4, S. 5.
[873] *Pfaff/Knopp/Peine*, Revision des Immissionsschutzrechts durch die Industrieemissionsrichtlinie, Auswirkungen auf die deutsche Wirtschaft, S. 19.
[874] *König/Rössner/Willius*, Wasser und Abfall 2013, 14 (14).
[875] Ebd.
[876] *Betensted/Grandjot/Waskow*, ZUR 2013, 395 (398); *Halmschlag*, I+E 2011, 16 (16).

selbst entscheiden konnte, welchen Grad an Verbindlichkeit er für die Vorgaben aus den BVT-Merkblättern ansetzte. Bis Mitte 2006 sollen nur etwa die Hälfte der genehmigungsbedürftigen Anlagen eine Genehmigung nach den Vorgaben der IVU-Richtlinie besessen haben.[877] Diese unzureichende Anwendung der besten verfügbaren Technik in den einzelnen Mitgliedstaaten führte zu unterschiedlichen Umweltstandards und damit zu Wettbewerbsverzerrungen innerhalb der EU. Durch die IE-Richtlinie werden die festgelegten Emissionswerte verbindlich, sodass nach jeder Veröffentlichung einer neuen BVT-Schlussfolgerung die einschlägigen nationalen Rechtsgrundlagen und alle davon betroffenen Anlagen angepasst werden müssen.[878] Damit sollen die Wettbewerbsnachteile zwischen den Mitgliedstaaten reduziert werden.[879]

C. Sevilla-Prozess

Die BVT-Merkblätter sind das Ergebnis eines Informationsaustausches zwischen den Mitgliedstaaten, den betroffenen Industriezweigen, den umweltschützenden Nichtregierungsorganisationen und der EU-Kommission. Den Informationsaustausch koordiniert das Europäische IPPC-Büro im spanischen Sevilla (englisch: European Integrated Pollution Prevention and Control Bureau (EIPPCB)). Deshalb wird der Informationsaustausch zu den BVT auch Sevilla-Prozess genannt. Die genauen Verfahrensregelungen finden sich in Art. 13 IE-RL.[880] Der Sevilla-Prozess soll dazu beitragen, dass keine Ungleichheit bei der angewandten Technik in der EU besteht, die auf europäischer Ebene festgelegten Emissionswerte und angewandten Techniken weltweit verbreitet und gefördert werden.[881]

---

[877] Mitteilung der Kommission vom 21.12.2007, KOM (2007) 843 endgültig, S. 3; *Keller*, I+E 2011, 223 (223); *Koch/Braun*, NVwZ 2010, 1271 (1273).
[878] *Schink*, DVBl. 2012, 197 (203); *Suhr*, I+E 2013, 44 (44).
[879] *Harff*, Immissionsschutz 2008, 23 (25).
[880] *Koch*, Die „beste verfügbare Technik" im Umweltrecht, S. 202; *Hoffmann*, Umag. 2013, 54 (54); *Keller*, I+E 2011, 223 (225); *Raab*, I+E 2011, 198 (190); *Kment*, VerwArch 2014, 262 (265).
[881] *Knopp/Heinze*, UPR 2004, 212 (214); Erwägungsgrund (25) der IVU-RL.

I. Verfahren auf nationaler Ebene

Die Organisation der Zu- und Mitarbeit bei der Erarbeitung bzw. Überarbeitung von BVT-Merkblättern erfolgt anhand eines Beschlusses der Umweltministerkonferenz vom 15./16.11.2012.[882] Zunächst erarbeiten die betroffenen Anlagenbetreiber ein eigenständiges Dokument, wenn die eigene Technik bessere Verbrauchswerte und geringere Umweltbelastung vorzuweisen hat als bisherige Techniken und bei vergleichbaren Emissionswerten ökonomisch vorteilhafter ist. Dabei werden Anlagendaten, Leistungsdaten, Emissionen, Investitions- und Betriebskosten-, sowie mögliche Verlagerungen von Umweltbelastungen dokumentiert. Dieses Dokument wird beim Bundesministerium für Umwelt, Naturschutz und Reaktorsicherheit (Umweltbundesamt) als zentrale Stelle eingereicht.[883]

Für jedes BVT-Merkblatt wird eine nationale Expertengruppe beim Umweltbundesamt aus Behördenvertretern gebildet, bei der alle Informationen zur Überarbeitung eines BVT-Merkblattes zusammenlaufen.[884] Dieses Kernteam der nationalen Expertengruppe nimmt ihre Arbeit ca. ein Jahr vor dem offiziellen Start der Erarbeitung eines BVT-Merkblattes auf.[885] Unter Leitung des Umweltbundesamtes erfolgt ein Dialog mit all denjenigen, die Dokumente eingereicht haben.[886]

Dieses deutsche Kernteam der Expertengruppe wird auf nationaler Ebene erweitert. Experten aus Industrie, Anlagenbau, Wissenschaft und Zivilgesellschaft leisten ihren Beitrag zu den vorbereitenden Arbeiten.[887] Unabhängig davon bilden einige Industriebranchen auch eigene Expertengruppen aus Betreibern und Verbänden, die sich untereinander austauschen und ihre Interessen formulieren.

---

[882] Konzeptpapier: Nationale Organisation der Zu- und Mitarbeit bei der Erarbeitung von BVT-Merkblättern unter der Richtlinie 2010/75/EU über Industrieemission (IED), Beschluss der 79. Umweltministerkonferenz (UMK) am 15./16.11.2012 in Kiel.
[883] *Harff*, Immissionsschutz 2008, 23 (24); *Pfaff/Knopp/Peine*, Revision des Immissionsschutzrechts durch die Industrieemissionsrichtlinie, Auswirkungen auf die deutsche Wirtschaft, S. 235.
[884] *Raab*, I+E 2011, 189 (190); *Suhr*, I+E 2013, 44 (45); *Tausch*, NVwZ 2002, 676 (678).
[885] *Spieler*, Beste verfügbare Technik und Immissionsschutzrecht, S. 60.
[886] *Raab*, I+E 2011, 189 (190).
[887] *Spieler*, Beste verfügbare Technik und Immissionsschutzrecht, S. 62; *Raab*, I+E 2011, 189 (190).

Diese industrieeigenen Expertengruppen kann es auf nationaler Ebene und auf europäischer Ebene (TWG) geben.[888]

Das Ergebnis dieser Zusammenarbeit ist das nationale BVT-Merkblatt. Über die nationale Expertengruppe werden die offiziellen deutschen Beiträge zum jeweiligen BVT-Merkblatt an das „European Integrated Pollution Prevention and Control Bureau" (EIPPCB) gesendet, und zwei bis vier Mitglieder der nationalen Expertengruppe vertreten die Position Deutschlands in der TWG (englisch: Technical Working Group (TWG)). Das EIPPCB in Sevilla erarbeitet dann aus allen eingereichten nationalen BVT-Merkblättern ein abgestimmtes BVT-Merkblatt auf EU-Ebene.[889] Die nationale Expertengruppe begleitet also den gesamten Sevilla-Prozess auf nationaler und europäischer Ebene.

II. Verfahren auf europäischer Ebene

Zu Beginn des Verfahrens auf europäischer Ebene konstituiert sich für jedes BVT-Merkblatt die technische Arbeitsgruppe (TWG).[890] Diese Arbeitsgruppe besteht aus Vertretern der europäischen Mitgliedstaaten, der betroffenen Industrie, der EU-Kommission und europäischer Umweltverbände,[891] sodass zwischen 40 und 70 Mitglieder mitarbeiten.[892] Die Mitglieder der TWG beziehungsweise jede nationale Delegation erarbeiten eine Liste von Überarbeitungswünschen („wish list"). In der einwöchigen Auftaktsitzung des TWG in Sevilla werden der Anwendungsbereich, die Struktur des BVT-Merkblattes, die wichtigsten Umweltthemen und die Datenerfassungsart bestimmt. Im Rahmen der umfangreichen Datenerhebung und der Informationssammlung werden vor allem Daten zur Umweltleistung von Anlagen erhoben. Auf dieser Grundlage erstellt das EIPPCB einen ersten Entwurf des BVT-Merkblattes,[893] der bereits schon BVT-Schlussfolgerungen enthält (Draft1 (D1)). Daraufhin arbeitet das

---

[888] *Peitan*, Immissionsschutz Band 4, S. 27.
[889] *Pfaff/Knopp/Peine*, Revision des Immissionsschutzrechts durch die Industrieemissionsrichtlinie, Auswirkungen auf die deutsche Wirtschaft, S. 235; *Koch*, Die „beste verfügbare Technik" im Umweltrecht, S. 202.
[890] *Reichel/Landgrebe*, Immissionsschutz 2000, 118 (118).
[891] *Koch*, Die „beste verfügbare Technik" im Umweltrecht, S. 202; *Hoffmann*, Umag. 2013, 54 (54); *Keller*, I+E 2011, 223 (225); *Raab*, I+E 2011, 198 (190); *Kment*, VerwArch 2014, 262 (265).
[892] *Raab*, I+E 2011, 189 (190).
[893] *Suhr*, I+E 2013, 44 (46 f.).

EIPPCB die ca. 1.500-2.000 erhaltenen Kommentare mit zusätzlichen Informationen und Daten in den BREF-Entwurf (D1) ein. Falls es aus fachlicher Sicht nötig ist, wird ein zweiter Entwurf erstellt (D2).[894] Nach dieser Kommentarphase trifft sich die TWG zur einwöchigen Abschlusssitzung. In diesem Treffen werden die BVT detailliert diskutiert und eventuell erforderliche Textänderungen beschlossen. Dies ist das Ende der Erarbeitungsphase des BVT-Merkblattes innerhalb der TWG.[895] Nach Abschluss der Arbeiten in der jeweiligen TWG gehen die BVT-Schlussfolgerungen an das Art. 13-Forum, in dem (wie in der TWG) Mitglieder aus Kommission, Mitgliedstaaten, Industrie und umweltschützenden Nichtregierungsorganisationen vertreten sind. In diesem Forum soll möglichst noch eine Einigung über strittige Punkte erzielt werden.[896]

Das Ergebnis nach diesem Bearbeitungsstand geht dann in das sogenannte Art. 75 Committee, in dem nur die Mitgliedstaaten vertreten sind, die im Komitologieverfahren letztendlich über die BVT-Schlussfolgerungen abstimmen und formal entscheiden. Durch das Komitologieverfahren (Durchführungsbeschluss der Kommission zu den BVT-Schlussfolgerungen) werden die BVT-Schlussfolgerungen verbindlich festgelegt, die anschließend im Amtsblatt der EU in allen Amtssprachen veröffentlicht werden, Art. 13 Abs. 4 IE-RL.[897]

III. Revision bereits bestehender BVT-Merkblätter

Den BVT-Merkblättern kommt nun nach der IE-Richtlinie eine höhere Bedeutung zu, sodass auch die Revision der BVT-Merkblätter eine rechtliche Grundlage benötigt. Nach dem Erwägungsgrund (13) der IE-RL möchte die Kommission die BVT-Merkblätter alle acht Jahre aktualisieren. Die Kommission hat für die Revision, im Rahmen des Art. 13-Forum, „Leitlinien für die Erhebung von Daten sowie für die Ausarbeitung der BVT-Merkblätter und die entsprechenden Qualitätssicherungsmaßnahmen gemäß der Richtlinie 2010/75/EU des Europäi-

---

[894] *Tausch*, NVwZ 2002, 676 (678); *Suhr*, I+E 2013, 44 (47).
[895] *Spieler*, Beste verfügbare Technik und Immissionsschutzrecht, S. 65.
[896] *Serr*, Immissionsschutz 2011, 114 (115); *Wasielewski*, UPR 2012, 424 (425); *Laubinger/Repkewitz*, in: Ule/Laubinger/Repkewitz, Einführung zu BVT-Merkblättern und BVT-Schlussfolgerungen, D 5.
[897] *Wasielewski*, UPR 2012, 424 (425); *Kment*, VerwArch 2014, 262 (265); *Raab*, I+E 2011, 189 (191); *Röckinghausen*, I+E 2013, 99 (99); *Suhr*, I+E 2013, 44 (45); *Traulsen*, DÖV 2011, 769 (770); *Versteyl/Stengler*, AbfallR 2010, 245 (249).

schen Parlaments und des Rates über Industrieemissionen" verabschiedet.[898] Dieser Durchführungsbeschluss der Kommission regelt nicht nur den Zeitplan und den Ablauf der Erstellung und Revision der BVT-Merkblätter, sondern enthält detaillierte Anforderungen zur Datenqualität, die die zu liefernden Anlageninformationen erfüllen müssen.

Für die Bearbeitung der BVT-Merkblätter ist auch unter der IED-Richtlinie das EIPPCB in Sevilla zuständig. Zunächst erfolgt eine Anfrage an die Mitgliedsländer, ob ein Revisionsbedarf besteht. Dieser kann sich aus neuen wissenschaftlichen Erkenntnissen, neuen oder verbesserten Techniken beziehungsweise Daten ergeben.[899] Der nächste Schritt für die BREF-Revision ist die formale Reaktivierung der TWG. Danach haben die TWG-Mitglieder etwa sechs Monate Zeit, die „wish list" mit den Punkten, die im Rahmen der BREF-Revision geprüft, geändert oder ergänzt werden sollen, einzureichen.[900] Daraufhin erfolgt das „Kick-off meeting" der TWG im EIPPC-Büro. Nachdem der erste Entwurf fertiggestellt ist, erfolgt die Kommentierung durch den TWG, das Abschlusstreffen der TWG im EIPPC-Büro und die Endfassung des geänderten BVT-Merkblattes.[901]

D. Rechtliche Qualität

Eine der entscheidenden Neuerungen der IE-Richtlinie betrifft die rechtliche Ausgestaltung der BVT-Merkblätter. Wesentliche Teile der Merkblätter werden künftig als BVT-Schlussfolgerungen in Form von Durchführungsbeschlüssen erlassen.

I. Rechtsverbindlichkeit der BVT-Merkblätter

Aus Art. 17 IVU-RL konnte bisher nicht entnommen werden, welche rechtliche Qualität den BVT-Merkblättern zukommt, denn die Ergebnisse des Informationsaustausches waren nur zu veröffentlichen und dies unterfällt keiner Handlungsform aus Art. 288 AEUV. Die BVT-Merkblätter waren lediglich das Ergebnis des Erfahrungsaustausches im Rahmen des Sevilla-Prozesses. Sie waren weder eine Entscheidung, die in allen ihren Teilen für diejenigen verbindlich ist,

---

[898] 2012/119/EU – Durchführungsbeschluss der Kommission vom 10.02.2012.
[899] *Harff*, Immissionsschutz 2008, 23 (26).
[900] *Fleck*, SPU 2013, 61 (66).
[901] *Harff*, Immissionsschutz 2008, 23 (26).

die sie bezeichnet, noch eine unverbindliche Stellungnahme oder Empfehlung.[902] Die BVT-Merkblätter waren nur eine formlose Mitteilung ohne rechtliche Bindung und Rechtsqualität,[903] sodass sie für die Behörden und Anlagenbetreiber nicht verbindlich waren.[904] Sie waren daher als Rechtsakte sui generis zu qualifizieren.[905]

Im nationalen Recht hingegen erfolgte die Berücksichtigung der BVT-Merkblätter bisher über die Betreiberpflicht der Vorsorge, die dem Stand der Technik entsprechen muss, § 5 Abs. 1 S. 1 Nr. 2, § 3 Abs. 6 S. 2 BImSchG i. V. m. Nr. 12 der Anlage zum BImSchG.[906] Für die Festlegung der BVT (nach deutscher Bezeichnung: Stand der Technik) war die Kriterienliste im Anhang IV der IVU-Richtlinie maßgeblich. Dort waren zwölf Punkte vorgegeben, die bei der Festlegung der BVT durch die Mitgliedstaaten besonders zu berücksichtigen waren – unter diesen Punkten sind die BVT-Merkblätter.[907] Bei der Festlegung der BVT bestand keine Bindung an eindeutige Vorgaben der Techniken aus den BVT-Merkblättern, sodass von deren Angaben abgewichen werden konnte. Sie waren nur ein Vergleichsstandard mit generell technischen Beschreibungen. Zudem waren die „von internationalen Organisationen veröffentlichten Informationen" eine Alternative zu den BVT-Merkblättern. Darüber hinaus waren noch elf weitere Kriterien des Anhangs IV vorhanden.[908] Somit lag eine nur schwache rechtliche Anbindung an die BVT-Merkblätter vor, denn sie waren nach der IVU-Richtlinie nur „Referenzdokumente", die von der zuständigen Behörde der Mitgliedstaaten bei der Festlegung von Schadstoffgrenzwerten in den Genehmigungen für Industrieanlagen zugrunde gelegt werden, Art. 9 Abs. 4 IVU-RL. Die Aufzählung in Anhang IV zeigte, dass es sich bei den Merkblättern nur um eine und nicht um die einzige Erkenntnisquelle zur Bestimmung des Standes der Technik bzw. der Emissionsgrenzwerte im Bereich der Vorsorgepflicht handel-

---

[902] *Versteyl/Stengler*, AbfallR 2010, 245 (249); *Spieler*, Beste verfügbare Technik und Immissionsschutzrecht, S. 118 ff.
[903] *Tausch*, NVwZ 2002, 676 (678 f.).
[904] *Schmidt-Eriksen*, I+E 2011, 183 (186).
[905] *Kotulla*, in: Kotulla, BImSchG, § 3 Rn. 122; *Spieler*, Beste verfügbare Technik und Immissionsschutzrecht, S. 122.
[906] *Scheidler*, UPR 2013, 121 (123); *Schmidt-Eriksen*, I+E 2011, 183 (186).
[907] *Spieler*, Beste verfügbare Technik und Immissionsschutzrecht, S. 129.
[908] *Versteyl/Stengler*, AbfallR 2010, 245 (249); *Diehl*, ZUR 2011, 59 (61 f.); *Kersting*, Müll und Abfall 2014, 94 (95).

te. Die BVT-Merkblätter waren keine rechtlich bindenden Standards[909] und enthielten keine Grenzwerte, sondern eine Beschreibung der mit den BVT erreichbaren Emissions- und Verbrauchswerte.[910] Die in den BVT-Merkblättern genannten Grenzwerte waren also keine verbindlichen Vorgaben,[911] sondern die festzulegenden Emissionsgrenzwerte waren nur auf die BVT zu stützen. Nachdem die Mitgliedstaaten bzw. die Genehmigungsbehörden die BVT bestimmt hatten, mussten sie die geeigneten Emissionsgrenzwerte und sonstige Genehmigungsanforderungen festlegen. Entweder wurden die BVT-Merkblätter unmittelbar in den Genehmigungsverfahren berücksichtigt oder die Mitgliedstaaten konnten nach Art. 9 Abs. 8 IVU-RL die Inhalte der Merkblätter bei der Festlegung von anlagenspezifischen Anforderungen in Form von „allgemein bindenden Vorschriften" umsetzen. Dies diente der informellen Angleichung des Technikstandards in den Mitgliedstaaten.[912]

Nach der neuen IE-RL sind die BVT-Merkblätter nicht mehr nur zu berücksichtigen, sondern gem. Art. 14 Abs. 3 IE-RL dienen die BVT-Schlussfolgerungen, die Teile der BVT-Merkblätter sind, als Referenz für die Festlegung der Genehmigungsauflagen. Die mit den besten verfügbaren Techniken assoziierten Emissionswerte aus den BVT-Schlussfolgerungen dürfen nun nicht mehr überschritten werden.[913] Die Bedeutung der BVT-Merkblätter als solche bleibt aber auch nach der IE-RL gleich. Sie spielen weiterhin für Nicht-IE-Anlagen eine Rolle, da sie wie bisher auch als „Erkenntnisquelle" für den Stand der Technik unter Nr. 13 der Anlage zu § 3 Abs. 6 BImSchG zu berücksichtigen sind. Für IE-Anlagen werden die BVT-Merkblätter durch die BVT-Schlussfolgerungen als ein Teil von ihnen rechtlich aufgewertet.[914]

Zwar ordnet die IE-Richtlinie an, dass die BVT-Schlussfolgerungen als Teil der BVT-Merkblätter in Form von Durchführungsbeschlüssen der Kommission ergehen (Art. 13 Abs. 5 IE-RL), dies ändert aber nichts an der oben bereits darge-

---

[909] *Buschbaum/Schulz*, NuR 2001, 181 (182); *Feldhaus*, NVwZ 2001, 1 (8); *Tausch*, NVwZ 2002, 676 (679); *Hansmann*, NVwZ 2003, 266 (271); *Knopp/Heinze*, UPR 2004, 212 (214).
[910] *Knopp/Heinze*, UPR 2004, 212 (215).
[911] *Pfaff/Knopp/Peine*, Revision des Immissionsschutzrechts durch die Industrieemissionsrichtlinie, Auswirkungen auf die deutsche Wirtschaft, S. 158.
[912] Ebd., S. 185.
[913] *Theuer/Kenyeressy*, I+E 2012, 140 (148); *Serr*, Immissionsschutz 2011, 114 (114).
[914] *Wasielewski*, UPR 2012, 424 (427); *Theuer/Kenyeressy*, I+E 2012, 140 (148).

stellten rechtlichen Qualität der BVT-Merkblätter. Inwieweit die BVT-Merkblätter für die nationale Maßstabsbildung maßgeblich sind, ergibt sich weiterhin aus Einzelregelungen wie § 5 Abs. 1 S. 1 Nr. 2, § 3 Abs. 6 S. 2 BImSchG i. V. m. Nr. 12 der Anlage zum BImSchG.[915] Jedoch werden die BVT-Merkblätter nun nach der IE-Richtlinie rechtlich aufgewertet, da die BVT-Schlussfolgerungen, als wesentliche Teile der BVT-Merkblätter, künftig rechtlich verbindlich sind.

II. Rechtsqualität der BVT-Schlussfolgerungen

Entscheidend für die neue rechtliche Relevanz der BVT-Schlussfolgerungen ist ihre Absicherung als Durchführungsbeschlüsse nach Art. 291 Abs. 4 AEUV, Art. 13 Abs. 5 i. V. m. Art. 75 Abs. 2 IE-RL.[916] Ein Beschluss (Art. 288 Abs. 4 AEUV) ist eine konkret-individuelle Einzelfallregelung, die für den jeweiligen Adressaten verbindlich ist, aber gem. Art. 291 Abs. 1 AEUV durch die Mitgliedstaaten mit den erforderlichen legislativen oder administrativen Maßnahmen in das nationale Recht umgesetzt werden muss.[917] Die BVT-Schlussfolgerungen in Form des Durchführungsbeschlusses sind Rechtsakte i. S. v. Art. 15 Abs. 3 AEUV,[918] die als eigenständige Rechtsdokumente im Amtsblatt der EU veröffentlicht[919] und in alle EU-Amtssprachen übersetzt werden.[920]

Die Kommission hat eine eigene Rechtsetzungsbefugnis in Art. 290 f. AEUV, die regelt, wann die Kommission Rechtsakte erlassen darf.[921] Rechtsgrundlage für die Rechtsakte der Kommission ist die auf Art. 291 Abs. 3 AEUV gestützte Verordnung (EU, Nr. 182/2011 vom 16.02.2011).[922] Der Gesetzgeber entscheidet bereits im Basisrechtsakt, ob und welche Durchführungsakte vorgenommen werden dürfen. Wesentlich beim Erlass von Durchführungsvorschriften sind die Ausschüsse unter der Leitung der Kommission. Diese unterstützen die Kommis-

---

[915] *Diehl*, ZUR 2011, 59 (61).
[916] *Traulsen*, DÖV 2011, 769 (770); *Diehl*, ZUR 2011, 59 (61); *Versteyl/Stengler*, AbfallR 2010, 245 (251).
[917] *Jarass*, BImSchG, § 3 Rn. 112; *Erbguth/Schlacke*, Umweltrecht, § 7 Rn. 16.
[918] *Traulsen*, DÖV 2011, 769 (770).
[919] *Simon*, Entsorga 2013, 12 (14); *Wasielewski*, UPR 2012, 424 (425).
[920] *Diehl*, ZUR 2011, 59 (60 f.).
[921] *Hobe*, Europarecht, § 8 Rn. 278.
[922] *Traulsen*, DÖV 2011, 769 (770); *Haratsch/Koenig/Pechstein*, Europarecht, VI Rn. 346.

sion in der Vorbereitung ihrer Tätigkeiten.[923] Die Kommission kann den Rechtsakt erlassen, wenn der Ausschuss, der jeweils mit qualifizierter Mehrheit entscheidet, eine befürwortende Stellungnahme abgibt.[924]

Die BVT-Schlussfolgerungen durchlaufen gem. Art. 75 Abs. 2 IE-RL das Prüfverfahren für Durchführungsrechtsakte gem. Art. 291 Abs. 2–4 AEUV.[925] Es gilt gem. Art. 5 der VO Nr. 182/2011[926] nicht mehr das Regelungsverfahren, sondern das Prüfverfahren für den Erlass von Durchführungsbeschlüssen. Im Unterschied zum Regelungsverfahren erlässt die Kommission im Prüfverfahren die Durchführungsbeschlüsse unter Beachtung der Stellungnahme eines Ausschusses aus Vertretern der Mitgliedstaaten und ohne direkte Beteiligung des Rates.[927] Die Kommission unterbreitet dem Ausschuss einen Entwurf der Maßnahme. Zu diesem Entwurf legt der Ausschuss eine Stellungnahme vor. Bei der Abstimmung im Ausschuss werden die Stimmen entsprechend Art. 16 Abs. 4, 5 EUV abgewogen. Bei einer befürwortenden Stellungnahme erlässt die Kommission den Durchführungsrechtsakt, Art. 5 Abs. 2 Komitologie-VO. Bei einer ablehnenden Stellungnahme hingegen erlässt die Kommission ihn nicht.[928]

Durchführungsrechtsakte sind vor allem dann sinnvoll, wenn der Basisrechtsakt mit technischen Vorgaben konkret ausgestaltet werden soll, denn es ist kein langes Gesetzgebungsverfahren nötig und damit ist eine schnelle Anpassung an neue technische Erkenntnisse möglich. Eine Durchführungsbefugnis der Kommission besteht auch, wenn die Durchführung des europäischen Rechts den Mitgliedstaaten obliegt und einheitliche Bedingungen nötig sind, die im Komitologieverfahren geschaffen werden.[929]

---

[923] *Oppermann/Classen/Nettesheim*, Europarecht, § 5 Rn. 113 ff.
[924] *Hobe*, Europarecht, § 8 Rn. 278.
[925] *Diehl*, ZUR 2011, 59 (60); *Traulsen*, DÖV 2011, 769 (770).
[926] VO (EU) Nr. 182/2011 des Europäischen Parlaments und des Rates vom 16.02.2011 zur Festlegung der allgemeinen Regeln und Grundsätze, nach denen die Mitgliedstaaten die Wahrnehmung der Durchführungsbefugnisse durch die Kommission kontrollieren, ABl. EU L 55 v. 28.02.2011, S. 13.
[927] *Pfaff/Knopp/Peine*, Revision des Immissionsschutzrechts durch die Industrieemissionsrichtlinie, Auswirkungen auf die deutsche Wirtschaft, S. 102
[928] *Haratsch/Koenig/Pechstein*, Europarecht, VI Rn. 354 f.
[929] *Hobe*, Europarecht, § 8 Rn. 167.

III. Grundsätzliche Verbindlichkeit der BVT-Schlussfolgerungen

Der Fokus muss nun auf die neue Verbindlichkeit der BVT-Schlussfolgerungen gerichtet werden, da dies die wesentliche Neuerung der IE-Richtlinie ist. Die Emissionswerte der BVT-Schlussfolgerungen müssen grundsätzlich der Anlagengenehmigung zugrunde gelegt werden (Art. 15 Abs. 3 IE-RL), wobei die BVT-Schlussfolgerungen „als Referenzdokumente für die Festlegung der Genehmigungsauflagen" dienen, Art. 14 Abs. 3 IE-RL. Gem. Art. 15 Abs. 3 IE-RL müssen Emissionsgrenzwerte so festgelegt werden, dass sichergestellt ist, dass die Emissionen unter normalen Betriebsbedingungen die mit den BVT assoziierten Emissionswerte nicht überschreiten.[930] Es wird damit eine quantitative Untergrenze vorgegeben.[931] Dies zeigt, dass sich die mit den BVT erreichbaren Emissionswerte durch die IE-Richtlinie faktisch von einer Emissionsebene zu einer Emissionsgrenze wandeln.[932] Im Gegensatz zur IVU-Richtlinie ist nun ein autonomer Rückgriff der Mitgliedstaaten auf die Kriterienliste des Anhangs III nur noch möglich, wenn keine BVT-Schlussfolgerungen einschlägig sind (Art. 14 Abs. 6 IE-RL).

Um sicherzustellen, dass die Emissionen unter normalen Betriebsbedingungen die mit den BVT assoziierten Emissionswerte nicht überschreiten, sind entsprechende Emissionsgrenzwerte für die jeweilige Anlage zu bestimmen.[933] Im Hinblick auf die mit den BVT assoziierten Emissionswerte sind die Angaben in den BVT-Schlussfolgerungen für die Mitgliedstaaten verbindlich und müssen grundsätzlich in der Anlagenpraxis umgesetzt werden. Die BVT-Merkblätter sind nicht mehr bloß Referenzdokumente, sondern nach Art. 17 IE-RL sind die Inhalte der BVT-Schlussfolgerungen in „allgemein bindende Vorschriften" auf nationaler Ebene festzulegen.[934]

Dabei ist zu beachten, dass nur die in den BVT-Schlussfolgerungen festgelegten Emissionswerte rechtsverbindlich sind, nicht aber die dort bestimmten Techni-

---

[930] *Betensted/Grandjot/Waskow*, ZUR 2013, 395 (398); *Suhr*, I+E 2013, 44 (45); *Kotulla*, in: Kotulla, BImSchG, § 3 Rn. 125.
[931] *Diehl*, ZUR 2011, 59 (62).
[932] *Pfaff/Knopp/Peine*, Revision des Immissionsschutzrechts durch die Industrieemissionsrichtlinie, Auswirkungen auf die deutsche Wirtschaft, S. 197.
[933] *Diehl*, ZUR 2011, 59 (62); *Betensted/Grandjot/Waskow*, ZUR 2013, 395 (400).
[934] *Pfaff/Knopp/Peine*, Revision des Immissionsschutzrechts durch die Industrieemissionsrichtlinie, Auswirkungen auf die deutsche Wirtschaft, S. 197.

ken und die sonstigen Anforderungen (z. B. Abstandsregelungen, betriebliche Anforderungen),[935] die aufgrund ihrer Unbestimmtheit weiterhin von den Behörden durch Bescheid gegenüber dem Betreiber konkretisiert werden.[936] Dieses Abstandnehmen von der Technikorientiertheit zeigt einen Kurswechsel vom Immissions- zum Emissionsansatz. Unter dem Regime der IVU-Richtlinie wurden die BVT beschrieben, mit denen die Emissionswerte erreicht werden können. Rechtlich verbindliche Grenzwerte enthielten die BVT-Merkblätter aber nicht. Das System der BVT-Schlussfolgerungen mit den Emissionsgrenzwerten (Art. 15 Abs. 3 IE-RL), den Abweichungsmöglichkeiten in Art. 15 Abs. 4 IE-RL und den zwingend einzuhaltenden Werten aus dem Anhang I der IE-RL zeigt, dass hier der Emissionsansatz verwirklicht wird. Der Emissionsansatz ist vor allem auf Vorsorge gerichtet und durch Emissionsgrenzwerte geprägt. Dieser Emissionsansatz spiegelt teilweise die Ziele der IE-RL wieder. Nur über einen strikten und standortunabhängigen Immissionsschutz kann ein einheitlicher sowie wettbewerbsfairer Schutz gewährleistet werden, da die grundsätzlich nicht der behördlichen Disposition unterliegenden Mindestanforderungen leichter vollziehbar sind. Dieser Paradigmenwechsel verursacht in Deutschland keine großen Neuerungen, da hierzulande der Emissionsansatz schon bekannt ist, während andere Mitgliedstaaten in ihrem nationalen Recht den Immissionsansatz anwenden.

Im Gegensatz zu einer Neugenehmigung oder Änderungsgenehmigung, die die BVT-Schlussfolgerungen sofort einhalten müssen, müssen bestehende Anlagegenehmigungen erst innerhalb von vier Jahren angepasst werden, sobald eine neue BVT-Schlussfolgerung veröffentlicht wird, Art. 21 Abs. 3 IE-RL.[937] Die Vier-Jahres-Frist beginnt mit dem Zeitpunkt der Veröffentlichung der BVT-Schlussfolgerungen.[938]

IV. Abweichungsmöglichkeit

Zwar sind gem. Art. 15 Abs. 3 IE-RL die in den Schlussfolgerungen enthaltenen Emissionswerte grundsätzlich verbindlich, jedoch ermöglicht Art. 15 Abs. 4 IE-RL eine Abweichung von der zeitlichen Vorgabe, sodass die zuständige Be-

---

[935] *Diehl*, ZUR 2011, 59 (62); *Betensted/Grandjot/Waskow*, ZUR 2013, 395 (400).
[936] *Betensted/Grandjot/Waskow*, ZUR 2013, 395 (400).
[937] *Keller*, I+E 2011, 223 (230).
[938] *Theuer/Kenyressy*, I+E 2012, 140 (151).

hörde in besonderen Fällen weniger strenge Emissionsgrenzwerte festlegen kann. Derartige Ausnahmeregelungen dürfen nur getroffen werden, wenn für die Erreichung der mit den besten verfügbaren Techniken assoziierten Emissionswerte entsprechend der Beschreibung in der BVT-Schlussfolgerung aufgrund der geografischen Lage und der lokalen Umweltbedingungen oder der technischen Merkmale der betroffenen Anlage unverhältnismäßig hohe Kosten, gemessen an den erzielbaren ökologischen Vorteilen, verursacht würden. Damit sind die Genehmigungsbehörden zwar an die BVT-Schlussfolgerungen gebunden, haben aber Spielraum.[939]

Die Abweichungsmöglichkeit ist jedoch nicht unbegrenzt. Die nach der Ausnahmeregelung festgelegten Emissionsgrenzwerte dürfen die in den Anhängen der IE-RL festgesetzten Emissionsgrenzwerte nicht überschreiten und keine erheblichen Umweltverschmutzungen verursachen. Die Schutzpflicht muss in jedem Fall gewahrt werden.[940] Zudem wird durch Beteiligungs-, Begründungs- und Dokumentationspflichten der Gebrauch der Ausnahmeregelung deutlich erschwert, Art. 15 Abs. 4, 72 Abs. 1 IE-RL.[941] Außerdem muss nach Art. 24 Abs. 1 c) IE-RL die betroffene Öffentlichkeit frühzeitig und in effektiver Weise am Verfahren beteiligt werden: Die zuständige Behörde muss im Genehmigungsbescheid die Gründe für die Anwendung der Ausnahmeregelung dokumentieren, Art. 15 Abs. 4 IE-RL, und im Internet veröffentlichen, Art. 24 Abs. 2 f) IE-RL. Schließlich muss auch noch die Kommission nach Art. 72 Abs. 1 IE-RL über die Gewährung von Ausnahmen informiert werden, die gegebenenfalls Leitlinien zur Konkretisierung der Ausnahmekriterien erlassen kann, Art. 15 Abs. 4 IE-RL.[942]

---

[939] *Jarass*, NVwZ 2013, 169 (171); *Friedrich*, UPR 2013, 161 (162); *Keller*, I+E 2011, 223 (227); *Suhr*, I+E 2013, 44 (45).
[940] *Pfaff/Knopp/Peine*, Revision des Immissionsschutzrechts durch die Industrieemissionsrichtlinie, Auswirkungen auf die deutsche Wirtschaft, S. 217; *Betensted/Grandjot/Waskow*, ZUR 2013, 395 (400).
[941] *Braunewell*, UPR 2011, 250 (251); *Wasielewski*, UPR 2012, 424 (425).
[942] *Pfaff/Knopp/Peine*, Revision des Immissionsschutzrechts durch die Industrieemissionsrichtlinie, Auswirkungen auf die deutsche Wirtschaft, S. 200.

E. Umsetzung der Richtlinie in nationales Recht

Gem. Art. 288 Abs. 3 AEUV muss die IE-RL in nationales Recht umgesetzt werden, wobei die Mitgliedstaaten dabei hinsichtlich Inhalt und Ziel gebunden, bezüglich Form und Mittel aber frei sind.[943] Dabei müssen die Bestimmungen der Richtlinie nicht wörtlich in der Gesetzesvorschrift wiedergegeben werden, der Bürger muss aber von allen seinen Rechten Kenntnis erlangen und diese gegebenenfalls vor nationalen Gerichten geltend machen können.[944] Die veröffentlichten BVT-Schlussfolgerungen bewirken nun eine strikte Bindungswirkung der Mitgliedstaaten, sie haben keine direkte Geltung für den Bürger. Die BVT-Schlussfolgerungen müssen deshalb für die einzelnen Anlagebetreiber durch nationale Regelungen umgesetzt werden, sodass sie für die Betreiber verbindlich werden.[945] Für diese Umsetzung hat sich der Gesetzgeber für die Beibehaltung des Konzeptes der Konkretisierung durch Regelwerke in Form von Rechtsverordnungen (§ 7 BImSchG) und Verwaltungsvorschriften (§ 48 BImSchG) entschieden.[946]

Nach Veröffentlichung im EU-Amtsblatt müssen die BVT-Schlussfolgerungen innerhalb von vier Jahren von der Anlage eingehalten werden, Art. 21 Abs. 3 IE-RL. Deshalb muss zunächst die nationale Rechtsvorschrift auf Ebene des Bundes und die TA Luft auf die Übereinstimmung der darin enthaltenen Werte mit den BVT-Schlussfolgerungen überprüft werden. Wenn die BVT-Schlussfolgerungen anspruchsvoller als die nationalen Anforderungen sind, müssen diese an die BVT-Schlussfolgerungen angepasst werden. Haben die nationalen Anforderungen aber das gleiche oder ein höheres Niveau, bleiben die bisherigen nationalen Anforderungen bestehen. Gibt es bisher keine nationalen Regelungen, müssen deutsche Anforderungen entsprechend der BVT-Schlussfolgerungen festgelegt werden. Die zuständigen Behörden der Länder müssen dann gegebenenfalls bereits erteilte Genehmigungen ändern. Zuletzt müssen dann Betreiber möglicherweise ihre Anlagen an die neuen Anforderungen anpassen.[947]

---

[943] *Herdegen*, Europarecht, § 8 Rn. 41 ff.
[944] EuGH, Rs. C-361/88, Slg. 1991-I, 02567, Rn. 15.
[945] *Hoffmann*, Umag. 2013, 54 (55).
[946] *Röckinghausen*, I+E 2013, 99 (100).
[947] *Suhr*, I+E 2013, 44 (49 f.).

Der strikte Anwendungsbefehl zur Einhaltung der in den BVT-Schlussfolgerungen enthaltenen Bandbreiten musste durch eine Novellierung in das deutsche Recht integriert werden, da die BVT-Merkblätter bisher nur zu berücksichtigen waren, § 3 Abs. 6 und Nr. 12 der Anlage zum BImSchG. Deshalb waren Regelungen nötig, die sicherstellen, dass bei der Festlegung von Emissionsgrenzwerten die tatsächlichen Emissionen die in den BVT-Schlussfolgerungen genannten Bandbreiten von Emissionswerten nicht überschreiten. Damit die Behörden die BVT-Schlussfolgerungen nicht umsetzen und konkretisieren müssen, sind die Emissionsgrenzwerte, die für die Einhaltung der BVT-Schlussfolgerungen notwendig sind, im untergesetzlichen Regelwerk vorgegeben. Gem. Art. 6 i. V. m. Art. 17 Abs. 2, 3 IE-RL können die Anforderungen aus Art. 14, 15, 21 IE-RL im nationalen Recht durch „allgemein bindende Vorschriften" sichergestellt werden. In Deutschland wollte der Gesetzgeber die bereits bestehende gesetzliche Regelungsstruktur beibehalten, sodass die Änderungen durch die IE-Richtlinie in das bestehende Regelwerk aus Gesetzen mit nachgeordneten Verordnungen und Verwaltungsvorschriften eingearbeitet wurde.[948] Dafür wurde ein Artikelgesetz unter anderem zur Anpassung des BImSchG und zwei Änderungsverordnungen für die BImSchV erlassen.[949] Die einzuhaltenden Emissionsgrenzwerte und die Anforderungen der BVT sind in Rechtsverordnungen und der Verwaltungsvorschrift TA Luft verankert, sodass §§ 7, 48 BImSchG dementsprechend geändert wurden.[950]

I. Ermächtigungsnormen, §§ 7 Abs. 1a, 48 Abs. 1b BImSchG

Zur Einhaltung der in einer BVT-Schlussfolgerung enthaltenen „assoziierten Emissionswerte" (im BImSchG „Emissionsbandbreiten", § 6 Abs. 6c BImSchG) für IE-Anlagen ermächtigt das BImSchG zum Erlass von Rechtsverordnungen (§ 7 Abs. 1 BImSchG) und Verwaltungsvorschriften (§ 48 Abs. 1 BImSchG).[951]

Eine Umsetzung durch Rechtsverordnung ist unter allgemeinen Rechtssetzungsprinzipien dann sachgerecht, wenn durch eine Vielzahl gleicher oder gleichartiger Anlagen ein hinreichendes Typisierungspotenzial vorliegt und daher ein

---

[948] *Raab*, I+E 2011, 189 (191).
[949] *Zimmermann*, I+E 2012, 110 (112).
[950] *Friedrich*, UPR 2013, 161 (162).
[951] *Hoffmann*, Umag. 2013, 54 (55).

größerer Anwendungsbereich gegeben ist. Ist dies nicht der Fall, ist eine Regelung in einer Verwaltungsvorschrift sinnvoll.[952]

Nach § 7 Abs. 1a Nr. 1 BImSchG muss der untergesetzliche Vorschriftengeber nach Veröffentlichung der BVT-Schlussfolgerungen die jeweils im untergesetzlichen Regelwerk geltenden Emissionsgrenzwerte prüfen und gegebenenfalls neu anpassen. Für bestehende IE-Anlagen gilt eine vierjährige Anpassungsfrist nach Veröffentlichung der BVT-Schlussfolgerung zur Einhaltung der Emissionsgrenzwerte (§ 7 Abs. 1a Nr. 2 BImSchG).[953]

II. Abweichungsbefugnis, §§ 7 Abs. 1b, 48 Abs. 1b BImSchG

Die Abweichungsmöglichkeit aus Art. 15 Abs. 4 IE-RL soll durch Einzelfallentscheidungen umgesetzt werden. Im deutschen Recht werden die weniger strengen Emissionsgrenzwerte vor allem durch den untergesetzlichen Gesetzgeber selbst festgesetzt, der Vorschriftengeber wird aber auch dazu ermächtigt, die Entscheidung den Genehmigungsbehörden zu übertragen, § 7 Abs. 1b Nr. 1 BImSchG.[954] Abs. 1b beinhaltet eine Abweichungsbefugnis von Abs. 1a, wonach in Verordnungen und durch Einzelfallentscheidungen weniger strenge Emissionsgrenzwerte festgelegt werden können, wenn technische Merkmale der betroffenen Anlagenart die Anwendung der in den BVT-Schlussfolgerungen genannten Emissionsbandbreiten unverhältnismäßig erscheinen lassen oder in Anlagen Zukunftstechniken (§ 3 Abs. 6e BImSchG) erprobt oder angewendet werden.[955] Beispielsweise können aufgrund schlichten Platzmangels in der Anlage die Emissionswerte aus den BVT-Schlussfolgerungen nicht oder nur sehr kostspielig verwirklicht werden und damit wegen technischer Probleme unverhältnismäßig sein.[956]

Nicht umgesetzt wurde die Regelung des Art. 15 Abs. 4 Nr. 2 b) IE-RL, wonach wegen des geografischen Standorts und lokaler Umweltbedingungen weniger

---

[952] *Rebentisch*, in: FS Dolde, S. 71 (76).
[953] *Traulsen*, DÖV 2011, 769 (771); *Rebentisch*, in: FS Dolde, S. 71 (76); *Kopp-Assenmacher*, Immissionsschutz Band 4, S. 9.
[954] *Betensted/Grandjot/Waskow*, ZUR 2013, 395 (399).
[955] BT-Drs. 17/10486, S. 40; *Scheidler*, UPR 2013, 121 (124).
[956] *Theuer/Kenyeressy*, I+E 2012, 140 (149); *Scheidler*, UPR 2013, 121 (125).

strenge Emissionsgrenzwerte herangezogen werden können.[957] Dies ist möglich, da gem. Art. 193 AEUV ein Mitgliedstaat schärfere Umweltregelungen einführen kann und damit auf die Gewährung von Ausnahmen verzichtet.[958] Es erfolgte keine Umsetzung in deutsches Recht, weil derartige Ausnahmefälle in Deutschland nicht ersichtlich seien, die Verbindlichkeit des untergesetzlichen Regelwerks gewahrt werden müsse[959] und eine Wettbewerbsverzerrung durch diese Abweichungsbefugnis entstehen könne.[960] Jeder Bürger habe das Recht, dass alle in seiner Umgebung befindlichen Anlagen nach dem Stand der Technik betrieben würden. Es dürfe dabei nicht auf technische Besonderheiten ankommen.[961] Dadurch werde auch das standortunabhängige Vorsorgeprinzip gesichert, denn durch Abweichungen wegen der geografischen Lage oder lokaler Umweltbedingungen könnten in Gebieten mit guter Luftqualität weniger strenge Grenzwerte festgesetzt werden, sodass dies die Umweltsituation verschlechtern würde.[962] Der Stand der Technik sei aber gerade standortunabhängig, sodass Kriterien wie die geografische Lage oder die örtliche Umweltbeschaffenheit bei der Bestimmung des Standes der Technik nicht als Ausnahmegründe berücksichtigt werden könnten.[963]

Dies stößt jedoch gerade bei Wirtschaftsvertretern auf erhebliche Kritik. Derzeit könne noch nicht prognostiziert werden, ob ein Fall des „geografischen Standorts" und der „lokalen Umweltbedingungen" nicht in der Zukunft vorliegen könne. Sollte dieser Fall eintreten, könne nicht entsprechend der Vorgaben der IE-RL reagiert werden. Gegenüber anderen Mitgliedstaaten, die die Ausnahmeregelung des Art. 15 Abs. 4 a) IE-RL umsetzten, würde dies einen Wett-

---

[957] *Czajka*, in: Feldhaus, BImSchG, § 12 Rn. 55 i; *Betensted/Grandjot/Waskow*, ZUR 2013, 395 (399); *Scheidler*, UPR 2013, 121 (124); *Kersting*, Müll und Abfall 2014, 94 (96); *Jarass*, BImSchG, § 3 Rn. 19.

[958] *Röckinghausen*, UPR 2012, 161 (165); *Keller*, I+E 2011, 223 (227); *Braunewell*, UPR 2011, 250 (252); *Kment*, VerwArch 2014, 262 (269).

[959] BR-Drs. 314/12, S. 98.

[960] *Endres*, in: BeckOK UmweltR, § 7 Rn. 13d.

[961] *Tappert*, NuR 2012, 110 (111).

[962] *Betensted/Grandjot/Waskow*, ZUR 2013, 395 (399).

[963] *Pfaff/Knopp/Peine*, Revision des Immissionsschutzrechts durch die Industrieemissionsrichtlinie, Auswirkungen auf die deutsche Wirtschaft, S. 68.

bewerbsnachteil bedeuten, da die deutsche Wirtschaft diese Erleichterung nicht wahrnehmen könne.[964]

Auch das Argument, dass die Verbindlichkeit des untergesetzlichen Regelwerks gewahrt werden müsse, findet bei den Kritikern keine Zustimmung. Die „Verbindlichkeit des untergesetzlichen Regelwerks" sei nach ihrer Ansicht bereits jetzt durchbrochen, da es einzelne Anlagen gebe, die von der TA Luft nicht erfasst seien oder die Bindungswirkung der TA Luft aufgehoben worden sei.[965]

§ 48 Abs. 1a, 1b BImSchG enthält die parallelen Regelungen zu § 7 Abs. 1a, 1b BImSchG. Zur Vermeidung von Wiederholungen wird auf die Ausführungen zu § 7 BImSchG verwiesen; sie gelten sinngemäß.

III. Sonderproblem: Ausnahmeregelung auf abstrakt-genereller Ebene

Europarechtlich bedenklich sind die auf normativer Ebene in Rechtsverordnungen und Verwaltungsvorschriften vorgesehenen Ausnahmen, § 7 Abs. 1b und § 48 Abs. 1b BImSchG. Das BImSchG sieht, im Gegensatz zum Europarecht, nicht nur für den Einzelfall behördliche Abweichungsmöglichkeiten vor, sondern auch auf abstrakt-genereller Ebene können die Standards aus den BVT-Schlussfolgerungen unterschritten werden. Gem. §§ 7 Abs. 1b Nr. 1, 48 Abs. 1b Nr. 1 BImSchG können für bestimmte Anlagentypen durch Rechtsverordnungen und Verwaltungsvorschriften Ausnahmen aufgrund der Unverhältnismäßigkeit der europäischen Regelungen in den BVT-Schlussfolgerungen getroffen werden.[966] Art. 15 Abs. 4 S. 1 IE-RL sieht aber nur vor, dass die zuständige Behörde weniger strenge Emissionswerte festlegen kann. Deshalb stellt sich die Frage der Unionsrechtskonformität der §§ 7 Abs. 1b Nr. 1, 48 Abs. 1b Nr. 1 BImSchG.

Für die Unionsrechtswidrigkeit streiten die Wortlaute des Art. 15 Abs. 4 IE-RL und des Erwägungsgrundes (22) IE-RL. Sie sprächen eindeutig von der „zuständigen Behörde", sodass klar erkennbar sei, dass sich die Ausnahmeregelung nach dem Willen des EU-Gesetzgebers an die „zuständige Behörde" richte. Behörden könnten immer nur Einzelfallentscheidungen treffen, sodass eine abstrakt-generelle Regelung in Form der §§ 7 Abs. 1b Nr. 1, 48 Abs. 1b Nr. 1

---

[964] *Schink*, DVBl. 2012, 197 (203); *Theuer/Kenyeressy*, I+E 2012, 140 (149); *Pfaff/Knopp/Peine*, Revision des Immissionsschutzrechts durch die Industrieemissionsrichtlinie, Auswirkungen auf die deutsche Wirtschaft, S. 218.
[965] *Theuer/Kenyeressy*, I+E 2012, 140 (149).
[966] *Friedrich*, UPR 2013, 161 (162).

BImSchG nicht vom Europäischen Gesetzgeber gewollt sei.[967] Eine normative Einschränkung sei deshalb nicht möglich.[968]

Zudem konterkarieren die §§ 7 Abs. 1b Nr. 1, 48 Abs. 1b Nr. 1 BImSchG die Verhältnismäßigkeitsprüfung bei der Erstellung der BVT-Merkblätter.[969] Die BVT-Schlussfolgerungen sind das Ergebnis eines langwierigen Erarbeitungsprozesses unter Beteiligung einer Vielzahl von Interessenvertretern. Im Rahmen dieses Prozesses wurden bereits sämtliche Aspekte und Interessen der Betroffenen gegeneinander abgewogen. Der nationale Gesetzgeber soll dann nicht eigenständig dieses Ergebnis in seinem Sinne nachsteuern können. Dies würde den gesamten Sevilla-Prozess konterkarieren. Jedoch kann eine behördliche Einzelfallentscheidung notwendig sein, wenn bestimmte Merkmale der Anlage eine Einhaltung der neuen Emissionswerte unverhältnismäßig erscheinen lässt. Denn im Sevilla-Prozess kann nicht jede einzelne Anlage europaweit Beachtung finden. Eine Abweichungsmöglichkeit auf generell-abstrakter Ebene betrifft aber nicht nur eine einzelne Anlage, sondern immer eine Vielzahl von bestehenden Anlagen eines Anlagentyps. Diese nachgeschobene nationale Verhältnismäßigkeitsprüfung bei der Festlegung der Emissionswerte auf abstrakt-genereller Ebene ist gerade nicht vom EU-Gesetzgeber gewollt.

Außerdem soll die IE-Richtlinie dazu beitragen, dass die gleichen Emissionswerte in jedem EU-Land gelten. Eine nationale Abweichungsmöglichkeit auf abstrakt-genereller Ebene steht diesem Ziel gerade entgegen. Es ist dann wiederum, wie unter der IVU-Richtlinie, zu befürchten, dass von den Ausnahmemöglichkeiten zu extensiv Gebrauch gemacht wird und die gleiche Situation der unterschiedlichen Umsetzung der Emissionswerte in den verschiedenen Mitgliedstaaten wie unter die IVU-Richtlinie eintritt (siehe 5. Teil § 1 B. I.). Diese Argumente lassen den Schluss zu, dass die §§ 7 Abs. 1b Nr. 1, 48 Abs. 1b Nr. 1 BImSchG mit ihrer Abweichungsmöglichkeit ohne Erteilung einer Genehmigung, richtlinienwidrig sind. Dies ist nun genauer zu überprüfen:

Zunächst ist die IE-RL auszulegen. Art. 14 Abs. 3 und 4 IE-RL sind auf den ersten Blick rätselhaft. Gem. Art. 14 Abs. 3 IE-RL sind die Emissionswerte in der einzelnen Genehmigung auf die in den BVT-Schlussfolgerungen genannten

---

[967] *Kment*, VerwArch 2014, 262 (270).
[968] *Friedrich*, UPR 2013, 161 (162).
[969] Vgl. ebd.

Emissionsgrenzwerte zu stützen. Andererseits sind aber auch der geographische Standort, die örtlichen Umweltbedingungen und die technischen Merkmale der Anlage zu berücksichtigen (Art. 14 Abs. 4 IE-RL), wobei aber die in den Anhängen genannten Emissionsgrenzwerte nicht unterschritten werden dürfen. Zudem muss die Behörde ein hohes Schutzniveau für die gesamte Umwelt sicherstellen (Art. 14 Abs. 4 IE-RL). Dieses Durcheinander von Kriterien ist der Gesetzgebungsgeschichte geschuldet und eine Mischung des Immissions- und des Emissionsansatzes. Festzuhalten ist anhand des Wortlautes, dass sich die Relativierung der in den BVT-Schlussfolgerungen enthaltenen Emissionsgrenzwerte nur auf die konkrete Genehmigung und nicht auf die Festlegung der Emissionswerte auf abstrakt-genereller Ebene bezieht.

Jedoch lässt sich dagegen anführen, dass die IE-Richtlinie gem. Art. 17 Abs. 1, 2, 3 IE-RL durch „allgemein bindende Vorschriften" umgesetzt werden darf. Entscheidend ist zunächst nun, welche Rechtsqualität die IE-RL mit „allgemein bindend" meint. Allgemein bindende Vorschriften sind nach Art. 3 Nr. 8 IE-RL „Emissionsgrenzwerte [...], die zur direkten Verwendung bei der Formulierung von Genehmigungsauflagen festgelegt werden." Zudem sollen nach dem Erwägungsgrund (7) der IE-RL die Mitgliedstaaten „zur Erleichterung der Erteilung von Genehmigungen [...] Auflagen für bestimmte Kategorien von Anlagen als allgemein bindende Vorschriften formulieren können." Es geht also um Normen, die die Genehmigungsvoraussetzungen genauer bestimmen. Der Wortlaut „allgemein bindend" bedeutet nach dem alltäglichen Sprachgebrauch, dass jeder, der über die Genehmigung entscheidet, daran gebunden ist. Demnach muss die Norm Behörden und Gerichte binden, sodass Rechtsverordnungen für die Umsetzung ausreichen, Verwaltungsvorschriften aufgrund ihrer fehlenden Bindungswirkung für Gerichte aber nicht (siehe E. VII 1.).

Aus dem Erwägungsgrund (7) IE-RL lässt sich auch entnehmen, dass der Europäische Gesetzgeber das Bedürfnis eines einheitlichen und beschleunigten Vollzuges der Emissionswerte für Anlagentypen, die in einem Mitgliedsland mehrfach vorkommen, sieht. Damit die nationalen Behörden nicht über jeden Einzelfall neu entscheiden müssen, können die Mitgliedstaaten allgemein bindende Vorschriften erlassen. Dies trägt auch dem Umstand Rechnung, dass die Anpassungsfrist von vier Jahren für Bestandsanlagen kurz und deshalb ein beschleunigter Vollzug der neuen Anforderungen durch allgemeinbindende Vorschriften notwendig ist. Jedoch spricht der Erwägungsgrund (7) IE-RL von der „Erteilung von Genehmigungen". Auch Art. 6 IE-RL, der sich mit den allgemein bindenden Vorschriften befasst, spricht davon, dass in der Genehmigung auf die allgemein bindenden Vorschriften verwiesen wird. Dies zeigt, dass Abweichungsmöglichkeiten auf abstrakt-genereller Ebene nach einer strengen Wortlautauslegung nur für Neuanlagen oder bei Erteilung einer Änderungsgenehmigung nach § 16 BImSchG möglich sind, denn nur dann kann in der Genehmigung auf die abstrakt-generelle Wirkung verwiesen werden. Das Unionsrecht geht also davon aus, dass allgemein bindende Vorschriften nur im Zusammenhang mit einer Genehmigung zulässig sind.

In der Regel ist im deutschen Bundes-Immissionsschutzgesetz bei Bestandsanlagen bei neuen BVT-Schlussfolgerungen keine Änderungsgenehmigung nach § 16 BImSchG notwendig. Mit der Aktualisierung der BVT-Schlussfolgerungen werden in der Regel strengere Emissionswerte einhergehen, die grundsätzlich zur Verbesserung des Umweltstandards führen, sodass keine negativen Auswirkungen für die immissionsschutzrechtlichen Schutzgüter zu erwarten sind. Diese Änderungen ohne nachteilige Auswirkungen benötigen keine Änderungsgenehmigung (§ 16 Abs. 1 BImSchG), sondern die Änderung ist lediglich anzuzeigen, § 15 BImSchG.[970] Im Regelfall bedeutet dies, dass bei einer Veränderung durch die BVT-Schlussfolgerungen keine Änderungsgenehmigung notwendig ist und damit die Abweichungsmöglichkeit in §§ 7 Abs. 1b Nr. 1, 48 Abs. 1b Nr. 1 BImSchG ohne Bezug auf eine Genehmigung steht.

Die nationalen Gerichte sind verpflichtet, das nationale Recht unter voller Ausschöpfung des Beurteilungsspielraums so auszulegen, dass das mit der Richtlinie verfolgte Ziel erreicht wird.[971] Jedoch ist bei §§ 7 Abs. 1b Nr. 1, 48 Abs. 1b Nr. 1 BImSchG keine Rechtsfindung innerhalb des Gesetzeswortlauts[972] möglich, da nach dem eindeutigen Wortlaut des Gesetzes die abstrakt-generellen Abweichungsmöglichkeiten unabhängig von der Erteilung einer Genehmigung gelten. Für den Grundsatz der richtlinienkonformen Auslegung ist aber nicht der Wortlaut, sondern erst der „contra legem"-Grundsatz die Grenze der Ausle-

---

[970] *Zimmermann*, I+E 2012, 110 (116).
[971] EuGH, Urt. v. 10.04.1984 – Rs. 14/83, Slg. 1984, 1891, Rn. 26, 28; EuGH, Urt. v. 05.10.2004 – Rs. C-397/01 bis C-403/01, Slg. 2004, I S. 8835, Rn. 113.
[972] *Canaris*, in: FS Bydlinski, S. 47 (81).

gung.⁹⁷³ Das nationale Recht ist also, wenn möglich, richtlinienkonform fortzubilden,⁹⁷⁴ sodass hier eine richtlinienkonforme Rechtsfortbildung durch teleologische Reduktion der §§ 7 Abs. 1b Nr. 1, 48 Abs. 1b Nr. 1 BImSchG auf einen mit Art. 15 Abs. 4 IE-RL zu vereinbarenden Inhalt in Betracht kommt. Eine richtlinienkonforme Rechtsfortbildung im Wege der teleologischen Reduktion setzt eine verdeckte Regelungslücke i.S.e. planwidrigen Unvollständigkeit des Gesetzes voraus.⁹⁷⁵ Diese ist gegeben, wenn der Gesetzgeber in der Gesetzesbegründung ausdrücklich seine Absicht bekundete, eine richtlinienkonforme Regelung zu schaffen, die Annahme des Gesetzgebers, die Regelung sei richtlinienkonform, aber fehlerhaft ist. Die Ausführungen in der Gesetzesbegründung zu § 7 BImSchG zeigen deutlich, dass der Gesetzgeber eine europarechtskonforme Norm schaffen wollte, denn der Gesetzgeber begründet unter Verweis auf Art. 6, 17 Abs. 2, 3 IE-RL seine Auffassung.⁹⁷⁶ Seine Ansicht, dass die Abweichungsmöglichkeiten auch auf abstrakt-genereller Ebene umgesetzt werden können, ist aber fehlerhaft, sodass eine verdeckte Regelungslücke vorliegt. Die bestehende verdeckte Regelungslücke ist durch eine einschränkende Anwendung der §§ 7 Abs. 1b Nr. 1, 48 Abs. 1b Nr. 1 BImSchG für Fälle der Bestandsanlagen ohne Neu- oder Änderungsgenehmigung zu schließen. §§ 7 Abs. 1b Nr. 1, 48 Abs. 1b Nr. 1 BImSchG sind also dahingehend auszulegen, dass bei Bestandsanlagen die abstrakt-generellen Abweichungsmöglichkeiten nur durch eine behördliche Einzelfallentscheidung anwendbar sind. Bei Neu- und Änderungsgenehmigungen hingegen kann in der Genehmigung auf die abstrakt-generellen Abweichungen in den Normen verwiesen werden.

Diese Rechtsfortbildung verletzt nicht die Bindung der Gerichte an Recht und Gesetz (Art. 20 Abs. 3 GG), denn aus dem Vorrang des Gesetzes folgt kein Verbot für die Gerichte, vorhandene Lücken im Wege richterlicher Rechtsfortbildung zu schließen.⁹⁷⁷ Zwar dürfen Gerichte eine eindeutige Entscheidung des

---

⁹⁷³ EuGH, Urt. v. 04.07.2006 – Rs. C-212/04, Slg. 2006, I S. 6057, Rn. 110; *Kroll-Ludwigs/ Ludwigs*, ZJS 2009, 123 (124).
⁹⁷⁴ *Canaris*, in: FS Bydlinski, S. 47 (81 f.).
⁹⁷⁵ BGH, Beschl. v. 20.01.2005 – IX ZB 134/04 = NJW 2005, 1508 (1510); BGH, Urt. v. 26.11.2008 – VIII ZR 200/05 = EuZW 2009, 155 (155); *Kroll-Ludwigs/Ludwigs*, ZJS 2009, 123 (124).
⁹⁷⁶ BT-Drs. 17/10486, S. 40.
⁹⁷⁷ BVerfG, Beschl. v. 03.04.1990 – 1 BvR 1186/89 = BVerfGE 82, 6, 11 f.; BVerfG, Beschl. v. 17.06.2004 – 2 BvR 383/03 = BVerfGE, 111, 54, 82.

Gesetzgebers nicht aufgrund eigener Vorstellungen verändern, jedoch wird hier der erkennbare Wille des Gesetzgebers nicht beiseitegeschoben. Denn aus den Gesetzesmaterialen ist – wie bereits dargelegt – die konkrete Absicht des Gesetzgebers erkennbar, eine richtlinienkonforme Regelung zu schaffen.

IV. Sonderproblem: Fristverlängerungsmöglichkeit

Gem. § 52 Abs. 1 S. 7 BImSchG ist eine Verlängerung der Frist möglich, wenn die Regelfrist wegen technischer Merkmale der betreffenden Anlage zu unverhältnismäßigen Belastungen führen würde.[978] Die zuständige Behörde kann also eine längere als die Vier-Jahres-Frist zur Anpassung der Genehmigungen und Einhaltung der geänderten Anforderungen festlegen, wenn eine Einhaltung der Frist wegen technischer Merkmale der Anlage unverhältnismäßig ist. Art. 21 Abs. 3 a) IE-RL ermöglicht aber keine temporäre Abweichung von der Vier-Jahres-Frist, sodass die Gefahr der Europarechtswidrigkeit besteht.

1. Meinungsstand in der Literatur

Die Zulässigkeit der Abweichungsbefugnis aus § 52 Abs. 1 S. 7 BImSchG könne auf den Erwägungsgrund 22 IE-RL zurückgeführt werden.[979] Der Erwägungsgrund (EG) 22 IE-RL ermögliche in speziellen Fällen eine längere Frist als die vier Jahre für die Festlegung neuer BVT, „wenn dies auf der Grundlage der in dieser Richtlinie festgelegten Kriterien gerechtfertigt ist".[980] Art. 21 Abs. 3 IE-RL verweise auf Art. 15 Abs. 4 IE-RL,[981] welcher in Abs. 4b) IE-RL die „technischen Anforderungen" nenne. Diese seien auch betroffen, wenn die Sanierung der Anlage in der vorgegebenen Zeit nicht möglich sei (z. B. lange Lieferzeit). Wenn gem. Art. 15 Abs. 4 IE-RL weniger strenge Emissionswerte bei der Genehmigung festgelegt werden können, müsse auch bei der Durchsetzung der Emissionswerte eine längere Frist zur Anpassung möglich sein.[982]

Mit dem Verweis auf Art. 15 Abs. 4 IE-RL solle sichergestellt werden, dass auch in dem Fall, dass für eine Anlage eine Ausnahme von der Einhaltung der BVT-Schlussfolgerungen gewährt wird, die abweichenden Emissionsgrenzwerte

---

[978] *Jarass*, NVwZ 2013, 169 (173).
[979] BT-Drs. 17/10486, S. 43.
[980] *Traulsen*, DÖV 2011, 769 (773).
[981] BR-Drs. 314/12, S. 106.
[982] BT-Drs. 17/10486, S. 43; BR-Drs. 314/12, S. 106.

innerhalb der vier Jahre eingehalten werden. Zudem enthalte Art. 21 Abs. 3 IE-RL neben der Aktualisierungspflicht der Genehmigung in lit. b die Pflicht, sicherzustellen, dass die betreffende Anlage diese Genehmigungsauflagen einhält. Diese Pflicht zur Verankerung der Anforderungen in der Anlagenpraxis stehe unabhängig von lit. a und dessen Verweis auf Art. 15 Abs. 4 IE-RL. Nach dem Wortlaut des Art. 21 Abs. 3 IE-RL sei die Möglichkeit einer Fristverlängerung daher nicht ausdrücklich vorgesehen.[983]

Problematisch sei zudem, dass diese temporäre Ausnahmeregelung des Erwägungsgrunds (22) im eigentlichen Regelungsteil der IE-RL nicht enthalten sei.[984] In Art. 21 Abs. 3 a) IE-RL werde nur auf die Abweichungsregelung des Art. 15 Abs. 4 IE-RL verwiesen, die eine permanente Ausnahme von der Einhaltung der mit den BVT assoziierten Emissionswerte festschreibe.

Außerdem hätten Erwägungsgründe nach dem Europäischen Gerichtshof keinen Regelungscharakter, denn sie würden in der Regel keine Rechtsfolgen setzen. Auch die Systematik spreche gegen eine Interpretation des Erwägungsgrundes (22) IE-RL als vollgültige Regelung. Die Motivationen der Regelung in den Erwägungsgründen und der verfügende Teil müssten klar getrennt werden. Erwägungsgründe könnten demnach keine von der IED abweichende Regelung treffen.[985]

Zudem seien die Erwägungsgründe Bestandteile der IE-Richtlinie und wären damit rechtstechnisch nicht belanglos. Der Gesetzgeber könne selbst entscheiden (auch wenn es regelungstechnisch nicht gut gelungen und systemwidrig sei), ob er eine Regelung mit Tatbestandsvoraussetzungen und Rechtsfolgen im verfügenden Teil oder in den Erwägungsgründen treffe.[986] Der Erwägungsgrund (22) IE-RL enthalte also eine rechtsgültige Ausnahmeregelung.

Außerdem seien Ausnahmen von der Vier-Jahres-Frist in § 52 Abs. 1 S. 7 BImSchG nach der Begründung des Gesetzesentwurfs notwendig: Wenn nach Art. 15 Abs. 4 IE-RL weniger strenge Grenzwerte, als die von den BVT-Schlussfolgerungen vorgegebenen, festgelegt werden können, dann müsse es

---

[983] *Pfaff/Knopp/Peine*, Revision des Immissionsschutzrechts durch die Industrieemissionsrichtlinie, Auswirkungen auf die deutsche Wirtschaft, S. 225.
[984] *Traulsen*, DÖV 2011, 769 (773).
[985] Ebd.
[986] *Traulsen*, DÖV 2011, 769 (773).

erst recht möglich sein, für die Einhaltung der Grenzwerte den BVT-Schlussfolgerungen längere Fristen zu gewähren.[987]

2. Stellungnahme

Gegen die Zulässigkeit einer Fristverlängerung in § 52 Abs. 1 S. 7 BImSchG spricht der Sinn und Zweck der IE-Richtlinie. Sie soll Wettbewerbsverzerrungen verhindern, während durch die längere Ausnahmefrist gerade wieder neue geschaffen werden. Die Überprüfungsmöglichkeit durch die Kommission (Art. 72 IE-RL) und die Tatsache, dass von Neuanlagen grundsätzlich erwartet werden kann, dass sie die Emissionswerte einhalten, spricht dafür, dass die Übertragung dieser Ausnahme des Art. 15 Abs. 4 b) IE-RL vom EU-Gesetzgeber nicht erwünscht ist, denn die Ausnahmen in Abs. 4 sollen abschließend sein und restriktiv verwendet werden. Außerdem führt jede Ausnahme zu Diskussionen im Verwaltungsverfahren, sodass dieses wiederum verlängert und gegen die von der IE-Richtlinie geforderte Einheitlichkeit und Schnelligkeit der Umsetzung der Emissionswerte spricht.

Jedoch sind nach dem Europäischen Gerichtshof Erwägungsgründe für die teleologische Auslegung entscheidend.[988] Die Ausnahmen von der Vier-Jahres-Frist in § 52 Abs. 1 S. 7 BImSchG sollen dem Verhältnismäßigkeitsgrundsatz dienen, die auch im Europarecht gem. Art. 5 Abs. 4 UAbs. 1 EUV gelten.[989] Eine Fristverlängerung ist aus Verhältnismäßigkeitsgründen notwendig, wenn innerhalb der vier Jahre eine Anlagensanierung aus technischen oder verfahrensrechtlichen Gründen nicht möglich ist oder die dafür erforderlichen Kosten gemessen am Umweltnutzen, der mit den BVT-Schlussfolgerungen erreicht werden soll, unangemessen sind. Die Ausschreibung, Vergabe, Lieferung und Bauzeit von Anlagenteilen für die Sanierung kann mehr als ein Jahr[990] dauern, sodass aus Verhältnismäßigkeitsgründen eine Fristverlängerung notwendig ist.

Schließlich muss das Bedürfnis einer Fristverlängerung nicht unbedingt allein aus der Sphäre des Anlagenbetreibers stammen. Aufgrund langer nationaler

---

[987] BR-Drs. 314/12, S. 106 f.; *Schink*, DVBl. 2012, 197 (203); *Braunewell*, UPR 2011, 250 (253); *Theuer/Kenyeressy*, I+E 2012, 140 (150).
[988] EuGH, Urt. v. 15.04.2010 – C 511/08, Rn. 53 ff. = NJW 2010, 1941 (1941 ff.); *Theuer/Kenyeressy*, I+E 2012, 140 (150); *Traulsen*, DÖV 2011, 769 (773).
[989] *Haratsch/Koenig/Pechstein*, Europarecht, Rn. 177.
[990] *Theuer/Kenyeressy*, I+E 2012, 140 (150).

Umsetzungsverfahren kann für den Anlagenbetreiber keine Zeit mehr bleiben, eine Aktualisierung seiner Anlagentechnik innerhalb von vier Jahren durchzuführen. Es wäre mit dem Rechtsstaatsgebot unvereinbar, wenn aufgrund einer Verzögerung auf der Seite des nationalen Gesetzgebers den Anlagenbetreibern nicht mehr ausreichend Zeit für eine Anpassung der Anlage bleibt und deshalb eine Stilllegungsanordnung nach § 22 BImSchG ergeht. Aus Verhältnismäßigkeitsgründen ist deshalb eine Fristverlängerung notwendig.

Die zuständige Behörde kann einen längeren Zeitraum als die vier Jahre nur dann festlegen, wenn wegen technischer Merkmale der Anlage die fristgerechte Einhaltung der nachträglichen Anordnung oder der Genehmigung unverhältnismäßig wäre. Damit sind die Kriterien für eine Fristverlängerung bestimmt genug und spiegeln sich in denen des Art. 15 Abs. 4 IE-RL wider. Eine extensive Anwendung der Möglichkeit der Bestimmung einer längeren Frist droht deshalb nicht unbedingt. § 52 Abs. 1 S. 7 BImSchG ist unionsrechtskonform.

V. Ergebnis

Nach § 7 Abs. 1 b Nr. 1, 2 BImSchG kann der Verordnungsgeber selbst längere Fristen für die Umsetzung und Anwendung neuer Emissionsgrenzwerte festlegen. Art. 15 Abs. 4 IE-RL spricht aber nur davon, dass weniger strenge Emissionsgrenzwerte festgelegt werden können. Von einer temporären Ausnahme ist nicht die Rede. Dies führt aber nicht zur Europarechtswidrigkeit des § 7 Abs. 1b Nr. 1, 2 BImSchG. Wenn nach Art. 15 Abs. 4 IE-RL weniger strenge Emissionsgrenzwerte dauerhaft festgelegt werden können – es ist nämlich keine zeitliche Begrenzung für die Ausnahmeregelung in der IE-Richtlinie erkennbar – dann muss auch eine Fristverlängerung davon erfasst werden. Es ist, gemessen am Umweltschutz, die mildere Maßnahme, wenn nur eine temporäre und keine dauerhafte Ausnahmeregelung gewährt wird. Die nationale Fristverlängerungsmöglichkeit ist deshalb nicht europarechtswidrig.

VI. Umsetzung in Rechtsverordnungen auf Grundlage des BImSchG

1. Erlass der Rechtsverordnung

Art. 17 Abs. 2, 3 IE-RL fordert für die Umsetzung „allgemein bindende Vorschriften". Eine Rechtsverordnung gilt unmittelbar für den Bürger, sodass sie die oben aufgeführten Anforderungen an das Merkmal „allgemein verbindlich" erfüllt.[991]

Nach § 48a BImSchG sollen in Rechtsverordnungen Emissionsgrenzwerte bestimmt werden. Vor der Zuleitung der Verordnung an den Bundesrat kann der Bundestag sie ändern oder ablehnen, § 48b S. 3 BImSchG. § 48b S. 6 BImSchG setzt die Beteiligung des Bundestages beim Erlass von Rechtsverordnungen nach § 7 Abs. 1 S. 1 Nr. 2 BImSchG aber aus, wenn wegen der Fortentwicklung des Standes der Technik die Umsetzung von BVT-Schlussfolgerungen nach § 7 Abs. 1a BImSchG nötig ist.[992] Dies sei sachdienlich, da unverzüglich umgesetzt werden müsse und kaum eine Abweichung möglich sei,[993] da die Umsetzung der verbindlichen Emissionsbandbreiten ein bloßes „Abschreiben" sei. Das Rechtsetzungsverfahren werde dadurch beschleunigt und ein sachkundiges Verfahren könne gewährleistet werden.[994] Kritiker hingegen sehen die Gefahr, dass dadurch industriepolitische Ziele durchgesetzt werden könnten, sodass die Beteiligungsmöglichkeit des Bundestages als Kontrollmöglichkeit nicht wegfallen dürfe.[995]

Es erscheint fragwürdig, ob es sich tatsächlich um ein bloßes „Abschreiben" handelt, denn die BVT-Schlussfolgerungen legen mit den assoziierten Emissionsgrenzwerten nicht immer nur Einzelwerte fest, sondern teilweise auch Bandbreiten, die erst noch der konkreten Festlegung bedürfen. Die konkrete Bestimmung der Werte soll dabei aber dem Verordnungsgeber überlassen werden, der aufgrund seiner Sachkompetenz für die genaue Ermittlung der Werte besser geeignet ist. Zudem besteht die Sorge, dass die gewünschte Frist von 12 Monaten für die Verordnungsanpassung nicht eingehalten werden kann, wenn erst der

---

[991] *Detterbeck*, Verwaltungsrecht, Rn. 90 f.; *Halmschlag*, I+E 2014, 48 (51).
[992] *Scheidler*, UPR 2013, 121 (124).
[993] *Betensted/Grandjot/Waskow*, ZUR 2013, 395 (399).
[994] *Rebentisch*, Umsetzung der Industrieemissions-Richtlinie im Immissionsschutzrecht, S. 16.
[995] *Pfaff/Knopp/Peine*, Revision des Immissionsschutzrechts durch die Industrieemissionsrichtlinie, Auswirkungen auf die deutsche Wirtschaft, S. 221.

Bundestag zustimmen muss. Durch die fehlende Beteiligungsmöglichkeit des Bundestages besteht aber die Gefahr eines Demokratiedefizits, zumal die BVT-Schlussfolgerungen ohne Beteiligung des Europäischen Parlaments im Komitologieverfahren erlassen werden. Die BVT-Schlussfolgerungen mit ihren Emissionsgrenzwerten können Grundlage von Grundrechtseingriffen sein und bedürfen deshalb der Beteiligung demokratisch gewählter Volksvertreter. Die Kontrolle durch den deutschen Bundestag mildert diese Gefahr des Demokratiedefizits. Jedoch erfolgt eine Beteiligung des Bundesrates, der demokratisch legitimiert ist. Der Bundesrat wird „indirekt gewählt", denn der Wähler des Landtages entscheidet durch seine Stimme über die Vertreter im Bundesrat. Damit besteht eine demokratisch legitimierte Kontrollstelle und der Erlass ohne Beteiligung des Bundestages ist nicht zu beanstanden.

2. Vollzug

Durch die abstrakt-generelle Regelungswirkung der Rechtsverordnung gelten die neuen Emissionswerte für betroffene Anlagenbetreiber unmittelbar. Der Anlagenbetreiber prüft aufgrund dieser unmittelbaren Verbindlichkeit zunächst selbst, ob Anpassungsbedarf zur Einhaltung der neuen Anforderungen besteht und leitet gegebenenfalls ein Anzeigeverfahren nach § 15 BImSchG oder ein Änderungsgenehmigungsverfahren nach § 16 BImSchG ein.[996] Ein behördlicher Vollzugsakt ist nur nötig, wenn zur Einhaltung neuer Grenzwerte eine Änderung der Anlage oder des Betriebs der Anlage nötig ist.[997] Die Gewährleistungsverantwortung aus § 7 Abs. 1a BImSchG trifft also im Rahmen seiner Eigenüberwachungspflicht den Anlagenbetreiber und die staatlichen Überwachungsbehörden nach § 52 BImSchG.[998]

Dabei ist zu beachten, dass bei neuen Anforderungen durch eine Anpassung der TA Luft die Behörde aber tätig werden muss, da es in diesem Fall keine für die Betreiber verbindlichen Vorgaben gibt. Sie hat die Genehmigungen für die betroffenen Anlagen auf einen Anpassungsbedarf hin zu überprüfen und gegebe-

---

[996] *Betensted/Grandjot/Waskow*, ZUR 2013, 395 (401); *Theuer/Kenyeressy*, I+E 2012, 140 (149).
[997] *Zimmermann*, I+E 2012, 110 (115).
[998] *Rebentisch*, Umsetzung der Industrieemissions-Richtlinie im Immissionsschutzrecht, S. 14; *Jarass*, NVwZ 2013, 169 (173); *Rebentisch*, in: FS Dolde, S. 71 (76).

nenfalls über eine nachträgliche Anordnung nach § 17 BImSchG anzupassen.[999] Die Überprüfung und Aktualisierung der Genehmigung nach § 52 Abs. 1 S. 4 BImSchG soll so rechtzeitig vorgenommen werden, dass auch die Anlage innerhalb der vier Jahre nach der Veröffentlichung der BVT-Schlussfolgerungen die neuen Anforderungen einhalten kann.[1000]

VII. Umsetzung in Verwaltungsvorschriften am Beispiel der TA Luft

Um die Einheitlichkeit des Verwaltungshandelns sicherzustellen, sollen die Emissionswerte grundsätzlich nicht in jedem Einzelfall von den einzelnen Vollzugsbehörden selbst konkretisiert werden. Aus diesem Grund werden die einschlägigen Emissionswerte im untergesetzlichen Regelwerk allgemeinverbindlich abgebildet. Die Anforderungen in einer allgemeinen Verwaltungsvorschrift sind nur an Behörden gerichtet und müssen deshalb für Neuanlagen durch Auflagen in den Genehmigungsbescheid umgesetzt und für Altanlagen durch nachträgliche Anordnungen bei der Überwachung für die Betreiber verbindlich werden.[1001] Die Technische Anleitung zur Reinhaltung der Luft (TA Luft) ist eine Allgemeine Verwaltungsvorschrift zum BImSchG.

1. Rechtliche Zulässigkeit der Umsetzung durch die TA Luft

Nach Art. 6, 17 IE-RL können die BVT-Schlussfolgerungen in „allgemein bindende Vorschriften" umgesetzt werden. Es wurde bereits festgestellt, dass für die Umsetzung der BVT-Schlussfolgerungen Verwaltungsvorschriften wie die TA Luft nicht ausreichen. Grundsätzlich haben Verwaltungsvorschriften keine Bindungswirkung für Gerichte, denn Adressaten sind nur die Beteiligten des verwaltungsinternen Bereichs.[1002] Sie sollen den durch unbestimmte Rechtsbegriffe eröffneten behördlichen Beurteilungsspielraum einschränken.[1003]

Jedoch gilt die TA Luft als normkonkretisierende Verwaltungsvorschrift, die auch Gerichte bindet.[1004] Voraussetzung für eine normenkonkretisierende Verwaltungsvorschrift ist das Bestehen eines hinreichend gewichtigen Sachgrundes.

---

[999] *Theuer/Kenyeressy*, I+E 2012, 140 (149); *Betensted/Grandjot/Waskow*, ZUR 2013, 395 (401).
[1000] *Betensted/Grandjot/Waskow*, ZUR 2013, 395 (400).
[1001] *Halmschlag*, I+E 2014, 48 (51).
[1002] *Detterbeck*, Verwaltungsrecht, Rn. 867; *Decker*, in: Simon/Busse, BayBO, Art. 80 Rn. 92.
[1003] *Feldhaus*, NVwZ 2001, 1 (6); *Decker*, in: Simon/Busse, BayBO, Art. 80 Rn. 92.
[1004] *Aschke*, in: Beck'OK VwVfG, § 40 Rn. 136; *Detterbeck*, Verwaltungsrecht, Rn. 878 ff.

Dieser Sachgrund ist z. B. gegeben, wenn die Exekutive zur Regelung des Sachverhaltes besser geeignet ist. Aufgrund des größeren Sachverstandes ist dies vor allem im Bereich des Umwelt- und technischen Sicherheitsrechts bei der Festsetzung von technischen Werten der Fall, sodass normkonkretisierende Verwaltungsvorschriften in diesen Rechtsbereichen zulässig sind. Zudem muss die Verwaltungsvorschrift höherrangiges Recht und die im Gesetz getroffenen Wertungen beachten, in einem umfangreichen Beteiligungsverfahren mit dem wissenschaftlichen und technischen Sachverstand entstanden sein und darf nicht durch Erkenntnisfortschritte in Wissenschaft und Technik überholt sein. Wenn diese Voraussetzungen erfüllt sind, ist die gerichtliche Kontrolle bzgl. der behördlichen Einzelentscheidung im Rahmen ihres Beurteilungsspielraums reduziert.[1005] Die ständige Rechtsprechung bejaht für die nach § 48 BImSchG von der Bundesregierung nach Anhörung der beteiligten Kreise (§ 51 BImSchG) mit Zustimmung des Bundesrats erlassenen Verwaltungsvorschriften der TA Luft die normenkonkretisierende Wirkung.[1006] Die TA Luft und Lärm sind normenkonkretisierend, da sie auf einer ausreichenden normativen Ermächtigung beruhen, in einem besonderen Verfahren mit Richtigkeitsgewähr erlassen werden und die Exekutive zur Grenzwertfestsetzung besser geeignet ist.

Die TA Luft kann aber durch wissenschaftlich-technische Erkenntnisfortschritte überholt werden, die dann vor Gericht im Streitfall maßgeblich sind. Der Einzelne hat keine Gewissheit über den Umfang seiner Rechte.[1007] Angesichts dieser Unklarheiten und Unsicherheiten genügt die Umsetzung durch die TA Luft nicht den Anforderungen des Europäischen Gesetzgebers. Aufgrund der Tatsache, dass europäisches Recht nicht durch bloße Verwaltungsvorschriften umgesetzt werden kann, sondern verbindliche Regelwerke, z. B. Rechtsverordnungen nötig sind,[1008] wurde § 48a BImSchG als Verordnungsermächtigung und die darauf gestützte 39. BImSchV geschaffen.[1009] Sie dienen der Umsetzung der Euro-

---

[1005] *Maurer*, Verwaltungsrecht, § 24 Rn. 25a.
[1006] BVerwG, Beschl. v. 15.02.1998 – 7 B 219/87 = NuR, 1998, 34 (34); BVerwG, Beschl. v. 10.01.1995 – 7 B 112/94 = DVBl. 1995, 516 (516); BVerwG, Beschl. v. 21.03.1996 – 7 B 164/95 = DVBl. 1997, 78 (78); BVerwG, Urt. v. 20.12.1999 – 7 C 15/98 = BVerwGE 110, 216, 216; BVerwG, Urt. v. 21.06.2001 – 7 C 21/00 = BVerwGE 114, 342, 342; *Hansmann*, NVwZ 2003, 266 (266); *Müggenborg*, NVwZ 2003, 1025 (1026).
[1007] *Erbguth/Schlacke*, Umweltrecht, § 7 Rn. 15; *Hansmann*, NVwZ 2003, 266 (267).
[1008] *Scheidler*, UPR 2013, 121 (124); *Friedrich*, UPR 2013, 161 (163).
[1009] *Koch*, Umweltrecht, § 4 Rn. 82.

päischen Luftqualitätsrichtlinie mit ihren Grenzwerten und enthalten die nahezu identischen Grenzwerte wie die TA Luft. Dies bedeutet aber nicht, dass für die TA Luft kein Anwendungsbereich besteht, denn die TA Luft enthält darüberhinaus u. a. weitere Emissions- und Immissionswerte sowie Grundsätze des Genehmigungsverfahrens.

2. Verfahren der Änderung der TA Luft

Gem. 5.1.1 TA Luft werden die Anforderungen aus der TA Luft nicht außer Kraft gesetzt, wenn nach ihrem Erlass neue BVT-Merkblätter veröffentlicht werden. Wenn eine Verwaltungsvorschrift an die neuen Vorgaben aus den BVT-Schlussfolgerungen angepasst werden muss, prüfte früher der TA Luft-Ausschuss (TALA), inwieweit eine Änderung notwendig ist, § 51a Abs. 2 BImSchG.[1010] Nach dem damals geltenden Recht untersuchte der TALA, ob die neuen Anforderungen der BVT-Merkblätter durch die geltende TA Luft eingehalten wurden.[1011] Wenn die TA Luft dahinter zurückblieb, empfahl der TALA rechtlich unverbindlich dem Umweltbundesamt, dass die Bindungswirkung diesbezüglich entfällt. Zudem machte der TALA Vorschläge für die Festsetzung des neuen Standes der Technik, die aber nur empfehlenden Charakter hatten. Das Umweltbundesamt prüfte dann selbstständig, ob die Bindungswirkung aufgehoben werden sollte.[1012] Wenn das Umweltbundesamt zur Erkenntnis kam, dass die Festlegungen der TA Luft zu ändern waren, mussten die obersten Immissionsschutzbehörden der Länder angehört werden und danach wurde im Bundesanzeiger veröffentlicht, welche Regelungen der TA Luft nicht mehr bindend waren.[1013]

Das Bundesumweltministerium hat nun aber bekannt gegeben, dass das TALA-Verfahren seit Juli 2014 nicht mehr stattfindet. Das aufwändige Anpassungsverfahren nach Nr. 5.1.1 Abs. 5 TA Luft sei entbehrlich und ließe sich unter der IE-Richtlinie nicht fortführen, weil die in den BVT-Schlussfolgerungen assoziierten Emissionswerte verpflichtend umzusetzen seien und damit keine Beratung im

---

[1010] *Raab*, I+E 2011, 189 (191); *Halmschlag*, I+E 2011, 16 (21); *Wasielewski*, in: GK-BImSchG, § 12 Rn 36.
[1011] *Spieler*, Beste verfügbare Technik und Immissionsschutzrecht, S. 140.
[1012] *Wasielewski*, UPR 2012, 424 (427).
[1013] *Suhr*, I+E 2013, 44 (50); *Traulsen*, DÖV 2011, 769 (772); *Wasielewski*, UPR 2012, 424 (427); *Spieler*, Beste verfügbare Technik und Immissionsschutzrecht, S. 144.

TALA nötig sei.[1014] Das zuvor durchgeführte Prozedere sei nicht geeignet, die mit den BVT assoziierten Emissionswerte verbindlich zu machen.[1015] Nun erfolgt die Anpassung nach einem veränderten Verfahren: Zeigt das Ergebnis des Vergleichs der Anforderungen aus den BVT-Schlussfolgerungen und den TA-Luft-Werten, dass eine Anpassung des nationalen Anspruchsniveaus notwendig ist, erstellt das Umweltbundesamt eine Synopse. Danach erarbeitet das Umweltbundesamt einen Entwurf der Verwaltungsvorschrift zur Umsetzung der neuen Werte. Nach der Anhörung der beteiligten Kreise erfolgen der parlamentarische Prozess und die Verabschiedung der Verwaltungsvorschrift. Schließlich wird die Bindungswirkung der TA Luft aufgehoben.[1016] Gem. 5.1.1 TA Luft sind die Behörden an die Anforderungen der TA Luft nicht mehr gebunden und legen die Emissionsbegrenzungen[1017] und damit den Stand der Technik im Einzelfall selbst fest, solange die TA Luft noch nicht aktualisiert ist. Neue BVT-Schlussfolgerungen haben also gegenüber der TA Luft Vorrang, soweit sie strenge Vorgaben bzw. Grenzwerte enthalten.[1018] Es dürfen aber keine niedrigeren Anforderungen gestellt werden, als in der TA Luft vorhanden sind.[1019]

3. Ergebnis

Durch das Verfahren zur Änderung der TA Luft gem. 5.1.1 TA Luft bestand schon seit längerem eine Möglichkeit, die TA Luft an neue europäische Standards anzupassen. Aufgrund der nun geltenden neuen Rechtsverbindlichkeit der Emissionswerte aus den BVT-Schlussfolgerungen passt das Verfahren gem. 5.1.1 TA Luft aber nicht mehr, sodass seine Abschaffung zu begrüßen ist. Dies ermöglicht eine schnellere Umsetzung und trägt dazu bei, dass die Ziele der IE-Richtlinie zügig erreicht werden. Es besteht aber die Gefahr, dass die TA Luft durch strengere Werte ausgehöhlt wird und dies zu Lasten eines einheitlichen Vollzugs, der Rechtssicherheit und gleichen Wettbewerbsbedingungen geht. In Anbetracht der Tatsache, dass der Europäische Gerichtshof die Umsetzung von Richtlinien in die TA Luft für nicht ausreichend erachtet, ist eine vollständige Ersetzung der TA Luft durch Verordnungen empfehlenswert.

[1014] *Keller*, I+E 2011, 223 (230).
[1015] *Traulsen*, DÖV 2011, 769 (772).
[1016] *Becher*, Immissionsschutz Band 4, S. 40.
[1017] *Betensted/Grandjot/Waskow*, ZUR 2013, 395 (399).
[1018] *Keller*, I+E 2011, 223 (231).
[1019] *Suhr*, I+E 2013, 44 (51).

VIII. Einzelfallentscheidungen der Behörde

Es kann Fälle geben, bei denen die Emissionsbandbreiten im Sinne der BVT-Schlussfolgerungen nicht im untergesetzlichen Regelwerk sichergestellt werden. Deshalb muss im BImSchG die Ermächtigung für die Behörden bestehen, dass sie unmittelbar die Emissionsbegrenzungen festlegen können.[1020] Dies ist vor allem in den Fällen denkbar, wenn keine Vorhaben aus Verordnungen oder Verwaltungsvorschriften greifen, z. B. in Fällen, in denen die Anforderungen der TA Luft außer Kraft sind oder es sich um eine Anlage handelt, die nur einmal in Deutschland vorkommt und daher nicht von der TA Luft erfasst ist.[1021] Die BVT-Schlussfolgerungen sind bei Neuanlagen durch Auflagen, § 12 Abs. 1a BImSchG, und bei bestehenden Anlagen durch nachträgliche Anordnungen, § 17 Abs. 2a BImSchG, durchzusetzen.

1. Nebenbestimmung, § 12 Abs. 1a BImSchG

Bei der Festlegung von Emissionsbegrenzungen in der Genehmigung ist sicherzustellen, dass die Emissionen unter normalen Betriebsbedingungen die in den BVT-Schlussfolgerungen genannten Emissionsbandbreiten nicht überschreiten. Die Behörden haben in einer Genehmigung Emissionsgrenzwerte festzulegen, die sicherstellen, dass die Bandbreiten der BVT-Schlussfolgerungen nicht überschritten werden, wenn keine abstrakte Bestimmung im untergesetzlichen Regelwerk greift.[1022] Parallel zu § 7 Abs. 1b BImSchG (Abweichungsmöglichkeiten von derartigen Vorgaben auf abstrakt-genereller Ebene) schafft § 12 Abs. 1b BImSchG solche Abweichungsmöglichkeiten für Einzelfälle.[1023] Durch die Nebenbestimmung kann von den Ausnahmebefugnissen der §§ 7 Abs. 1b, 48 Abs. 1b BImSchG Gebrauch gemacht und es können weniger strenge Emissionsbegrenzungen festgelegt werden. Dies ist nur statthaft, wenn die Erreichung der Grenzwerte gemessen am Umweltnutzen aus den in Art. 15 Abs. 4 S. 2 IE-RL beschriebenen Gründen zu unverhältnismäßig höheren Kosten führen wür-

---

[1020] *Betensted/Grandjot/Waskow*, ZUR 2013, 395 (399).
[1021] *Pfaff/Knopp/Peine*, Revision des Immissionsschutzrechts durch die Industrieemissionsrichtlinie, Auswirkungen auf die deutsche Wirtschaft, S. 213; *Hoffmann*, Umag. 2013, 54 (54); *König/Rössner/Willius*, Wasser und Abfall, 14 (14); *Röckinghaus*, UPR 2012, 161 (165).
[1022] *Röckinghaus*, UPR 2012, 161 (164).
[1023] *Scheidler*, UPR 2013, 121 (125).

de.[1024] Bei der Festlegung weniger strenger Emissionsgrenzwerte dürfen aber die in den Anhängen der IE-RL festgelegten Emissionsgrenzwerte nie überschritten werden.[1025]

§ 12 Abs. 1 und § 12 Abs. 1a BImSchG haben den gleichen Regelungscharakter, und in beiden Vorschriften ist kein behördliches Ermessen bei der Festlegung der Genehmigungsauflagen vorgesehen – entgegen dem Wortlaut in § 12 Abs. 1 BImSchG („kann"). Das „kann" in Abs. 1 bedeutet nur, dass die Behörde abweichend vom Genehmigungsantrag durch einschränkende Nebenbestimmungen die Erfüllung der Genehmigungsvoraussetzungen sicherstellen kann. Die Behörde muss von dieser Befugnis Gebrauch machen, wenn andernfalls die Genehmigungsvoraussetzungen nach § 6 Abs. 1 BImSchG nicht erfüllt wären.[1026]

2. Nachträgliche Anordnung

Bei bestehenden Anlagen sind die BVT-Schlussfolgerungen gem. § 17 Abs. 2a BImSchG im Rahmen der regelmäßigen Anlageüberwachung (§ 52 BImSchG) durch nachträgliche Anordnungen innerhalb von vier Jahren nach der Veröffentlichung neuer BVT-Schlussfolgerungen durchzusetzen.[1027] Nach Art. 80 Abs. 1, 82 Abs. 1 IE-RL, § 67 Abs. 5 BImSchG begann die Vier-Jahres-Frist für die bisher veröffentlichten BVT-Schlussfolgerungen am 07.01.2014.[1028]

Nach § 17 Abs. 1 S. 1 BImSchG steht die nachträgliche Anordnung im Ermessen der Behörde, dieses entfällt aber durch § 52 Abs. 1 S. 3 BImSchG. Danach „haben" die Behörden die Genehmigungen regelmäßig zu überprüfen und gegebenenfalls durch nachträgliche Anordnungen auf den neuesten Stand zu bringen. § 17 Abs. 2a BImSchG hat nur Bedeutung, wenn die Emissionswerte für die Anlage nicht in Verordnungen geregelt sind, denn dann gelten diese Werte unmittelbar gegenüber den Betreibern. Ein Vollzugsakt ist nicht nötig, es sei denn, die Einhaltung der neuen Werte bedeutet eine Änderung der Anlage. Ergeben sich die Werte aus der TA Luft, dann prüft die Behörde die Genehmigung der Be-

---

[1024] *Giesberts*, in: BeckOK UmweltR, § 12 Rn. 45.
[1025] *Betensted/Grandjot/Waskow*, ZUR 2013, 395 (399 f.).
[1026] *Rebentisch*, in: FS Dolde, S. 71 (82); *Sellner*, in: Landmann/Rohmer, Umweltrecht III, § 12 BImSchG, Rn. 157 ff.
[1027] *Jarass*, BImSchG, § 17 Rn. 90; *Pfaff/Knopp/Peine*, Revision des Immissionsschutzrechts durch die Industrieemissionsrichtlinie, Auswirkungen auf die deutsche Wirtschaft, S. 222.
[1028] *Theuer/Kenyeressy*, I+E 2012, 140 (152); *König/Rössner/Willius*, Wasser und Abfall, 14 (15).

standsanlage auf die Einhaltung der neuen Werte, weil die TA Luft den Betreiber nicht unmittelbar bindet, und erlässt gegebenenfalls eine nachträgliche Anordnung, § 17 BImSchG.[1029]

3. Ergebnis

Die Anpassung der Genehmigung erfolgt durch eine nachträgliche Anordnung nach § 52 Abs. 1 S. 2 i. V. m. § 17 BImSchG, wenn die Umsetzung der Vorgaben aus den BVT-Schlussfolgerungen über die TA Luft erfolgt oder wenn keine Umsetzung durch allgemein bindende Vorschriften vorgenommen wird. Werden die Anforderungen der BVT-Schlussfolgerungen aber durch Rechtsverordnungen umgesetzt, sind nachträgliche Anordnungen entbehrlich, da die Rechtsverordnungen unmittelbar gegenüber dem Anlagenbetreiber gelten. Das ist nur dann nicht der Fall, wenn die Inhalte der Verordnung weiter konkretisiert werden müssen.

F. *Zusammenfassende Bewertung der Veränderungen durch die IE-Richtlinie*

Zusammenfassend sind nun die wesentlichen Änderungen der IE-Richtlinie zu bewerten. Ein Meilenstein der IE-Richtlinie ist sicherlich die Aufwertung der BVT-Merkblätter durch die BVT-Schlussfolgerungen als Grundlage der Festsetzung von Emissionsgrenzwerten.

I. BVT-Merkblätter und BVT-Schlussfolgerungen

Trotz der Abweichungsmöglichkeiten in Art. 15 Abs. 4 IE-RL ist die neue Verbindlichkeit der assoziierten Emissionswerte aus den BVT-Schlussfolgerungen ein Fortschritt, denn die Abweichungsgründe sind festgelegt und müssen dokumentiert werden. Durch die harmonisierten strengen Anwendungen der BVT kann das Umweltschutzniveau in der EU angeglichen werden. Dies trägt zur Zielerreichung, dass Umweltdumping und Wettbewerbsverzerrungen innerhalb der EU vermieden werden, bei. Ob und inwieweit sich die neuen europäischen und nationalen Regelungen aber tatsächlich bewähren, wird die weitere Praxis zeigen.

[1029] *Zimmermann*, I+E 2012, 110 (115).

Einerseits ist es gerade für Deutschland positiv, dass hohe (deutsche) Technikstandards auf EU-Ebene als BVT eingeführt werden, denn so wird der Wettbewerb einheitlicher und die deutschen Unternehmen profitieren von einer gesteigerten Nachfrage nach technisch hoch entwickelten Umweltprodukten, die sie EU-weit exportieren können.[1030]

Andererseits „bemüht" sich nach dem Erwägungsgrund (13) IE-RL die Kommission spätestens alle acht Jahre nach der Veröffentlichung eines BVT-Merkblattes, dieses wieder zu aktualisieren, sodass es infolge des neuen BVT-Merkblattes eine neue Schlussfolgerung mit möglicherweise strengeren Emissionswerten gibt. Durch die daraus bedingte nationale Rechtsänderung kann eine Anpassungspflicht binnen vier Jahren für Bestandsanlagen folgen, Art. 15 Abs. 4 IE-RL. Dies bedeutet für die Unternehmen die Sanierung ihrer Anlagen und damit eine mitunter erhebliche finanzielle Belastung. Beispielsweise waren infolge neuer BVT-Schlussfolgerungen für Abfallverbrennungsanlagen zur Einhaltung der neuen Staubgrenzwerte Investitionen in Höhe von 32 Millionen Euro nötig.[1031]

Auch wenn die Verbindlichkeit der BVT-Schlussfolgerungen zu begrüßen ist, besteht die Gefahr, dass die Werte aufgrund der Möglichkeit der Gewährung von Ausnahmen nicht überall gleich streng eingehalten werden. Das Merkmal „besondere Fälle" in Art. 15 Abs. 4 S. 1 IE-RL ist unklar. Die weite Auslegungsmöglichkeit und die weiteren Voraussetzungen für die Abweichung geben den zuständigen Behörden zu viel Spielraum, sodass die durch die BVT-Schlussfolgerungen bezweckte Vereinheitlichung der Emissionsanforderungen untergraben wird.[1032] Zudem entstehen Diskussionen im Genehmigungsverfahren, da die Emissionswerte in den BVT-Merkblättern nur als Bandbreiten angegeben werden. In der Genehmigung werden aber Emissionsgrenzwerte festgelegt, sodass die Anlagenbetreiber mit der Behörde die Emissionsgrenzwerte verhandeln, wenn nicht bereits eine Konkretisierung der Werte durch Verordnungen oder Verwaltungsvorschriften erfolgt.[1033]

[1030] *Tappert*, NuR 2012, 110 (111).
[1031] *Simon*, Entsorga 2013, 12 (14).
[1032] *Keller*, I+E 2011, 223 (227).
[1033] *Piroch*, I+E 2012, 121 (122).

II. Sevilla-Prozess

In Art. 13 IE-RL finden sich im Vergleich zur IVU-RL nun umfangreichere Regelungen zum Sevilla-Prozess.[1034] Dies wird der höheren Bedeutung des Sevilla-Prozesses gerecht. Außerdem zeigt sich auch im nun stärker gesetzlich verankerten Verfahren die höhere rechtliche Bedeutung der BVT-Merkblätter.[1035] Durch den Sevilla-Prozess wird die Weiterentwicklung des Standes der Technik von der nationalen auf die europäische Ebene verlagert. Durch die Verbindlichkeit der assoziierten Emissionswerte aus den BVT-Schlussfolgerungen wird faktisch nationales Recht geschaffen.[1036] Die BVT-Schlussfolgerungen binden den deutschen Gesetzgeber und die Verwaltung, da sie die Maßgaben der BVT-Schlussfolgerungen nicht ändern können. Es ist daher nötig, dass sich die deutsche Industrie an den Verhandlungen im Sevilla-Prozess beteiligt, um auf die dort erzielten Ergebnisse einzuwirken.[1037] Aufgrund der höheren Bedeutung des Sevilla-Prozesses müssen mehr (bisher nur zwei) deutsche Autoren an den BVT-Merkblättern mitarbeiten und diese Mitarbeiter müssen dauerhaft und kontinuierlich daran tätig sein. Zudem müssen diese Autoren ausreichende Fach- und Englischkenntnisse mitbringen.[1038] Bisher erlebten jede siebte BVT-Merkblätterstellung und sieben von zehn BVT-Merkblätterrevisionen einen Autorenwechsel. Diese Autorenwechsel bedeuten eine erhebliche Zeitverzögerung, da sich neue Autoren erst einarbeiten müssen.[1039] Diesbezüglich besteht noch Verbesserungsbedarf für Deutschland, denn nur wenn alle Mitgliedstaaten im Sevilla-Prozess gleichermaßen mitarbeiten, werden die Ziele der IE-Richtlinie erreicht.

[1034] *Serr*, Immissionsschutz 2011, 114 (114).
[1035] *Diehl*, ZUR 2011, 59 (59 f.); *Versteyl/Stengler*, AbfallR 2010, 245 (251).
[1036] *Suhr*, I+E 2013, 44 (52).
[1037] *Hoffmann*, Umag. 2013, 54 (55).
[1038] *Pfaff/Knopp/Peine*, Revision des Immissionsschutzrechts durch die Industrieemissionsrichtlinie, Auswirkungen auf die deutsche Wirtschaft, S. 71.
[1039] *Serr*, Immissionsschutz 2011, 114 (116).

G. BVT-Schlussfolgerungen und nicht IE-Anlagen

Der Anwendungsbereich der Umsetzungsregelungen ist auf Anlagen nach der IE-RL beschränkt, da kleinere, nicht förmlich genehmigungsbedürftige Anlagen bei der Fassung der BVT-Merkblätter im Hinblick auf die Verhältnismäßigkeit nicht berücksichtigt werden.[1040]

I. Genehmigungsbedürftige Anlagen

Für genehmigungsbedürftige Nicht-IE-Anlagen nach der 4. BImSchV gelten die Regelungen der § 7 Abs. 1a, Abs. 1b BImSchG nicht.[1041] Das bedeutet für Nicht-IE-Anlagen, dass für sie nicht der Automatismus zur verbindlichen Einhaltung der Emissionsbandbreiten gilt, sondern weiterhin das Vorsorgeprinzip, welches zur Einhaltung des Standes der Technik verpflichtet. Für diese Anlagen sind die BVT-Merkblätter als ein Kriterium zur Bestimmung des Standes der Technik zu berücksichtigen, § 3 Abs. 6 S. 2 BImSchG und Nr. 13 Anlage BImSchG.[1042] Die BVT-Merkblätter und die BVT-Schlussfolgerungen sind daher für die Festlegung von Emissionswerten und in Bezug auf die baulichtechnischen Anforderungen als Erkenntnisquelle für den Stand der Technik von nicht unter die IE-Richtlinie fallenden Anlagen zu nutzen. Die neue Verbindlichkeit der BVT-Schlussfolgerungen betrifft nur IE-Anlagen, sodass die Emissionswerte aus den BVT-Merkblättern nun nur noch für Nicht-IE-Anlagen von Bedeutung sind.[1043]

Damit ergeben sich für alle immissionsschutzrechtlich genehmigungsbedürftigen Anlagen nach dem BImSchG Änderungen über das Vorsorgeprinzip durch den Erlass von neuen BVT-Merkblättern, auch wenn nicht alle Inhalte der BVT-Merkblätter eins zu eins auf jede Anlage übertragen werden, denn BVT bedeutet nicht immer gleich „Stand der Technik".

[1040] *Betensted/Grandjot/Waskow*, ZUR 2013, 395 (399).
[1041] *Wasielewski*, UPR 2012, 424 (427).
[1042] *Friedrich*, UPR 2013, 161 (163); *Hoffmann*, Umag. 2013, 54 (55).
[1043] *Theuer/Kenyeressy*, I+E 2012, 140 (148).

II. Nicht genehmigungsbedürftige Anlagen

Viele Maßstäbe für genehmigungsbedürftige Anlagen sind aber auch für nicht genehmigungsbedürftige Anlagen wichtig. Zum Beispiel werden bei § 22 Abs. 1 Nr. 1, 2 BImSchG für die Beurteilung, ob schädliche Umwelteinwirkungen durch Luftverunreinigungen vorliegen, die in Nr. 4 TA Luft festgelegten Grundsätze zur Ermittlung und Maßstäbe zur Beurteilung von schädlichen Umwelteinwirkungen herangezogen.[1044] Die europäischen Vorgaben sind also auch für nicht genehmigungspflichtige Anlagen relevant.

[1044] *Sellner/Reidt/Ohms*, Immissionsschutzrecht und Industrieanlagen S. 2.

§ 2 BVT-Schlussfolgerungen und Bestandsschutz

A. Bedeutung der BVT-Schlussfolgerungen für den Bestandsschutz

Nach Art. 21 Abs. 3 IE-RL muss die zuständige Behörde innerhalb von vier Jahren nach Veröffentlichung einer BVT-Schlussfolgerung zur Haupttätigkeit der Anlage sicherstellen, dass alle Genehmigungsauflagen für die betreffende Anlage überprüft und gegebenenfalls auf den neuesten Stand gebracht werden und die Anlage diese Genehmigungsauflagen einhält.[1045] Für den Anlagenbetreiber bedeutet diese neue Anpassungspflicht eine erhebliche Belastung, denn er hat nur wenig Zeit, seine Anlage zu sanieren. Im Rahmen dieser Arbeit stellt sich die Frage, ob durch die Neuregelung zu den BVT-Schlussfolgerungen der Bestandsschutz wiederum weiter zurückgedrängt wird.

I. Grundpflichten gem. §§ 6 I Nr. 1, 5 BImSchG

Wie bereits oben dargestellt, vermittelt die immissionsschutzrechtliche Genehmigung im Rahmen der dynamischen Grundpflichten keinen Bestandsschutz und ist deshalb kein Schutzschild gegen nachträglich geänderte Vorgaben. Im BImSchG sind die Grundpflichten mit der Genehmigung verknüpft, da die Einhaltung der Grundpflicht selbst Voraussetzung für die Genehmigungserteilung ist, § 6 Abs. 1 Nr. 1 BImSchG. Somit ist die Genehmigung in Bezug auf die dynamischen Grundpflichten änderungsoffen. Die dynamischen Grundpflichten gem. § 5 BImSchG werden nach dem Stand der Technik konkretisiert, wobei der unbestimmte Begriff des „Standes der Technik" wiederum durch Rechtsverordnungen und Verwaltungsvorschriften bestimmt wird. Die BVT-Schlussfolgerungen ihrerseits werden durch Rechtsverordnungen und Verwaltungsvorschriften umgesetzt, die den Stand der Technik bestimmen. Dies zeigt, dass die BVT-Schlussfolgerungen Einfluss auf die dynamischen Grundpflichten nehmen. Die Rechtsverordnungen bestimmen den Inhalt und die Schranken des Eigentums, sodass es grundsätzlich zulässig ist, dass nachträgliche Anforderungen aus den BVT-Schlussfolgerungen den Bestandsschutz bereits genehmigter Anlagen einschränken.

[1045] *Theuer/Kenyeressy*, I+E 2012, 140 (149).

II. Unmittelbar zulassungsmodifizierende Wirkung

Durch die dynamischen Grundpflichten besteht also keine materiell-rechtliche Bindung des Anlagenbetreibers an die im Genehmigungszeitpunkt geltenden Vorschriften. Wie auch im vorherigen Kapitel als allgemeiner Grundsatz herausgearbeitet wurde, ist die immissionsschutzrechtliche Genehmigung nicht änderungsfest gegenüber der Fortentwicklung der dynamischen Grundpflichten. Der Verordnungsgeber nützt diese Änderungsoffenheit durch unmittelbar zulassungsmodifizierende Rechtsverordnungen nach § 7 BImSchG und Verwaltungsvorschriften gem. § 48 BImSchG aus.

1. Rechtsverordnungen

Die Rechtsverordnungen, die auf Grundlage des § 7 BImSchG erlassen werden und Emissionswerte enthalten (beispielsweise die 13. und 17. BImSchV),[1046] sind unmittelbar anwendbar und hinreichend bestimmt, sodass sie unmittelbar auf die Rechtsposition der Betreiber bereits zugelassener Anlagen einwirken. Es besteht kein Bedürfnis eines administrativen Umsetzungsaktes, da die Vorschrift hinreichend bestimmt ist und inhaltlich klar. Die Emissionsgrenzwerte des § 5 der 17. BImSchV greifen gegenüber bestandskräftigen immissionsschutzrechtlichen Genehmigungen durch, sodass sie die neuen Anforderungen stellen.[1047] Diese unmittelbar zulassungsmodifizierende Wirkung ergibt sich aus der Auslegung der Rechtsverordnungen (beispielhaft hier die 13. BImSchV), die die Emissionsgrenzwerte bestimmen:

Zunächst lässt sich feststellen, dass aus der 13. BImSchV eindeutig erkennbar ist, dass sie sich an den Genehmigungsinhaber richtet und nicht die Behörde Adressat der Verpflichtungen ist. In §§ 4–17 der 13. BImSchV, die die Emissionsgrenzwerte festlegen, ist in Abs. 1 immer die Formulierung „Der Betreiber hat dafür zu sorgen, dass..." zu finden. Dies zeigt deutlich, dass die Betreiber unmittelbar selbst für die Einhaltung der Emissionsgrenzwerte sorgen müssen und keine behördliche Anordnung ergeht.

Zudem besteht hier auch nicht das Problem der Bestimmtheit, wenn keine ausdrückliche nachträgliche Anordnung ergeht. Eine ausreichende Bestimmtheit ist Voraussetzung für die Zulässigkeit der unmittelbar zulassungsmodifizierenden

---

[1046] *Zimmermann*, I+E 2012, 110 (115).
[1047] *Lustermann/Vogel*, in: Landmann/Rohmer, Umweltrecht, § 17. BImSchV, § 5 Rn. 2.

Wirkung der Rechtsverordnung. Die in der 13. BImSchV verpflichtend einzuhaltenden Emissionsgrenzwerte sind so konkret ausgestaltet und hinreichend bestimmt, dass die Betreiber unschwer der Verordnung selbst entnehmen können, was von ihnen erwartet wird. Der oben bereits geforderte hohe Konkretisierungsgrad wird erfüllt. Bei diesen genauen Grenzwerten kann auf eine nachträgliche Anordnung verzichtet werden.

Außerdem ist der Wille des Gesetzgebers, dass die 13. BImSchV den Rechtskreis des Betreibers unmittelbar (ohne behördlichen Vollzugsakt) gestalten möchte, in der Verordnung selbst deutlich erkennbar. Im Ordnungswidrigkeitentatbestand des § 29 der 13. BImSchV kommt zum Ausdruck, dass ein Verstoß gegen eine Pflicht aus der Verordnung eine Ordnungswidrigkeit darstellt. Der Betreiber ist nach § 6 i. V. m. § 5 Abs. 4 S. 1 der 13. BImSchV[1048] dazu verpflichtet, die Nichteinhaltung von Genehmigungsauflagen unverzüglich bei der zuständigen Behörde anzuzeigen. Beispielsweise ist dies der Fall, wenn der Betreiber entgegen den Anforderungen der Verordnung seine Anlage nicht richtig errichtet oder betreibt, § 3 Abs. 1 Nr. 1, § 4 S. 1 der 31. BImSchV. Die fehlerhafte Errichtung und der fehlerhafte Betrieb stellen eine Ordnungswidrigkeit gem. § 12 Abs. 1 Nr. 1 der 31. BImSchV dar. Der Betreiber belastet sich mit seiner Anzeige also selbst. Unterlässt er die Anzeige, begeht der Betreiber nach § 12 Abs. 1 Nr. 4 der 31. BImSchV ebenfalls eine Ordnungswidrigkeit.[1049] Die Übergangsvorschriften in § 30 der 13. BImSchV mildern die Härte, die durch eine unmittelbar geltende Verordnung entsteht.

Es zeigt sich, dass die oben aufgestellten allgemeinen Grundsätze erfüllt sind und grundsätzlich kein weiterer Umsetzungsakt in Bezug auf die Emissionswerte notwendig ist. Nachträgliche Anordnungen sind nur dann notwendig, wenn die Inhalte der Verordnung weiter konkretisiert werden müssen. Die immissionsschutzrechtliche Genehmigung wird durch die neuen Emissionswerte nicht unwirksam, sondern sie wird durch die Rechtsverordnungen insoweit unmittelbar abgeändert, als diese neue Anforderungen an die Emissionswerte der Anlage stellt.

[1048] 31. Verordnung zur Durchführung des Bundes-Immissionsschutzgesetzes (Verordnung zur Begrenzung der Emissionen flüchtiger organischer Verbindungen bei der Verwendung organischer Lösemittel in bestimmten Anlagen) vom 21.08.2001 (BGBl. I S. 2180).
[1049] *Keller*, I+E 2011, 223 (229).

Durch die unmittelbare Verordnungswirkung wird dem Betreiber gem. § 52 BImSchG zudem die Verpflichtung auferlegt, selbstständig zu prüfen, welche Grenzwerte für seine Anlage gelten. Bezüglich der konkreten Anpassung der Anlage an die geänderten Anforderungen stellt sich für den Betreiber deshalb die Frage, ob eine Änderungsgenehmigung nach § 16 BImSchG erforderlich ist oder der Änderungsbedarf gem. § 15 BImSchG angezeigt werden muss. Wie bereits oben dargelegt, werden mit der Aktualisierung der BVT-Schlussfolgerungen in aller Regel strengere Emissionswerte eingeführt, die grundsätzlich zu einer Verbesserung des Umweltstandards führen, sodass keine negativen Auswirkungen für die immissionsschutzrechtlichen Schutzgüter zu erwarten sind und damit keine Änderungsgenehmigung (§ 16 Abs. 1 BImSchG) notwendig ist. Es reicht aus, dass die Änderung angezeigt wird, § 15 BImSchG.[1050] Nur wenn die neuen BVT-Schlussfolgerungen zu einer Verschlechterung des Umweltstandards führen, bedarf die Anpassung an neue BVT-Schlussfolgerungen einer Änderungsgenehmigung.[1051]

2. Verwaltungsvorschrift

Zudem kann die Anpassung der Genehmigung auch durch eine nachträgliche Anordnung nach § 52 Abs. 1 S. 2 i. V. m. § 17 BImSchG erfolgen, wenn die Umsetzung der Vorgaben aus den BVT-Schlussfolgerungen über die TA Luft erfolgt oder wenn keine Umsetzung durch allgemein bindende Vorschriften vorgenommen wird.[1052] Im Gegensatz zu Rechtsverordnungen wirkt die Verwaltungsvorschrift nicht unmittelbar, sondern es ist ein administrativer Umsetzungsakt notwendig.

III. Beseitigung des Bestandsschutzes durch die Anpassungspflicht

Im Folgenden muss die Frage geklärt werden, ob die Anpassungspflicht aus den Rechtsverordnungen und Verwaltungsvorschriften mit dem Grundgesetz vereinbar ist. Die Anpassungspflicht ist als Inhalts- und Schrankenbestimmung zu qua-

---

[1050] *Zimmermann*, I+E 2012, 110 (116).
[1051] VHG Mannheim, Urt. v. 20.06.2002 – 3 S 1915/01 – juris Rn. 28; *Jarass*, BImSchG, § 16 Rn. 11; *Sellner/Reidt/Ohms*, Immissionsschutzrecht und Industrieanlagen, S. 141; *Zimmermann*, I+E 2012, 110 (116).
[1052] *Pfaff/Knopp/Peine*, Revision des Immissionsschutzrechts durch die Industrieemissionsrichtlinie, Auswirkungen auf die deutsche Wirtschaft, S. 222.

lifizieren, da die immissionsschutzrechtliche Genehmigung von Anfang an unter dem Vorbehalt der nachträglichen Änderung steht.

Wie bereits im vorherigen Kapitel festgestellt, wird die Verhältnismäßigkeit einer Anpassungspflicht überwiegend durch ausreichend lange Übergangsfristen gewahrt. Das zentrale Problem ist nun, ob die Vier-Jahres-Frist geeignet ist, die Bestandsinteressen des Betreibers zu schützen. Dafür sind die Interessen des Betreibers und die der Allgemeinheit und Umwelt in ein ausgewogenes Verhältnis zu bringen. Neben der Gefährlichkeit der Anlage und der Unterscheidung in Vorsorge- oder Gefahrenabwehr, ist auch das Alter der Anlage zu berücksichtigen. Wenn sich eine Anlage aufgrund ausreichend langer Amortisierungszeit schon rentiert hat, wahrt auch eine kurze Übergangsfrist die Verhältnismäßigkeit. Wie bereits das Ergebnis des obigen Kapitels zeigte, kann es, zum Schutze der Allgemeinheit, bei einer besonderen Gefährlichkeit aber auch gar keine Übergangsfristen geben. Gleiches gilt im Bereich der Abwehr von Gefahren für Leib und Leben. Ansonsten gilt der Grundsatz: je erheblicher die vermuteten Auswirkungen sind, desto kürzer ist die Übergangsfrist. Eine Anpassungsverpflichtung ist grundsätzlich verhältnismäßig, wenn eine Amortisation der getätigten Investitionen in der überwiegenden Mehrzahl der Fälle möglich ist. Die Verhältnismäßigkeit kann der Gesetzgeber also durch angemessen lange Übergangsfristen oder Dispensmöglichkeiten unter Berücksichtigung der jeweiligen technischen Gegebenheiten erreichen.

Auf der ersten Ebene sind bei der Neuerarbeitung der BVT-Merkblätter schon entsprechend lange Umsetzungszeiträume für Grenzwertverschärfungen vorzusehen.[1053] Nachfolgend sind auf zweiter – nationaler – Ebene bei der Implementierung der Emissionswerte in nationales Recht, zudem noch ausreichend lange Übergangsfristen zu setzen. Entscheidend ist nun die Frage, ob die Vier-Jahres-Frist zur Wahrung der Verhältnismäßigkeit ausreichend ist und damit den Betreiber in seinem Interesse auf Schutz des Bestandes ausreichend schützt.

[1053] *Piroch*, I+E 2012, 121 (123).

1. Wahrung der Verhältnismäßigkeit durch die Vier-Jahres-Frist

Kritisch gesehen werden muss die Tatsache, dass die Vier-Jahres-Frist aus Art. 21 Abs. 3 IE-RL einheitlich für die Gefahrenabwehrpflicht und die Vorsorgepflicht gilt. Wie oben bereits dargestellt hängt die Beantwortung der Frage, ob eine bestimmte Umweltverpflichtung verhältnismäßig ist, davon ab, ob sie als Gefahrenabwehrpflicht zu verstehen ist oder ob sie nur als Vorsorgepflicht anerkannt ist. An die Verhältnismäßigkeit von Gefahrenabwehrpflichten sind geringere Anforderungen zu stellen, als an die im Bereich der Vorsorge, da bei der Abwehrpflicht grundsätzlich die Rechtsgüter der Allgemeinheit „Leib und Leben" gegenüber den Bestandsschutzinteressen des Betreibers überwiegen. Im Bereich der Vorsorge aber besteht dieses grundsätzliche Überwiegen nicht und eine umfassende Interessenabwägung ist vorzunehmen. Wie bereits erläutert, gibt es auf EU-Ebene diese Aufteilung nicht, sodass der europäische Gesetzgeber das Bedürfnis einer Aufsplitterung der Frist nicht sehen konnte.

Zunächst zeigt sich, dass in der Anfangsphase nicht nur die Vier-Jahres-Frist galt. Art. 82 IE-RL sieht Übergangsvorschriften für die Einhaltung der Anforderungen der IE-Richtlinie für bereits bestehende Anlagen vor. Anlagen, die vor dem 07.01.2013 betrieben wurden, oder deren vollständiger Genehmigungsantrag vor diesem Tag gestellt wurde, müssen die neuen Anforderungen ab dem 07.01.2014 erfüllen, Art. 82 Abs. 1 IE-RL. Anlagen, die bislang nicht der IVU-RL unterfielen und sich erstmals in Anhang I der IE-RL wiederfinden, müssen die neuen Anforderungen ab dem 07.07.2015 erfüllen.[1054] Damit wurde die Vier-Jahres-Frist für die Anfangsphase verlängert. Nun ist diese Anfangszeit aber beendet, und es bleibt bei der Anpassungszeit von vier Jahren.

Die Umsetzung von BVT-Schlussfolgerungen erfolgt über untergesetzliches Regelwerk. Das bedeutet, dass der Gesetzgeber erst das nationale bestehende Recht auf die Übereinstimmung mit den BVT-Schlussfolgerungen prüfen und möglicherweise dieses ändern muss. Der Gesetzgeber hat für die Aktualisierung des untergesetzlichen Regelwerks ein Jahr Zeit, §§ 7 Abs. 1a S. 2, 48 Abs. 1a S. 2 BImSchG.[1055] Diese Fristvorgabe ist aber nur ein Appell, denn auch die er-

---

[1054] *Pfaff/Knopp/Peine*, Revision des Immissionsschutzrechts durch die Industrieemissionsrichtlinie, Auswirkungen auf die deutsche Wirtschaft, S. 200.
[1055] BT-Dr. 17/10486, S. 66; *Betensted/Grandjot*/Waskow, ZUR 2013, 395 (400); *Roßnagel/Hentschel*, GK-BImSchG, § 7 Rn. 97.

folglose Fristverstreichung hat keine Konsequenzen, sodass sich die Anpassungszeit für den Betreiber nicht verlängert.[1056]

Erst nach der Anpassung des untergesetzlichen Regelwerkes erfolgt eine Prüfung der Emissionswerte der Anlage durch den Betreiber und die Behörde sowie gegebenenfalls eine Anordnung der Behörde. Die Betreiber müssen selbstständig im Rahmen der Eigenüberwachung nach § 52 BImSchG prüfen, ob ihre Anlagen die notwendigen Emissionswerte in den Rechtsverordnungen einhalten und bei Bedarf nachrüsten. Auch die Behörden müssen aktiv werden und bei Bestandsanlagen innerhalb einer Frist von vier Jahren durch eine nachträgliche Anordnung (§ 17 i. V. m. § 52 Abs. 1 S. 4 und 5 BImSchG) sicherstellen, dass die Emissionen unter normalen Betriebsbedingungen die in den BVT-Schlussfolgerungen genannten Emissionsbandbreiten nicht überschreiten.[1057]

Erst dann weiß der Betreiber von den vorzunehmenden Nachrüstungsmaßnahmen. Für dieses gesamte Prozedere sind nur vier Jahre Zeit, sodass die Übergangszeit für den Betreiber sehr kurz ist. Aus diesem Grund soll die Überprüfung und Aktualisierung der Genehmigung nach § 52 Abs. 1 S. 4 BImSchG so rechtzeitig vorgenommen werden, dass auch die Betreiber noch genügend Zeit haben, die neuen Anforderungen einhalten zu können. Die Betreiber haben zwar faktisch nur vier Jahre Sanierungszeit, jedoch können sie durch eine Mitarbeit am Sevilla-Prozess schon vorab erfahren, welche neuen Techniken Eingang in die BVT-Merkblätter finden. Damit müssen die Betreiber nicht besorgt sein, dass sie von einer neuen BVT überrascht werden.

Andererseits können sich die Betreiber durch eine Beteiligung am Sevilla-Prozess zwar frühzeitig über die Entwicklungen der Technik informieren und Investitionsentscheidungen absehen und einplanen, jedoch ist die Mitarbeit bei der Erstellung und Bearbeitung von BVT-Merkblättern zeit- und kostenintensiv. Mittelständische Unternehmen oder kleinere Verbände können sich das nicht immer leisten.[1058]

[1056] *Rebentisch*, in: FS Dolde, S. 71 (77); *Pfaff/Knopp/Peine*, Revision des Immissionsschutzrechts durch die Industrieemissionsrichtlinie, Auswirkungen auf die deutsche Wirtschaft, S. 220.
[1057] *Pfaff/Knopp/Peine*, Revision des Immissionsschutzrechts durch die Industrieemissionsrichtlinie, Auswirkungen auf die deutsche Wirtschaft, S. 220.
[1058] Ebd., S. 229

Anhand des EU-Arbeitsprogramms kann sich der Betreiber aber über die geplante Neuschaffung oder Revision bereits bestehender BVT-Merkblätter informieren. Durch diese Programme kann der Betreiber sich auf neue BVT-Schlussfolgerungen einstellen. Das derzeit aktuelle Arbeitsprogramm (Stand Oktober 2016) gibt einen Überblick bis zum Jahr 2018 und zeigt die Planung von vier bis fünf BVT-Merkblättern pro Jahr. Zudem muss berücksichtigt werden, dass die Zahl der BVT-Merkblätter und BVT-Schlussfolgerungen überschaubar ist. Nur alle acht Jahre soll eine Überarbeitung der bestehenden BVT-Merkblätter erfolgen, Erwägungsgrund (13) IE-RL. Bisher sieht man, dass drei bis vier BVT-Merkblätter pro Jahr veröffentlich werden.[1059] Zwar werden die Betreiber nicht von den BVT-Merkblättern überrascht, und sie wissen, dass sie sich auf neue Anforderungen einstellen müssen, sie kennen aber die genauen Techniken und Werte nicht. Eine wirkliche Vorbereitung und Planung ist für Betreiber, die nicht am Sevilla-Prozess beteiligt sind, nicht möglich.

Schaut man sich die vielen Schritte an, die Betreiber für die Sanierung durchlaufen müssen, wird klar, dass die Länge der Frist sehr knapp ist. Ausschreibung, Vergabe, Lieferung und Bauzeiten können teilweise mehrere Jahre in Anspruch nehmen.[1060] Auf dem Markt kann es durch Engpässe zu sehr langen Beschaffungszeiten für Anlagenteile kommen, und allein die reine Bauzeit einer Gewerbeanlage kann bis zu 16 Monate dauern. Selbst nach dem Bau können bei komplexen Anlagen monatelange Einführungsphasen folgen. Gerade bei Anlagentypen, die ununterbrochen betrieben werden müssen, können Sanierungen nur in großen Zeitabständen (bei geplanter Stilllegung der Anlage) vorgenommen werden.[1061] Dies alles zeigt, dass eine Frist von vier Jahren zu kurz ist, zumal man bedenken muss, dass die Anpassung des untergesetzlichen Regelwerkes ein Jahr dauern kann, sodass den Betreibern faktisch nur noch drei Jahre Sanierungszeit zur Verfügung stehen.

Auch ein Blick in die TA Luft lässt Zweifel aufkommen, ob eine Vier-Jahres-Frist überhaupt zumutbar sein kann, wenn doch die Verwaltungsvorschrift Übergangsfristen von bis zu 10 Jahren enthielt. Zur Wahrung des Verhältnismäßigkeitsgrundsatzes finden sich Fristen zur Sanierung zwischen „unverzüg-

---

[1059] *Halmschlag*, I+E 2014, 48 (52).
[1060] *Becher*, Immissionsschutz Band 4, S. 39.
[1061] *Theuer/Kenyeressy*, I+E 2012, 140 (150).

lich" und „zehn Jahre". Zum einen wird durch die starre Vier-Jahres-Frist dieses fein abgestimmte Verfahren konterkariert.[1062] Die unterschiedlich langen Übergangsfristen lassen auf eine genaue Abwägung der einzelnen Interessen schließen. Dies zeigen auch die in 6.2.3. der TA Luft festgelegten Kriterien für die Bestimmung der Übergangsfrist. Dieses System kann Kriterien wie die Amortisierungszeit, technische Besonderheiten oder die Gefährlichkeit einer Anlage berücksichtigen. Eine starre Jahresfrist kann dies nicht ermöglichen. Zum anderen macht es für die Betreiber einen erheblichen Unterschied, ob er vier oder zehn Jahre Zeit für die Sanierung hat. Wenn der nationale Gesetzgeber teilweise Übergangsfristen von zehn Jahren gewährt, dann lässt bereits dies im Umkehrschluss darauf schließen, dass vier Jahre für bestimmte Anlagentypen zu kurz sein können.

Zudem ist diese Fristverlängerung nur eine temporäre Ausnahmeregelung von der Vier-Jahres-Frist der BVT-Schlussfolgerungen. Die Anpassungspflicht wird also zeitlich nur aufgeschoben, sie entfällt aber nicht völlig. Durch die BVT-Schlussfolgerungen mit ihrer zwingenden Anpassungspflicht haben der nationale Gesetzgeber und die Behörden keinen Ermessensspielraum bezüglich der Einhaltung der Pflichten. Die Anpassungspflicht wird nur um vier Jahre aufgeschoben. Wie bereits oben dargestellt, lässt sich auch hier erkennen, dass sich die Wahrung der Bestandsschutzinteressen nur noch in der Setzung ausreichend langer Übergangszeiten erschöpft. Wie aber bereits dargestellt, reicht die bloße Setzung von ausreichend langen Übergangsfristen aber nicht in jedem Einzelfall für die Wahrung des Bestandsschutzes aus, sodass eine Möglichkeit der individuellen Regelung bestehen muss.

2. Wahrung der Verhältnismäßigkeit durch Ausnahmeregelungen

Wie sich zeigte, reicht die starre Vier-Jahres-Frist nicht zur Wahrung der Bestandsinteressen der Betreiber. Gem. § 7 Abs. 1b BImSchG und § 48 Abs. 1b BImSchG können längere Fristen gewährt werden, wenn dies aufgrund technischer Besonderheiten der Anlage oder bei Zukunftstechniken in der Anlage notwendig ist. Dem Problem der kurzen Anpassungszeit wird also vor allem über die gesetzliche Möglichkeit einer längeren Modernisierungsfrist begegnet, wenn die Einhaltung der vier Jahre wegen besonderer technischer Merkmale der

---

[1062] Ebd.

Anlage unverhältnismäßig ist, Art. 21 Abs. 3 i. V. m. Art. 15 Abs. 4 IE-RL und Erwägungsgrund (22) der IE-RL. Diese Abweichungsmöglichkeiten stehen im Ermessen der Behörde, Art. 15 Abs. 4 IE-RL. Bei der Verhältnismäßigkeitsprüfung ist gem. Art. 15 Abs. 4 UAbs. 1 IE-RL ein angemessenes Verhältnis zwischen dem möglichen Umweltnutzung bei der Durchsetzung eines Emissionswertes und den Kosten der Maßnahme zu finden. Das bedeutet, dass eine Ausnahme zulässig ist, wenn die Kosten unverhältnismäßig hoch sind. Das darf aber nicht dazu führen, dass eine „erhebliche Umweltverschmutzung" verursacht wird, denn es muss ein hohes Schutzniveau für die Umwelt insgesamt erreicht werden, Art. 15 Abs. 4 UAbs. 4 IE-RL.[1063]

§ 7 Abs. 2 S. 1 BImSchG setzt dies auf nationaler Ebene um und räumt dem Verordnungsgeber einen Entscheidungsspielraum bezüglich der Dauer der Übergangsfristen und der einzuhaltenden Anforderungen ein. Damit kann der Verordnungsgeber aus Gründen des Bestandsschutzes und Vertrauensschutzes an Altanlagen geringere Vorsorgeanforderungen stellen.[1064]

Betrachtet man aber das Tatbestandsmerkmal der „technische Besonderheiten", zeigt sich, dass für eine Verlängerung der Vier-Jahres-Frist ausreichend ist, wenn die erforderliche Sanierung nicht in der verbleibenden Zeit möglich ist. Dies ist beispielsweise bei einer längeren Beschaffungsdauer oder der tatsächlichen Dauer der Umrüstung der Anlage gegeben.[1065] Damit besteht die Gefahr, dass sich sehr oft ein technisches Merkmal der Anlage finden lässt, aus dem sich die Unverhältnismäßigkeit einer Umweltschutzanforderung schließen lässt. Die Anforderungen an dieses Merkmal sind mit Voraussetzungen wie der längeren Beschaffungszeit nämlich eher gering gehalten. Das würde dann bedeuten, dass jede Anlage mit nur genügend „Kreativität" der Betreiber und Behörden die Möglichkeit auf längere Übergangsfristen hätte, sodass die Bestandsschutzinteressen der Betreiber ganz individuell gewahrt werden können.

Andere Literaturvertreter sind aber der Ansicht, dass es für Betreiber ein langer und schwieriger Weg sei, gegenüber den Behörden nachzuweisen, dass ihre Anlage wegen technischer Merkmale eine längere Frist zur Umsetzung benöti-

---

[1063] Ebd., S. 149.
[1064] *Scheidler*, UPR 2013, 121 (126).
[1065] Ebd., S. 127.

ge.[1066] Die Möglichkeit zur Festlegung längerer Umsetzungsfristen biete nicht genügend Spielraum für Verhältnismäßigkeitserwägungen, wenn eine Anlage nicht innerhalb von vier Jahren nachgerüstet werden könne.[1067] Letztendlich ist dies eine Frage, die theoretisch nicht beantwortet werden kann, sondern von der jeweiligen Anlage, dem Betreiber und der Behörde abhängt. Schaut man sich aber die oben bereits aufgeführten Voraussetzungen für die Gewährung der Ausnahmen an (z. B. die Dokumentationspflichten), zeigt sich, dass die Ausnahmegewährung mit einem erheblichen Aufwand verbunden ist. Aus diesem Grund ist davon auszugehen, dass die Behörden eher restriktiv vorgehen werden.

Problematisch ist bei alledem, dass die Regelungen in §§ 7 Abs. 1b, 12 Abs. 1b, 17 Abs. 2b, 48 Abs. 1b BImSchG nur einen Teilausschnitt der sonst umfassend zu prüfenden Verhältnismäßigkeit vorsehen. Der Rechtsanwender ist beschränkt auf „unverhältnismäßige hohe Kosten", die „technischen Merkmale der Anlage" und die „geografischen Standards".[1068] Nicht berücksichtigt werden die oben aufgeführten Kriterien wie die Amortisierungszeit, getätigte Investitionen in die Anlage, Errichtungszeitpunkt oder der Vertrauensschutz des Anlagenbetreibers. Diese sind aber essenziell für die Verhältnismäßigkeit.

IV. Begriff der Bestandsanlage

Wie bereits dargestellt hat die Vier-Jahres-Frist eine erhebliche Bedeutung für die Problematik des Bestandsschutzes. Beispielsweise sprechen §§ 52 Abs. 1 S. 5, 7 Abs. 1a S. 2 Nr. 2 BImSchG im Zusammenhang mit der Vier-Jahres-Frist ausdrücklich von einer „bestehenden Anlage". Doch wie ist der Begriff „bestehende Anlage" in Art. 21 Abs. 2 IE-RL, § 52 Abs. 1 S. 5 BImSchG auszulegen?

Es ist folgendes Szenario denkbar: Die Anlage wird nach den veralteten Emissionswerten genehmigt, danach wurden neue BVT-Schlussfolgerungen mit strengeren Werten erlassen und das untergesetzliche Regelwerk wird entsprechend angepasst. Was bedeutet das für die Behörde und die Betreiber in Hinblick auf die Überprüfung nach § 52 Abs. 1 S. 5 BImSchG? Für diese Anlage gilt je nachdem der Grundsatz, dass sie sofort (bei Neuanlagen) oder binnen vier Jah-

---

[1066] *Pfaff/Knopp/Peine*, Revision des Immissionsschutzrechts durch die Industrieemissionsrichtlinie, Auswirkungen auf die deutsche Wirtschaft, S. 229
[1067] *Becher*, Immissionsschutz Band 4, S. 39.
[1068] *Weidemann/Krappel/v. Süßkind-Schwendi*, DVBl. 2012, 1457 (1461).

ren (bei Bestandsanlagen) die strengeren Emissionswerte, die die neue BVT-Schlussfolgerung vorgibt, einhalten muss. Ab wann liegt also eine „bestehende Anlage" vor, die Bestandsschutz genießt und deshalb für die Anpassung vier Jahre Zeit hat?

1. Fertig errichtetes Gebäude

Wenn das Gebäude bereits fertiggestellt, der Anlagenbetrieb aber noch nicht aufgenommen ist, besteht dennoch die Anlage. In diesem Fall gibt es einen Bestand, der geschützt werden muss. Es wäre für den Anlagenbetreiber unzumutbar, wenn er eine noch nicht benutzte Anlagentechnik sanieren müsste. Er darf darauf vertrauen, dass er seine genehmigungskonform errichtete Anlage auch für eine gewisse Zeit betreiben kann. Es ist sachgerecht, dass für derartige Fälle die Vier-Jahres-Frist mit der optionalen Fristverlängerung wegen besonderer technischer Merkmale gilt. Dies ist notwendig, um den Betreiber in seinen Bestandsschutzinteressen zu wahren.

2. Noch keine Errichtung

Zunächst ist für die Frage des Bestandsschutzes die Fallgruppe irrelevant, wenn die Genehmigung beantragt ist, aber vor Inkrafttreten der Rechtsverordnung nicht erteilt wurde. In diesem Zeitpunkt gibt es keinen Anknüpfungspunkt für die Gewährleistung von Bestandsschutz, da unstreitig keine bestehende Anlage vorliegt.

Interessant ist der Fall, wenn für eine Anlage zwar eine Genehmigung erteilt ist, mit der Errichtung aber noch nicht begonnen wurde. Wenn die weniger strengen, alten Emissionswerte in der Auflage der neu erteilten Genehmigung geregelt sind, muss die Behörde nach § 52 Abs. 1 S. 6 i. V. m. § 52 Abs. 1 S. 5 Nr. 1 BImSchG die Auflage auf ihre Vereinbarkeit mit den neuen Werten aus den BVT-Schlussfolgerungen überprüfen. Denn gem. § 52 Abs. 1 S. 6 BImSchG muss auch eine Überprüfung erfolgen, wenn die Genehmigung nach Veröffentlichung von BVT-Schlussfolgerungen nach alter Rechtslage erteilt wurde. Das Ergebnis dieser Prüfung ist, dass die Auflage wegen der neuen, strengeren BVT-Schlussfolgerung nicht mehr aktuell ist und eine Anpassung durch eine nachträgliche Anordnung nach § 17 Abs. 1 S. 1 BImSchG ergehen muss.

3. Nach Baubeginn

Deutlich schwieriger zu beurteilen sind die Fälle, in denen erst mit der Errichtung begonnen wurde. Zu Beginn ist auch hier von der Wortbedeutung „bestehend" auszugehen, die ergibt, dass ein gewisser physischer, nach außen sichtbarer Bestand eines Gebäudeteils vorhanden sein muss. Der bloße Baubeginn als solcher, d. h. der Aushub des abzutragenden Erdreichs, reicht nicht. Andererseits ist es nicht nötig für eine bestehende Anlage, dass diese komplett fertiggestellt ist. Doch wieweit muss die Gebäudeerrichtung schon fortgeschritten sein?

Für die Auslegung des Wortlautes „bestehend" ist auf den Sinn und Zweck der Regelung in § 7 Abs. 1a S. 2 BImSchG abzustellen. Sie dient dem Vertrauens- und Investitionsschutz. Es kann von einer bestehenden Anlage nicht erwartet werden, dass sie die neuen Emissionswerte wie Neuanlagen sofort einhält. Der Betreiber braucht für die Sanierung ausreichend Zeit und soll die Möglichkeit haben, dass sich seine Investitionen vor der Umrüstung amortisieren. Dies ist auch im Fall einer bereits begonnenen, aber noch nicht fertiggestellten Errichtung notwendig. Gerade kurz vor der Fertigstellung des Bauwerks ist die Situation mit fertiggestellten Anlagen vergleichbar. Der Anlagenbetreiber benötigt Zeit für die Sanierung der Anlage. Auch hier ist der Betreiber in seinem Vertrauen betroffen. Er hat bereits Investitionen getätigt, die nicht völlig unberücksichtigt bleiben dürfen. Damit ist die Übergangsregelung in Form der Vier-Jahres-Frist gem. § 7 Abs. 1a S. 2 BImSchG für Anlagen nach Baubeginn notwendig.

Bereits mehrfach wurde im Rahmen dieser Arbeit ein Blick in das Baurecht geworfen, sodass auch für die Frage des Beginns des Bestandsschutzes das Baurecht als Vergleichsmaßstab herangezogen werden kann. Im Baurecht wird davon ausgegangen, dass ein Bestandsschutz nur dann besteht, wenn das Vorhaben fertig gestellt ist.[1069] Das bloße Errichten des Fundaments reicht nicht aus.[1070] Fertig gestellt ist eine bauliche Anlage, wenn es zur Vollendung des Vorhabens keiner Baumaßnahmen oder nur unbedeutender Arbeiten bedarf, sodass die Aufnahme der Nutzung möglich ist.[1071] Diese Auslegung des Begriffs „beste-

---

[1069] *Mitschang/Reidt*, in: Battis/Krautzberger/Löhr, BauGB, § 35 Rn. 188.
[1070] BVerwG, Urt. v. 22.01.1971 – IV C 62.66 = BauR 1971, 188 (190).
[1071] *Allgeier/Rickenberg*, Die Bauordnung für Hessen: Kommentar der Hessischen Bauordnung, 5. Teil, 1. Abschnitt, Rn. 48.

hende Anlage" schützt den Betroffenen nicht, denn er muss bei Änderung des materiellen Rechts vor Fertigstellung seines Vorhabens dieses anpassen. Vor Fertigstellung besteht demnach kein Bestandsschutz.

Entscheidend ist nun, ob dies auf das Immissionsschutzrecht übertragen werden kann. Im Baurecht muss sich das Bauvorhaben während der Errichtungsphase etwaigen Rechtsänderungen anpassen, obwohl die Baugenehmigung einen statischen Charakter aufweist und Anpassungen an geänderte Vorschriften grundsätzlich nur unter den strengen Voraussetzungen für nachträgliche Anordnungen (§§ 48, 50 VwVfG, § 87 LBauO NW, §§ 175–179 BauGB, §§ 85 ff. BauGB) möglich sind. Im Immissionsschutzrecht hingegen ist die Genehmigung dynamisch ausgestaltet, und nachträgliche Anordnungen zur Anpassung an geänderte Anforderungen sind ohne das Vorliegen derart strenger Voraussetzungen zu treffen. Zudem zeigte die geschichtliche Herleitung, dass der immissionsschutzrechtliche Bestandsschutz im Laufe der Zeit immer weiter beschränkt wurde. Im Umkehrschluss würde dies bedeuten, dass im Immissionsschutzrecht für den Beginn des Bestandsschutzes erst recht auf Fertigstellung der Anlage abzustellen ist, denn der immissionsschutzrechtliche Bestandsschutz ist gegenüber dem baurechtlichen Bestandsschutz deutlich eingeschränkter. Es wäre deshalb systemfern, wenn man für den immissionsschutzrechtlichen Bestandsschutz an einen früheren Beginn anknüpfte.

Eine Übertragung des baurechtlichen Grundsatzes für den Beginn des Bestandsschutzes auf das Immissionsschutzrecht bedeutet aber eine noch weitere Einschränkung der Betreiberinteressen. Dies ist aufgrund der immissionsschutzrechtlichen Besonderheiten nicht sachgerecht. Die Bauphase immissionsschutzrechtlicher Anlagen ist im Regelfall deutlich länger und kostenintensiver als die im Baurecht. Verlagert man dann den Beginn des Bestandsschutzes auf die Fertigstellung des Bauwerkes zurück, sind die Betreiber gewerblicher Anlagen noch weniger in ihren Interessen geschützt. Während ein Wohnhaus, das in der Regel Gegenstand des baurechtlichen Bestandsschutzes ist, in einem Jahr fertig gestellt werden kann, benötigt eine immissionsschutzrechtliche Anlage in der Regel deutlich länger. Das Risiko einer nachträglichen Anpassung an geänderte Rechtsvorschriften ist im Immissionsschutzrecht also aufgrund der deutlich längeren Errichtungsphase erheblich höher. Deshalb besteht keine Vergleichbarkeit der beiden Rechtsgebiete.

Folgt man dem Beispiel des Baurechts und verlagert den Beginn des Bestandsschutzes auf das Ende der Bauphase, würden die speziell für nachträgliche Anordnungen geschaffenen immissionsschutzrechtlichen Eingriffsermächtigungen mit ihren speziellen Voraussetzungen umgangen werden. Im Gegensatz zum Baurecht kennt das Immissionsschutzrecht fein abgestimmte Vorschriften für nachträgliche Anordnungen. Wie bereits dargestellt, ist der Bestandsschutz im Immissionsschutzrecht bereits durch die Möglichkeit der unmittelbar zulassungsmodifizierenden Verordnung und der nachträglichen Anordnung nach §§ 7, 17, 21 BImSchG sowie die dynamischen Grundpflichten deutlich eingeschränkt. Jedoch enthalten die §§ 7, 17, 20, 21 BImSchG auch Elemente, die dem Betreiber Bestandsschutz vermitteln. Sie sind das Ergebnis eines Abwägungsprozesses des Gesetzgebers zwischen der Sozialpflichtigkeit des Eigentums und den schützenswerten Privatinteressen der Betreiber. Im Immissionsschutz- und Baurecht fällt diese Abwägung aufgrund der höheren Sozialpflichtigkeit des Eigentums beim Betrieb gewerblicher Anlagen anders aus. Damit können die Grundsätze des Beginns des Bestandsschutzes aus dem Baurecht nicht unbedingt auf das Immissionsschutzrecht übertragen werden.

Für die Auslegung des Begriffs „bestehende Anlage" ist ein Blick in andere Tatbestände im Immissionsschutzrecht zu werfen, die ebenfalls von einer Bestandsanlage sprechen. Die Übergangsregelung in § 67 Abs. 5 BImSchG sei dabei unergiebig, da dort nur neue Anforderungen erfasst werden würden, die durch das Änderungsgesetz aufgenommen wurden. Hier ginge es aber um neue Anforderungen, die sich aus einer neu veröffentlichten BVT-Schlussfolgerung ergeben.[1072] Damit liege keine Vergleichbarkeit vor.

Die „bestehende Anlage" ist aber mit der von Anzeigepflicht des § 67 Abs. 2 S. 1 BImSchG erfassten Anlagen gleichzusetzen.[1073] Hierbei geht es um nachträglich der Genehmigungspflicht unterworfene Anlagen. Diese Vorschrift dient dem Vertrauensschutz des Anlagenbetreibers, der eine Anlage zulässigerweise ohne Genehmigung errichten oder ändern darf, sich jedoch später die Vorschriften ändern und ein Genehmigungsverfahren notwendig wäre. In diesem Fall ist

---

[1072] Vgl. *Röckinghausen*, I+E 2013, 99 (102).
[1073] Vgl. ebd.

kein Genehmigungsverfahren zu durchlaufen, die Anlage kann weiter betrieben werden, sie ist aber anzuzeigen.[1074]

Diese Situation ist mit den BVT-Schlussfolgerungen vergleichbar, denn hinter beiden Normen steht der Schutz des Vertrauens des Betreibers. Während sich bei § 67 Abs. 2 S. 1 BImSchG die formellen Anforderungen ändern, ist bei § 7 Abs. 1a S. 2 BImSchG die materielle Komponente betroffen, denn es ändern sich die Emissionswerte nach Erteilung der Genehmigung, sodass die Anlagen neue Anforderungen einhalten müssen. In beiden Fällen ist das Vertrauen in den Fortbestand der Rechtslage betroffen: einerseits das Vertrauen, keine Genehmigung besitzen zu müssen und andererseits das Vertrauen in den Fortbestand der im Genehmigungsbescheid festgelegten Emissionsgrenzwerte. Wichtig für die Schutzwürdigkeit des Vertrauens ist, dass bei § 67 Abs. 2 S. 1 BImSchG der Betreiber keine Genehmigung besitzt, während die Emissionswerte der BVT-Schlussfolgerungen in einer Genehmigung festgesetzt sind. Der Betreiber, der nach altem Recht keiner Genehmigung für die Errichtung bedurfte und nun nach neuem Recht ein Genehmigungsverfahren durchführen müsste, ist aufgrund des fehlenden Anknüpfungspunktes für ein Vertrauen weniger schutzwürdig. Ihm wird in § 67 Abs. 2 S. 1 BImSchG durch die weite Auslegung des Begriffs „bestehende Anlage" Bestandsschutz gewährt. Im Umkehrschluss muss erst recht ein Vorhaben, das eine Genehmigung besitzt, sodass der Betreiber ein schutzwürdiges Vertrauen bilden konnte, in seinen Bestandsinteressen geschützt werden. Damit ist der Begriff „bestehende Anlage" in § 67 Abs. 2 S. 1 BImSchG und § 7 Abs. 1a S. 2 BImSchG identisch auszulegen. Bei § 67 Abs. 2 S. 1 BImSchG muss mit der Errichtung der Anlage bereits begonnen worden sein, d. h., es müssen Bau- oder Montagearbeiten bereits stattgefunden haben.[1075] Das bedeutet, dass zum Zeitpunkt der Veröffentlichung einer BVT-Schlussfolgerung mit der Errichtung der Anlage bereits begonnen worden sein muss.[1076] Gleiches gilt also auch für § 7 Abs. 1a S. 2 BImSchG.

Der Vergleich mit anderen Normen des BImSchG zeigt aber auch, dass der nationale Gesetzgeber den Begriff der „Bestandsanlage" teilweise auch anders ver-

---

[1074] Vgl. *Jarass*, BImSchG, § 67 Rn. 10.

[1075] *Hansmann/Röckinghausen*, in: Landmann/Rohmer, Umweltrecht, § 67 Rn. 20; *Jarass*, BImSchG, § 67 Rn. 14.

[1076] *Jarass*, BImSchG, § 67 Rn. 14; *Hansmann/Röckinghausen*, in: Landmann/Rohmer, Umweltrecht, § 67 BImSchG Rn. 20.

steht. Der Begriff der Altanlage im Sinne von § 7 Abs. 2 BImSchG erfasst nur solche Anlagen, an die zum Zeitpunkt des Inkrafttretens der Rechtsverordnung in einem Vorbescheid oder einer Genehmigung bereits Anforderungen an die Emissionsbegrenzung gestellt sind, § 7 Abs. 2 S. 1 Hs. 2 BImSchG. Damit wird in dieser Norm bereits ab Genehmigungserteilung Bestandsschutz gewährt.

Sinn und Zweck des Bestandsschutzes ist der rechtliche Schutz des tatsächlich Vorhandenen gegen Eingriffe.[1077] Der Anlagenbetreiber soll, trotz dynamischer Grundpflichten, darauf vertrauen dürfen, dass seine genehmigte Anlage für eine gewisse Zeit unverändert gebaut und betrieben werden darf. Entscheidend ist also auch hier der Investitions- und Vertrauensschutz des Betroffenen, sodass eine Einzelfallentscheidung notwendig ist. Es kann in dieser Arbeit nicht theoretisch beantwortet werden, wann genau dem Betreiber ein Umplanen und ein Nachrüsten während der Bauphase zumutbar ist und wann nicht. Das ist eine Entscheidung, die die Behörde im jeweiligen Fall selbst abwägen muss. Jedoch können hier einige Kriterien der Abwägung festgesetzt werden.

Eine Umplanung und ein Nachrüsten während der Bauzeit, sodass die Anlage die strengeren Anforderungen einhält, sind immer dann zumutbar, wenn ohne die Einhaltung der neuen Emissionswerte Gefahren für Leib und Leben drohen. Zudem ist eine Sanierung zumutbar, wenn die Bausubstanz noch ohne höhere Mehrkosten veränderbar ist. Die Behörde muss sich also mehrere Komponenten ansehen: Wie viel und was ist schon errichtet? Was kostet eine Sanierung während der Bauzeit? Was kostet eine Sanierung nach Errichtung der Anlage und der Gewährung der Übergangsfrist aus § 17 Abs. 2b BImSchG? Ist der Bereich der Gefahrenabwehr betroffen oder handelt es sich um Vorsorgemaßnahmen? Was bedeutet die Nichteinhaltung der strengeren Werte für die Allgemeinheit, Nachbarschaft und Umwelt? Diese einzelnen Elemente sind gegeneinander abzuwägen und in ein ausgleichendes Verhältnis zu bringen. Durch derartige behördliche Überlegungen können die individuellen Bestandsschutzinteressen ausreichend geschützt werden.

[1077] BVerwG, Urt. v. 25.11.1970 – IV C 119.68 = BVerwGE 36, 296, 300; BVerwG, Urt. v. 16.02.1973 – IV C 61.70 = BVerwGE 42, 8, 13.

4. Ergebnis

Um die Bestandsschutzinteressen der Anlagenbetreiber in dieser besonderen Situation ausreichend zu schützen, ist je nach Baufortschritt zu differenzieren. Um bereits vollständig errichtete Anlagen, deren Betrieb aber noch nicht aufgenommen wurde, ausreichend zu schützen, muss für sie die Vier-Jahres-Frist gelten. Anlagen, mit deren Bau aber noch nicht begonnen ist, benötigen diesen Schutz nicht, sodass sie sofort die neuen Emissionswerte einhalten müssen. Ist mit der Errichtung der Anlage bereits begonnen worden, muss eine Abwägung der sich gegenüberstehenden Interessen erfolgen und je nachdem ist die Sanierung sofort oder innerhalb von vier Jahren vorzunehmen.

B. *Sonderproblem bei Übergangszeiten*

Ein im Hinblick auf die Bestandsschutzdiskussion interessantes Sonderproblem stellt sich bei der Festsetzung von Emissionswerten in der Neugenehmigung für eine geplante Anlage im Zeitraum zwischen der Veröffentlichung von BVT-Schlussfolgerungen und ihrer Umsetzung in das untergesetzliche Regelwerk. Es stellt sich zunächst die Frage, welche Werte einzuhalten sind, wenn eine Rechtsverordnung oder Verwaltungsvorschrift hinter den strengeren Anforderungen zurückbleibt, das untergesetzliche Regelwerk aber noch nicht dem neuen Stand der BVT-Schlussfolgerungen angepasst ist. Müssen die bereits veralteten Rechtsverordnungen und Verwaltungsvorschriften bis zur Anpassung trotzdem weiterhin angewendet werden, oder muss die Behörde die strengeren Werte der BVT-Schlussfolgerungen heranziehen?

Wenn die Behörde nicht an die strengeren Anforderungen aus den BVT-Schlussfolgerungen gebunden ist und mildere Emissionswerte festsetzen darf, würde dies bedeuten, dass im Rahmen der Überprüfung nach § 52 BImSchG gegenüber der neuen Anlage eine Sanierungsanordnung ergehen kann.

Inwieweit die Problematik der Übergangszeit bis zur Anpassung der Verordnung im Rahmen des § 12 BImSchG relevant wird, wird die Praxis zeigen. Diese auf den ersten Blick relativ seltene Fallgruppe kann durchaus praktisch relevant werden. Der Gesetzgeber hat in § 10 Abs. 6a BImSchG der Behörde für das förmliche Genehmigungsverfahren einen maximalen Zeitraum von sieben Monaten eingeräumt. Die Umsetzung der neuen Werte in nationale Rechtsvorschriften kann aber bis zu einem Jahr dauern. Das verkürzte Verfahren zur Änderung der Rechtsverordnung wird Wirkung zeigen und einen positiven Beitrag leisten.

I. Welche Emissionswerte sind einzuhalten?

Klärungsbedürftig ist die Frage, welche Emissionswerte eine Neuanlage einhalten muss, wenn die BVT-Schlussfolgerung anspruchsvollere Werte vorsieht und die nationalen Rechtsvorschriften diese noch nicht umsetzen. Zunächst ist entscheidend, ob die strengeren Emissionswerte der BVT-Schlussfolgerung oder die milderen nationalen Werte gelten. Für die Beantwortung dieser Frage ist zwischen Rechtsverordnungen und Verwaltungsvorschriften, die die Emissionswerte umsetzen, zu unterscheiden.

1. Rechtsverordnung ist einschlägig

§ 12 Abs. 1a BImSchG spricht ausdrücklich nur von „Verwaltungsvorschriften", nicht aber von Verordnungen. Dies würde bedeuten, dass § 12 Abs. 1a BImSchG nach seinem Wortlaut nicht anwendbar ist, sodass bei der Festlegung der Emissionsbegrenzungen in der Genehmigung nicht die geänderten Emissionsbandbreiten aus der BVT-Schlussfolgerung anzuwenden sind, sondern die veralteten Werte der Rechtsverordnung. Dies beinhaltet, wie oben bereits aufgezeigt, die Gefahr der Unvereinbarkeit mit dem europäischen Recht.

a) Auslegung der IE-Richtlinie

Zunächst ist die Richtlinie dahingehend auszulegen, welche Anforderungen sie für diese Übergangszeit bis zur Anpassung der nationalen Vorschriften stellt. Gem. Art. 14, 15 IE-RL darf die IE-Richtlinie durch allgemein bindende Vorschriften umgesetzt werden. Nach Ansicht des deutschen Gesetzgebers wird damit auf EU-Ebene in Kauf genommen, dass die Anpassung untergesetzlicher Regelungen Zeit benötigt und die Geltung der alten Verordnungen in der Übergangszeit sachgerecht ist.[1078] Daraus ergibt sich, dass es unionsrechtlich zulässig ist, dass die bis dahin geltenden Regelungen im untergesetzlichen Regelwerk in der Zwischenzeit bis zur Anpassung weiterhin anzuwenden seien.

Art. 17 Abs. 1 IE-RL fordert aber, dass bei der Umsetzung der IE-Richtlinie durch allgemeingültige Vorschriften das gleich hohe Schutzniveau wie bei der Umsetzung über Genehmigungsauflagen vorliegen muss. Wenn die nationalen

---

[1078] *Keller*, UPR 2013, 128 (129).

Vorschriften noch nicht angepasst wurden, wird nach der alten, schwächeren Rechtslage genehmigt, sodass nicht das gleiche Niveau herrscht, wie wenn nicht über allgemein bindende Vorschriften umgesetzt worden wäre. Dies zeigt, dass der europäische Gesetzgeber davon ausgegangen ist, dass auch bei einer Umsetzung durch allgemein bindende Vorschriften sofort nach Veröffentlichung der BVT-Schlussfolgerungen die dort enthaltenen Emissionswerte eingehalten werden müssen.

Sinn und Zweck der IE-Richtlinie sind die Schaffung eines hohen Schutzniveaus für die Umwelt und die Verhinderung von Wettbewerbsverzerrungen durch ungleiche Umsetzungen der Richtlinienziele in den einzelnen Mitgliedstaaten. Dies kann nur erreicht werden, wenn bereits ab Veröffentlichung der BVT-Schlussfolgerungen in der Genehmigung die strengeren Anforderungen beachtet werden.

b) Richtlinienkonforme Auslegung des § 12 Abs. 1a BImSchG

Im nächsten Schritt ist § 12 Abs. 1a BImSchG richtlinienkonform auszulegen. Die Pflicht zur richtlinienkonformen Auslegung folgt aus der Umsetzungspflicht der Richtlinie (Art. 288 Abs. 3 AEUV) und dem Grundsatz der loyalen Zusammenarbeit, Art. 4 Abs. 3 EUV.[1079] Nach dem Europäischen Gerichtshof müssen alle nationalen Stellen das gesamte nationale Recht unter Ausschöpfung aller Auslegungsspielräume so auslegen, dass die Richtlinienziele im innerstaatlichen Recht erreicht werden,[1080] wobei die Grenze die contra legem Auslegung ist.[1081] Nach der Gesetzesbegründung ist auch auf § 12 Abs. 1a BImSchG zurückzugreifen, wenn Rechtsverordnungen keine Emissionswerte festlegen oder diese nicht den assoziierten Emissionswerten entsprechen,[1082] weil § 12 Abs. 1a BImSchG eine „Auffangregelung" darstellt.[1083] Dies würde bedeuten, dass § 12 Abs. 1a BImSchG so auszulegen ist, dass auch Rechtsverordnungen erfasst sind, sodass in der Genehmigung die strengeren Anforderungen aus den BVT-

---

[1079] *Haratsch/Koenig/Pechstein*, Europarecht, VI 454.
[1080] EuGH, Urt. v. 10.03.2011, Rs. C-109/09, Rn. 52 ff.; EuGH, Urt. v. 05.10.2004, Rs. C-39, Slg. 2004, I-8835.
[1081] EuGH, Urt. v. 06.06.2005, Rs. C-105/03, Slg. 2005, I-5258, Rn. 47.
[1082] Vgl. BR-Drs. 314/12, S. 100.
[1083] Vgl. BT-Drs. 17/10486, S. 23.

Schlussfolgerungen festzusetzen sind. Ansonsten entsteht eine Umsetzungslücke.

2. Stellungnahme

Gegen die Einbeziehung von Rechtsverordnungen in § 12 Abs. 1a BImSchG sprechen gewichtige Gründe. Nach § 52 Abs. 1 S. 5 BImSchG gilt die Vier-Jahres-Frist zur Anpassung an die BVT-Schlussfolgerungen auch für den Fall, dass zwischen der Verabschiedung einer neuen BVT-Schlussfolgerung und der Anpassung des untergesetzlichen Regelwerks ein Genehmigungsverfahren abgeschlossen wird.[1084] Dies steht in deutlichem Widerspruch zu der oben gefundenen Lösung, dass nach § 12 Abs. 1a BImSchG die Genehmigungsbehörde selbst die strengeren Anforderungen der BVT-Schlussfolgerungen umsetzen kann.

Zudem wird bei der Einbeziehung von Rechtsverordnungen in § 12 Abs. 1a BImSchG nicht berücksichtigt, dass es zwischen Verwaltungsvorschriften und Rechtsverordnungen einen gewichtigen Unterschied gibt. Auf den ersten Blick sind zunächst keine Gründe ersichtlich, warum die zuständige Behörde nur bei Verwaltungsvorschriften die mit den BVT assoziierten Emissionswerte einer Einzelfallentscheidung zugrunde legen darf und nicht bei Verordnungen. Denn von Neuanlagen kann erwartet werden, dass sie die strengeren Emissionswerte einhalten, unabhängig davon, ob sie aus Verordnungen oder Verwaltungsvorschriften stammen. Zudem kann nur durch die Erfassung von Verordnungen und Verwaltungsvorschriften in § 12 Abs. 1a BImSchG ein einheitlicher Maßstab für Emissionswerte gebildet werden. Jedoch haben Rechtsverordnungen eine unmittelbare Außenwirkung für den Betreiber. Verwaltungsvorschriften hingegen wenden sich nur an die Verwaltung und haben grundsätzlich ausschließlich für die Verwaltung Gültigkeit. Bei einer Rechtsverordnung ist der Betreiber der Adressat und deshalb kennt er die konkret zu erfüllenden Pflichten, sodass er sein Verhalten danach ausrichtet. Der Bürger hat deshalb aus dem Rechtsstaatsprinzip einen Anspruch darauf, dass die Rechtsverordnung auch so angewendet wird, wie sie veröffentlicht ist. Es wäre dem Betreiber nicht zumutbar, wenn anstelle der Emissionswerte aus der nationalen Verordnung die Werte aus den BVT-Schlussfolgerungen angewendet werden. Durch den bloßen Erlass der

---

[1084] BR-Drs. 314/12, S. 97 und 106.

BVT-Schlussfolgerungen werden die Werte der Rechtsverordnung nicht plötzlich unwirksam. Solange die Rechtsverordnung mit ihren dort enthaltenen Werten in Kraft ist, darf der Betreiber auch darauf vertrauen, dass seine Genehmigung nach den dort festgeschriebenen Werten erteilt wird. Ansonsten hat der Betreiber keinerlei Rechtssicherheit bei der Beantragung der Genehmigung. Er muss darauf vertrauen können, dass die nationalen Anforderungen aus den Rechtsverordnungen der Genehmigung zu Grunde gelegt werden und nicht Werte aus den BVT-Schlussfolgerungen, die gar nicht an ihn adressiert sind und die für ihre Gültigkeit erst noch umgesetzt werden müssen.

Bei Verwaltungsvorschriften hingegen kann der Betreiber nicht darauf vertrauen, dass sie dem Genehmigungsbescheid zugrunde gelegt werden. Der Betreiber ist gar nicht Adressat der Verwaltungsvorschriften, sodass er auch kein schutzwürdiges Vertrauen darauf haben kann, dass diese unverändert fortgelten.

Für die Regelung, dass zwischen der Verabschiedung einer neuen BVT-Schlussfolgerung und der Anpassung des untergesetzlichen Regelwerks die ursprünglichen Werte einzuhalten sind, sprechen auch weitere sachliche Gründe.

a) Verwerfungskompetenz der Behörde

Wenn die untergesetzlichen Regelwerke noch nicht angepasst sind und die Behörden selbst die einschlägigen Normen unangewendet lassen dürfen, bedeutet dies faktisch eine Verwerfungskompetenz der Behörde.

Der Anwendungsvorrang des europäischen Rechts spricht dafür, dass eine Behörde im Falle der Unvereinbarkeit der Verordnung mit dem Europarecht diese Normen nicht mehr anwendet.[1085] Die Nichtanwendung nationaler unionsrechtswidriger Gesetze ist eine Folge der freiwilligen Übertragung der Gesetzgebungskompetenzen auf die EU und muss damit vom nationalen Gesetzgeber hingenommen werden. Aufgrund der Gesetzesbindung der Verwaltung (Art. 20 GG), die auch an Unionsrecht gebunden ist, und dem Anwendungsvorrang des Europarechtes[1086] muss die Behörde sich an europäisches Recht halten. Nach der Rechtsprechung des Europäischen Gerichtshofes ist bei einer Kollision von nationalem Recht und Unionsrecht die Behörde verpflichtet, die kollidie-

---

[1085] EuGH, Urt. v. 12.01.2010, Rs. C-341/08 = *Lindner*, Öffentliches Recht, Rn. 483.
[1086] *Burger*, DVBl. 2011, 985 (986).

rende innerstaatliche Norm nicht anzuwenden.[1087] Die Behörde hat als Rechtsanwender dazu beizutragen, dass der Umsetzungspflicht, die den gesamten Mitgliedstaat trifft, vollumfänglich nachgekommen wird.

Es muss jedoch beachtet werden, dass sich die Verpflichtung zur Umsetzung der BVT-Schlussfolgerungen grundsätzlich nur an den untergesetzlichen Vorschriftengeber, nicht aber an die Vollzugsbehörden richtet.[1088]

Zudem sprechen gegen eine behördliche Verwerfungskompetenz die erheblichen Konflikte mit dem Gewaltenteilungs- und Demokratieprinzip. Die Autorität des Parlaments würde beeinträchtigt werden, wenn sich die Behörde über den nationalen Gesetzgeberwillen hinwegsetzte. Darüber hinaus besteht die Gefahr der Rechtsunsicherheit: Die Behörden haben, anders als nationale Gerichte, keine Vorlagemöglichkeit bei Zweifeln der Vereinbarkeit einer nationalen Norm mit dem Gemeinschaftsrecht (Art. 267 AEUV).[1089] Schließlich besteht auch ein Widerspruch zur fehlenden Verwerfungskompetenz bei verfassungswidrigen Gesetzen.[1090] Es ist anerkannt, dass die Behörde keine verfassungswidrigen Gesetze selbst verwerfen darf. Das ist die Aufgabe der Gerichte. Wenn sie schon keine Normen verwerfen darf, die gegen die nationale Verfassung verstoßen, dann muss dies auch für die Regelungen gelten, die gegen EU-Recht verstoßen.

Außerdem zeigt der Vergleich zu den Verwaltungsvorschriften, dass eine autonome Anwendung der Emissionswerte aus den BVT-Schlussfolgerungen nicht gewollt ist. Bei den Verwaltungsvorschriften muss die Bindungswirkung der TA Luft vorher aufgehoben werden. Ist diese nicht ausdrücklich aufgehoben, muss die Behörde die Werte der TA Luft weiterhin anwenden. Gleiches muss auch für Rechtsverordnungen gelten. Von zentraler Stelle muss wenigstens festgelegt werden, dass das nationale Regelwerk nicht anzuwenden ist.

b) Uneinheitliche Rechtsanwendung, Überforderung, Planungssicherheit

Zudem droht die Gefahr einer uneinheitlichen Rechtsanwendung europäischer und nationaler Vorgaben durch die Behörden. Die Behörden können nicht auf eine abstrakt-generelle Regelung für die jeweiligen Anlagetypen zurückgreifen,

---
[1087] EuGH, Urt. v. 09.03.1978, Rs. 106/77, Slg. 1978, 629 Rn. 14 ff.
[1088] *Betensted/Grandjot/Waskow*, ZUR 2013, 395 (399).
[1089] *Burger*, DVBl. 2011, 985 (986).
[1090] *Lindner*, Öffentliches Recht, Rn. 483.

sondern müssen selbstständig die Emissionswerte festlegen. Dies kann dazu führen, dass zwei unterschiedliche deutsche Behörden an den gleichen Anlagetyp unterschiedliche Anforderungen stellen, denn die BVT-Schlussfolgerungen sehen nur Emissionswertbandbreiten vor. Dies ist gerade nicht im Interesse des nationalen und europäischen Gesetzgebers,[1091] wollte die IE-Richtlinie doch gerade einen europaweiten einheitlichen Vollzug erreichen, um den Vollzugsdefiziten der Vorgängerrichtlinie zu begegnen.

Außerdem könnte die Behörde aufgrund der großen Fülle an Regelungen des Europarechts bei der konkreten Festsetzung der Emissionswerte überfordert sein.[1092] Das Europarecht sieht eine Vielzahl von Emissionswerten für die unterschiedlichsten Anlagentypen vor. Für einen Sachbearbeiter einer Behörde ist es deshalb schwierig, die einschlägigen Emissionsbandbreiten zu finden und die entsprechenden Werte aus diesen Bandbreiten für die einzelne Anlage richtig zu bestimmen.

Jedoch muss die Behörde auch bei Anlagentypen, die nur ein einziges Mal in Deutschland vorkommen, selbst die Emissionswerte festlegen, § 12 Abs. 1b BImSchG. Man kann also der Behörde zutrauen, dass sie in der Lage ist, selbst die Werte zu bestimmen. Wie bereits dargestellt, ist aber von einer hohen Komplexität bei der Bestimmung der Emissionswerte auszugehen, die die Behörde überfordern kann und aufgrund der Zeitintensität zu einer Verlängerung des Verfahrens führt. Zudem besteht bei der Festsetzung der Emissionswerte für eine nur einmal vorkommende Anlage nicht die Gefahr einer unterschiedlichen Festsetzung der Werte.

Daneben sind die Betreiber auf Planungssicherheit angewiesen, die sie nur haben, wenn die in der Rechtsverordnung zu findenden bestimmten Werte der Genehmigungsentscheidung zugrunde gelegt werden. Ansonsten können die Betreiber nicht vorhersehen, wie die Behörden die Emissionswerte festsetzen, wenn die Verwaltung sich selbst mit den BVT-Schlussfolgerungen auseinandersetzen muss. § 6 BImSchG ist eine gebundene Entscheidung, d. h. die Genehmigung ist zu erteilen, wenn der Betreiber alle Genehmigungsvoraussetzungen einhält. Dies ist Ausfluss der in Art. 12 GG verankerten Freiheit.

[1091] *Streinz/Herrmann*, BayVBl. 2008, 1 (1 ff.).
[1092] *Burger*, DVBl. 2011, 985 (989).

Die Genehmigungsvoraussetzungen ergeben sich aus § 6 BImSchG. Danach ist die Genehmigung zu erteilen, wenn

- sichergestellt ist, dass die sich aus § 5 BImSchG und einer aufgrund des § 7 BImSchG erlassenen Rechtsverordnung ergebenden Pflichten erfüllt werden (Nr. 1) und
- andere öffentlich-rechtliche Vorschriften und Belange des Arbeitsschutzes der Errichtung und dem Betrieb der Anlage nicht entgegenstehen (Nr. 2).

§ 6 Abs. 1 Nr. 1 BImSchG macht die Einhaltung der Grundpflichten des § 5 BImSchG und der diese Pflichten konkretisierenden Rechtsverordnungen nach § 7 BImSchG zur Genehmigungsvoraussetzung. Dies zeigt, dass nur die Werte, die auf nationaler Ebene durch Rechtsverordnungen umgesetzt werden, auch Genehmigungsvoraussetzungen sind. Die BVT-Schlussfolgerungen hingegen haben als Beschluss i. S. v. Art. 291 Abs. 4 AEUV keine Wirkung für den Anlagenbetreiber, sondern sie müssen zunächst durch den nationalen Gesetzgeber umgesetzt werden. Hält der Betreiber die strengeren Emissionswerte aus den BVT-Schlussfolgerungen nicht ein, erfüllt aber die milderen nationalen Anforderungen, ist ihm die Genehmigung zu erteilen (gebundene Entscheidung), denn er erfüllt alle Genehmigungsvoraussetzungen i. S. d. § 6 BImSchG. Wenn die formellen und materiellen Genehmigungsvoraussetzungen gegeben sind, hat der Betreiber einen Rechtsanspruch auf Erteilung der Genehmigung. Wird die Genehmigung dennoch verweigert, kann der Antragsteller Verpflichtungsklage erheben.

c) Ergebnis

Es sprechen gewichtige sachliche Gründe gegen eine Verwerfungskompetenz der Behörde und für die Regelung, dass eine Rechtsverordnung oder Verwaltungsvorschrift, die noch nicht dem neuen Stand der BVT-Schlussfolgerungen angepasst ist, von der Behörde wegen der fortbestehenden Rechtswirkung bis zur Anpassung trotzdem weiterhin angewendet werden muss. Sie ist so aber nicht europarechtlich vorgesehen, sodass die Gefahr der Europarechtswidrigkeit besteht. Damit kann es bei der Erteilung einer Neugenehmigung, bevor die Verordnungslage an neuveröffentlichte BVT-Schlussfolgerungen angepasst wurde, zur Nichteinhaltung der Vorgaben aus Art. 15 Abs. 3 IE-RL kommen. Aufgrund des absoluten Vorrangs des Europarechts vor nationalem einfachem Recht, sind in der Übergangszeit die neuen Werte der BVT-Schlussfolgerung bereits anzuwenden. Der Anwendungsvorrang gebietet die Nichtanwendung von dem Unionsrecht widersprechendem innerstaatlichem Recht im Einzelfall.

3. Verwaltungsvorschrift ist einschlägig

Damit die strengeren Anforderungen aus den BVT-Schlussfolgerungen Eingang in die Genehmigung finden, hat der Gesetzgeber den § 12 Abs. 1a BImSchG geschaffen: „Für den Fall, dass Emissionswerte einer Verwaltungsvorschrift nach § 48 für bestimmte Emissionen und Anlagenarten nicht mehr dem Stand der Technik entsprechen oder eine Verwaltungsvorschrift nach § 48 für die jeweilige Anlagenart keine Anforderungen vorsieht, ist bei der Festlegung von Emissionsbegrenzungen für Anlagen nach der Industrieemissions-Richtlinie in der Genehmigung sicherzustellen, dass die Emissionen unter normalen Betriebsbedingungen die in den BVT-Schlussfolgerungen genannten Emissionsbandbreiten nicht überschreiten." Soweit die Emissionswerte aus den BVT-Schlussfolgerungen in der TA Luft noch nicht umgesetzt wurden, greift in Bezug auf die Genehmigung für die Errichtung und den Betrieb von Neuanlagen oder die wesentliche Änderung von Anlagen nach der IE-Richtlinie die Auffangregelung des § 12 Abs. 1a und b BImSchG. Die behördliche Einzelfallentscheidung, die die Werte aus den BVT-Schlussfolgerungen umsetzt, ist also nach dem Wortlaut notwendig, wenn bestimmte Emissionswerte der TA Luft nicht mehr dem Stand der Technik entsprechen oder die TA Luft für die jeweilige Anlagenart keine Anforderung enthält.[1093]

Das Verständnis von § 12 Abs. 1a BImSchG ist umstritten. Es wird vertreten, dass § 12 Abs. 1a BImSchG nicht voraussetze, dass die Bindungswirkung einer emissionsbegrenzenden Regelung der TA Luft aufgehoben sei. Es sei nur notwendig, dass Emissionswerte der TA Luft für bestimmte Emissionen und Anlagenarten „nicht mehr dem Stand der Technik entsprechen". Das sei eine nach objektiven Kriterien zu beurteilende Frage, deren Beantwortung nicht vom formalen Erfordernis der zur Aufhebung der Bindungswirkung der TA Luft-Regelung erforderlichen Bekanntmachung des Umweltbundesamtes im Bundesanzeiger abhänge. Ansonsten müssten die Behörde sehenden Auges bis zum Zeitpunkt der Aufhebung der TA Luft-Bindungswirkung in der Genehmigung geringere Emissionsbegrenzungsanforderungen als nach dem Stand der Technik

---

[1093] *Rebentisch*, in: FS Dolde, S. 71 (81).

stellen und damit zugleich Sanierungsfälle schaffen, die durch eine nachträgliche Anordnung kostspielig behoben werden müssen. Das sei auch aus der Sicht des Anlagenbetreibers kaum sinnvoll.[1094]

Zudem entspricht § 12 Abs. 1a BImSchG dem Art. 15 Abs. 3 IE-RL, wonach für Neuanlagen die Emissionsbegrenzungen aus den BVT-Schlussfolgerungen mit ihrer Veröffentlichung gelten. Würden die Behörden nun weiterhin die veralteten Verordnungen oder Verwaltungsvorschriften anwenden, würde dies zu einem Verstoß gegen Art. 15 Abs. 3 IE-RL führen.

Außerdem hat der Europäische Gerichtshof festgestellt, dass das Europarecht nicht durch eine Verwaltungsvorschrift umgesetzt werden kann, sodass § 12 Abs. 1a BImSchG mit seinem klaren Wortlaut zu folgen ist und damit die BVT-Schlussfolgerungen Vorrang gegenüber der TA Luft haben müssen. § 12 Abs. 1b BImSchG traut der Behörde zu, dass sie in den Ausnahmefällen selbst die BVT-Schlussfolgerungen beachten kann. Im Umkehrschluss muss es der Behörde dann auch ohne vorherige Aufhebung der Bindungswirkung möglich sein, autonom die europarechtlichen Vorgaben zu beachten. Die Zulässigkeit von Nebenbestimmungen nach § 12 Abs. 1a BImSchG zur Umsetzung von BVT-Schlussfolgerungen im Genehmigungsbescheid wird demnach also nicht an die formelle Außerkraftsetzung der betreffenden TA Luft geknüpft.

Dennoch entschied sich der Gesetzgeber dazu, dass das Umweltbundesamt zunächst bekannt machen muss, dass die Bindungswirkung der TA Luft aufgehoben ist. Für das Erfordernis einer vorherigen Aufhebung der Bindungswirkung spricht, dass die Beamten aufgrund der beamtenrechtlichen Weisungsgebundenheit und der Behördenhierarchie eine Befolgungspflicht haben. Wenn ein Beamter eine Verwaltungsvorschrift für rechtswidrig hält, dann kann er über den behördeninternen Weg durch das Remonstrationsrecht (§§ 35, 36 BeamtStG)[1095] das Umweltbundesamt zu einer Entscheidung drängen. Dies spricht dafür, dass das Umweltbundesamt vorher die Bindungswirkung aufheben muss. Darüber hinaus würden Behörden konkrete, möglichst auf messbare Größen reduzierte Bewertungsmaßstäbe benötigen, nach denen sie die in der Praxis wiederholt vorkommenden Fälle schnell und zweifelsfrei entscheiden könnten.[1096] Wenn

---

[1094] Ebd., S. 81 f.
[1095] *Lindner*, Öffentliches Recht, Rn. 914.
[1096] *Feldhaus*, NVwZ 2001, 1 (5).

sich die Behörde nicht auf die untergesetzlichen Vorgaben stützen könne, sei ein höherer Zeitaufwand nötig,[1097] der das Verfahren verlängere. Die BVT-Schlussfolgerungen geben nur Bandbreiten vor, sodass im untergesetzlichen Regelwerk generelle, standardisierte Anforderungen in Form von Emissionsgrenzwerten nötig sind. Wenn extra ein TALA bzw. das Umweltbundesamt mit seiner besonderen Expertise nötig war bzw. ist, ist von einer hohen Komplexität der Entscheidung auszugehen, die die Behörde überfordern würde und die ihr nur in Ausnahmefällen zugemutet werden soll. Zudem ist nur so eine bundesweit einheitliche Anwendung sichergestellt.

4. Ergebnis

Zwar sprechen gewichtige Gründe gegen eine Anwendung der neuen Werte aus den BVT-Schlussfolgerungen, jedoch würde dies gegen den Anwendungsvorrang des Europarechts verstoßen. Es sind deshalb sowohl bei Rechtsverordnungen als auch bei Verwaltungsvorschriften die neuen Werte aus den BVT-Schlussfolgerungen anzuwenden.

C. Europarecht und der nationale Bestandsschutz

Bei der Problematik der BVT-Schlussfolgerungen lässt sich erkennen, dass das Europarecht immer mehr Einfluss auf das nationale Umweltrecht und damit auch auf den Bestandsschutz hat. Die Frage, ob Art. 14 GG für den Bestandsschutz überhaupt noch die richtige Beurteilungsgrundlage ist, drängt sich deshalb geradezu auf.

Das nationale Umsetzungsgesetz ist nicht am Maßstab der Grundrechte des Grundgesetzes zu prüfen, wenn die umzusetzende Richtlinie den Mitgliedstaaten keinen Gestaltungsspielraum lässt.[1098] In diesem Fall wäre nicht mehr das BVerfG, sondern der EuGH für den Grundrechtsschutz zuständig. Entscheidend ist, ob die IE-Richtlinie dem deutschen Gesetzgeber keinen Umsetzungsspielraum lässt, sodass die innerstaatlichen Umsetzungsgesetze nicht am Maßstab der Grundrechte des Grundgesetzes geprüft werden dürfen. Zunächst muss überlegt werden, welche konkreten Maßnahmen zu einer eventuell verfassungswidrigen Beeinträchtigung des Bestandsschutzes führen. Dies ist vor allem auf die gene-

---

[1097] BT-Drs. 17/10486, S. 35.
[1098] *Lindner*, Öffentliches Recht, S. 248.

relle Anpassungspflicht an die neuen Werte der BVT-Schlussfolgerungen bei einer zu kurzen Sanierungsfrist und auf die festgelegten Kriterien für die Ausnahmengewährung, die zu fehlenden Ermessenserwägungen für den Einzelfall führen, zurückzuführen. Die gem. Art. 15 Abs. 3 IE-RL bestehende generelle Anpassungspflicht an die neuen Werte aus den BVT-Schlussfolgerungen als solche sowie die Vier-Jahres-Frist sind durch das Gemeinschaftsrecht zwingend vorgegeben. Jedoch handelt es sich bei den Emissionsgrenzwerten der BVT-Schlussfolgerungen nicht um feste Einzelwerte, sondern um Bandbreiten. Daraus ergibt sich also ein gewisser Umsetzungsspielraum. Jedoch sind die Emissionsgrenzwerte nicht in der IE-RL, sondern in den BVT-Schlussfolgerungen, der die rechtliche Qualität eines Beschlusses hat, verankert.

Die nähere Ausgestaltung, die die Frage der Verhältnismäßigkeit des Eingriffs betrifft, unterliegt aber der Gestaltungsbefugnis der Mitgliedstaaten. Zunächst einmal steht es nach dem Wortlaut des Art. 15 Abs. 4 IE-RL im Ermessen („kann") des jeweiligen Mitgliedslandes, ob eine Ausnahme nach Art. 15 Abs. 4 IE-RL gewährt wird. Dadurch können längere Fristen oder weniger strenge Emissionsgrenzwerte festgesetzt werden. Dies ist eine autonome nationale Entscheidung, sodass diesbezüglich ein Umsetzungsspielraum besteht. Zwar unterliegt die nationale Ausnahmengewährung der Kontrolle der Kommission, Art. 72 Abs. 1 IE-RL, dabei handelt es sich aber um eine bloße Informationspflicht der Mitgliedstaaten, sodass die Gewährung von Ausnahmen weiterhin nur dem nationalen Entscheidungsträger obliegt. Darüberhinaus besteht für die Mitgliedstaaten ein Spielraum hinsichtlich der Umsetzung der Richtlinie. Die neue Anpassungspflicht an die BVT-Schlussfolgerungen kann in der Genehmigung direkt oder durch allgemein bindende Vorschriften umgesetzt werden, Art. 17 Abs. 1, 2, 3 IE-RL. In Bezug auf die IE-RL zeigt sich ein Umsetzungsspielraum, da die Mitgliedstaaten teilweise die Regelungen unterschiedlich handhaben können und dafür nicht beanstandet werden. Damit ist die (Nicht-) Gewährung von Ausnahmen zur Wahrung des Bestandsschutzes eine selbstständige grundrechtsrelevante Maßnahme des deutschen Gesetzgebers, sodass der nationale Grundrechtsschutz greift.

Dies betrifft aber nur die Frage der gerichtlichen Kontrolle.[1099] Trotz der Einflüsse des Europäischen Rechts auf den deutschen Gesetzgeber ist aber der deut-

---

[1099] Ebd.

sche Gesetzgeber dennoch an nationales Verfassungsrecht, damit auch an Art. 14 GG, gebunden. Bei der Umsetzung des Europäischen Rechts in nationale Normen, muss die deutsche Verfassung beachtet werden.[1100] Das bedeutet, dass der Gesetzgeber bei der einfach-gesetzlichen Ausgestaltung des Bestandsschutzes verfassungsrechtlich gezwungen ist, dem im Grundgesetz verankerten Bestandsschutz einfach-gesetzlich zu verwirklichen. Er muss die Privatnützigkeit und Verfügungsbefugnis des Eigentümers trotz der Pflicht zur Umsetzung der Europäischen Richtlinie wahren.

D. Ergebnis

Zum Abschluss dieses Kapitels muss die Frage geklärt werden, welche Bedeutung die BVT-Schlussfolgerungen für den Bestandsschutz der Betreiber haben. Der gesamte BVT-Prozess ist so angelegt, dass BVT-Merkblätter in regelmäßigen Abständen überarbeitet werden müssen und so ein permanentes Nachrüsten an den Stand der Technik ausgelöst wird. Durch die neuen verbindlichen BVT-Schlussfolgerungen und die daraus resultierende Anpassungspflicht werden ständig neue Anforderungen an den Weiterbetrieb gestellt, sodass die Rechtssicherheit und Rechtsverbindlichkeit der immissionsschutzrechtlichen Genehmigung wiederum ein deutliches Stück mehr gemindert wird. Ein dauernder Sanierungsbedarf an die entsprechenden neuen Vorgaben der BVT-Schlussfolgerungen führt zu hohen Investitions- und steigenden Betriebskosten. Zudem entstehen auch Rechtsunsicherheiten, die die Planbarkeit des Anlagenbetriebs erschweren. Vor allem bei kapitalintensiven Investitionen wirkt sich das hemmend aus, weil potenziell geforderte Nachrüstungen teilweise betriebswirtschaftlich nicht kalkulierbar sind. Außerdem sind die dauernden und schnellen Nachrüstungen auch nachteilig im internationalen Wettbewerb. Dies kann dazu führen, dass Anlagenstandorte ins Ausland verlagert werden und durch kurzfristige Modernisierungen kann es zu Produktionsausfällen kommen.[1101]

Derzeit existieren 31 BVT-Merkblätter, von denen bisher nur vier über Rechtsverordnungen umgesetzt sind.[1102] Dies zeigt, dass die Bundesregierung nur in Ausnahmefällen Immissionsgrenzwerte in einer Rechtsverordnung fest-

---

[1100] *Brenner*, in: Jarass, Bestandsschutz bei Gewerbebetrieben, S. 30.
[1101] *Piroch*, I+E 2012, 121 (123).
[1102] *Halmschlag*, I+E 2014, 48 (52).

schreibt.[1103] Vor allem in diesen Fällen besteht die Gefahr von sehr schnellen Aktualisierungen.[1104] Zudem werden die neuen Emissionsgrenzwerte, die in den Verordnungen enthalten sind, nicht über einen gesonderten Vollzugsakt umgesetzt, sondern sie verpflichten den Betreiber unmittelbar ohne Umsetzungsakt. Der Betreiber darf bereits auf Grund der jeweiligen Regelung in der Verordnung beim Betrieb der Anlage die festgesetzten Grenzwerte nicht überschreiten.[1105] Hier besteht die Gefahr, dass die Betreiber neue Werte nicht oder zu spät mitbekommen, sodass bei ihnen eine Rechtsunsicherheit entsteht. Diese Unsicherheit wird zudem dadurch verstärkt, dass die bisherigen BVT-Merkblätter teilweise technisch sowie wissenschaftlich nicht korrekt waren und nicht auf nachvollziehbaren, real existierenden Referenzen beruhten. Zwar sind die in den BVT-Merkblättern genannten Techniken nicht verbindlich, jedoch sind auch diese für den Anlagenbetreiber relevant, denn durch den Einsatz dieser Techniken können die in den BVT-Schlussfolgerungen assoziierten Emissionsgrenzwerte eingehalten werden. Aufgrund der verbindlichen Anforderungen aus den BVT-Schlussfolgerungen müssen die BVT-Merkblätter höheren Ansprüchen genügen als bisher.[1106] Um die Betreiber bei der Umsetzung der BVT-Schlussfolgerungen durch unmittelbar wirkende Rechtsverordnungen besser zu schützen, muss das untergesetzliche Regelwerk technisch genau sein.

Bei den Emissionswerten aus den BVT-Schlussfolgerungen, die über die TA Luft umgesetzt werden, muss eine Konkretisierung durch die Behörde erfolgen,[1107] sodass in diesem Bereich die Gefahr der Rechtsunsicherheit nicht gegeben ist. Für Bestandsanlagenbetreiber bestehen Übergangsregelungen, die im Vergleich zu den bisherigen Übergangsfristen in der TA Luft deutlich schärfere Anpassungsverpflichtungen zur Folge haben und damit im Interesse des Umweltschutzes zu einer weiteren Einschränkung des Bestandsschutzes führen.

Bei der Erarbeitung der BVT soll die Verhältnismäßigkeit zwischen dem finanziellen Aufwand und dem Nutzen für die Umwelt gewahrt werden.[1108] Dennoch

---

[1103] *Ohms*, Immissionsschutz Band 4, S. 49.
[1104] *Halmschlag*, I+E 2014, 48 (52).
[1105] *Dietlein*, in: Landmann/Rohmer, Umweltrecht, § 7 BImSchG, Rn. 41; *Ohms*, Immissionsschutz Band 4, S. 49.
[1106] *Serr*, Immissionsschutz 2011, 114 (115).
[1107] *Halmschlag*, I+E 2014, 48 (52).
[1108] *Koch*, Die „beste verfügbare Technik" im Umweltrecht, S. 265 f.

besteht die Gefahr, dass teilweise der Gedanke des technisch Machbaren im Vordergrund steht. Die Mitgliedstaaten, deren Anlagen bereits auf einem hohen technischen Standard betrieben werden und diese Technologien vertreiben, könnten versuchen, durch strengere Anforderungen einen Vorteil für ihren Wirtschaftsstandort gegenüber Ländern mit geringerem technischem Niveau zu erlangen. Betriebswirtschaftliche Aspekte treten dann im Verfahren der Erarbeitung der BVT-Merkblätter und Schlussfolgerungen zurück. Dieser Gefahr muss ausreichend entgegengetreten werden. Aufgrund der unmittelbaren Verordnungswirkung wird dem Betreiber zudem die Verpflichtung auferlegt, selbstständig zu prüfen, welche Grenzwerte für seine Anlagen gelten und eine Sanierung vorzunehmen. Außerdem ist neben der Anpassungspflicht auch noch die Verbindlichkeit der BVT-Schlussfolgerungen binnen eines Jahres zu beachten. Diese Verbindlichkeit ist eine Erweiterung der schon bisher in § 7 BImSchG normierten Möglichkeit zum Eingriff in den Bestandsschutz.[1109] Im Ergebnis ist deshalb zu konstatieren, dass neben der TierSchNutztV, dem TEHG und der AbfAblV/DepV auch die neue Verbindlichkeit der BVT-Schlussfolgerungen dazu beiträgt, dass der Bestandsschutz im Immissionsschutzrecht weiter zurückgedrängt wird.

[1109] *Dietlein*, in: GK-BImSchG, § 7 Rn. 74 b.

Stellungnahme

A. Der eigentumsrechtliche und formelle Bestandsschutz

Die Ursprünge der immissionsschutzrechtlichen Bestandsschutzdimension sind im öffentlichen Baurecht zu suchen, sodass der baurechtliche Bestandsschutz als Vergleichsmaßstab für den immissionsschutzrechtlichen Bestandsschutz dient. Aus der Eigentumsgarantie des Art. 14 Abs. 1 S. 1 GG hat die Rechtsprechung zunächst den passiven Bestandsschutz, danach den aktiven Bestandsschutz und die eigentumsverfestigte Anspruchsposition kreiert. Die im öffentlichen Baurecht entwickelten Rechtsfiguren des aktiven und passiven Bestandsschutzes wurden auf das Immissionsschutzrecht übertragen. Das Baurecht übernahm dann die Figur des überwirkenden Bestandsschutzes.

I. Formeller Bestandsschutz

Neben dem „historischen" eigentumsrechtlichen Bestandsschutz ist der aus der wirksamen (rechtmäßigen oder rechtswidrigen) Genehmigung stammende „Bestandsschutz" relevant. Allgemein besteht der Grundsatz, dass eine Änderung der Rechtslage die Wirksamkeit des Verwaltungsaktes nicht beseitigt, sondern es ist nur unter engen Voraussetzungen ein Widerruf oder eine Rücknahme möglich, z. B. §§ 21 Abs. 1 Nr. 4 BImSchG, 49 Abs. 2 S. 1 Nr. 2 VwVfG. Die Genehmigungswirkung entfällt mit Änderung der Rechtslage grundsätzlich nicht, §§ 43 Abs. 2 VwVfG, 21 Abs. 1 Nr. 4 BImSchG. Eine mit behördlicher Genehmigung legal errichtete Anlage darf grundsätzlich auch nach Änderung der Rechtsvorschriften weiterhin betrieben werden, denn das Vertrauen des Betreibers in die zum Genehmigungszeitpunkt bestehende Gesetzeslage ist geschützt. Die ursprünglich geltenden Gesetze waren Grundlage für die Investitionstätigkeit des Anlagenbetreibers, sodass die Rechtsordnung dieses Vertrauen schützen muss, damit Investitionen überhaupt ermöglicht werden. Der Vertrauensschutz spiegelt sich deshalb in Art. 14 GG und in den Schutzwirkungen des Verwaltungsaktes (§ 43 VwVfG) wieder. Eine bestehende Baugenehmigung schützt also den Betroffenen, da ihre Legalisierungswirkung einen formellen passiven Bestandsschutz vermittelt. Solange und soweit die Genehmigung wirksam ist, ist die bauliche Anlage formell und materiell legal, sodass sie einen formellen Bestandsschutz genießt. Selbst wenn die Anlage nicht mit dem aktuellen materiellen Bauordnungs- und Bauplanungsrecht vereinbar ist, ist diese materielle Illegalität unbeachtlich. Auch im Immissionsschutzrecht berechtigt die Genehmigung grundsätzlich ab ihrer Geltung zur Errichtung des genehmigten Gebäudes und zum Betrieb der Anlage. Jedoch erfährt die bestandsschützende Wirkung eine Einschränkung durch die dynamischen Grundpflichten, die bei Errichtung und während des gesamten Betriebs erfüllt werden müssen. Nachträgliche Anpassungsverlangen, die die dynamischen Grundpflichten konkretisieren, können über die §§ 7, 17, 21 BImSchG durchgesetzt werden. Insoweit zeigt sich bereits hier die eingeschränkte bestandsschützende Wirkung der immissionsschutzrechtlichen Genehmigung.

Im Immissionsschutzrecht ist ein Rückzug des Bestandsschutzes auf formell legalisierte Vorhaben zu erkennen. Dies ist eine weitere Einschränkung des Bestandsschutzes aufgrund der Gefährlichkeit der Anlage, des Bedürfnisses einer Sanktionsmöglichkeit bei der Nichtdurchführung des Genehmigungsverfahrens und der Bedeutung des Genehmigungsverfahrens. Für den Bestandsschutz muss das Vorhaben im entscheidungserheblichen Zeitpunkt formell und materiell rechtmäßig sein. Liegt trotz formeller Illegalität aktuell die materielle Legalität der Anlage vor, ist im Rahmen des Ermessens bei der Beseitigungsanordnung gem. § 20 BImSchG der Bestandsschutz zu berücksichtigen, da die Anlage genehmigungsfähig wäre. Die Beseitigungsanordnung ist besonders grundrechtsrelevant, da die Betriebsstätte als solche komplett beseitigt wird und deshalb die materielle Legalität berücksichtigt werden muss. Voraussetzung dafür ist, dass die Genehmigungsfähigkeit offensichtlich ist, wobei an diese Offensichtlichkeit hohe Anforderungen zu stellen sind, um die Bedeutung der Genehmigung nicht auszuhöhlen. Dies gilt aber nicht für die Stilllegungsanordnung, da sie für den Betreiber wesentlich milder und weniger grundrechtsrelevant ist, weil nur der laufende Betrieb unterbrochen wird.

II. Eigentumsrechtlicher Bestandsschutz

In der traditionellen Lehre war der Bestandsschutz ein Abwehrrecht aus dem Eigentum gem. Art. 14 GG. Der Bestandsschutz diente zur Erhaltung einer materiell baurechtskonformen Anlage in ihrem bisherigen Bestand und in ihrer ursprünglichen Nutzungsform, auch wenn sich die Rechts- und Sachlage nachträglich veränderte. Seit der Nassauskiesungsentscheidung ist dies aber nicht mehr haltbar. Nach dieser wegweisenden Entscheidung kamen die höchsten Gerichte zu der Erkenntnis, dass kein Bestandsschutzanspruch direkt aus Art. 14 GG abgeleitet werden kann. Vielmehr muss der Gesetzgeber selbst

Inhalt und Grenzen des Eigentums sowie den Bestandsschutz bestimmen. Es bedarf also einfacher Gesetze, um Eigentum auszugestalten, denn es ist gerade die Aufgabe des Gesetzgebers, das Eigentum festzulegen. Eine Eigentumsposition kann deshalb nicht ausschließlich aus Art. 14 GG hergeleitet werden, sodass der unmittelbar aus Art. 14 GG stammende Bestandsschutz aufzugeben ist. Art. 14 Abs. 1 S. 1 GG ist jetzt zwar keine eigenständige Anspruchs- und Abwehrgrundlage, aber dies bedeutet nicht, dass Art. 14 GG an Bedeutung einbüßt, denn Art. 14 Abs. 1 GG ist der Prüfungsmaßstab für alle einfachgesetzlichen Regelungen. Der Gesetzgeber muss bei der Gestaltung des Eigentumsinhaltes die Rechte der Anlagenbetreiber wahren, die ihre Anlage nach altem Recht in zulässiger Weise errichteten und betreiben. Die den Bestandsschutz ausgestaltenden einfachen Gesetze des Immissionsschutzrechts sind im Regelfall Inhalts- und Schrankenbestimmungen i. S. v. Art. 14 Abs. 1 S. 2 GG. Bei der Bestimmung von Inhalt und Schranken des Eigentums hat der Gesetzgeber die verfassungsrechtlichen Vorgaben zu beachten, d. h. er muss das gem. Art. 14 Abs. 1 S. 1 GG gewährleistete Privateigentum wahren und den in Art. 14 Abs. 2 GG genannten Belangen des Gemeinwohls Rechnung tragen sowie die grundrechtlich geschützten Interessen anderer berücksichtigen. Zudem bildet die allgemeine Rückwirkungslehre einen selbstständigen eigentumsspezifischen Abwägungsposten auf der Seite des Anlagenbetreibers und kann damit die Vorrangentscheidung begründen. Bei Vorschriften, die rein zukunftsbezogene Regelungen enthalten, hat der Gesetzgeber einen weiten Ausgestaltungsspielraum, da er im Hinblick auf die Interessen des Eigentümers nur die Privatnützigkeit und die grundsätzliche Verfügungsbefugnis gewährleisten muss. Greifen die Normen aber in bestehende Rechte ein, ist der Ausgestaltungsspielraum des Gesetzgebers bei der Gestaltung der Normen deutlich enger. Er muss zusätzlich noch die Bestandsgarantie wahren. Damit bestimmt Art. 14 Abs. 1 GG das Gewicht der Bestandsschutzinteressen bei der Abwägung durch den Normgeber.

Bei Interessenkollisionen ist unter Beachtung des Gleichheitssatzes und des Verhältnismäßigkeitsgebotes ein gerechter Ausgleich zwischen den Interessen des Anlagenbetreibers und der Allgemeinheit zu schaffen. Der Gesetzgeber muss dabei vor allem den Grundkonflikt zwischen den Interessen der Wirtschaft und der Umwelt lösen. Die verfassungsgesetzlichen Regelungen des Art. 14 Abs. 1 GG sind damit die Grundlage für alle einfach-gesetzlichen Regelungen bzgl. des Bestandsschutzes. Somit bestimmt Art. 14 Abs. 1 GG das Gewicht der Bestandsschutzinteressen im Rahmen der Abwägung durch den Normgeber. Der eigentumsrechtliche Bestandsschutz zeigt sich also in der Verfassungsmäßigkeit des einfachen Rechts.

Die Bestandsinteressen des Eigentümers sind nicht nur ein Belang, den der Gesetzgeber bei der Schaffung von Inhalts- und Schrankenbestimmungen gem. Art. 14 Abs. 1 S. 2 GG zu berücksichtigen hat, sondern die Bestandsschutzinteressen sind auch bei der Auslegung unbestimmter Rechtsbegriffe und bei der Ermessensausübung von der Behörde zu beachten. Enthält das Gesetz eine Norm, die zugunsten bestehender Rechtspositionen ein Abweichen von den generellen Bestimmungen ermöglicht (z. B. Ermessensvorschriften, Befreiungsmöglichkeiten, Übergangsregelungen), sind diese so auszulegen, dass die Bestandsinteressen des Eigentümers und das Schutzbedürfnis der Umwelt in ein ausgeglichenes Verhältnis gebracht werden. Der Bestandsschutz ist zwar kein Abwehrrecht mehr und kann dem Betreiber keine Anspruchsposition vermitteln, jedoch weist er die Behörden bei der Auslegung unbestimmter Rechtsbegriffe und der Ermessensausübung auf die verfassungsmäßigen Grenzen des Art. 14 Abs. 1 S. 2 GG hin. Er betont den Vertrauensschutz des Betreibers in den Fortbestand der Rechtslage und damit den Schutz der getätigten Investitionen besonders. Es wäre verfassungswidrig, wenn die Bestandsschutzinteressen des Betreibers vom Gesetzgeber und den Behörden überhaupt nicht in die Abwägungsentscheidung eingestellt würden.

B. *Der Bestandsschutz im Bundes-Immissionsschutzrecht*

Das geltende Bundes-Immissionsschutzrecht als einfach-gesetzliche Ausgestaltung des Bestandsschutzes erfüllt die dargestellten verfassungsrechtlichen Vorgaben für die Inhalts- und Schrankenbestimmungen des Eigentums und enthält bestandsschützende Regelungen, die einen passiven und aktiven sowie präventiven Bestandsschutz gewährleisten.

Wesentlich für den Bestandsschutz sind die Grundpflichten gem. § 5 BImSchG. Die Grundpflichten sind Dauerpflichten, sodass die Eigentumsposition nicht statisch auf einen fixen (Genehmigungs-) Zeitpunkt festgeschrieben wird. Durch die Grundpflichten wird die Eigentumsposition dynamisch an die Entwicklung des Standes der Technik angepasst. Die Grundpflichten aus § 5 BImSchG stehen während des gesamten Betriebes der Entstehung eines subjektiv-öffentlichen Rechts auf den unveränderten Bestand und den Betrieb der Anlage, wie sie ursprünglich aus § 4 BImSchG genehmigt wurde, entgegen. Gem. § 6 BImSchG ist Voraussetzung für die Genehmigungserteilung, dass die Grundpflichten des § 5 BImSchG eingehalten werden. Diese Grundpflichten müssen nicht nur bei Errichtung, sondern auch im laufenden Betrieb stets erfüllt werden. Das bedeutet für den Betreiber, dass er während des gesamten Betriebs seine Anlage entsprechend der Entwicklung des Stands der Technik stets an die neue Rechtslage anpassen muss. Nur wenn er die Anlage immer entsprechend dem Stand der Technik betreibt, erfüllt er die Genehmigungsvoraussetzungen aus § 6 BImSchG. Die dynamischen Grundpflichten gem. § 5 BImSchG sind Inhalts- und Schrankenbestimmungen, welche die eigentumsrechtlich geschützte Rechtsstellung des Anlagenbetreibers und damit auch den Bestandsschutz zum entscheidungserheblichen Zeitpunkt bestimmen. Die dynamischen Grundpflichten als Inhalts- und Schrankenbestimmungen bewegen sich prinzipiell im Spannungsfeld zwischen der Bestandsgarantie (Art. 14 Abs. 1 S. 2 GG) und der Ausgestaltungsbefugnis des Gesetzgebers (Art. 14 Abs. 1 S. 2 GG). Die Grenzen der zulässigen Festsetzung von Inhalts- und Schrankenbestimmungen des Eigentums sind erreicht, wenn nicht mehr genügend Raum für einen privatnützigen Gebrauch des Eigentums ohne jeglichen Ausgleich verbleibt. Einerseits ist auf der Seite des Anlagenbetreibers vor allem der durch die Bestandsgarantie des Art. 14 Abs. 1 GG und der durch die Genehmigung vermittelte Vertrauensschutz relevant. Aufgrund der dynamischen Grundpflichten ist der Vertrauensschutz aus der Genehmigung jedoch eingeschränkt, da die Genehmigung von vornherein unter dem Vorbehalt der Grundpflicht und deren Konkretisierung steht. Der Betreiber hat dennoch einen Anspruch darauf, dass die Rechtslage, nach der er sein Verhalten ausrichtet, sich nicht unerwartet ändert. Dem Betreiber muss also immer noch genügend Raum für einen privatnützigen Gebrauch des Eigentums verbleiben. Andererseits hat die Allgemeinheit aufgrund der besonderen, potenziellen Gefährlichkeit der Anlage für eine Vielzahl von Menschen und die Umwelt allgemein ein gewichtiges Interesse an der Veränderung der Rechtslage. Dies ist Ausdruck der gesteigerten Sozialpflichtigkeit des Eigentums im Immissionsschutzrecht. Die dynamischen Grundpflichten nach § 5 BImSchG sind verfassungsrechtlich unbedenklich, da sie sich im Rahmen der Sozialbindung des Eigentums halten. Die Privatnützigkeit des Eigentums muss hinter der gesteigerten Sozialpflichtigkeit des Eigentums im Immissionsschutzrecht zurückstehen.

Die immissionsschutzrechtliche Genehmigung ist im Gegensatz zur baurechtlichen Genehmigung dynamisch, sodass das Vertrauen auf die Genehmigungswirkung nicht fest und der Bestandsschutz von Anfang an eingeschränkt ist. Zur

Durchsetzung der dynamischen Grundpflichten ermöglichen die §§ 7, 17, 20, 21 BImSchG nachträgliche Eingriffe in die Bestandskraft des Verwaltungsaktes. Im Gegensatz zum Baurecht gibt es im Immissionsschutzrecht keinen Grundsatz, dass die dem Antragsteller eingeräumte Rechtsposition trotz Rechtsänderungen im Allgemeinen zu belassen oder nur gegen Entschädigung zu entziehen ist. Sobald die Anlage entgegen den Grundpflichten betrieben wird, kann sie durch nachträgliche Anordnungen angepasst werden, sodass sie die Anforderungen aus § 5 BImSchG wieder erfüllt. Jedoch ist diese Möglichkeit der nachträglichen Anpassungsverlangen in §§ 7, 17, 20, 21 BImSchG selbst schon eingeschränkt, sodass der Bestandsschutz der Betreiber gewährleistet wird. Diese Einschränkungen zeigen sich beispielsweise in § 7 BImSchG, wonach nachträgliche Anforderungen in Verordnungen nur dann möglich sind, wenn diese der Erfüllung der Betreiberpflichten aus § 5 BImSchG dienen, da deren Einhaltung nach § 6 Abs. 1 Nr. 1 BImSchG Genehmigungsvoraussetzung ist. Aus § 7 Abs. 2 BImSchG ergibt sich, dass diese Verhältnismäßigkeit insbesondere durch Übergangsfristen, mildere Emissionsgrenzwerte und Ausnahmeregelungen herbeigeführt werden kann. Die Bestandsschutzinteressen werden im Bereich der Gefahrenabwehr und der Vorsorge unterschiedlich gewichtet. Im Gefahrenabwehrbereich überwiegen regelmäßig die öffentlichen Interessen am Schutz der Menschen und der gesamten Umwelt vor schädlichen Immissionen, sodass grundsätzlich generelle Verhältnismäßigkeitserwägungen zulässig sein können. Dagegen sind im Bereich der Gefahrenabwehr in Bezug auf Sachschäden und bei der Vorsorge grundsätzlich objektivierte und allgemeine Verhältnismäßigkeitserwägungen unzulässig, da auf abstrakt-genereller Ebene die Härtefälle im Einzelfall nicht berücksichtigt werden können. Hierfür ist eine konkret-individuelle Maßnahme notwendig. Bei Anordnungen zur Durchsetzung der Vorsorgepflicht müssen die öffentlichen Interessen gegenüber den Eigentums- und Bestandsschutzinteressen des Anlagenbetreibers überwiegen. Eine maßgebliche Bedeutung kommt auf der Seite des Anlagenbetreibers dem Kriterium der Nutzungsdauer und der Amortisierung der Investitions- und Sanierungskosten zu. Je weniger Zeit der Anlagenbetreiber zur Amortisierung seiner Anfangsinvestitionen hat, desto höher sind die Anforderungen für die Wahrung der Verhältnismäßigkeit anzusetzen. Über diese Kriterien können den Interessen des Anlagenbetreibers und der Allgemeinheit Rechnung getragen werden. Oftmals kann auch hier die Verhältnismäßigkeit über Übergangsfristen oder Dispositionen gewahrt werden. Die Bemessungskriterien für die Länge dieser Übergangszeit sind eine

wirtschaftlich zumutbare Amortisationszeit und die Abwägungskriterien in
§ 17 BImSchG.

Besonders bedeutend für den Bestandsschutz ist im Rahmen der Untersagung gem. § 20 BImSchG die Besonderheit, dass grundsätzlich bereits die formelle Illegalität für die Untersagungsverfügung ausreicht und ein intendiertes Ermessen besteht. Dies ist im Gegensatz zum Baurecht eine deutliche Einschränkung des Bestandsschutzes.

Daneben sind auch §§ 15 Abs. 1 S. 1, 16 Abs. 1 BImSchG Ausdruck des passiven Bestandsschutzes, da gewöhnliche Instandhaltungs-, Reparatur- und Unterhaltungsmaßnahmen ohne Änderungsgenehmigung zulässig sind, wenn sie die Schwelle einer Änderung bzw. wesentlichen Änderung nach §§ 15 Abs. 1 S. 1, 16 Abs. 1 BImSchG nicht erreichen. Wesentliche Erweiterungsmaßnahmen hingegen müssen die aktuell geltenden Rechtsvorschriften einhalten und das Änderungsgenehmigungsverfahren durchlaufen. Über das Tatbestandsmerkmal der „Wesentlichkeit" wird der Bestandsschutz gesteuert, denn über dieses Merkmal erfolgt der sachgerechte Ausgleich zwischen den sich gegenüberstehenden Interessen. Beim Vorliegen einer wesentlichen Änderung tritt das Kontinuitätsinteresse des Betreibers hinter den vorsorgenden Umweltschutz zurück. Handelt es sich aber um keine wesentliche Anlagenänderung, so besteht auch kein öffentliches Bedürfnis an der Durchführung des Genehmigungsverfahrens zum Schutze der Allgemeinheit, sodass die Eigentümerinteressen überwiegen und ein Genehmigungsverfahren nicht durchzuführen ist. Eine Besonderheit stellt § 16 Abs. 5 BImSchG dar: Im Immissionsschutzrecht ist keine Genehmigung erforderlich, wenn eine genehmigte Anlage im Rahmen der ursprünglich erteilten Genehmigung ersetzt oder ausgetauscht werden soll. Während es im Immissionsschutzrecht keinen qualifiziert-aktiven Bestandsschutz gibt, lässt sich in § 16 Abs. 1 i. V. m. § 4 BImSchG eine ähnliche Konstellation der „eigentumskräftig verfestigten Anspruchsposition" finden. Der Anlagenbetreiber hat bei eigentlich aktuell entgegenstehender Rechtslage einen Anspruch auf die Genehmigung, denn der Prüfungsgegenstand bei der Änderungsgenehmigung bezieht sich nur auf die Anlagenteile, die von der Änderung betroffen sind. Eine Genehmigung muss deshalb auch dann erteilt werden, wenn die nicht in die Prüfung einzubeziehenden Anlagenteile gegen das aktuelle materielle Recht verstoßen.

Zudem ergibt sich über das Normenkontrollverfahren gegen den Bebauungsplan und die Anfechtungsklage gegen einzelne Verwaltungsakte ein präventiver Bestandsschutz, der sich gegen die Umgebungsänderung, die den Bestand der Anlage möglicherweise gefährdet, durchsetzen kann.

Nicht genehmigungsbedürftige Anlagen hingegen genießen im Vergleich zu genehmigungsbedürftigen Anlagen einen noch geringeren Bestandsschutz. Die fehlende Genehmigung führt dabei zu einem eingeschränkten Vertrauensschutz, der sich auch in der Verhältnismäßigkeitsprüfung niederschlägt. Bei den Verhältnismäßigkeitsprüfungen in §§ 17 Abs. 2, 23 Abs. 1, 24 Abs. 1 BImSchG und bei der Ermessensprüfung im Rahmen der Untersagungsanordnung gem. § 25 Abs. 1 BImSchG sind die Interessen des Anlagenbetreibers aufgrund der fehlenden Schutzwirkung der Genehmigung weniger schutzwürdig im Vergleich zu den öffentlichen Interessen.

C. Immissionsschutzrechtlicher Bestandsschutz und fachrechtliche Einflüsse

Die die Arbeit prägende Fragestellung, ob es im Immissionsschutzrecht überhaupt noch einen Bestandsschutz gibt, ergab sich vor allem durch die Entscheidung des OVG Koblenz. Demnach sei der Spielraum für bestandsgeschützte Beeinträchtigungen geschützter Rechtsgüter im Umwelt- und Naturschutzrecht praktisch aufgehoben. Weiter heißt es dort, dass auch eine übergangslose Modifizierung bestandskräftiger Zulassungsentscheidungen mit höherrangigem Recht vereinbar sei.[1110] In diesem Kapitel konnte herausgearbeitet werden, dass der aufgrund des immissionsschutzrechtlichen Schutz- und Vorsorgegrundsatzes eingeschränkte Bestandsschutz durch die unmittelbar zulassungsmodifizierende Wirkung der Verordnung (TierSchNutztV, AbfAblV/DepV) noch weiter beschränkt wird. Wichtig im Rahmen der unmittelbar zulassungsmodifizierenden Verordnungen ist vor allem die Unterscheidung in die formelle Seite und die inhaltliche Komponente. Für eine direkt zulassungsändernde Wirkung muss die Genehmigung änderungsoffen sein, d. h. sie darf nicht bestandsschützend sein. Nur wenn dies erfüllt ist, stellt sich auf der nächsten Stufe die Frage, auf welche Art und Weise auf die Genehmigung eingewirkt wird.

Im Umweltrecht ist die bestandsschützende Wirkung des Verwaltungsaktes oftmals aufgrund der dynamischen Grundpflichten eingeschränkt. Während sich in

---

[1110] OVG Koblenz, Urt. v. 12.11.2009 – 1 A 11222/90 – juris Rn. 72 und 74.

der AbfAblV/DepV die Änderungsoffenheit aus den dynamischen Grundpflichten gem. § 15 KrWG ergibt, kann dies bei der TierSchNutztV nicht darauf zurückgeführt werden. Vielmehr wird hier darauf abgestellt, dass die neuen Anforderungen der TierSchNutztV nicht von der Gestattungswirkung der immissionsschutzrechtlichen Genehmigung gedeckt sind. Für sie kann insoweit kein Bestandsschutz entstehen, der vor nachträglichen Rechtsänderungen durch die TierSchNutztV schützen könnte.

Für die zweite Ebene zeigte sich durch die Auslegung der Verordnungen, dass das Fachrecht durch gezielt bestandsänderndes Recht (TierSchNutztV, AbfAblV/DepV) oder gezielt bestandsergänzendes Recht (TEHG) direkt auf den Zulassungsbestand einwirken kann. Die unmittelbare Verordnungswirkung (es ergeht kein behördlicher Durchsetzungsakt) höhlt den Bestandsschutz noch weiter aus und ist ein Eingriff in die Rechte des Betreibers. Der Bestandsschutz wurde bisher dadurch vermittelt, dass z. B. eine Konkretisierung im Rahmen der nachträglichen Anordnung nach § 17 BImSchG ergeht. Die unmittelbare Zulassungsmodifikation schränkt den Bestandsschutz noch weiter ein. Die besonderen Durchsetzungsinstrumente des besonderen Umweltrechts, wie z. B. §§ 7, 17, 20, 21 BImSchG, werden dadurch völlig umgangen. Nach Ansicht der Rechtsprechung ist die Anpassungsverpflichtung ohne Tätigwerden der Behörde eine verfassungsrechtlich zulässige Einschränkung des Bestandsschutzes. Die bestandsschützende Wirkung des Verwaltungsaktes ist aufgrund der dynamischen Grundpflichten von Anfang an eingeschränkt. Der Betreiber weiß um die Möglichkeit der nachträglichen Anordnung und kann sich darauf einstellen. Er muss stets damit rechnen, dass sich diese Verordnungen über die Bestandskraft der Genehmigung hinwegsetzen. Zum Schutz der Anlagenbetreiber ist eine unmittelbar zulassungsmodifizierende Wirkung der Rechtsverordnung aber nur dann möglich, wenn dies auch eindeutig aus der Ermächtigungsgrundlage hervorgeht. Es muss klar zum Ausdruck kommen, dass der Gesetzgeber in alte Rechte eingreifen und damit den Vertrauensschutz der Betreiber einschränken möchte. Die TierSchNutztV, AbfAblV/DepV enthalten jeweils Ermächtigungen an den Verordnungsgeber, dass dieser sich mit einer unmittelbar zulassungsmodifizierenden Verordnung über den bestandskräftigen Verwaltungsakt hinwegsetzen darf.

Der Bestandsschutz ist im Umweltrecht aufgrund der Änderungsoffenheit der Genehmigung sowieso schon von Anfang an eingeschränkt und wird durch die direkte zulassungsmodifizierende Wirkung der Verordnung mit ihren generellen

Verhältnismäßigkeitserwägungen bei der Festsetzung von Übergangsfristen noch weiter zurückgedrängt. Der Betreiber wird nun nicht einmal mehr durch einen Bescheid über die Änderung seiner Genehmigung informiert, sondern er muss selbst erkennen, ob und inwieweit sich seine Rechtsposition durch die self-executing-Norm verändert. Dies ist für den Betreiber als juristischen Laien eine erhebliche Belastung, und es besteht die Gefahr von Rechtsunsicherheiten. Hinzu kommen die lediglich generellen Verhältnismäßigkeitserwägungen bei der Setzung von allgemeinen Übergangsfristen in formellen oder materiellen Gesetzen, die den Bestandsschutz der Betreiber nicht immer ausreichend wahren können. Es gibt keine behördlichen Möglichkeiten, Härtefälle auf konkret-individueller Ebene zu berücksichtigen und damit ihre Bestandsschutzinteressen individuell zu wahren. Konkret-individuelle Regelungen zur Wahrung der Verhältnismäßigkeit bei Härtefällen sind aber für die Gewährung eines ausreichenden Bestandsschutzes für jeden Einzelfall zu empfehlen. Im Umweltrecht gibt es weiterhin ein ausreichendes Niveau an Bestandsschutz, da die Eigentümerinteressen des Betreibers in den hier überprüften Fällen aufgrund der Setzung ausreichend langer Übergangsfristen gewahrt sind.

D. Die BVT-Schlussfolgerungen

Im letzten Kapitel sind Gegenstand der Überlegungen zum Bestandsschutz die BVT-Schlussfolgerungen für Industrieanlagen. Die Richtlinie 2010/75/EU des Europäischen Parlaments und des Rates vom 24.11.2010 über Industrieemissionen (IE-RL) erfasst die in § 3 Abs. 8 BImSchG i. V. m. § 3 der 4. BImSchV mit einem „E" gekennzeichneten Anlagen. Das Hauptziel der neuen Richtlinie ist die Schaffung eines einheitlichen Umweltschutzniveaus und gleichartiger Wettbewerbsbedingungen in der europäischen Union durch die Anwendung der besten verfügbaren Techniken bei der Anlagenzulassung. Zur Bestimmung der BVT organisiert die EU-Kommission den „Sevilla-Prozess" zwischen den Mitgliedsstaaten, der Industrie, den Nichtregierungsorganisationen und der Kommission. Die BVT-Schlussfolgerungen sind rechtsverbindliche Dokumente, die als Durchführungsbeschluss (Art. 291 Abs. 4 AEUV) der Kommission im EU-Amtsblatt veröffentlicht werden.

Damit die Emissionsgrenzwerte aus den BVT-Schlussfolgerungen auch für die Anlagenbetreiber verbindlich einzuhalten sind, müssen sie in nationales Recht umgesetzt werden. Die Umsetzung der BVT-Schlussfolgerungen in nationales

Recht erfolgt durch Verordnungen zur Durchführung des BImSchG und der TA Luft sowie durch Auflagen und nachträgliche Anordnungen. Eine Anpassung der nationalen Rechtsvorschriften (Verordnungen und Verwaltungsvorschriften) auf Bundesebene ist dann notwendig, wenn die nationalen Vorschriften die Anforderungen aus den BVT-Schlussfolgerungen nicht einhalten.

Art. 15 Abs. 3 IE-RL statuiert, dass die zuständige Behörde Emissionsgrenzwerte festlegt, mit denen sichergestellt wird, dass die Emissionen unter normalen Betriebsbedingungen die mit den BVT assoziierten Emissionswerte (...) nicht überschreiten. Die Festlegung abweichender Grenzwerte ist nur dann möglich, wenn die Erreichung der BVT-Schlussfolgerungen gemessen am Umweltnutzen zu unverhältnismäßig hohen Kosten führen würde. Jedoch sind die absolute Grenze die in Anhang I festgelegten Grenzwerte, die nicht überschritten werden dürfen. Die Festlegung abweichender Grenzwerte in Bezug auf Werte, Zeiträume und Referenzbedingungen ist außerdem nur bei einer jährlichen Emissionsüberwachung durch die Behörde möglich. Während Neuanlagen die BVT-Schlussfolgerungen sofort einhalten müssen, gilt für Bestandsanlagen eine Übergangsfrist. Nach der Veröffentlichung der BVT-Schlussfolgerungen müssen die in den BVT-Schlussfolgerungen enthaltenen Anforderungen von bestehenden Anlagen innerhalb von vier Jahren eingehalten werden (Art. 21 Abs. 3 IE-RL). Art. 21 Abs. 3 IE-RL verlangt nicht nur die Umsetzung der BVT-Schlussfolgerungen vor Ort, sondern auch die behördliche Überprüfung von Genehmigungsauflagen innerhalb von vier Jahren. Die Industrieemissionsrichtlinie sieht von dieser grundsätzlichen Verbindlichkeit aber Abweichungsmöglichkeiten vor, nach Art. 15 Abs. 4 a) IE-RL wegen geografischer, lokaler Bedingungen und nach b) wegen technischer Merkmale der betroffenen Anlagen-Art. Das bedeutet, dass für die Anlagen, die Emissionsgrenzwerte aus den BVT-Schlussfolgerungen nicht einhalten, eine Ausnahme nach a) oder b) greift. In Deutschland wurde die Regelung in a) nicht umgesetzt. Dies ist möglich, da gem. Art. 193 AEUV ein Mitgliedstaat schärfere Umweltregelungen einführen kann und damit auf die Gewährung von Ausnahmen verzichtet. Die Abweichungsbefugnis in b) wurde aber auch in Deutschland umgesetzt. Dadurch können in Rechtsverordnungen, Verwaltungsvorschriften und durch Einzelfallentscheidungen weniger strenge Emissionsgrenzwerte festgelegt werden. Voraussetzung dafür ist, dass aufgrund der technischen Merkmale der betroffenen Anlagenart die Anwendung der in den BVT-Schlussfolgerungen genannten Emissionsbandbreiten unverhältnismäßig ist.

Damit die BVT-Schlussfolgerungen für den Anlagenbetreiber rechtsverbindlich sind, müssen sie erst in deutsches Recht umgesetzt werden. Der Gesetzgeber muss die BVT-Schlussfolgerungen rechtsverbindlich anwenden, d. h. für ihn gilt die Pflicht zur Anpassung von Rechtsverordnungen (§ 7 Abs. 1a BImSchG) und Verwaltungsvorschriften (§ 48 Abs. 1a BImSchG). Zudem müssen die BVT-Schlussfolgerungen auch in der Anlage umgesetzt werden. Dies bedeutet für die Behörden, dass bei Neuanlagen durch Nebenbestimmungen zur Genehmigung (§ 12 Abs. 1a BImSchG) und bei Bestandsanlagen durch nachträgliche Anordnung (§ 17 Abs. 2a BImSchG) die BVT-Schlussfolgerungen umzusetzen sind.

Die Rechtsverordnungen, die die BVT-Schlussfolgerungen umsetzen, haben ebenfalls eine unmittelbar zulassungsmodifizierende Wirkung und sehen nur generelle Verhältnismäßigkeitserwägungen durch die starre Vier-Jahres-Frist und die festgelegten Ausnahmemöglichkeiten vor. Die für bestehende Anlagen festgesetzte Sanierungsfrist zur Anpassung an die BVT-Schlussfolgerungen ist sehr kurz bemessen. Meist vergeht bis zur Änderung der nationalen Rechtsverordnung schon ein Jahr. Dem Anlagenbetreiber bleiben dann noch drei Jahre Zeit für die Ausschreibung, die Vergabe des Auftrages, die Lieferung sowie Bauzeit der Anlagenteile. Dies kann aber oftmals mehrere Jahre dauern. Zudem werden bei der starren Vier-Jahres-Frist die bisherige und künftige Nutzungsdauer sowie das eingesetzte Kapital nicht berücksichtigt. Die fest vorgegebene Übergangsfrist lässt keinen Raum für individuelle Bestandsschutz- und Verhältnismäßigkeitserwägungen. Dem Problem der kurzen Anpassungszeit wird zwar über die gesetzliche Möglichkeit einer längeren Modernisierungsfrist begegnet, jedoch ist die Abweichungsmöglichkeit auf die besonderen technischen Gründe beschränkt. Dies gibt nicht genug Raum für die Berücksichtigung individueller Vertrauens- und Bestandsschutzaspekte. Das Regelungskonzept der BVT-Schlussfolgerungen ist damit ein weiteres Beispiel für die Einschränkung des Bestandsschutzes.

Literaturverzeichnis

Aichele, Robert/Herr, Gunther, Die Aufgabe des übergesetzlichen Bestandsschutzes und die Folgen, NVwZ 2003, 415.

Albrecht, Eike/Küchenhoff, Benjamin, Staatsrecht, 3. Auflage, Berlin 2015.

Allgeier, Erich/Rickenberg, Hans, Die Bauordnung für Hessen, 9. Auflage, Stuttgart 2012.

Amrhein, Joachim, Leitfaden Abfallrecht, Stuttgart 2007.

Appel, Markus, Entstehungsschwäche und Bestandsstärke des verfassungsrechtlichen Eigentums, Berlin 2004.

Appel, Markus, Eigentumsgrundrechtlicher Bestands- oder rechtsstaatlicher Vertrauensschutz – was schützt den Eigentümer?, DVBl. 2005, 340.

Attendorn, Thorsten, Die unmittelbar oder mittelbar zulassungsmodifizierende Wirkung von Rechtsnormen in der neueren Umweltgesetzgebung, NVwZ 2011, 327.

Attendorn, Thorsten, Haben BBodSchG und BBodSchV unmittelbar zulassungsmodifizierende Wirkung?, NuR 2011, 28.

Bader, Johann/Ronellenfitsch, Michael, Beck'scher Online-Kommentar VwVfG, 34. Edition, München 2017.
zit.: *Bearbeiter*, in: BeckOK VwVfG,

Bahnsen, Kai, Der Bestandsschutz im öffentlichen Baurecht, Baden-Baden 2011.

Baltz, Constanz/Fischer, Friedrich Wilhelm, Preußisches Baupolizeirecht, 6. Auflage 1934, unveränderter Nachdruck, Köln 1954.

Battis, Ulrich/Rautzberger, Michall/Löhr, Rolf-Peter, Baugesetzbuch: BauGB Kommentar, 13. Auflage, München 2016.

Becher, Hans, Auswirkungen der IED auf die chemische Industrie, in: Thomé-Kozmiensky, Karl J./Löschau, Margit (Hrsg.), Immissionsschutz Band 4, Neuruppin 2014.

Beckmann, Martin, Anforderungen der Deponie- und Abfallablagerungsverordnung für den Weiterbetrieb von Deponien , AbfallR 2003, 2.

Beckmann, Martin, Rechtsfragen des Vollzugs der Deponienverordnung und der Abfallablagerungsverordnung, DVBl. 2003, 821.

Benecke, Martina, Gesetzesumgehung im Zivilrecht, Tübingen 2004.

Bernhardt, Rolf, Inhalt und Grenzen des Bestandsschutzes im Baurecht, Göttingen 1978.

Betensted, Josefine/Grandjot, René/Waskow, Siegfried, Die Umsetzung der Richtlinie 2010/75/EU über Industrieemissionen (IE-Richtlinie) im Immissionsschutzrecht, ZUR 2013, 395.

Boecker, Bernhard, Zur Reduktion des Bestandsschutzes in der baurechtlichen Rechtsprechung des Bundesverwaltungsgerichts, BauR 1998, 441.

Boeddinghaus, Gerhard/Hahn, Dittmar/Schulte, Bernd H., Die neue Bauordnung in Nordrhein-Westfalen, 2. Auflage, München 2000.

Böhmer, Werner, Grundfragen der verfassungsrechtlichen Gewährleistung des Eigentums in der Rechtsprechung des Bundesverfassungsgerichts, NJW 1988, 2561.

Braunewell, Jens, Die neue Richtlinie über Industrieemissionen, UPR 2011, 250.

Brenndörfer, Bernd, Reichweite und Grenzen des baurechtlichen Bestandsschutzes, Stuttgart 2002.

Brenner, Michael, Baurecht, Heideberg 2006.

Breuer, Rüdiger, Direkte und indirekte Rezeption technischer Regeln durch die Rechtsordnung, AöR 101 (1976), 46.

Breuer, Rüdiger, Anlagensicherheit und Störfälle – Vergleichende Risikobewertung im Atom- und Immissionsschutzrecht, NVwZ 1990, 211.

Brock, Ulrich, Der baurechtliche Bestandsschutz und die Erleichterung des Strukturwandels in der Landwirtschaft, 2003.

Broy-Bülow, Cornelia, Baufreiheit und baurechtlicher Bestandsschutz, Berlin 1982.

Büchner, Hans/Schlotterbeck, Karlheinz, Baurecht Band 1, 4. Auflage, Stuttgart 2008.

Burger, Simon, Die administrative Nichtanwendung unionrechtswidriger Normen, DVBl. 2011, 985.

Burgi, Martin/Müller, Philipp, Das Emissionshandelssystem in Deutschland, ZUR Sonderheft 2004, 41.

Buschbaum, Heike/Schulz, Henning Alexander, Europäisierung des deutschen Umweltrechts am Beispiel des Technikstandards „Beste verfügbare Technik", NuR 2001, 181.

Calliess, Christian, Integrierter Umweltschutz revisited: Reformbedarf in TA Luft und Anlagenzulassungsrecht?, DVBl. 2010, 1.

Canaris, Claus-Wilhelm, Die Richtlinienkonforme Auslegung und Rechtsfortbildung im System der juristischen Mehtodenlehre, in: Koziol, Helmut/ Rummel, Peter (Hrsg.), Im Dienste der Gerechtigkeit, Festschrift für Franz Bydlinski, Wien 2002. 47.
zit.: *Canaris,* in: FS Bydlinski, S. 47

Classen, Claus Dieter, Erheblichkeit und Zumutbarkeit bei schädlichen Umwelteinwirkungen, JZ 1993, 1042.

Dazert, Andreas, Gelten die Anforderungen des Bundes-Bodenschutzgesetzes auch für vor seiner Geltung bergrechtlich zugelassene Verfüllungen von Tagebauen?, AbfallR 2010, 102.

Decker, Andreas, Reichweite und Grenzen des baurechtlichen Bestandsschutzes, BayVBl. 2011, 517.

Denkhaus, Holger, Genehmigungsfähigkeit einer Verbesserung der Immissionssituation trotz weiterer Immissionswertüberschreitungen im Änderungsgenehmigungsverfahren, NuR 2000, 9.

Detterbeck, Steffen, Öffentliches Recht, 10. Auflage, München 2015.

Detterbeck, Steffen, Allgemeines Verwaltungsrecht mit Verwaltungsprozessrecht, 14. Auflage, München 2016.

Di Fabio, Udo, Gefahr, Vorsorge, Risiko – Die Gefahrenabwehr unter dem Einfluss des Vorsorgeprinzips, Jura 1996, 566.

Diehl, Andrea, Stärkung des europäischen Konzepts der „besten verfügbaren Techniken" durch die Richtlinie über Industrieemissionen?, ZUR 2011, 59.

Dietrich, Björn/Au, Christian/Dreher, Jörg, Umweltrecht der Europäischen Gemeinschaften, Berlin 2003.

Dolde, Klaus-Peter, Bestandsschutz im Immissionsschutzrecht, in: Püttner, Günther (Hrsg.), Festschrift für Otto Bachof zum 70. Geburtstag, München 1984, 191.
zit.: *Dolde*, in: FS Bachof, S. 191

Dolde, Klaus-Peter, Bestandsschutz von Altanlagen im Immissionsschutzrecht, NVwZ 1986, 873.

Dolde, Klaus-Peter, Die Eigentumsdogmatik des Bundesverwaltungsgerichts im Spannungsverhältnis zur Rechtsprechung des Bundesverfassungsgerichts und des Bundesgerichtshofs, in: Schmidt-Aßmann, Eberhard u. a. (Hrsg.), Festgabe 50 Jahre Bundesverwaltungsgericht, Köln 2003, 305.zit.: *Dolde*, in: FS BVerwG 50 Jahre, S. 305

Dreier, Horst, Grundgesetz, Band I, 3. Auflage, Tübingen 2013.
zit.: *Bearbeiter*, in: Dreier, GG, Band I,

Duden – Die deutsche Rechtschreibung: Das umfassende Standardwerk auf der Grundlage der aktuellen amtlichen Regeln, 26. Auflage, Berlin 2014.

Dürr, Hansjochen, Hat Art. 14 GG für das öffentliche Baurecht noch eine Bedeutung?, VBlBW 2000, 457.

Ehlers, Dirk, Eigentumsschutz, Sozialbindung und Enteignung bei der Nutzung von Boden und Umwelt, Bericht auf der Jahrestagung der VDStRL 1991, VVDStRL 51 (1992), 211.

Ehlers, Dirk/Pünder, Hermann, Allgemeines Verwaltungsrecht, 15. Auflage, München 2015.
zit.: *Bearbeiter,* in: Ehlers/Pünder,

Eiermann, Heinrich, Einführung in das Immissionsschutzrecht, VBlBW 2000, 135.

Epping, Volker/Hillgruber, Christian, Beck'scher Online-Kommentar Grundgesetz, 26. Edition, Stand: 01.09.2015, München 2015.
zit.: *Bearbeiter,* in: BeckOK GG,

Erbguth, Wilfried, Allgemeines Verwaltungsrecht mit Verwaltungsprozessrecht und Staatshaftungsrecht, 8. Auflage, Baden-Baden 2016.

Erbguth, Wilfried/Schlacke, Sabine, Umweltrecht, 6. Auflage, Baden-Baden 2016.

Ernst, Werner/Zinkahn, Willy/Bielenberg, Walter/Krautzberger, Michael, Baugesetzbuch, Band II, 123. Ergänzungslieferung, München 2016.

Feldhaus, Gerhard, Die Novellierung des Bundes-Immissionsschutzgesetzes, UPR 1985, 385.

Feldhaus, Gerhard, Bestandsschutz immissionsschutzrechtlich genehmigter Anlangen im Wandel, WiVerw 1986, 67.

Feldhaus, Gerhard, Rechtliche Instrumente zur Bekämpfung von Waldschäden, UPR 1987, 1.

Feldhaus, Gerhard, Beste verfügbare Techniken und Stand der Technik, NVwZ 2001, 1.

Feldhaus, Gerhard, Integriertes Anlagenzulassungsrecht materiell- und verfahrensrechtliche Anforderungen nach neuem Recht, ZUR 2002, 1.

Feldhaus, Gerhard, Bundesimmissionsschutzrecht, Kommentar, 2. Auflage, 180. Ergänzungs-lieferung, Berlin 2014.
zit.: *Bearbeiter,* in: Feldhaus, BImSchG,

Fickert, Hans Carl, Grundlagen, Entwicklung und Reichweite des Rechtsinstituts Bestandsschutz, seine bauplanungsrechtliche Fortbildung und seine Bedeutung innerhalb des Städtebaurechts, in: Dreihaus, Hans-Joachim/ Birk, Hans-Jörg (Hrsg.), Baurecht – Aktuell, Festschrift für Felix Weyreuther, Köln 1993, 319.
zit.: *Fickert,* in: FS Weyreuther, S. 319

Finkelnburg, Klaus/Ortloff, Karsten-Micheal/Kment, Martin, Öffentliches Baurecht Band I: Bauplanungsrecht, 6. Auflage, München 2011.

Finkelnburg, Klaus/Ortloff, Karsten-Micheal/Otto, Christian-W., Öffentliches Baurecht Band II: Bauordnungsrecht, Nachbarschutz Rechtsschutz, 6. Auflage, München 2010.

Fleck, Edmund, Kommende Revision der BVT-Merkblätter im Licht der Richtlinie über Industrieemissionen, SPU 2013, 61.

Friauf, Karl Heinrich, Bestandsschutz bei gewerblichen Anlagen, in: Bachof, Otto/Heigl, Ludwig/Redeker, Konrad (Hrsg.), Verwaltungsrecht zwischen Freiheit, Teilhabe und Bindung, Festgabe aus Anlass des 25jährigen Bestehens des Bundesverwaltungs-gerichts, München 1978, 217.
zit.: *Friauf,* FS 25 Jahre BVerwG, S. 217

Friauf, Karl Heinrich, Zum gegenwärtigen Stand der Bestandsschutz-Problematik, WiVerw 1986, 87.

Friauf, Karl Heinrich, Bestandsschutz zwischen Investitionssicherheit und Anpassungsdruck, WiVerw 1989, 121.

Friedrich, Jörg, Vollzug und Überwachung nach der Umsetzung der Richtlinie über Industrieemissionen, UPR 2013, 161.

Frenz, Walter, Emissionshandelsrecht, 3. Auflage, Wien 2012.

Führ, Martin, Gemeinschaftskommentar zum Bundes-Immissionsschutzgesetz (GK-BImSchG), Köln 2016.
zit.: *Bearbeiter,* in: Führ, GK-BImSchG

Gehrke, Thomas/Brehsan, Godo, Genießt der baurechtliche Bestandsschutz noch Bestandsschutz?, NVwZ 1999, 932.

Gerold, Thomas, Anwendungsfragen der neuen TA Luft, UPR 2003, 44.

Giesberts, Ludger/Reinhardt, Michael, Beck'scher Online-Kommentar Umweltrecht, Edition 40, Stand 01.08.2016.

Götze, Roman, Bestand und Wandel: Der passive Bestandsschutz im Baurecht auf dem Weg zu einem einfachrechtlichen Modell, SächsVBl. 2001, 257.

Goldschmidt, Jürgen, Ende des Bestandsschutzes, DVBl. 2011, 591.

Grochtmann, Ansgar, Art. 14 GG – Rechtsfragen der Eigentumsdogmatik, Münster 2000.

Grosche, Nils, Das allgemeine Rückwirkungsverbot – Ablösung vom Vertrauensschutzes, Der Staat 2015, 309.

Halmschlag, Achim, Nach der Umsetzung der Industrieemissions-Richtlinie (IE-RL) – Aufgaben des Vollzuges, I+E 2014, 48.

Hammann, Wolf-Dietrich, Bestandsschutz und Bestandsdauer von Eigentumspositionen, beispielhaft erläutert am Konfliktfeld Eigentum und Umweltschutz, Tübingen 1985.

Hansmann, Klaus, Änderungen von genehmigungsbedürftigen Anlagen im Sinne des Immissionsschutzrechts, DVBl. 1997, 1421.

Hansmann, Klaus, Der Bestandsschutz im Immissionsschutzrecht, in: Schmidt-Aßmann, Eberhard u. a. (Hrsg.), Festgabe 50 Jahre Bundesverwaltungsgericht, Köln 2003, 935.
zit.: *Hansmann,* in: FS 50 Jahre BVerwG, S. 935

Hansmann, Klaus, Die neue TA Luft, NVwZ 2003, 266.

Haratsch, Andreas/Koenig, Christian/Pechstein, Matthias, Europarecht, 10. Auflage, Tübingen 2016.

Harff, Kurt, 1997–2007, Beste verfügbare Techniken Referenz Dokumente, Der „Sevilla-Prozess" feiert Zehnjähriges – Rückblick und Ausblick, Immissionsschutz 2008, 23.

Hauth, Michael, Bestandsschutz = Schutz des Bestandes – aber grundgesetzlich garantiert, BauR 2015, 774.

Hendler, Reinhard, Zur bundesverfassungsrechtlichen Konzeption der grundgesetzlichen Eigentumsgarantie, DVBl. 1983, 873.

Herdegen, Matthias, Europarecht, 17. Auflage, Bonn 2015.

Hobe, Stephan, Europarecht, 8. Auflage, München 2014.

Hösch, Ulrich, Eigentum und Freiheit – ein Beitrag zur inhaltlichen Bestimmung der Gewährleistung des Eigentums durch Art. 14 Abs. 1 S. 1 GG, Tübingen 2000.

Hoffmann, Volker, RECHT – Verbindlichere Pflichten: IED stärkt BVT – Folgen der europäischen Industrieemissionsrichtlinie (IED), Umweltmagazin 2013, 54.
zit.: *Hoffmann,* Umag. 2013,

Hoppe, Werner, Die wirtschaftliche Vertretbarkeit im Umweltschutzrecht, Köln 1984.

Hufen, Christian, Ermessen und unbestimmter Rechtsbegriff, ZJS 2010, 603.

Hufen, Friedhelm, Staatsrecht II, Grundrechte, 5. Auflage, München 2016.

Jahndorf, Christian/Pichler, Stefan, Verfassungsrechtliche Anforderungen für Übergangsfristen bei öffentlich-rechtlicher Neuregulierung privater Wirtschaftsbereiche, GewArch 2012, 377.

Jankowski, Klaus, Bestandsschutz für Industrieanlangen – Fortentwicklung des Immissionsschutzrechts zwischen EG-rechtlichen Vorgaben und deutschem Verfassungsrecht, Baden-Baden 1999.

Jarass, Hans D., Reichweite des Bestandsschutzes industrieller Anlagen gegenüber umweltrechtlichen Maßnahmen, DVBl. 1986, 314.

Jarass, Hans D., Zum Kampf um Kirchturmuhren und nächtens betriebene Tankstellen, JZ 1993, 601.

Jarass, Hans D., Änderung und Ersatz von genehmigungsbedürftigen Anlagen im Immissionsschutzrecht, UPR 2006, 45.

Jarass, Hans D., Bestandsschutz bei Gewerbebetrieben, München 2007.

Jarass, Hans D./Petersen, Frank, Kreislaufwirtschaftsgesetz, München 2014.

Jarass, Hans D., Bundes-Immissionsschutzgesetz, 11. Auflage, München 2015.
zit.: *Jarass*, BImSchG,

Jarass, Hans D./Pieroth, Bodo, Grundgesetz für die Bundesrepublik Deutschland, 14. Auflage, München 2016.
zit.: *Bearbeiter*, in: Jarass/Pieroth, GG,

Jesse, Sven, Instrumentenverbund als Rechtsproblem am Beispiel effizienter Energienutzung, Tübingen 2014.

Jestaedt, Matthias, Grundrechtsentfaltung im Gesetz – Studien zur Interdependenz von Grundrechtsdogmatik und Rechtsgewinnungstheorie, Tübingen 1999.

Keller, Karsten, Von der IVU-Richtlinie zur Richtlinie über Industrieemissionen, I+E 2011.

Keller, Karsten, Defizite bei der Umsetzung der Richtlinie 2010/75/EU über Industrieemissionen in deutsches Recht, UPR 2013, 128.

Kerstig, Andreas, Leitfaden für Genehmigungsverfahren nach Umsetzung der IED-Richtlinie, Müll und Abfall 2014, 94.

Klett, Wolfgang/Oexle, Anno, Das neue Deponienrecht im Vollzug – Zur Erledigung von Verwaltungsakten durch den Verordnungsgeber, NVwZ 2004, 1301.

Kloepfer, Michael, Umweltrecht, 4. Auflage, München 2016.

Kment, Martin, Beste verfügbare Techniken in der unionsrechtlichen Analyse – Meilenstein oder Stolperstein auf dem Weg zu einem einheitlichen Immissionsanlagenrecht, VerwArch 2014, 262.

Knopp, Lothar/Heinze, Anke, „Beste verfügbare Technik" und „Stand der Technik" im Umweltrecht, UPR 2004, 212.

Knopp, Lothar/Piroch, Igmar, Neuordnung des Kreislaufwirtschafts- und Immissionsschutz-rechts, UPR 2010, 438.

Koch, Hans-Joachim, Umweltrecht, 4. Auflage, München 2014.

Koch, Hans-Joachim/Braun, Annette, Aktuelle Entwicklung des Immissionsschutzrechts, NVwZ 2010, 1271.

Koch, Hans-Joachim/Hendler, Reinhard, Baurecht, Raumordnungs- und Landesplanungsrecht, 5. Auflage, Stuttgart 2009.

Koch, Hans-Joachim/Pache, Eckhard/Scheuing, Dieter H., Gemeinschaftskommentar zum Bundes-Immissionsschutzgesetz (GK-BImSchG), 36. Ergänzungslieferung, Köln 2014.
zit.: *Bearbeiter,* in: GK-BImSchG,

Koch, Heike, Die „beste verfügbare Technik" im Umweltrecht, Hamburg 2006.

König, Jens Martin/Rössner, Ellen/Willius, Barbara, Europäische Industrieemissionsrichtlinie: Von der Umsetzung zum Vollzug, Wasser und Abfall 2013, 14.

Kopp, Ferdinand O./Ramsauer, Ulrich, Verwaltungsverfahrensgesetz, 16. Auflage, München 2015.

Kopp-Assenmacher, Stefan, IED-Umsetzung und die praktische Folge für Anlagenbetreiber, in: Thomé-Kozmiensky, Karl J./Löschau, Margit (Hrsg.), Immissionsschutz Band 4, Neuruppin 2014.

Kotulla, Michael, BImSchG, Bundes-Immissionsschutzgesetz, 20. Ergänzungslieferung, Bielefeld 2014.
zit.: *Bearbeiter,* in: Kotualla, BImSchG,

Kroll-Ludwigs, Kathrin/Ludwigs, Markus, Die richtlinienkonforme Rechtsfortbildung im Gesamtsystem der Richtlinienwirkungen, ZJS 2009, 123.

Kutscheidt, Ernst, Emissionsbegrenzungen, DVBl. 2000, 755.

Kutschera, Peter, Bestandsschutz im öffentlichen Recht – Zugleich ein Betrag zur Dogmatik des Art. 14 GG, Heidelberg 1990.
zit.: *Kutschera,* Bestandsschutz im öffentlichen Recht,

Landmann, Robert/Rohmer, Gustav, Umweltrecht Kommentar III, BImSchG, 81. Ergänzungslieferung, München 2016.
zit.: *Bearbeiter,* in: Landmann/Rohmer, Umweltrecht,

Lee, Chien-Liang, Eigentumsgarantie und Bestandsschutz im Immissionsschutzrecht, Baden-Baden 1994.
zit.: *Lee,* Eigentumsgarantie und Bestandsschutz,

Lege, Joachim, Art. 14 GG für Fortgeschrittene, ZJS 2012, 44.

Lenz, Helmuth, Enteignungsentschädigung bei nachträglichen Anordnungen gemäß dem Bundesimmissionsschutzgesetz?, GewArch 1976, 285.

Lieder, Jan, Der Bestandsschutz im Baurecht, ThürVBl. 2004, 53.

Lindner, Josef Franz, Öffentliches Recht, Stuttgart 2012.

Lindner, Josef Franz, Der passive Bestandsschutz im öffentlichen Baurecht – ein Versuch einer dogmatischen Systematisierung, DÖV 2014, 313.

Lübbe-Wolff, Gertrude, Integrierter Umweltschutz – Brauchen die Behörden mehr Flexibilität?, NuR 1999, 241.

Mampel, Dietmar, Art. 14 GG fordert sein Recht – Aufbruch zu einem verfassungsdirigierten öffentlichen Baurecht, NJW 1999, 975.

Maslaton, Martin, Treibhausgas-Emissionshandelsgesetz, Baden-Baden 2005.

Maslaton, Martin/Hauk, Ulrich, Einführung des Treibhausemissionshandels zur CO_2-Reduzierung rechtmäßig, NVwZ 2005, 1150.

Maunz, Theodor/Düring, Günther, Grundgesetz-Kommentar, Band II, 78. Ergänzungslieferung, München 2016.

Maurer, Hartmut, Allgemeines Verwaltungsrecht, 18. Auflage, München 2011.

Merten, Detlef, Bestandskraft von Verwaltungsakten, NJW 1983, 1993.

Michl, Fabian, Der baurechtliche Bestandsschutz zwischen Grundgesetz und einfachem Recht, ThürVBl. 2010, 280.

Molodovsky, Paul/Famers, Gabriele/Kraus, Hans, Bayerische Bauordnung, München 2016.

Müggenborg, Hans-Jürgen, Lärmschutz im Industriepark, NVwZ 2003, 1025.

Münch v., Ingo/Kunig, Philip, Grundgesetz Kommentar Band 2, 5. Auflage, München 2001.
zit.: *Bearbeiter,* in: v. Münch/Kunig, GG,

Murswiek, Dietrich, Staatliche Verantwortung für die Risiken der Technik, Berlin 1985.

Offermann-Clas, Christl, Das Abfallrecht der Europäischen Gemeinschaft, NJW 1986, 1388.

Ohms, Martin J., Praxishandbuch Immissionsschutzrecht, Baden-Baden 2003.

Ohms, Martin J., Umgang mit und Konsequenzen bei Überschreitungen von Grenzwerten, in: Thomé-Kozmiensky, Karl J./Löschau, Margit (Hrsg.), Immissionsschutz Band 4, Neuruppin 2014.
zit.: *Ohms,* Immissionsschutz Band 4,

Oppermann, Thomas/Classen, Dieter/Nettesheim, Martin, Europarecht, 7. Auflage, München 2016.

Ortloff, Karsten-Micheal, Die Entwicklung des Bauordnungsrechts, NVwZ 1999, 954.

Papier, Hans-Jürgen, Anmerkung zum OVG Berlin, Urteil vom 17.7.1978, OVG I B 157.25 (VG Berlin), DVBl. 1979, 162.

Peitan, Jens, Konsequenzen der IED-Umsetzung – am Beispiel des Betreibers einer Abfallverbrennungsanlage, in: Thomé-Kozmiensky, Karl J./Löschau, Margit (Hrsg.), Immissionsschutz Band 4, Neuruppin 2014.

Petersen, Frank, Schutz und Vorsorge – Strukturen der Risikoerkenntnis, Risikozurechnung und Risikosteuerung der Grundpflichten im Bundes-Immissionsschutzgesetz, Berlin 1993.

Petersen, Frank/Krohn, Susan, Der Planfeststellungsbeschluss als Schutzschild für Deponienbetreiber?, AbfallR 2003, 60.

Pfaff, Thomas/Knopp, Lothar/Peine, Franz-Joseph, Revision des Immissionsschutzrechts durch die Industrieemissionsrichtlinie, Auswirkungen auf die deutsche Wirtschaft, Berlin 2012.

Pieroth, Bodo, Rückwirkung und Übergangsrecht, Berlin 1981.

Pieroth, Bodo, Die neuere Rechtsprechung des Bundesverfassungsgerichts zum Grundsatz des Vertrauensschutzes, JZ 1990, 279.

Piroch, Ingmar, Umfragebericht zur Umsetzung der EU-Richtlinie über Industrieemisssionen, I+E 2012, 121.

Quapp, Ulrike, Öffentliches Baurecht von A–Z, 2. Auflage, Berlin 2014.

Raab, Günter, Erarbeitung von BVT-Merkblättern, I+E 2011, 189.

Rabe, Klaus/Heintz, Detlef, Bau- und Planungsrecht, 6. Auflage, Stuttgart 2006.
zit.: *Bearbeiter,* in: Rabe/Heintz, Bau- und Planungsrecht,

Rebentisch, Manfred, Die Änderungsgenehmigung im Lichte des Krümmel-Urteils – Ein Problem für die Praxis?, DVBl. 1997, 810.

Rebentisch, Manfred, Umsetzung der Industrieemissions-Richtlinie im Immissionsschutzrecht, Heidelberg 2013.

Rebentisch, Manfred, Umsetzung der Industrieemissions-Richtlinie im Immissionsschutzrecht, in: Kirchhof, Paul/Paetow, Stefan/Uechtritz, Michael (Hrsg.), Festschrift für Klaus-Peter Dolde zum 70. Geburtstag, S. 71.
zit.: *Rebentisch,* in: FS Dolde, S. 71

Reichel, Almut/Landgrebe, Jürgen, Der Sevilla-Prozess: Motor für den Umweltschutz in der Industrie, Immissionsschutz 2000, 118.

Reiland, Werner, Eigentumsschutz und Störerhaftung, VerwArch 1975, 269.

Riechelmann, Frank, Rechtssicherheit als Freiheitsschutz, Struktur des verfassungsrechtlichen Bestandsschutzes, 5. Auflage, Norderstedt 2009.

Rittstieg, Helmut, Eigentum als Verfassungsproblem, Darmstadt 1975.

Röckinghausen, Marc, Der Bestandsschutz von immissionsschutzrechtlichen Genehmigungen – u. a. im Lichte der geplanten IPPC-Richtlinie –, UPR 1996, 50.

Röckinghausen, Marc, Die Industrie-Emissions-Richtlinie (IED) und ihre Umsetzung im Immissionsschutzrecht, UPR 2012, 116.

Röckinghausen, Marc, Die Umsetzung der Richtlinie über Industrieemissionen, I+E 2013, 99.

Sach, Karsten, Genehmigung als Schutzschild? – Die Rechtsstellung des Inhabers einer immissionsschutzrechtlichen Genehmigung, Berlin 1994.
zit.: *Sach,* Genehmigung als Schutzschild?,

Sachs, Michael, Grundgesetz – Kommentar, 7. Auflage, München 2014.
zit.: *Bearbeiter,* in: Sachs, GG,

Scheidler, Alfred, Das Integrationsprinzip im deutschen und europäischen Umweltrecht – Die Ausgangslage zur Schaffung einer integrierten Vorhabengenehmigung nach der Förderalismusreform, WiVerw 2008, 1.

Scheidler, Alfred, Die wichtigsten Änderungen im Immissionsschutzrecht nach Umsetzung der Industrieemissions-Richtlinie, UPR 2013, 121.

Schenke, Wolf-Rüdiger, Verfassungsrechtliche Probleme eines Einschreitens gegen Immissionen verursachende Anlagen nach dem BImSchG, DVBl. 1976, 740.

Schenke, Wolf-Rüdiger, Zur Problematik des Bestandsschutzes im Baurecht und Immissionsschutzrecht, NuR 1989, 8.

Schink, Alexander, Neue rechtliche Anforderungen an Genehmigung und Betreib von Anlagen in der Stahlindustrie, DVBl. 2012, 197.

Schmidt, Rolf, Grundrechte, 17. Auflage, Hamburg 2015.

Schmidt, Werner, Vertrauensschutz im öffentlichen Recht, JuS 1973, 529.

Schmidt-Aßmann, Eberhard/Schoch, Friedrich, Besonderes Verwaltungsrecht, 14. Auflage, Berlin 2008.

Schmidt-Eriksen, Christoph, Weiterentwicklungen des Standes der Technik und TA Luft, I+E 2011, 183.

Schmuck, Sebastian, Rückbau von „Schrottimmobilien" durch die Gemeinden nach der BauGB-Novelle 2013, LKV 2014, 481.

Schoch, Friedrich, Besonderes Verwaltungsrecht, 15. Auflage, Berlin 2012.

Scholz, Rupert, Identitätsprobleme der verfassungsrechtlichen Eigentumsgarantie, NVwZ 1982, 337.

Schulte, Hans, Bemerkungen über Eigentum und Umweltschutz, NuR 1988, 131.

Schulze-Fielitz, Helmuth, Bestandsschutz im Verwaltungsrecht, Besonders im Bau-, Immissionsschutz- und Atomrecht, Die Verwaltung 1987, 307.

Schweer, Carl-Stephan/Hammerstein v., Christian/Ludwig, Bernhard/Wielsch, Dan, Treibhausgas-Emissionshandelsgesetz (TEHG), Köln 2008.

Schwerdtfeger, Gunther, Die dogmatische Struktur der Eigentumsgarantie, Berlin 1983.

Seibel, Mark, Abgrenzung der „allgemein anerkannten Regeln der Technik" vom „Stand der Technik, NJW 2013, 3000.

Sellner, Dieter/Reidt, Olaf/Ohms, Martin J., Immissionsschutzrecht und Industrieanlagen, 3. Auflage, München 2006.

Sendler, Horst, Die Wirtschaftsordnung der Bundesrepublik Deutschland in der höchstrichterlichen Rechtsprechung, WiVerw 1976, 2.

Sendler, Horst, Vertrauensschutz im Wirtschaftsrecht, WiVerw 1979, 63.

Sendler, Horst, Wer gefährdet wen – Eigentum und Bestandsschutz den Umweltschutz – oder umgekehrt?, UPR 1983, 33.

Sendler, Horst, Rechtssicherheit bei Investitionen und normative Anforderungen des modernen Umweltschutzrechts, UPR 1990, 41.

Sendler, Horst, Bestandsschutz im Wirtschaftsleben, WiVerw 1993, 235.

Serr, Bernd, Quo vadis, Sevilla-Prozess?, Herausforderungen für die Erarbeitung der BVT-Merkblätter (BREFs) unter dem Dach der Richtlinie über Industrieemissionen (IED), Immissionsschutz 2011, 114.

Sieckmann, Jan-Reinhard, Eigentumsgarantie und baurechtlicher Bestandsschutz, NVwZ 1997, 853.

Siederer, Wolfgang/Nicklas, Cornelia, Unmittelbare Geltung von Abfallablagerungsverordnung und Deponienverordnung und ihre Konsequenzen, AbfallR 2003, 66.

Simon, Alfons/Busse, Jürgen, Bayrische Bauordnung, Band I, 121. Ergänzungslieferung, München 2015.

Simon, Heinz-Wilhelm, Luft- und Abluftreinigung – Die beste verfügbare Technik – Die Umsetzung der Industrieemissionsrichtlinie bringt deutliche Verschärfung, entsorga – Magazin für Stadtreinigung und Abfallwirtschaft, 2013, 12.

Soell, Helmut, Die Bedeutung der Sozialpflichtigkeit des Grundeigentums bei der Landschaftspflege und dem Naturschutz, DVBl. 1983, 241.

Sollondz, Frank, Bestandsschutz bei materieller Illegalität baulicher Anlagen?, NuR 1989, 417.

Spieler, Martin, Beste verfügbare Technik und Immissionsschutzrecht – Die BVT- Merkblätter und ihre Bedeutung im immissionsschutzrechtlichen Genehmigungsverfahren, Schriften zum Umweltrecht, Band 145, Berlin 2006.

Spieth, Wolf Friedrich/Hamer, Martin, Rechtsprobleme des Treibhausgas-Emissionshandelsgesetzes, ZUR Sonderheft 2004, 427.

Steiner, Udo, Besonderes Verwaltungsrecht – Ein Lehrbuch, 8. Auflage, Heidelberg 2006.
zit.: *Bearbeiter,* in: Steiner, Besonderes Verwaltungsrecht,

Streinz, Rudolf/Herrmann, Christoph, Anwendungsvorrang des Gemeinschaftsrechts und „Normverwerfung" durch deutsche Behörden, BayVBl. 2008, 1.

Stühler, Hans-Ulrich, Zur Reichweite des Bestandsschutzes bei Änderungen und Erweiterungen von gewerblichen Anlagen, BauR 2002, 1488.

Suhr, Michael, Die BVT-Schlussfolgerungen im Kontext der Richtlinie über Industrieemissionen, I+E 2013, 44.

Sundermann, Andrea, Der Bestandsschutz genehmigungsbedürftiger Anlagen im Immissionsschutzrecht, Berlin 1985.

Tappert, Alexander, Tagungsbericht: Fachkonferenz „Die neue europäische Industrieemissionsrichtlinie" des Zentrums für Rechts- und Verwaltungswissenschaften an der BTU Cottbus am 20. Oktober 2011 in Berlin, NuR 2012, 110.

Tausch, Christian, Die Bedeutung der BVT-Merkblätter im Umweltrecht, NVwZ 2002, 676.

Theuer, Andreas/Kenyeressy, Alexander, Neue Anforderungen für genehmigungsbedürftige Anlagen – Ausgewählte Problempunkte bei der Umsetzung der Richtlinie über Industrieemissionen in das deutsche Recht, I+E 2012, 140.

Traulsen, Christian, Auswirkungen der Industrieemissionsrichtlinie auf das deutsche Umweltrecht, DÖV 2011, 769.

Ule, Carl Hermann/Laubinger, Hans-Werner/Repkewitz, Ulrich, Bundes-Immissionsschutzgesetz, Kommentar, Rechtsvorschriften, Rechtsprechung, Teil II: Rechtsvorschriften, 1. Rechtsvorschriften Bund + EU (RvB), Band 5, Einführung zu BVT-Merkblätter.

Ule, Carl Hermann/Laubinger, Hans-Werner/Repkewitz, Ulrich, Bundes-Immissionsschutzgesetz, 206. Ergänzungslieferung, Köln 2015.

Uschkereit, Tim, Der Bestandsschutz im Bau- und Immissionsschutzrecht, Berlin 2007.

Versteyl, Ludgar-Anselm/Strengler, Ella, Fußnoten, EU-Guidelines, BAT und andere Verlautbarungen – eine neue Rechtsqualität?, AbfallR 2010, 245.

Wahl, Rainer, Abschied von den „Ansprüchen aus Art. 14 GG", in: Bender, Bernd/Breuer, Rüdiger/Ossenbühl, Fritz/Sendler, Horst (Hrsg.), Rechtsstaat zwischen Sozial-gesetzgebung und Rechtsschutz, Festschrift für Konrad Redeker zum 70. Geburtstag, München 1993, 245.
zit.: *Wahl,* in: FS Redeker, S. 245

Wasielewski, Andreas, Auswirkungen der Richtlinie über Industrieemissionen auf den immissionsschutzrechtlichen Vollzug aus Ländersicht, UPR 2012, 424.

Wegricht, Christiane, Das Verhältnis von Eingriffsermächtigungen des Bundes-Immissionsschutzgesetzes zur polizeilichen Generalklausel, Gießen 2008.

Weidemann, Clemens/Krappel, Thomas, Der passive Bestandsschutz im Baurecht – offene verfassungsrechtliche Fragen, NVwZ 2009, 1207.

Weidemann, Clemens/Krappel, Thomas/Süßkind-Schwendi Frhr. von, Benedict, Rechtsfragen und Praxisprobleme der Umsetzung der Richtlinie 2010/75/EU über Industrie-emissionen, DVBl. 2012, 1457.

Wickel, Martin, Bestandsschutz im Umweltrecht – Entwicklung einer einheitlichen Bestandsschutzkonzeption für genehmigte Anlagen, Baden-Baden 1996.
zit.: *Wickel,* Bestandsschutz im Umweltrecht,

Wickel, Martin, Die Auswirkungen des neuen § 16 BImSchG auf den Vollzug der dynamischen Grundpflichten des § 5 Abs. 1 BImSchG, DÖV 1997, 678.

Wolf, Stephan, Bayrische Bauordnung (BayBO), 4. Auflage, München 2010.

Zeschmar-Lahl, Barbara, Die Auswirkung der Abfall-Ablagerungsverordnung (AbfAblV) auf die Entwicklung der bundesdeutschen Abfallwirtschaft im Allgemeinen und den Markt für Ersatzbrennstoffe im Besonderen – Versuch einer Prognose für das Jahr 2005, 4. Wetzlarer Abfalltag, 27.09.2001.

Ziekow, Jan, Verwaltungsverfahrensgesetz, 2. Auflage, Stuttgart 2010.

Zimmermann, Christian P., Auswirkungen der Industrieemissions-Richtlinie auf die immissionsschutzrechtliche Änderungsgenehmigung, I+E 2012, 110.

Aus unserem Verlagsprogramm:

Lisa Flerlage
Die Entbehrlichkeit des Erörterungstermins im förmlichen immissionsschutzrechtlichen Genehmigungsverfahren
Eine europa-, verfassungs- und verwaltungsrechtliche Analyse
Hamburg 2015 / 214 Seiten / ISBN 978-3-8300-8578-2

Christoph Röger
Lichtimmissionen im Sinne des Bundes-Immissionsschutzgesetzes
Eine Untersuchung der Gesetzgebungskompetenzen und der Betreiberpflichten am Beispiel flutlichtbeleuchteter Sportstätten
Hamburg 2014 / 204 Seiten / ISBN 978-3-8300-7818-0

Andrea Schmidt
Die Nutzung von Solarenergie
Rechtsrahmen und Gestaltungsfragen der Anlagenzulassung und der kommunalen Steuerung zur Umsetzung von Klimaschutzzielen durch solare Energiegewinnung
Hamburg 2014 / 282 Seiten / ISBN 978-3-8300-7652-0

Jens Ahlhaus
Verwaltungsrechtliche Verträge im Immissions-und Gewässerschutzrecht
Hamburg 2011 / 270 Seiten / ISBN 978-3-8300-6059-8

Jan Christoph Weise
Behördliche Handlungspflichten im quellenunabhängigen Luftqualitätsrecht
Hamburg 2010 / 262 Seiten / ISBN 978-3-8300-5526-6

Cordula Malchin
Durchführung und Durchsetzung von Immissionsgrenzwerten im Luftqualitätsrecht
Dargestellt am Beispiel der Einhaltung der Partikelgrenzwerte (PM_{10})
Hamburg 2009 / 354 Seiten / ISBN 978-3-8300-4809-1

Christian Walker
Bestandsschutz im Baurecht
Unter besonderer Berücksichtigung des baden-württembergischen Kenntnisgabeverfahrens
Hamburg 2009 / 234 Seiten / ISBN 978-3-8300-4723-0

Hans-Jörg Schulze
Die bauordnungsrechtliche Beseitigungsverfügung in den Grenzen des Bestandsschutzes
Hamburg 2006 / 254 Seiten / ISBN 978-3-8300-2427-9

VERLAG DR. KOVAČ
FACHVERLAG FÜR WISSENSCHAFTLICHE LITERATUR

Postfach 57 01 42 · 22770 Hamburg · www.verlagdrkovac.de · info@verlagdrkovac.de